중동태의 세계

Authorized translation from the Japanese language edition, entitled
中動態の世界 意志と責任の考古学
ISBN 978-4-260-03157-8
著: 國分 功一郎

의지와 책임의 고고학

중동태의 세계

고쿠분 고이치로(國分功一郞) 지음

박성관 옮김

동아시아

인간이 애초에 책임질 수 있는 존재가 아니라면?

김재인(철학자)

술 취한 자가 끔찍한 범죄를 저지르고도 심신미약을 이유로 낮은 형을 받게 되었다는 소식이 종종 들린다. 주체적으로 행위를 제어할 능력이 떨어졌기 때문에 그에 비례해 형벌도 낮춰야 했다는 것. 이에 많은 사람들이 음주 자체는 능동적 행위였기 때문에 형을 낮추는 것이 이치에 닿지 않는다고 반박한다. 술을 마시지 않을 여지가 있었기 때문에, 술을 마시기로 한 행동에서부터 책임을 져야 한다는 것이다.

곤란한 상황은 정신질환이다. 정도의 차이는 있지만 정신질환은 자신의 행동을 제어할 정신 능력에 이상이 생겼다는 뜻이다. 설사 범죄를 저질렀다 해도 그는 처음부터 자기 행위에 책임질 수 없었기 때문에 죄를 묻기 어려운 것 같다. 하지만 이 경우 범죄의 끔찍함 때문에 중벌에 처해야 한다는 여론이 높다.

행위 주체와 책임의 문제를 어떻게 이해해야 적절할까? 철학이란 문제를 잘 붙잡아 보여주고, 나아가 문제를 잘 다룰 수 있도록 개념을 창조하는 일이다. 철학적 개념을 앞에 놓고서 풀려는 문제가 무엇이었는지 알아채지 못한다면 개념은 공허한 말장난에 그치고 말 것이다. 이 책에서 저자는 '중동태中動態, middle voice'라는 개념의 렌즈를 통해 이와 같은 문제를 어떻게 다뤄야 할지 보여주려 한다.

저자는 우리가 매일 체험하면서도 명료하게 파악하지 못하는 상황을 예시한다. 바로 '행한다'와 '당한다'의 대립이라는 문제. 우리는 자신이 어떤 일을 한다는 사태에 대해 별 의심 없이 당연시한다. 하지만 사태는 그리 단순하지 않다. 가령 '내가 걷는다'라는 일만 보더라도, 내 몸의 많은 뼈와 근육과 신경 등을 일일이 의식적으로 제어하는 일 없이도 조화롭게 맞아떨어져야만 '걷기'라는 행동이 성립한다. 따라서 이 사태는 '걷기가 내게서 성사되었다'라고 표현해야 더 적절해 보인다. 이렇듯 아주 일상적인 상황에서도 능동인 '행한다'와 수동인 '당한다'를 구별하는 일은 쉽지 않다.

저자는 협박 상황을 통해 문제를 더 구체화한다. 내가 총으로 위협을 당해 돈을 건네주었다면, 내가 능동적으로 행한 일일까 수동적으로 당한 일일까? 이 물음에 대한 한나 아렌트와 미셸 푸코의 설명은 아주 다르다.

아렌트는 이 상황을 폭력에 의해 위협당하고는 있지만 물리적으로는 강제당하지 않고 한 행위이며, 그런 점에서 자발적이라고 설명한다. 능동과 수동의 구별에 갇혀 있던 아렌트는 행위를 자발이냐 강제냐의 도식 아래에서만 이해한다. 그래서 아렌트는 협박 상황에서 발생하는 비자발적

동의의 위치를 적합하게 지정해주지 못했다.

푸코는 폭력과 권력을 구분한다. 폭력은 행위 능력을 없앰으로써 사람을 수동적으로 만든다. 반면 권력은 사람의 행위하는 힘을 이용해 행위하도록 만들기 때문에 얼마간의 능동성을 남겨둔다. 협박 상황은 행위하고 있다는 건 맞기 때문에 수동으로 이해될 수 없지만, 행위하도록 당하고 있는 것이기에 능동으로 이해될 수도 없다. 푸코의 권력론은 능동과 수동의 구별로 설명되지 않는 상황을 잘 다루었다.

하지만 푸코도 이 상황을 명료하게 표현해서 보여주지는 못했다. 그의 권력론이 강제라고도 자발이라고도 할 수 없는 행위를 잘 드러내었다는 의의가 있을 뿐. 이 지점에서 드는 의문. 왜 많은 서구 철학자들은 이 문제를 포착하는 데 어려움을 겪었을까? 진부하게 들리겠지만, 저자는 원인을 언어의 문제로 돌린다.

언어는 사고의 가능성의 조건이다. 말하자면 언어는 생각의 틀이다. 여기서 말하는 언어는 추상적이고 보편적인 언어가 아니라 사회적이고 역사적인 구체적 언어로, 언어는 바로 그 구체성 속에서 무의식적으로 우리의 생각을 규정한다.

그렇다면 우리의 생각은 항상 언어에 갇혀 있다는 말일까? 꼭 그렇지는 않은 것이, 세상에는 수많은 구체적 언어가 있으며, 수많은 생각의 틀이 있다. 더 많은 외국어를 배울수록 우리의 생각의 틀은 다양해지고 생각의 내용은 정교해질 수 있다는 말이 된다. 문법이 전혀 다른 언어와의 만남은 그만큼 충격적으로 생각의 벽을 깨준다.

나는 저자가 일본어를 모어로 서구어를 익혔다는 데 주목한다. 많은 뛰어난 서구 철학자가 인도유럽어의 외연을 넘지 못한 반면, 변방의 일본인 철학자는 자신의 모어와는 전혀 다른 외국어와 만나야만 했다. 서구 철학자가 내면에서 사고할 수밖에 없었다면, 이방의 철학자는 필연적으로 바깥에서 사고해야만 했다. 나는 자신의 위치를 힘으로 만든 저자의 능력에 감탄한다.

저자가 주목한 중동태는 능동태도 아니고 수동태도 아닌 그 중간이라고 설명되어온 그리스어 문법 용어이다. 언어학자 벤베니스트는, 행하느냐 당하느냐가 문제될 때의 능동과 수동의 대립을 넘어, 주어가 과정의 바깥에 있느냐 안에 있느냐가 문제가 되는 능동과 중동의 대립에 주목한다. 여기에서 더 나아가 저자는 능동과 중동의 대립 전에, 모든 언어의 원형으로서 중동이 있다는 가설에 이른다. 말하자면 행위의 주체보다 사건으로서의 행위 그 자체가 먼저였다는 것. 사건에 주체를 귀속하고, 자유의지를 부여하고, 책임을 묻게 된 것은 아주 훗날의 일일 뿐이다.

그렇다면 술 취한 자와 정신질환자의 문제를 어떻게 이해해야 할까? 음주운전을 놓고 보자. 술을 마시는 것 자체는 죄가 아니지만 운전까지 하는 것은 분명 죄이다. 술 취한 후 자신이 어떤 상태에 이를지 모를 사람은 없기 때문이다. 문제는 중독자나 정신질환자처럼 자신의 행동을 제어하기 어려운 경우이다. 저자에 따르면, 능동과 수동을 분명히 구별하고 주체에게 책임을 부가하는 것은, '심문하는 언어'이다. 요컨대 죄를 묻는 것에 근거가 없다는 것이다.

우리는 의도를 처벌하지는 않는다. 결과를 처벌할 뿐이다. 그렇지만 인간은 애초에 책임질 수 있는 존재가 아닌지도 모른다. 니체의 지적처럼,

처벌은 원한 감정과 복수의 정신에서 비롯된 분풀이 이상이 아닐지도 모른다. 사정이 이러하다면 책임을 둘러싼 많은 관행은 근본부터 다시 물어야만 하리라. 저자가 니체의 논의를 활용하지 않은 점은 아쉬움으로 남는다.

어떤 대화

조금 쓸쓸한 듯한, 그런 정도의 인간관계를 계속 이어갈 수 있는게 중요하다고 하셨죠?

"맞아요. 하지만 우리 같은 사람들은 자신이 몹시 쓸쓸하다는 것도 잘 모른다는 데에 어려움이 있어요."

아, 그럴 수도 있군요.

"그러니까 일반적으로 건강하다는 보통 사람을 만나면 서글퍼집니다."

그 말씀은 '이 사람은 나하고는 다르구나'라고 느낀다는 겁니까?

"글쎄요, 그건 잘 모르겠지만 아무튼 사람들과의 적당한 거리, 그 상태를 견딜 수가 없어요."

정도 차이야 있겠지만 그런 심정은 누구나 느끼지 않을까요?

"하지만 우리 같은 사람은 인간관계의 적당히 안전한 거리라는 것을 잘 알지 못해요. 그래서 어떤 사람이 나에 대해 가볍게 물어도 고향집 주소에서부터 전화번호, 이메일까지 모두 가르쳐주기도 하죠."

스스로 상대를 잘 고를 수 없다는 말씀인가요?
"그보다는 인간관계의 정도를 선택할 수도 있다는 걸 그래도 된다는 걸 모르는 거죠."

아.
"조금 친해지면 '(상대가 나에 대해) 전부 알았으면 좋겠어'라 느끼게 돼요. 상대와 내가 완전히 일체가 되어 '둘이면서 하나'인 관계가 되고 싶어해요. 나 이외에는 보지 않았으면. 나 아닌 사람하고는 말도 섞지 말아주었으면. 그런 식의 생각이 드는 거죠."

그 상대한테 100퍼센트 의존하려 한다는 건가요?
"그래서 [상담자로서] 내가 [그런 사람들의] 이야기를 듣고 '힘드셨겠어요'라고 말하잖아요? 그러면 [내가 완전히 동감하는 것으로 생각하거나 내 말을 믿고 나에게 의존해서] 다음에는 약물을 하고 온다든가 해요. 그녀들은 '나를 받아주셨죠?'라고 생각해버리는 거죠"

그건 이해 못 할 바는 아니지만 상상이 잘 안 되네요. 눈앞에서 그런 경우를 당하면 충격을 받을 것 같기도 하고. 아무튼 저는 잘 대응할 수 없을 거 같아요.

"맞아요. [그래서 그런 분들을] 도와주는 사람도 상처를 입게 되죠."

그런 이야기를 들으면 '확실한 자기를 확립하는 게 정말 중요하다'라는 생각이 듭니다,

"우리는 허구한 날 '무책임해', '응석부리지 마', '알코올도, 약물도 자기 의지로 끊지 못하는 거야?' 같은 소리를 듣고 살지요."

그런 말에 대해서는 어떻게 생각하십니까?

"알코올 의존증, 약물 의존증은 본인의 의지나 하겠다는 마음만으로는 안 되는 병이라는 게 일본에서는 이해가 안 되고 있으니까…"

그런 말을 하고 싶어지는 심정은 솔직히 이해가 됩니다. 병이라는 사실은 알고 있고요. 하지만 '절대로 더 이상 하지 않을 거야'라고 생각하는 것이 출발점이 아닐까요?

"그렇게 생각하는 것이 안 된다는 것입니다."

아, 그렇습니까?

"확실한 의지를 가지고, 애써 노력하며 '두 번 다시 약물은 하지 않겠다'라고 생각하는 것만으로 끊어지지 않아요."

바로 그 대목이 참 이해하기 어렵습니다. 알코올을 끊는다, 약물을 끊는다

는 것은, 자기가 끊는 것이니까, 끊겠다고 생각해야 되는 것 아니겠습니까?

"본인이 끊고 싶다는 그런 마음을 갖는 것은 물론 중요해요. 그런데 예를 들면, 제가 교도소 같은 곳에서 강연 요청을 받아, 약물로 체포된 여성들 앞에서 이야기하는 경우가 있는데요. 강연이 끝난 뒤에 교도관이 '여러분 잘 들으셨죠? 정말로 열심히 노력하면 약이나 알코올은 끊을 수 있습니다. 여러분도 최선을 다해 노력해주세요.' 이런 식으로 [내 얘기를] 정리해주면, '아, 내가 한 시간 동안 뭘 이야기한 거지?' 하는 생각이 들 때가 있어요."

제 친구 중에도 '회복이란 계속 회복해가는 것'이라는 말의 의미를 전혀 이해할 수 없다는 사람이 있거든요. 그는 '매일 하루도 빠지지 않고 회복하려는 노력을 계속 해야만 한다니 정말 힘들 거 같아'라고 생각했답니다.

"이렇게 대화를 나누면 어느 정도 이해하는 듯하지만, 구체적으로 사용하는 말이 다르답니다."

어떻게 다른가요?

"이렇게 저렇게 애써 설명을 해도 하나같이 그런 의미가 아닌 다른 의미로 이해되고 말아요."

아, 지금 우리가 일본어로 대화하는 건 틀림없는 사실이지만 실은 완전히 다른 의미 체계가 충돌하고 있다는 말씀이시군요. 저는 그 두 체계의 틈새에 있다고 할까요.

"그렇게 이해하고자 하시는 분들은 시간이 걸려도 언젠가는 이해해주십니다. 하지만 완전히 다른 언어를 사용하는 데다가 이해할 마음도 없는 사람에게 이해받기란 여간 힘든 일이 아니죠."

제가 이런 말을 여쭈면서, 평소에는 안 보려고 하는 저 자신의 모습이 오히려 보이기 시작하는 느낌이 듭니다. 그래서 다른 세계의 이야기라고는 생각되지 않습니다. 하지만 그게 다른 세계의 이야기가 아니라고 이해하는 것을 방해하는 뭔가가 있고, 제게도 그 뭔가가 아직 작용하고 있다는 생각이 듭니다.

"역시 언어가 문제라고 생각합니다."

그렇군요. 이 양립할 수 없는 두 언어란 과연 무엇일까요.

차 례

제1장

능동과 수동을 둘러싼 문제들

내가 뭔가를 한다.

그런데

'내가 뭔가를 한다'라는 것은

무엇을 의미하는 걸까?

I do something.

But,

what does it mean,

'I do something'?

나는 매일 다양한 일을 한다. 끊임없이 무슨 일인가를 한다.

한데 내가 뭔가를 한다는 건 대체 어떤 일일까? 어떤 경우에 '내가 뭔가를 한다'라고 할 수 있는 것일까?

가령 내가 '뭔가를 **함을 당하고 있는**' 것이 아니라 '뭔가를 **하고 있다**'라고 말할 수 있는 것은 어떠한 경우인가? 거기에는 어떤 조건이 필요한 것일까? 바꿔 말하자면 '내가 뭔가를 하고 있음'의 성립조건은 뭔가? 어떻게 하면 내가 뭔가를 할 수가 있는 것인가?

아니, 질문은 더 거슬러 올라갈 수 있다. 애시당초 내가 뭔가를 할 수나 있기는 한가?

언어에 늘 들러붙는 어떤 사항에 의지하여 이 책은 이런 물음들에 바짝 다가갈 것이다. 결코 신기한 뭔가를 말하려는 것은 아니다. 이 책에서 전개되는 논의들은 이미 다양한 분야에서 밝혀진 것들의 종합 같은 것이다. 그러니까 독자에 따라서는 '뭐야, 그런 얘긴 다 아는 거잖아'라고 여겨지는 논점들도 다수 있을 것이다. 하지만 지금까지 그런 종합이 시도되지 않았던 까닭에, 비록 어떤 하나의 세계가 언뜻언뜻 모습을 드러냈다 말았다 했던 적은 있어도, 하나의 상像을 맺지는 못했던 것이다.

그 세계는 잃어버린 세계가 아니며 또한 미지의 세계도 아니다. 그것은 어떤 의미에서는 친숙한 세계이다. 하지만 언제나 동일한 방식으로만 비추는, 그래서 역설적이게도 어떤 진실을 가리고 마는 그러한 빛을 일부라도 차단해보거나, 아니면 지금까지와는 다른 종류의 빛을 쪼여보지 않으면 보이지 않는, 그런 세계이다.

1. '내가 뭔가를 한다'란 어떠한 일인가?

몸에 지시를 내리는 것은 아니다

나는 끊임없이 뭔가를 하고 있다. 그런데 '내가 뭔가를 한다'라는 건 어떠한 일일까?

예를 들어 걷는 행위를 생각해보자. 내가 걷는다. 그때 나는 걷겠다는 의지를 가지고 보행하는 행위를 자신이 수행하고 있는 것처럼 생각한다.

그러나 상황은 그리 간단치가 않다.

걷는 동작은 사람의 몸 전체가 관여하는 행위이다. 인체에는 200개 이상의 뼈, 100개 이상의 관절, 약 400개의 골격근이 있다. 그것들이 지극히 섬세한 공조를 수행함으로써 비로소 걷는 동작이 가능해지는 것이다. 그런데 나는 그토록 복잡한 인체의 메커니즘을 가동시키겠다고 마음먹고 가동시키는 것이 아니다.

이토록 복잡한 인체의 메커니즘을 의식이라는 하나의 사령탑이 컨트롤하기란 현실적으로 불가능하다. 신체의 여러 부분들은 의식이 지령을 내릴 때까지 기다리지 않고 자동적으로 서로 연락을 취하면서 복잡한 공조 행위를 척척 해낸다.[01]

걷는 **동작**이 가능해졌다고 해도 그것만으로 걷는다는 **행위**가 가능해지는 것은 아니다. 걷기 위해서는 그것을 가능케 하는 외적인 조건이 미리 정비되어 있어야 한다. 발바닥이 접하는 장소는 수평에 가깝고, 어느 정도 경도硬度를 가지며, 적당한 정도로 고정되어 있어야 한다. 가파른 사면, 흐물흐물한 곳, 크게 흔들거리는 곳은 걸을 수가 없다.

또한 엄밀히 생각해보면 걸을 때에 발밑에서 완전히 동일한 조건이 반복되는 일 따위는 있을 수 없다. 한 걸음 한 걸음 내딛을 때마다 밟게 되는 장소는 각각 다 다르기 마련이다. 따라서 보행하는 신체는 매번 달라지는 외적 조건에 대해서도 대응해야 한다.

걷는 방식을 선택한 것도 아니다

이렇게 해서 걷는 동작과 걷는 행위가 가능해졌다고 해도 그것이 내가 생각한 그대로 수행되는 것인가 하는 의문이 남는다.

그리고 걷는 방식 또한 다양하다. 내 자신이 지금의 특정한 보행 방식을 의식적으로 선택한 것이냐고 하면 반드시 그렇지도 않다. 태어나 지금까지 살아오는 과정에서 어떤 특정한 보행 방식을 습득해온 것인데, 어떤 의미에서는 그 방식으로 걷기를 강요받고 있다고 할 수 있다.

메이지明治◆ 초기 근대적인 군대가 창설되었을 때, 그 이전까지 농민이었던 병사들이 서양식 행진을 잘하지 못했다는 사실은 널리 알려져 있다. 그들에게 서양의 보행 방식은 자연스럽지가 않았다.02 애당초 그들은 자신들이 어떻게 걷고 있는지 따위는 의식조차 하지 않았을 것이다.

나는 행위하고 있을 때에도 스스로 내 신체를 어떻게 움직이고 있는지, 명료하게 의식하지는 않는다. 따라서 어떻게 움직일지를, 명료한 의식을 가지고 선택하지도 않는다. 예컨대 아이들은 달릴 수는 있어도 조깅은 불가능한 경우가 있다. '걷기'와 '달리기' 사이에 있는 조깅 동작은 훨씬 나중에야 습득되는 것이다. 그러나 일단 조깅이 가능해지면 그것이 습득된 것임을 잊고 만다. 걷는 행위도 마찬가지이다.

◆ 메이지 일왕의 재위 기간(1868년부터 1912년). 일반적으로 이 시기를 일본 근대의 시작으로 간주한다.

최초에 의지가 있었는가?

심지어 걷겠다는 의지가 행위의 처음 단계에 있는지 없는지도 불분명하다.

현대의 뇌신경과학 연구에 따르면, 뇌 안에서 행위를 하기 위한 운동 프로그램이 만들어지고, 그 後 그 행위를 행하고자 하는 의지가 의식 안에 출현하기 시작한다고 한다.

뇌 안에서는 의지라는 주관적인 경험에 앞서 무의식 차원에서 운동 프로그램이 진행되고 있다.[03] 그뿐만이 아니다. 의지의 출현이 감지된 후, 뇌 안에서는 이 운동 프로그램에 따르고자 할 경우 신체나 세계가 어떻게 움직일지가 '내부 모델'에 입각하여 시뮬레이트된다. 그 결과 실제로는 신체가 아직 움직이고 있지 않음에도 불구하고 의지에 따라 자신의 신체가 움직인 듯한 감각을 얻는다.

구마가야 신이치로熊谷晋一郎의 표현을 빌리면 "우리는 눈을 뜨고 있을 때에도 내부 모델이라는 꿈의 세계에 거주하고 있다".[04] 우리는 뇌 안에서의 시뮬레이션에 불과한 것에서 자신과 세계의 리얼리티를 느끼며, 우리의 행위 또한 그런 느낌 속에서 진행되고 있다는 말이다.

내가 무슨 일인가를 할 때 나는 의지를 가지고 스스로 그 행위를 수행하고 있는 듯이 느낀다. 또한 다른 사람의 행위를 볼 때 그 사람이 의지를 가지고 스스로 그 행위를 하고 있는 듯이 느낀다. 그러나 '스스로'라는 게 무엇을 가리키는지를 결정하기란 쉽지 않은 데다가, 거기에 수반되는 '의지'를 행위의 원천이라고 판단하기도 어렵다.

많은 경우 행위를 곧 '의지의 실현'이라고 간주한다. 그러나 지금까지의 간략한 검토만으로도 그러한 사고방식은 조금도 타당하지 않다는 것을 알 수 있다. 이렇게 많은 조건들에 의해 규정되어 있는 거라면, 도리어 행위라는 것은 여러 조건들하에서 여러 관계들이 실현되는 것이라 간주되어야 할 것이다.

어떻게 되면 사과한 것이 되는가?

이 점을 좀 더 쉽게 이해할 수 있도록 마음속에서 일어나는 일을 예로 들어보겠다. 가령 '생각에 잠겨 있는' 상태는 대체 어떠한 것일까?

내가 생각에 잠겨 있다고 하면 생각에 잠겨 있는 것은 확실히 나이다. 하지만 생각에 잠기는 과정이 시작되는 그 최초 단계에 내 의지가 있다고 생각되지는 않는다. '나는 생각에 잠길 테야'라고 생각하며 그렇게 하는 것이 아니다. 모종의 조건들이 충족되었을 때 생각에 잠기기 시작하는 것이다.

또한 생각에 잠길 때 나는 마음속에서 다양한 상념들이 자동적으로 전개되기도 하고, 또 과거의 장면들이 회상으로 나타나기도 한다는 걸 느끼는데, 그 과정 또한 내 마음대로 진행되지 않는다. 의지는 생각에 잠기는 과정을 조작操作하지 않는다.

마음속에서 일어나는 일이 직접 타자와 관계되는 경우를 생각해보면 사태는 더 알기 쉬워진다. 사과를 요구받은 경우를 생각해보자.

내가 어떤 과오를 저질러 상대에게 상처를 주거나 주변에 손해를 끼쳤을 때, 타자는 사과를 요구한다. 그 경우 내가 '나 자신의 죄를 반성하고 상대에게 사과하겠다'라고 의지^{意志}한 것만으로는 안 된다. 마음속에 '내가 나빴어'라는 심정이 출현하지 않으면, 타자의 요구에 부응할 수가 없다. 그리고 그러한 심정이 출현하기 위해서는 마음속에서 여러 상념들과 관련된, 참으로 다양한 조건들이 충족되어야 한다.

이 점에 대해서는 상대방 입장에서 역으로 생각해보는 게 좋겠다. 상대에게 사과를 요구했을 때 그 상대가 '제가 잘못했어요', '사과드립니다', '반성하고 있습니다'라고 아무리 말한다 해도, 그것만으로 상대를 용서할 수는 없다. 사과의 심정이 상대의 마음속에 **나타나지** 않으면 그것을 사과로 받아들일 수가 없다. 그러한 심정이 상대의 마음속에 떠올랐음을 느꼈을 때 내 안에서 저 사람을 용서하자는 심정이 떠오름을 느낀다.

물론 상대의 마음속을 들여다볼 수는 없다. 따라서 상대가 속인다거나 상대의 그럴듯한 외양에 속임을 당한다든가 하는 일들도 당연히 생각해볼 수 있다. 하지만 그것은 문제가 아니다. 중요한 것은 사과가 요구되었을 때 실제로 요구받고 있는 것이 무엇이냐는 점이다.

분명히 나는 '사과드립니다'라고 말한다. 그러나 실제로는 내가 사과하는 것이 아니다. 내 안에, 내 마음속에 사과하고자 하는 심정이 **떠오르는** 것이야말로 본질적이다.

2. '내가 걷는다'와 '나 자신하에서 보행이 실현되고 있다'는 무엇이 다른가?

능동태이지만 능동이 아닌 행위

이런 식으로 생각해보면 '내가 뭔가를 한다$^{do\ something}$'라는 문장은 의외로 복잡한 것처럼 느껴지기 시작한다. 왜냐하면 '내가 뭔가를 한다'라는 방식으로 지시되는 사태나 행위라 해도, 세세하게 검토해보면 내가 그것을 스스로 의지를 가지고 수행한다고는 단언할 수 없기 때문이다.

사과라는 것은 내 마음속에 사과의 심정이 떠오르는 것일 테고, 생각에 잠긴다는 것도 그러한 과정이 내 머릿속에서 진행되는 것일 터이다. 걷는다는 것도 '(다양한 필요조건이 충족되면서) 나 자신하에서 보행이 실현되고 있다'라고 표현되어야 할 행위였다. 그럼에도 불구하고 우리는 그러한 사태나 행위를 '내가 뭔가를 한다'라는 방식으로 표현한다. 아니면 그렇게 표현하지 않을 수 없다고나 해야 할지도 모르겠다.

'내가 무언가를 한다'라는 문장은 '능동^{active}'이라고 형용되는 형식하에 있다. 방금 전에 우리가 확인한 것은 능동 형식으로 표현되는 사태나 행위가 실제로는 능동성 범주 속으로 완전히 수렴되지는 않는다는 점이었다.

'내가 걷는다'라는 문장이 지시하고 있는 것은 **내가** 걷는다기보다 오히려 **나에게 있어서** 보행이 실현되고 있다'라고 표현되어야 할 사태였다. 즉, 능동 형식으로 표현되는 사태나 행위라 해도, 그것이 반드시 능동 개념에 의해 설명될 수 있다고는 보장할 수 없다. 내가 사과하는 일이 요구되었다 해도, 거기서 실제로 요구되고 있는 바는 내가 사과하는 것이 아니다. **나의 안에서** 사과의 심정이 나타나는 일인 것이다.

그렇지만 수동도 아니다

능동이라 부를 수 없는 상태를 가리켜 '수동passive'이라 부른다.

수동受動이란 문자 그대로 받는受 처지가 되어 뭔가를 겪는 것이다. 능동이 '하다'를 가리킨다고 한다면, 수동은 '되다(당하다)'를 가리킨다. 예컨대 '뭔가가 나에 의해 이루어진다something is done by me'라고 할 때, 그 '뭔가'는 나로부터 작용을 받는다. 그렇다고 한다면 능동 형식으로는 설명될 수 없는 사태나 행위는, 능동과 정확히 짝을 이루는 수동 형식에 의해 설명하면 된다고 결론지을 수 있을까?

지금까지 보았듯이 사과하는 일은 물론 걷는 일조차 능동이라고는 단언할 수 없다. 하지만 그런 일들을 수동으로 표현하는 것은 도대체가 가능할 것 같지 않다. '내가 걷는다'를 '내가 걸어지고 있다'라고 바꿔 말할 수 있다고는 생각되지 않으며, 사과를 요구받는 상황에서 '나는 사과시킴을 당하고 있다'라는 식으로 말하면 어떤 사태가 벌어질지는 굳이 말할 필요도 없을 것이다(사과하고 있는 중에 그런 마음이 드는 사람들은 많을 테지만 말이다).

능동과 수동의 구별은 모든 행위를 '하다'와 '당하다'로 배분하기를 요구한다. 그러나 지금까지 보았듯이 이 구별은 대단히 불편하고 부정확한 것이다. 능동 형식이 표현하는 사태나 행위들이 전부 능동성 범주에 매끄럽게 들어맞지는 않으며, 그렇다고 해서 그 행위들을 수동 형식으로 표현할 수 있는 것도 아니다. 하지만 그럼에도 불구하고 이 구별을 사용하고 있다. 그리고 그것을 사용하지 않을 수 없다. 어째서일까?

의지라는 수수께끼의 등장

다시 한 번 능동의 견지에서 생각해보자.

우리는 '내가 뭔가를 한다'라는 문장에 들어 있는 애매함을 지적했다. '내가 걷는다'가 지시하는 사태란 실제로는 '(다양한 필요조건이 충족되면서) 나 자신하에서 보행이 실현되고 있다'라는 것이었다.

그러면 이 둘은 도대체 어디가 어떻게 다른 것일까? 이 둘의 결정적인 차이는 무엇일까? '내가 걷는다'로부터 '나 자신하에서 보행이 실현되고 있다'를 **빼면** 무엇이 남을까?

'내가 뭔가를 한다'에 대해 우리가 품게 된 최초의 소박한 이미지가 힌트가 될 것이다. 능동 형식은 의지가 존재한다는 점을 강하게 어필한다. 이 형식은 사태나 행위의 출발점이 '나'에 있고, 또 나야말로 그 원동력임을 강조한다. 그때 '나' 안에 상정되어 있는 것이 의지이다. 요컨대 '내가 걷는다'는 나의 의지가 존재함을 환기한다. 그러나 '나 자신하에서 보행이 실현되고 있다'는 그렇지 않다.

접속되면서 단절된 것?

의지란 정말이지 친근한 개념이다. 일상에서도 흔히 사용되는 말이다.

한데 그것은 동시에 수수께끼 같은 개념이기도 하다. 지금 단계에서는 이 개념을 만족스러운 방식으로 정의할 수가 없다. 이는 이 책의 뒤에서 다시 다룰 것이다. 여기서는 '의지'라는 말에 의해 이미지화되는 것들을 대략적으로 특정해두기로 하자.

의지란 일반적으로 목적이나 계획을 실현하고자 하는 정신의 작용을 가리킨다.

의지는 실현 쪽을 향하는 것이므로 어떠한 힘 또는 원동력이다. 그렇다고는 해도 제어되지 않는 날것의 충동 같은 건 아니다. 의지는 목적이나 계획을 갖고 있는 것이며 이런 의미에서 의지는 **의식**과 결부되어 있다. 의지는 자신이나 주위의 다양한 조건들을 의식하면서 작용을 한다. 무의식 중에 이루어진 일들이 의지에 의해 이루어졌다고 간주되지 않는 것은 그 때문이다. 몽유병자의 보행을 그 인물의 의지에 의한 행위라고 할 수는 없을 것이다.

의지는 자신이나 주위를 의식하면서 작용을 하는 힘을 말한다. 의지는 그때까지 얻어진 다양한 정보들에 의해 촉발되거나 재촉을 당하는 등 다양한 영향을 받으면서 작용한다.

신기한 것은 의지가 다양한 일을 의식하고 있음에도 불구하고, 그렇게 의식된 상황으로부터는 **독립되어 있다**고도 판단된다는 점이다. 왜냐하면 어떤 인물의 의지에 의한 행위라 간주되는 것은 그 사람이 자발적으로, 자유로운 선택하에, **몸소** 했다고 말해지는 행위를 가리키기 때문이다. 누군가가 '이것은 내가 나 자신의 의지로 행한 것이다'라고 주장했다고 가정하자. 이 발언은 자신이 그 행위의 출발점이었다고 하는 것, 즉 다양한 정보를 의식하면서도 그로부터는 **독립하여** 판단이 내려졌다는 것을 의미한다.

의지는 사물이나 사건을 의식하지 않을 수 없다. 즉, 자신 이외의 것으로부터 영향을 받고 있다. 그럼에도 불구하고 의지는 그렇게 의식된 사건이나 사물로부터 독립해 있지 않으면 안 된다. 다시 말해 자발적이지 않으면 안 된다. 이 모순을 어떻게 이해하면 좋을까?

의지 개념은 나중에 더 상세히 검토할 것이다. 다만 지나는 길에 가볍게 논해본 것만으로도, 이 개념에 어떤 곤란이 발견된다는 점은 이해할 수 있었다. 의지는 자기 이외의 것에 **접속되어 있음**과 동시에 그로부터 **단절되어 있지 않으면 안 된다.** 현실에서 우리는 이처럼 애매한 개념을 사태나 행위의 출발점에 두고 그 원동력으로 간주하는 경우가 비일비재하다.

'의지는 환상이야'라고 한다고 해서 끝나지 않는다

그러면 다음과 같이 생각하고 싶어질지도 모르겠다.

'내가 뭔가를 한다'라는 문장을 분석해보니, 능동-수동의 구별이 사실은 불편하고 부정확한 것임이 드러났다. 그럼에도 불구하고 우리는 이 구별에 호소하지 않을 수 없다. 왜 그럴까? 어쩌면 그것은 의지라는 개념 탓이 아닐까? 능동은 의지를 강조하는 형식이고 수동은 그것을 뒤집은 것에 불과하다. 그리고 의지는 사실 애매함을 포함한 개념이고 실제로 최신 뇌신경과학은 행위의 원동력으로서 의지의 역할을 부정하고 있다.

그렇다면 그런 애매한 것의 존재를 믿고 있는 탓에, 능동-수동이라는 애매한 구별을 이용하는 처지에 빠져 있다고는 할 수 없을까? 능동-수동 구별의 애매함은 결국 의지 개념의 애매함이 아닐까?

그러면 우리는 의지 따위의 불확실한 개념에 의거해선 안 되며, 의지라는 것은 환상에 불과하니까 그런 개념은 던져버려야 한다고 생각할지도 모르겠다.

그러나 그것으로 정말 문제가 해결될까?

3. 의지와 책임은 돌연 출현한다

질책받느냐, 칭찬받느냐

수업 중에 학생이 꾸벅꾸벅 졸고 있는 경우, 교사는 그 일에 대해 질책을 한다. 하지만 자세히 캐물어보자 그 학생이 "실은 교통사고로 부모님을 잃고, 어린 여동생과 남동생을 위해 매일 저녁 아르바이트를 하고 있습니다. 그러다 보니 충분한 수면을 취하기가 좀체 쉽지 않고, 수업 중임에도 앉은 채로 졸고 말았습니다. 죄송합니다"라고 사정을 설명하기 시작했다면 어떨까? 교사는 아마도 질책한 일을 후회할 것이다. 아니, 그 수준을 넘어서 "그랬어? 몸은 잘 챙기도록" 등, 격려의 말을 건네는 경우까지 있을 것이다.

수업 중에 졸았다는 행위 자체에는 변함이 없다. 그런데도 왜 교사의 대응은 돌연 정반대로 바뀌고, 또 우리 역시 그 변화에 납득하게 될까?

그가 질책 대상에서 벗어난 것은 '졸다'라는 행위에 대해 그에게는 책

임이 없다고 간주되었기 때문이다. 가정 사정 때문에 그에게는 **선택의 여**
지가 없었다고 판단된 것이다.

책임을 지기 위해서는 자신의 의지로 자유로운 선택이 가능해야만 한
다. 밤늦도록 자지 않은 것도 다음 날 등교에 대비해 일찍 잠자리에 드는
것도 모두 자신의 의지로 자유로이 선택할 수 있었음에도 불구하고 밤에
잠을 자지 않은 탓에 다음 날 교실에서 졸았다면, 그 사람은 그 졸음의 책
임을 지지 않을 수 없게 되며 질책의 대상이 된다. 하지만 매일 저녁 아르
바이트를 하던 그는 자신의 의지로 자유로이 선택하는 상황에 있지 못했
다고 간주되었기 때문에, 질책 대상으로부터 벗어난 것이다.

바꿔 말하면 사람이 책임을 지기 위해서는 능동적이어야만 한다는 얘
기가 된다. 수동적일 때, 혹은 수동적이지 않을 수 없을 때 사람은 책임을
질 존재로 간주되지 않는다.

그는 수면 시간을 줄이도록 강요당하는 수동적인 상태에 있다고 판단
되었다. 그런 까닭에 책임지는 일 없이 질책 대상에서 벗어난 것이다.

의지는 뒤에서 다가온다

이 예는 능동이나 의지 같은 말이 실로 편의주의적으로 사용될 수 있는
개념임을 보여준다. 방금 보았듯이 어떤 상황에서는 어린 여동생이나 남
동생을 위해 매일 저녁 아르바이트를 하는 이 학생이 확고한 의지를 가진
인물 혹은 스스로 판단하여 능동적으로 행동하는 인물이라고 평가받는
경우를 얼마든지 생각해낼 수 있기 때문이다.

반면 일찍 잠자리에 드는 일도 가능했는데 (텔레비전 게임 등을 하며) 시간을 질질 끌다가 잠을 못 잤다면 대부분의 경우 그는 의지가 약한, 수동적인 인물로 평가받을 수 있다. 그럼에도 불구하고 동일한 인물인 그가 수업 중 졸음으로 인해 질책당하는 단계가 되면, 돌연 자유로이 선택할 수 있는 의지를 갖춘 능동적인 인물로(그럼에도 불구하고 그런 의지를 발휘하지 않은 인물로) 갑자기 바뀌어버리는 것이다.

'너는 빨리 자든가 밤을 새든가를 자유로이, 자신의 의지로, 능동적으로 선택할 수 있는 상황에 있었다. 그런데 너는 밤새 자지 않는 것을 선택했다. 그런 탓에 지금 너는 수업 중인데도 졸고 앉아 있다. 졸음의 책임은 너 자신에게 있다. 너는 질책당해 마땅하다'라는 것이다.

이로부터 알 수 있는 것은 사람이 능동적이었기 때문에 책임이 지워진다기보다는 **책임 있는 존재로 간주해도 좋다**고 판단되었을 때 능동적이었다고 해석된다는 사실이다. 의지를 갖고 있었기 때문에 책임이 지워지는 것이 아니다. **책임을 지워도 좋다**고 판단된 순간에 의지 개념이 돌연 출현한다.

'밤에 자지 않은 탓에 수업 중에 졸고 앉아 있는 것이니 졸음의 책임을 지워도 좋다'라고 판단된 순간, 그 인물은 밤샘을 자신의 의지로 능동적으로 선택했다고 간주된다. 요컨대 책임 개념은 자신의 근거로 행위자의 의지나 능동성을 내세우지만 실은 그런 것들과는 뭔가 다른 판단에 의거하고 있는 셈이다.

알코올 의존이라면? 약물 의존이라면?

수업 중에 졸아버린 일의 책임 따위는 사실 큰 문제는 아니다. 그렇다면 알코올 의존증의 경우라면 어떨까? 알코올 의존에 빠진 것의 책임은 본인에게 있는 것일까?

사람을 강제적으로 알코올 의존증자로 만들기는 어렵다. 의존증이 있는 사람은 물론 **자신이 스스로** 알코올 과잉 섭취를 시작한 것이다. 그런 의미에서는 알코올 의존증에 빠진 것의 책임은 본인에게 있는 듯싶기도 하다.

그러나 누구라도 쉽게 상상할 수 있듯이, 그 사람이 알코올을 과잉 섭취하기 시작한 데에는 뭔가 이유가 있을 터이다. 한마디로 말하자면 견디기 힘든 뭔가가 있었기 때문에 알코올로 대처한 것이다. 그런 의미에서는 알코올 의존증에 빠진 사람이 알코올의 과잉 섭취를 자신의 의지로, 능동적으로 선택한 것이라고만 하기는 어려울 것이다.[05]

알코올 의존증의 경우 그것이 선택되고만 경위를 (타인으로부터) 이해받는 것이 쉽지는 않지만 그렇다고 해서 불가능한 것만도 아니다. 알코올은 많은 사람들이 입에 대는 것이니까 어떤 극단적인 사정 탓에 그것을 보통 수준 이상으로 섭취하기에 이른 사람의 사례는 충분히 상상 가능하다. 요컨대 알코올 의존증이라면 그 사람의 애매한 의지나 능동성이, 애매한 것 그대로 이해받는 경우를 우리는 충분히 생각해볼 수 있다.

그런데 법이 얽혀들기 시작하면 사태는 돌연 곤란해진다. 의존증의 대상이 알코올이 아니라 위법 약물이라면 어떨까? 사람을 강제적으로 약물에 의존하도록 만드는 일은 가능하며, 또 그런 일이 종종 일어나기도 한다. 하지만 그게 아니라 위법 약물을 스스로 구입하여 사용한 경우라면 어떨까?

이 경우 그 사람은 법에 의해 처벌받는다. 요컨대 자신의 의지로 능동적으로 약물 사용을 선택했다고 간주된다. 실제로 약물 의존증에 걸린 그 사람이 **몸소 자진해서** 위법 약물을 입수한 것은 사실이다.

그래서인지 대부분의 경우 약물 의존에 빠진 책임은 본인에게 있다고 판단된다. 특히 일본에서는 약물 의존으로부터 복귀하지 못하는 사람들은 의지가 약하다고 비난받기 십상이다. 위법 약물 중독증상 때문에 병원으로 반송된 환자에 대해 의사가 치료하기를 거부하는 일조차 있다.[06]

그러나 냉정하게 생각해보면 알코올의 경우와 마찬가지로, 위법 약물의 사용 또한 심신을 둘러싼 어떤 견디기 힘든 상황과 결부되어 있을 수도 있다. 실제로 위법 약물 의존증자 대부분도 유소년기에 성적 학대 등 견디기 힘든 폭력을 경험했다는 사실이 알려져 있다.[07] 그러면 자신이 안고 있는 견디기 힘든 뭔가에 의해 법을 위반하는 행위를 하도록 촉진당한 경우 그 일의 책임은 어떻게 판단해야 좋을까? 어떤 종류로든 벌을 받지 않을 수는 없다 해도 이 행위를 '본인의 책임'이라는 말로 치부해버려도 좋은 것일까?

비록 자신이 스스로 손을 뻗쳤다고는 해도 자신의 의지에 의한 선택이라고는 확실히 말할 수가 없다. 강제로 행해진 건 아니라는 의미에서 수동적이지는 않았지만 그렇다고 해서 능동적이었다고 할 수도 없는 그런 상태인 것이다. 이런 점들을 생략해버리고 갑자기 비약하여 책임을 묻는다고 한다면 그것은 너무나도 조잡한 것이 아닐까?

그럼 살인이나 성범죄라면 어떨까?

이렇게 생각을 전개하다 보니 모든 행위를 능동이냐 수동이냐로 배분하는 것은 부정확한 것처럼 보인다. 아니, 그 수준을 넘어 난폭하기까지 해서 의지 개념 역시 대단히 신용하기 어려운 것이라는 생각이 든다. 이러한 사례들은 틀림없이 이 밖에도 훨씬 더 많이 들 수 있을 것이다.

하지만 우리가 이런 식으로 의지 개념이나 능동-수동의 구별을 비판할 수 있는 것은, 비판하는 우리 자신이 태연하게 있을 수 있는 사례들만 거론해왔기 때문일 수도 있다. 다시 말해서 지금까지는 직접적으로 당사자 자신만을 해치는 사태나 행위가 거론되어왔다는 것이다.

만일 우리의 논의가 살인이나 성범죄 등, 타인에게 직접 해를 끼치는 행위로까지 확대되면 어떻게 될까?

그런 가증스러운 행위가 문제가 되면 우리는 곧장 의지 개념이나 수동-능동의 구별 등을 태연히 비판하고 있을 수만은 없게 된다. 이 '난폭'하고 '부정확한' 개념들을 심지어는 적극적으로 인정하는 데까지 이를 수도 있다. 그리고 그런 행위들을 하도록 강제당한 게 아니라면, 즉 수동적으로 그 행위의 행위자가 되도록 강요당한 것이 아니라면 그 책임은 본인에게 지워져야 한다고 생각할 것이다. 그리고 이때 책임의 근거를 이 개념들에서 찾게 될지도 모른다.

이런 점에서 볼 때 의지 개념이 근거로 제시된다거나 행위가 능동과 수동으로 나뉘게 되는 데에는 일정한 사회적 필요성이 있음을 알 수 있다.

의지 개념은 난제를 품고 있는 게 사실이다. 능동과 수동의 구별도 부정확한 것이다. 하지만 '의지 따위는 환상이고 따라서 의지 개념에 근거한 능동과 수동의 구별 또한 속임수이다' 운운하는 사람은 단적으로 말해서 경박하다. 그런 사람들은 자신도 언젠가는 이 개념이나 구별에 매달릴 수밖에 없는 상황이 찾아올 가능성이 있다는 걸 상상하지 못하는 것뿐이다.

4. 태양은 가까이에 있는 것처럼만 느껴진다—스피노자

행위는 의지를 원인으로 하지 않는다

현재 뇌신경과학이나 그에 영향받은 분야에서는 행위에 있어서 의지가 수행하는 역할에 대해 강한 의구심을 품고 있다.[08] 하지만 의지를 행위의 원동력으로 간주하는 사고방식이 부정된 것은 이번이 처음은 아니다. 철학사에서 의지의 격하를 가장 강하게 밀고 나갔던 사람은 17세기 네덜란드의 철학자 스피노자이다.

의지 개념에 대한 스피노자의 접근법을 이해하기 위해서는 스피노자가 자신이 주장한 것으로 종종 소개되는 '자유의지의 부정'에만 머무르지는 않았다는 점을 잊지 말아야 한다.

물론 스피노자가 '자유로운 의지'라는 개념을 배척하였고 이 세계와 우리의 심신 모두에 관철되는 필연성에 입각하여 살아가는 것이 좋다고 본 건 사실이다. 스피노자에 따르면 의지는 '자유로운 원인'이 아니다. 그것은 '강제된 원인'이다.[09] 즉, 내가 뭔가를 하는 것은 **그 어떤 것으로부터도 자유로운** 자발적 의지에 의해서가 아니다. 어떠한 사물이나 일에도 그에 대해 작용하는 원인이 있기 마련이므로, 의지에 대해서도 그렇게 결정하여 뭔가를 지향하도록 강제하는 원인이 있다. 사람들이 그 점을 인정하고자 하지 않는다면, 그것은 그들이 자신의 행위는 의식해도 **행위가 발생하도록 결정짓는 원인에 대해서는 의식하지 못하기 때문**일 뿐이다.[10]

이처럼 스피노자는 간결하고도 설득력 있게 '행위는 의지를 원인으로 한다'라는 사고를 기각했다.

효과로서의 의지는 남는다

하지만 스피노자의 고찰은 '자유의지의 부정'으로 끝나지 않는다. 스피노자는, 그럼에도 불구하고 왜 우리가 '행위의 원인은 의지'라고 생각하고 마는지에 대해 끊임없이 물었다. 그의 저서 『에티카』를 보면, 의지의 자유를 부정하는 대목에 이어 다음과 같은 인상적인 이야기가 삽입되어 있다.[11]

태양의 빛을 쐬면, 그것이 마치 우리에게 아주 가까이 있는 듯이 느껴진다. 태양이 너무나도 강한 에너지를 발하기 때문이다. 물론 태양은 우리의 가까이에 있지 않다. 그래서 태양을 우리 가까이에 있다고 느끼는 것 자체가 오류인 듯이 판단해버린다.

그러나 스피노자에 따르면 그렇지 않다.

왜냐하면 여기서 정신은 **신체가 받는 자극에 입각하여** 태양에 대해 이미지화한 것이고, 또 그러한 자극을 신체에 제공하는 일은 태양이 가진 특성의 하나이기 때문이다. 만일 태양까지의 진짜 거리를 알지 못한다면 이 지식의 결여는 오류라고 할 수 있다. 하지만 태양을 아주 가까이에 있는 것이라 느끼고 마는 것은 **그러한 오류를 범했기 때문이 아니다.** 태양까지의 진짜 거리를 안다 해도 태양의 빛을 쪼이면 "역시나 태양을 가까이에 있는 것으로 표상하는" 것이다.[12]

태양의 빛과 인간 신체가 만났을 때 서로가 가진 특성 때문에 그러한 효과가 발생한다.[13] 스피노자는 의지에 대해서도 마찬가지로 효과라고 생각했다. 우리의 정신은 사건이나 사물의 결과만을 받아들이게 되어 있다.[14] 바로 그러하기 때문에, 결과인 의지를 원인으로 착각하고 만다. **이러한 메커니즘에 대해 알고 있다고 해도** 그렇게 느끼고 만다. "우리가 의지의 나타남을 느끼기 이전에 뇌는 활동을 개시하는 거예요" 운운하며 짐짓 그 내실을 안다는 표정으로 이야기하는 학자들도 역시나 그렇게 느끼며, 그에 대해 배운 사람들도 계속해서 그렇게 느낀다.[15]

철학자 한나 아렌트가 의지에 대해 고찰하면서 명확히 지적하였듯이 본래 스피노자가 부정한 것은 의지의 자유였을 뿐 '의지가 주관적으로 느껴진 능력으로 존재함'은 확실히 인정했다.[16] 스피노자는 자유의지의 불가능성이 아무리 강하게 인식된다고 해도 의지는 효과로서 남는다고 생각했기 때문이다.

5. 문법의 세계로

능동-수동의 외부

지금까지 이야기한 스피노자의 논의에는 우리가 지금 씨름하고 있는 능동과 수동의 구별에 접근하는 데에 커다란 힌트가 들어 있다.

물론 문제를 제대로 제기해본다면 이 구별이 부정확하고 난폭하다는 점은 금세 알 수 있다. 하지만 통상적으로 우리는 별생각 없이 이 구별에 호소하게 되고 그 과정에서 이 구별을 조금도 의심하지 않는다. 실제로 능동과 수동의 구별은 우리 사고의 깊숙한 곳에서 작용하고 있다. 그렇다면 의지 개념과 마찬가지로 능동과 수동의 구별 또한 하나의 효과로 고찰할 수 있는 것이 아닐까?

무엇인가가 우리의 사고 속에서 이 구별을 하나의 효과로 발생시킨다. 무엇이 이것을 발생시키는 걸까?

얼핏 생각하기에는 앞서 언급한 사회적 필연성이 이 물음에 대한 답인 듯싶기도 하다. 능동과 수동의 구별은 책임을 묻기 위해 사회가 필요로 하는 것이지 않았던가! 하지만 사회적 필요성은 이 구별을 상정하고 요청하는 것일 뿐 그것을 효과로 발생시키는 것은 아니다. 이 점은 사회적 필요성에 입각한 다른 구별들과 비교해보면 금세 분명해진다.

예컨대 '성년'과 '미성년'은 법이 정한 기준에 입각하여 구별된다. 사회에서 그들을 구별할 필요가 있기 때문이다. 그러나 쉽게 상상할 수 있듯이 이 구별에는 문제가 있다. 미성년이지만 어른으로 간주되어야 할 사람이라든가, 성년이지만 어른이라고는 볼 수 없는 사람을 우리는 매우 많이 알고 있다. 이 구별이 적용되지 않는 사례로 인해 골치 썩이는 일도 비일비재하다.[17]

하지만 우리는 그런 사정에 대한 이해를 전제로 이 구별을 받아들인다. 이 구별이 아무래도 필요하다는 점을 이해하기 때문이다.

그에 반해 능동과 수동의 구별은 그러한 구별과 다르다. 능동과 수동의 구별은 보통 우리의 사고 속에서 마치 필연적인 구별인 듯이 작용하고 있다. 따라서 이 구별의 외부를 떠올리기란 쉬운 일이 아니다. 능동도 수동도 아닌 상태를 그리 간단히 상상할 수 없다.

성년과 미성년의 구별이 사회적 요청에 입각한 외적인 규범이라고 한다면, 능동과 수동의 구별은 우리 사고의 깊숙한 곳에서 작용하는 내적 형식이라고 할 수 있을지도 모르겠다. 그것은 거의 의식하기조차 쉽지 않은 구별이다.

능동태와 수동태의 대립은 보편적이지 않다

능동과 수동의 구별은 우리 사고의 깊숙한 곳에서 작용한다. 이 구별이 의지 개념처럼 하나의 효과라고 한다면 그것을 효과로 발생시키는 것은 무엇일까? 여기서 다음 사실에 주목해보자. 능동 및 수동은 동사의 '태 voice'를 제시하는 문법 용어이다. 우리는 영문법 등을 통해 태에 대해 배운다. 우리가 배우는 것이란, 태에는 능동태와 수동태 두 가지가 있다는 것, 그리고 이 두 가지밖에 없다는 것이다.

프랑스의 언어학자 에밀 벤베니스트가 지적했듯이, 능동태와 수동태를 대립시키는 언어에 일단 친숙해져버리면 이 구별은 점점 더 필수적인 것처럼 느껴진다.[18] 일본어 화자의 경우에도 사정은 다를 바 없다. 이 구별을 알아버리면 행위는 능동이나 수동 둘 중 하나라고 생각하지 않을 수 없다. 이 이외는 머릿속에서 떠올리는 것조차 어려워지고 만다.

그러나 이 또한 벤베니스트가 지적한 바이지만, 사실은 많은 언어들이 능동태와 수동태라는 구별을 알지 못한다. 이 두 가지 구별은 모든 언어에서 발견되는 보편적인 것이 아닌 셈이다.

이 구별을 근저에 두고 있는 듯 보이는 인도-유럽어족에 속하는 언어들의 경우에도 이 구별은 조금도 본질적이지 않다. 단지 역사적 발전 과정에서 상당히 후대가 되어서야 출현한 새로운 문법 규칙임이 이미 밝혀져 있다.

본래 능동태는 중동태와 대립하였다!

벤베니스트는 여기서 더 나아가 흥미로운 사실을 전해준다. 능동태와 수동태의 구별이 새로운 것이라는 말은, 일찍이 능동태도 아니고 수동태도 아닌 '중동태middle voice'라는 태가 존재했고 이것이 능동태와 대립했다는 것이다. 달리 말해 본래 존재하고 있던 것은 능동태와 수동태의 구별이 아니라 **능동태와 중동태의 구별이었던 것이다.**

이 사실을 처음 알게 되었을 때 사람들은 경이로움을 느낀다. 평상시에 능동과 수동의 대립은 마치 필연적인 대립인 듯이 우리의 사고 깊숙한 곳에서 작용하고 있다. 그리고 그것을 그대로 흉내내기라도 하듯 문법도 능동태와 수동태라는 두 가지 태를 갖는다. 그러나 본래 그것과는 다른 태가 존재했으며 다른 대립이 존재하고 있었다. 능동태와 수동태의 대립은 보편적인 것도 필연적인 것도 아니다.

그러면 이로부터 다음과 같이 생각해볼 수 있다.

능동과 수동의 구별은 능동태와 수동태라는 문법상의 구별이 발생시키고 있는 효과가 아닐까? 능동과 수동의 구별이 그런 메커니즘에 의해 상당히 무리하게 강행되는 이유는 기본적으로 그것을 발생시키는 능동태와 수동태의 구별이 조금도 보편적이지 않으며, 아예 역사상 새로운 것이었기 때문은 아닐까? 역사의 어느 시점에서 모종의 이유로 능동과 수동을 대립시키는 퍼스펙티브perspective◆가 언어 속에 도입되었는데 그 도입 시점에서의 모순이 이 구별의 조잡함으로 드러나는 것은 아닐까?

중동태라는 태가 존재하고 있었다는 사실은 이러한 가설을 세울 수 있는 근거가 된다. 즉, 우리가 행위를 기술할 때에 이용하지 않을 수 없는 그러한 개념을 문법의 견지에서 고찰할 수 있도록 해준다.

'내가 나의 손을 든다'에서 '내 손이 올라간다'를 빼면?

행위를 논함에 있어 언어, 특히 문법에 주목한다는 것은 돌출적인 발상도 특수한 시도도 아니다. 오히려 논의의 중심에 있어도 괜찮았을 터인데 왠지 무시당해온 논점이라고 해도 과언이 아니다.

철학에는 '행위론'이라는 분야가 있다. 그 출발점에 있는 것이 오스트

◆ '퍼스펙티브'를 '관점'으로 번역하는 경우도 있지만, 저자는 양자를 구분하여 사용하므로 번역도 그에 따랐다. 한편 퍼스펙티브를 '원근법'으로 번역하는 경우도 있는데, 본래도 그리 적절한 번역은 아니며 이 책에서는 더욱 그러하여 채택하지 않았다. 참고로 요즘 사상가들 중에는 '관점'과 다른 의미에서 '퍼스펙티브'를 특별히 사용하는 경우가 있다. 이 경우 후자에는 좀 더 신체적인 측면과 사회역사적으로 구축되는 측면, 그리고 퍼스펙티브 자체가 복수적이라는 측면 등이 강조된다. 크게 보아 저자의 용법도 이와 상통하는 것으로 판단된다.

리아의 빈에서 태어나 영국에서 활약한 철학자 루트비히 비트겐슈타인이 남긴 다음의 구절이라고 알려져 있다.

'내가 나의 손을 올린다.' 그때 내 손이 올라간다. 여기에 하나의 문제가 출현한다. 내가 나의 손을 올린다는 사실에서 내 손이 올라간다는 사실을 뺐을 때, 거기에 남는 것은 대체 뭔가?[19]

아마도 많은 사람들은 이 물음에 '의지'나 '의도'라 답할 것이다. 실제로 '내가 나의 손을 올린다'에 '의도적 행위'를 대응시키고, '내 손이 올라간다'에 '비의도적 행위'를 대응시켜 고지식하게 이 뺄셈에 대한 답을 도출하고자 하는 연구 논문도 존재한다.[20]

하지만 비트겐슈타인의 이 뺄셈식은 단지 뺄셈의 답을 요구하는 것이 아니다. 이는 '의지'나 '의도' 등을 어디까지나 **구문의 차이**로, 즉 **구문이 초래하는 효과**로 포착하고자 하는 퍼스펙티브의 제시이자 그에 대한 질문의 제기이다.

이러한 뺄셈을 제시해보니 '의지'나 '의도' 등이라 불리는 것이 어쩌면 구문에 의해 초래되는 효과일지도 모른다는 데에 생각이 미치는데, 그러면 이 효과는 어떻게 생각하면 좋을까? 비트겐슈타인은 그렇게 독자에게 물음을 던지는 것이다.

nothing을 왜 떠올리는가?

따라서 이 뺄셈에 대해 "의지적이라 불리는 여러 행위들과 비의지적이라 불리는 여러 행위들 사이에는, 모든 경우에 공통으로 발견되는 그런 차이 따위는 하나도 존재하지 않는다"라는 비트겐슈타인의 말을 인용하면서, "아무것도 남지 않는다nothing"라는 식으로 답할 수도 있겠다.[21] 하지만 그렇게 답하는 데 머무른 채 왜 우리가 'nothing'임에 틀림없는 그런 **뭔가를 떠올리지 않을 수 없는지를** 묻지 않는다면, 스피노자가 지적한 상태, 즉 실제로는 태양이 가까이 있다고 느끼면서도 단지 언어상으로만 멀리에 있다고 말하는 것과 완전히 동일한 상태에 빠지게 된다.

비트겐슈타인은 구문에 주목했다. 우리는 태에 주목한다. 이미 말했듯이 태에는 거대한 변동의 역사가 있다. 태에 주목할 때 우리는, 역사를 무시하고 구문을 의미론적으로 분석하는 방식을 피해 언어의 역사에 주목할 수 있게 된다. 그것은 뒤에 확인하게 되겠지만 사회의 역사에 주목하는 일이기도 할 것이다.

§

일찍이 능동태도 아니고 수동태도 아닌 또 하나의 태, 중동태가 존재했다. 앞서 쉽게 떠올릴 수 없다고 언급했던 능동과 수동이라는 대립의 외부가 실제로 존재했던 것이다. 게다가 그것은 까다로운 철학 이론 속에 있었던 게 아니다. 일상적으로 사용되는 언어 속에 하나의 태, 중동태로 존재했다.

그러면 중동태란 무엇인가? 어떠한 것인가?

명칭만 보면 마치 능동태와 수동태의 중간인 것처럼 보인다. 이 인상은 올바른 것일까?

또, 중동태는 적어도 현재 언어의 무대에서는 사라져버린 듯하다. 정말로 그러하다면 그것은 왜 소멸되어버렸을까?

어쩌면 그것이 모습을 바꾸어 아직 계속 존속하고 있는 게 아닐까?

하지만 그렇다 해도 왜 우리는 중동태에 대해 배워본 적이 없을까?

그리고 중동태와 능동태의 구별이 근저에 깔려 있는 언어에서라면, 대체 세계는 어떻게 기술될까?

중동태가 생존해 있는 세계, **중동태의 세계**란 어떠한 것일까?

제2장

중동태라는
옛 이름

앞서 '내가 뭔가를 한다'라는 문장의 분석을 통해, 우리는 능동과 수동이라는 구별이 행위를 기술함에 있어 실로 불편하고 부정확하다는 점을 확인했다. 걷는다는 흔해 빠진 행위조차 그 구별로는 다 수렴되지 않았다.

그런데 이 구별은 우리 사고의 깊숙한 곳에서 작용하고 있다. 능동과 수동이라는 구별에 대해서는 그 바깥을 상상하는 일조차 어렵다. 즉, 쉽사리 그것을 내버릴 수 없는 것이다.

우리는 이 까다로운 구별의 유래를 문법에서 찾고자 했다.

능동과 수동의 구별은 문법에서의 '능동태'와 '수동태'의 구별에 대응한다. 영문법 등을 통해 학교에서는 능동태와 수동태가 있고 **그것밖에 없다**고 가르친다. 한번 이 구별에 친숙해지면 그것은 필수적인 것처럼 느껴진다.

그러나 이 구별은 적어도 보편적이지는 않으며 언어의 역사에서 보자면 새로이 출현한 것이라고 한다. 원래는 능동태와 수동태의 대립이 아니라 능동태와 중동태의 대립이 존재했기 때문이다.

능동태와도 다르고 수동태와도 다른 또 하나의 태가 문법 사항으로 존재했었다는 사실은 그것을 몰랐던 자에게는 충격일 것이다. 그러나 능동태와 수동태의 대립이 조금도 보편적이지 않고 또 비교적 새로운 것이라고 한다면, 행위를 기술함에 있어 능동-수동이라는 구별이 부정확하다는 사태 역시 조금도 기이할 게 없다.

그러면 능동태와 수동태라는 대립의 외부에 있는 중동태란 무엇인가?

1. '중동'이라는 명칭 문제

중동태가 먼저 있었다

중동태란 일찍이 인도-유럽어에 널리 존재하던 태이다. 인도-유럽어란 현재의 영어, 독일어, 불어, 러시아어 등의 바탕이 된 언어 그룹(어족)을 말하며 여기에 속하는 언어들은 고대(최소한 8,000년 이상 이전의 시대)부터 인도에서 유럽에까지 걸친 지역에서 광범위하게 사용되었다.

이 언어들이 가진 동사 체계에는 오랜 기간에 걸쳐 능동태와 수동태의 대립이 존재하지 않았다. 그 대신 존재했던 것은 능동태와 중동태의 대립이다. 능동태와 수동태를 대립시키는 사고에 너무나 익숙해진 나머지 이런 이야기가 이상할 수밖에 없지만, 사실 수동태는 대단히 먼 훗날이 되어

서야 중동태의 파생태로서 발전해온 것이라는 점이 비교언어학 분야에서 이미 밝혀져 있다.[22]

중동태는 일찍이 존재했었다. 즉, 중동태는 그 실태를 확인할 수 없는 특별한 뭔가가 아닌 것이다. 예컨대 플라톤이나 아리스토텔레스, 혹은 그리스 비극 등을 읽기 위해 고전 그리스어를 배우는 사람은 누구라도 이 태를 배운다. 중동태는 고전 그리스어 문법서에서는 단순히 하나의 문법 항목일 뿐이다.

그 밖에 인도-유럽어족 인도어파에 속하는 산스크리트어(범어)에도 중동태가 있다(종종 '반사태反射態'라고도 번역된다). 라틴어에서는 중동태가 이미 태로서는 상실된 상태이지만 그에 상응하는 것이 동사 그룹으로 남아 있다(형식소상 동사形式所相動詞).

그러나 중동태는 그 뒤 인도-유럽어의 주요 무대로부터 퇴각하여 사라져간다.[23] 능동태와 중동태의 대립은 능동태와 수동태의 대립으로 대체된 것이다.

그럼 왜 이런 이름이?

지금까지 이 문제에 관한 역사를 간결하게 서술해보았다. 그런데 이 간결한 역사로부터 이미 하나의 문제, 실로 복잡하고 까다로운 문제가 모습을 드러낸다.

원래는 능동태와 중동태의 대립이 있었고 수동태는 중동태의 파생형으로 훗날 발달하기 시작한 데 불과하며 따라서 능동태와 수동태의 대립 자체가 비교적 새로운 대립이라고 한다면, 마치 능동태와 수동태 사이에 있는 듯한 '중동태'라는 명칭은 어울리지 않는다는 느낌이 든다. 능동태와 수동태가 있고 그 사이에 중동태가 위치해 있는 듯 느껴지기 때문이다.

'중동태'라는 명칭은 중동태의 역사와 모순되는 것이 아닐까?

이 명칭은 고대 그리스의 문법학자들에 의해 부여된 것이다. 그렇게 보면 이 명명의 역사 자체가 하나의 문제를 낳게 된다.

왜 중동태에는 그 역사와 모순되게 보이는 '중동태'라는 이름이 붙어 있을까? 그리고 또 그러한 명명은 무엇을 의미하는 것일까?

중동태를 둘러싼 우리의 탐구는 여기서 고대 그리스 문법 연구의 역사로 향하지 않을 수 없다.

2. 아리스토텔레스의 『범주론』에서의 중동태

고대 그리스의 문법 연구

고대 그리스에서 문법 연구의 효시로 확인 가능한 것은 플라톤의 대화편과 아리스토텔레스의 논문들이다.

플라톤의 『크라튈로스』는 언어 문제를 정면으로 다룬 최초의 철학서로 유명하다. 여기에서 언어가 자연스러운 것인지 아니면 관습이나 약속에 입각한 것인지가 논의되는데[24] 명확한 결론에는 도달하지 못한다.[25]

이 책에는 그리스어 문장의 요소를 명사적 요소와 동사적 요소, 즉 오노마^{ὄνομα}와 레마^{ῥῆμα}로 나누는 사고방식이 제시되어 있다.[26] 이는 훗날의 문법 연구에 커다란 영향을 끼친 결정적인 구별이었는데 오노마와 레마가 단어인지, 구句인지, 아니면 양쪽 다인지 등에 대해서는 명백히 언급되어 있지 않다.[27] 따라서 당연하게도 동사의 태나 시제 등에 대해 심도 있는 연구도 되어 있지 않다.

아리스토텔레스는 문법 연구를 체계적으로 행한 최초의 철학자이다. 그의 『명제론』(한국어판은 『범주들, 명제에 관하여』(이제이북스, 2009)이다_옮긴이)은 기본적으로 논리학 저작에 속하지만 여기에서 오노마와 레마가 독립 항목으로 배치·논의되고 있다.[28] 특히 레마의 규정에 시제의 지시가 더해져 있는 점은 문법 연구에서의 이 책의 위치를 명확히 보여준다.

다만 여기서 레마는 '동사'라기보다는 '술어'에 가까우며 그 예로 드는 것도 '건강하다'나 '하얗다' 같은 형용사이다. 따라서 당연하게도 아리스토텔레스의 레마 연구에도 동사의 태에 관한 기술은 보이지 않는다.

아리스토텔레스, 10가지 범주의 수수께끼

하지만 아리스토텔레스의 저작을, 비스듬한 각도에서 조망해보면 동사의 태에 대한 고찰을 읽어낼 수는 있다. 문제가 되는 것은 『범주론』(한국어판은 한 권(『범주들, 명제에 관하여』)으로 번역되어 있지만, 저자는 두 권(『범주론』, 『명제론』)으로 나누어 번역된 일역본에 입각하여 이야기하고 있다_옮긴이)이라는 저작이다.[29]

범주란 사물이나 사태가 '말해지는(레게타이 $\lambda\epsilon\gamma\epsilon\tau\alpha\iota$)' 때의 개념적인 틀을 가리킨다. '현실적으로 존재하는 것'이나 '실제로 일어나는 일'들은 다양하다. 동일한 것은 하나도 없고 저마다 다 다르다. 그러나 우리는 그것들을, 예컨대 '얼마만큼', '어떻게', '어디', '언제' 등의 틀에 적용함으로써 인식하고 이야기할 수 있게 된다. 범주란 그러한 틀을 가리킨다.

범주에 대한 논의를 시작하면서, 『범주론』 제2장은 서두에서 이렇게 말한다. "말들(말해지는 것) 가운데 어떤 것들은 조합되어 말해지며, 어떤 것들은 조합되지 않고 말해진다."[30]

조합되어 말해지는 것이란 예컨대 '사람이 달리다', '사람이 이기다' 등의 문장을 가리키고, 조합되지 않고 말해지는 것이란 그 문장들을 구성하는 요소, 즉 '사람', '소', '달리다', '이기다' 등을 가리킨다. 개념적 틀인 범주는 문장을 구성하는 이 요소들을 정리하고 분류한다.

아리스토텔레스에 따르면 그러한 범주에는 10가지가 있는데, 그 항목들은 다음과 같다.

①실체, ②어느 만큼인가(양), ③어떠한가(질), ④무엇과 비교해서인가(관계), ⑤어디에서인가(장소), ⑥언제인가(때), ⑦어떤 자세인가(자세), ⑧어떤 상태인가(상태), ⑨하는가(능동), ⑩겪는가(수동).

『범주론』에 따르면 사건이나 사태를 말하기 위한 문장을 구성하는 요소들은 전부 이 10가지 범주 항목 중 어딘가에 분류될 수 있다. 독자들은 여기서 '왜 10개지?'라는 의문을 품지 않을 수 없다. 철학자들도 동일한 생각을 했다. 예컨대 18세기에는 프랑스의 포르루아얄학파가 아리스토텔레스를 지목·비판하면서 그 내용을 쇄신했고(범주의 개수는 10개로 동일했다), 독일의 임마누엘 칸트는 각각 세 가지 하위 항목을 갖는 양, 질, 관계, 양상이라는 네 가지 항목을 선정하여 도합 12개의 범주로 구성된 표를 작

성했다.[31]

일단 여기서 묻고 싶은 것은 이 범주들이 타당하냐 아니냐가 아니다. 아리스토텔레스가 범주로 이 10가지를 든 이유이다. 왜 다름 아닌 이 10개 항목이었던 걸까?

벤베니스트의 추측

벤베니스트는 이 문제에 실로 흥미로운 답을 제시한다. 벤베니스트에 따르면 이 범주들은 그리스어의 문법 사항에 정확히 대응한다고 한다.

"이 구별들은 무엇보다도 우선 언어의 범주이다. 그런 점에서 볼 때 아리스토텔레스는 마치 절대적인 것인 양 추론하고 있지만 실제로는 결국 자신이 사고할 때 사용한 언어의 기본적 범주 몇 가지를 발견한 것에 지나지 않는다고 생각된다."[32]

결국 경험을 분류하기 위한 보편적 틀로 제시되어 있는 이들 항목은 어쩌면 아리스토텔레스 자신이 대화할 때 사용한 그리스어라는 언어의 문법을 그대로 반영한 것일지도 모른다는 것이다.

그리고 무엇보다도 주목해야 할 것은 이 10개의 범주에 대응하는 것으로 벤베니스트가 들고 있는 문법 항목의 내용이다. 그 내용에 따르면 처음 6개의 범주는 명사의 형태에, 나머지 4개의 범주는 동사의 형태에 대응한다.

이 책의 입장에서 중요한 것은 후자인 4개 범주에 대응하는 동사의 형태이다. 이 네 가지 형태가 다름 아닌 중동태, 중동태의 완료형, 능동태, 수동태이다.[33] 즉, 아리스토텔레스는 우리가 행위를 **별생각 없이 능동과 수**

동으로 갈라버리듯이, 말해질 때의 사물이나 사태를 이 네 가지 형태로 분류하고 있었던 셈이다. 그리고 이 형태들 속에서는 중동태가 확고한 지위를 점하고 있다. 중동태는 능동태나 수동태로는 환원되지 않는 성질을 가진 범주로 전제되며 심지어 이들 분류 중 맨 처음에 놓여 있다.

중동태와 수동태의 위치를 들여다본다

물론 이것은 벤베니스트의 가설에 불과하고 이에 대해 다양한 반론이 제시되어 있다는 점에도 유의할 필요가 있다(제4장에서 상세히 검토할 것이다).

아리스토텔레스가 제7범주의 예로 제시한 두 가지 동사, '자고 있다^{άν} ^{άκειται}'와 '앉아 있다^{κάθηται}'가 태로 중동태만을 취하는 동사라는 점, 나아가 제8범주의 예로 제시한 동사 '신발을 신고 있다^{ὑποδέδεθαι}'와 '무장武裝하고 있다^{ὥπλισθαι}'가 중동태의 완료형이고, 게다가 이들과 쌍을 이루는, 앞서 나온 제7범주에 해당하는 두 가지 동사('자고 있다'와 '앉아 있다')에는 완료형이 결여되어 있다는 점을 생각해보면, 아리스토텔레스의 범주표가 과연 그 자신이 사용하던 언어의 반영에 불과하다고만 할 수 있을지는 확실치 않다. 그렇긴 하지만 최소한 거기서 **중동태가 능동태나 수동태와 다름없는 지위를 유지하던 당시의 언어 상황을 읽어내는 것**은 가능할 것으로 판단된다. 중동태를 갖는 언어가 중동태로만 지시할 수 있는 관념을 갖고 있었다는 것은 도리어 당연하다고 하겠다.

그리고 이런 퍼스펙티브를 취했을 때 중동태와 나란히 주목되는 것은 수동태의 존재이다.

중동태의 분파에 불과했던 수동태는 비록 서열의 제일 끝자리라고는 해도, 거기에 틀림없이 모습을 보이고 있다. 아리스토텔레스가 철학을 강의하던 시점에서 수동태는 이미 **중동태와 대등한** 자리를 획득한 상태이다. 분파인 수동태가 이 시점에 대두하고 있었다고 할 수도 있을 것이다.

어쩌면 이렇게 말할 수 있을지도 모르겠다. "능동태와 중동태의 대립이 능동태와 수동태의 대립으로 치환되어가는 과정은 당시 은밀하게 진행되고 있었다. 플라톤이나 아리스토텔레스는 바로 그러한 교체기를 살고 있었다."[34]

3. 스토아학파 문법 이론에서의 중동태

세 가지 태의 유형이 이미 제시되어 있었다

플라톤과 아리스토텔레스에 의해 개시된 문법 연구를 계승하여 독자적인 문법론을 전개한 것이 스토아학파이다.[35] 그들의 문법론은 아리스토텔레스의 문법론보다 현격하게 상세하였다. 특히 동사 연구가 두드러지게 진전되어 굴절변화(동사 활용)와 격변화(명사 변화)가 '프토시스πτσις'와 '클리시스κλίσις'의 차이로 명확히 구별되었다.[36]

굴절변화 개념과 함께 스토아학파가 동사 이론에 기여한 바로 자주 거론되는 것은 동사의 시제를 이론화했다는 점이다. 그런데 이 문제는 이 책의 범위를 일탈하게 되므로 여기서는 논하지 않겠다.[37] 이 책의 문맥에서 다루어야 할 문제는, 나중에 능동태, 수동태, 중동태라 불리게 될 세 가지 태에 얼추 상응하는 유형을 스토아학파가 이미 제시하고 있었다는 점이다. 스토아학파는 이 유형들을 각각 '능동태 타동사*ὀρθὸν μαὸρθόν*', '수동태 *ὑπτία*', '중성*οὐδέτεϱα*'이라 불렀다.[38] 분류로는 아직 정비되지 않은 면도 있지만, 세 가지 태가 명확히 나란히 나타난다는 점은 중동태의 역사를 사유하는 데에서 중요한 의미를 갖는다.

'어느 쪽도 아닌 것'으로서의 중동태

이 세 가지 태에 대한 설명도 주목할 만하다. '능동태 타동사'는 사격斜格 (통상 대격對格이라고 한다)[39]을 동반하는 것으로 정의되어 있다. 대격은 목적어를 나타내는 명사의 격이므로 능동태는 목적어를 갖는 형태로 정의되어 있는 셈이다. 이는 명쾌한 정의일 것이다.

이어지는 '수동태'는 '휘포*ὑπό*'와 속격屬格을 동반하는 것이라 정의되어 있다. 영어의 수동태에서 사용되는 'by+명사'가 그리스어에서는 '휘포+ 명사의 속격'으로 표현되기 때문에 이 또한 이해하기 쉬운 설명이다.

그런데 '중성' 문제에 이르면 돌연 설명이 불명료해진다. 중동태에 대응하는 이 형태는 앞의 두 가지 규정, 즉 '사격' 및 '휘포+명사의 속격'의 **그 어느 것도 동반하지 않는** 형태로 정의된다.[40] 요컨대 이상과 같이 세 가지로 구분함에 있어서 중동태에 대응하는 '중성'만이 소극적으로(부정적인 방식으로) 정의되어 있는 셈이다.

이것은 '중동태란 …이다'라는 정의가 이 시점에 이미 곤란해진 상태임을 의미한다. 나중에 보게 되겠지만 지금도 여전히 중동태의 의미론적 정의는 상당히 혼란스러운 상태이다. 그러나 그 혼란은 스토아학파가 동사의 설명을 시도했던 시점에 이미 시작되고 있었던 것이다.

4. 문법의 기원으로서의 트라쿠스의『문법의 기법』

오늘날까지 영향을 끼치고 있는 가장 오래된 문법서

'중간'이나 '중용'을 의미하는 '메소테스^{μεσότης}'라는 단어로 중동태를 지칭하는 능동태-수동태-중동태 구조가 언제 출현했는지 엄밀하게는 알 수 없다. 하지만 명확한 지표가 될 텍스트가 존재한다. 바로 문법학자 디오니시오스 트라쿠스의『문법의 기법(테크네 그라마티케, 이하『테크네』로 표기)』이다.[41]

이는 현존하는 가장 오래된 그리스어 문법서이고 고대 그리스에서 그때까지 축적된 문법 연구의 성과를 처음으로 정연하게 체계화한 것이다(단, 현존하는 텍스트가 트라쿠스가 쓴 것 그대로 전해지는 것인지에 대해서는 의구심이 있다.)[42]

트라쿠스는 기원전 1세기에 활약한 언어학자이다. 호메로스 연구로 유명한 아리스타르코스에게 사사했다. 아리스타르코스와 트라쿠스 등은 알렉산드리아에서 학문에 힘쓴 '알렉산드리아학파'로 알려진다. 철학적 관심에서 언어를 연구한 스토아학파와는 달리 이들은 문헌학적인 관심에서 언어를 연구했다.

그리스의 지식층은 알렉산드리아시기에 이르러서야 겨우 자신들의 문학상의 과거를 자각하기 시작했다고 알려져 있다. 이 시기에 특히 진전이 이루어졌던 분야는 호메로스 연구였는데 그것은 당시 "주해注解 없이는 호메로스의 작품을 더 이상 (문학가들을 제외하고는) 누구도 제대로 이해할 수 없게 되었"기 때문이라고 한다.[43]

알렉산드리아학파가 언어학에 끼친 영향은 매우 커서 스토아학파가 구축해온 문법 연구도 이 학파에 의해 그 지위가 흔들리게 된다.[44]

특히 트라쿠스의 『테크네』는 이후 문법 연구의 틀을 완전히 결정지었다. 이 텍스트는 기원후 이른 시기에 아르메니아어와 시리아어로 번역되었고 그 후 1,000년 이상에 걸쳐 적어도 18세기에 이르기까지 문법의 표준적 교과서로 읽혔다. 그리고 그 영향은 오늘날에까지 이르고 있다.

어떤 연구자는 근대 영문법의 교과서가 거의 트라쿠스의 『테크네』를 따라 쓰였다고 표현했을 정도이다.[45] 이는 과장이나 허풍이 아니다. 실제로 현재 사용되고 있는 문법 용어 대부분이 『테크네』에서 유래한다(심지어 『테크네』가 라틴어로 번역될 때의 오역이 그대로 현재까지 계속 이어져온 예도 있다).

"동사는 … 능동과 수동을 나타낸다"

『테크네』의 해당 대목을 검토해보자. 「레마(동사)에 대하여」라는 제목의 절은 13번째 절로 되어 있다.[46] 각국의 언어로 번역된 텍스트들을 참조하면서 대략 표준적이라 여겨지는 방식으로 서두 부분을 번역해보겠다.

〈동사에 대하여〉
동사란 격변화를 하지 않는 단어로 시간, 인칭, 수를 지시하며 능동(에네르게이아)과 수동(파토스)을 표현한다. 동사에는 8가지 우유성偶有性이 있다. 법, 태(디아테시스), 종種, 형태, 수, 인칭, 시제, 활용이다.

법은 5가지가 있다. 직설법, 명령법, 희구법希求法, 접속법, 부정법이다.

태는 3가지가 있다. 능동(에네르게이아), 수동(파토스), 중동(메소테스)이다. 능동은 예컨대 '나는 때린다^{uptō}'이고, 수동은 '나는 맞는다(때려진다)^{t} ^{uptomai}'이다. 중동은 부분적으로는 능동을, 부분적으로는 수동을 나타낸다. 예를 들어 '나는 (거기에) 머물러 있다^{pépēga}', '나는 정신을 잃은 상태이다^{diéphthora}', '나는 자신을 위해 (무언가를) 만들었다^{epoiēsámēn}', '나는 자신을 위해 문서를 썼다^{egrapsámēn}' 등이 있다.[47]

⟨Περὶ ῥήματος⟩

Ῥῆμά ἐστι λέξις ἄπτωπος, ἐπιδεκτκὴ χρόνων τε καὶ προσώπων καὶ ἀριθμῶν, ἐνέργειαν ἢ πάριστᾶσα. Παρέπεται δὲ τῷ ῥήματι ὀκτώ, ἐγκλίσεις, διαθέσεις, εἴδη, σχήματα, ἀριθμοί, πρόσωπα, χρόνοι, σνζυγίαι.

Ἐγκλίσεις μὲν οὖν εἰσι πέντε, ὁριστική, προστακτική, εὐκτική, ὑποτακτική, ἀπαρέμφατος.

Διαθέσεις εἰσὶ τρεῖς, ἐνέργεια, πάθος, μεσότης· ἐωέργεια μὲν οἷον τύπτω, πάθος δὲ οἷον τύπτομαι, μεσότης δέ ἡ ποτέ μὲω ἐνέργειαν ποτὲ δὲ παριστᾶσα, οἷον πέπηγα διέφθορα ἐποιησάμην ἐγραψάμην.

이후 종, 형태, 수 등에 대한 설명이 이어진다. 보는 바와 같이 트라쿠스의 설명은 극히 간소하다(『테크네』 자체가 현대어로 번역하면 열 몇 페이지밖에 안 되는 짧은 텍스트이다). 이어지는 설명도 인용 대목과 완전히 동일하게 '이 유형은 몇 가지가 있는데, 예를 들자면…'이라는 식으로 되어 있다. 이렇게 심플한 기술에 도달하기까지 엄청나게 많은 양의 연구가 축적되어야 했다는 점을 생각해보면, 자신이 평소 이야기할 때 사용하는 언어의 문법을 의식하고 그 규칙을 발견하며, 또한 그것을 체계적으로 기술한다고 하는 작업이 얼마만큼이나 곤란한 일인지 가늠해볼 수 있을 것이다.

'능동과 수동의 대립'에 종속되는 것으로서의 중동

비록 기술은 확실히 간소하게 되어 있지만, 『테크네』에서 이 대목이 갖는 의의는 대단히 크다. 서두부터 보기로 하자. 트라쿠스는 '시간, 인칭, 수'와는 별개로, '능동(에네르게이아)과 수동(파토스)'이라 적고 있다. 이 두 가지가 동사에서 중요한 의미를 갖는 개념으로 취급되고 있다는 걸 읽어낼 수 있다. 다만 여기서는 이 두 가지밖에 거론되지 않는다. 직후의 상세한 설명에서는 이 두 가지와 나란히 '중동(메소테스)'이 나오지만, 서두부에서는 언급조차 되어 있지 않은 것이다.

흥미로운 것은 세 가지 태의 설명이다. 읽어보면 곧장 알 수 있듯이 트라쿠스는 능동(에네르게이아)과 수동(파토스)에 대해서는 설명을 하지 않으며, 게다가 각각에 대해 예를 하나씩밖에 제공하지 않는다. 둘의 의미가 자명하여 예도 각각 하나씩이면 충분하다고 여기는 것일까?

그에 반해 중동(메소테스)에는 확실히 설명이 붙어 있다.

"중동은 부분적으로 능동을, 부분적으로 수동을 나타낸다$\mu\epsilon\sigma\acute{o}\tau\eta\varsigma$ $\delta\grave{\epsilon}$ $\acute{\eta}$ $\pi o\tau\grave{\epsilon}$ $\mu\grave{\epsilon}\nu$ $\grave{\epsilon}\nu\acute{\epsilon}\rho\gamma\epsilon\iota\alpha\nu$ $\pi o\tau\grave{\epsilon}$ $\delta\grave{\epsilon}$ $\pi\acute{\alpha}\theta o\varsigma$ $\pi\alpha\rho\iota\sigma\tau\tilde{\alpha}\sigma\alpha$."

중동태는 이미 능동과 수동에 종속되는 것으로밖에는 취급되지 않으며 적극적인 의미를 상실하고 있다고도 읽을 수 있다. 그렇기 때문에 능동과 수동의 대립에 이어지는 것으로서, 그 중간으로서 '중동'이라 불리고 있는 것일 수도 있겠다.

여기서 능동과 수동의 대립이야말로 태의 근간에 있다고 보는, 오늘날에 이르기까지 유지되고 있는 통념을 읽어낼 수도 있을 듯하다. 앞서도 말했지만 실제로 이 트라쿠스의 『테크네』는 오랜 시기에 걸쳐 문법서의 표준적 교과서였던 것이다.

5. 에네르게이아와 파토스를 둘러싼 번역 문제

이상은 『테크네』에 쓰여 있는 태에 관한 기술을 일독했을 때 얻어지는 첫 번째 인상 같은 것이다.

능동태와 수동태의 대립을 거슬러 올라가면 트라쿠스의 『테크네』에 이른다. 이것은 틀림없는 사실이다. 이 책의 강대한 영향력에 대해 생각해보면 메소테스라는 말로 중동태를 일컫는 능동태-수동태-중동태 3구분의 기원은 이 텍스트에 있다고 해도 큰 지장은 없을 것이다.

하지만 실은 트라쿠스의 텍스트를 과연 그렇게 읽을 수 있는가에 대해서는 의문의 여지가 있다. 어떤 점에서 그럴까?

여기서 언어학자 폴 켄트 앤더슨Paul Kent Andersen의 주목할 만한 독해를 소개하겠다.[48] 앤더슨은 (우리가 지금까지 이야기해온) 태에 대한 트라쿠스의 독해 전부에 대해 이의를 제기하는 전혀 새로운 해석을 제시한다. 논의가 대단히 복잡해지긴 하겠지만 앤더슨의 해석을 소개하면서 다시 한 번 세세하게 『테크네』의 해당 대목을 읽어보자.

에네르게이아는 '수행하기', 파토스는 '경험하기'

앤더슨의 해석은 트라쿠스가 사용한 용어의 번역 문제에서 출발한다.

에네르게이아ἐνέργεια와 파토스πάθος라는 말은 우선 라틴어로는 activum과 passivum으로 번역되었다. 그 후 영어에서는 이들이 active와 passive로 번역된다. 일본어의 '능동'과 '수동'도 이렇게 라틴어를 경유한 근대어 번역에서 유래한다.

그러나 앤더슨에 따르면 라틴어에 의한 번역 전통에 따라 에네르게이아와 파토스를 그렇게 이해해서는 안 된다. 왜냐하면 서두에서 '시간, 인칭, 수'와 나란히 출현하는 에네르게이아와 파토스는 동사의 형태가 아니라 그 의미를 표현하기 때문이다.

에네르게이아는 무언가를 '수행하는 것performance'으로, 파토스는 무언가를 '경험하는 것experience'으로 해석해야 한다고 앤더슨은 말한다. 이 해석에 따라 서두 부분을 번역한다면 "동사란 격변화를 하지 않는 단어로 시간, 인칭, 수를 나타내며, 수행과 경험을 표현한다"로 바뀔 것이다.

이렇게 번역을 변경할 수 있는 것은 에네르게이아와 파토스를 문법 용어로 각각 activum와 passivum이라 번역하는 전통이 바로 이 **트라쿠스 텍스트의 번역과 주석에 의해 시작되었기** 때문이다. 바꿔 말하자면 트라쿠스 전에 두 단어를 문법적인 의미에서 사용한 적이 있었다 해도 그 두 단어의 문법용어로서의 의미는 『테크네』의 번역과 주해의 전통 속에서 확고해지기 시작한 것이다.

실제로 그리스어 사전을 찾아보면 에네르게이아 항목에는 '행위action'나 '활동operation' 같은 의미가 적혀 있고, 파토스 항목에서는 '누군가에게 일어난 일anything that befalls one'이라든가 '어떤 사람의 경험one's experience' 등의 정의를 찾아볼 수 있다.[49] 이 단어들이 그리스어에서 일반적으로 사용되는 말이기 때문이다.

문법서인 테크네에 나오는 단어라고 해서 에네르게이아를 '능동', 파토스를 '수동'으로 번역해버리고 만다면 라틴어 번역에 입각한(즉, 후대에 발전한) 전통을 그 전통 전의 텍스트에 투영하는 꼴이 되어버린다. 그렇게 해서는 이 말들이 무엇을 의미하고자 하는지를 탐구할 수가 없다.

메소테스는 '예외적인 것'

그러면 메소테스는 어떻게 되는 걸까?

이미 확인했던 바와 같이 동사를 논하는 제13절의 서두에서는 에네르게이아와 파토스만이 언급된다. 반면 에네르게이아와 파토스와 메소테스라는 세 가지 명사를 나란히 늘어놓는 것은 그 후에 이어지는 대목, 즉 예를 동반하여 설명하는 대목에서였다. 독자들이 전체적인 구도를 쉽게 이해할 수 있도록 미리 말해두자면, 에네르게이아는 능동태의 활용, 파토스는 [놀랍게도 수동태가 아니라] 소위 **중동태의 활용**에 대응하고 메소테스라는 말은 이들 두 가지에 비해 '예외적인' 경우를 가리키기 위한 2차적인 용어에 불과하다는 것이 앤더슨의 결론이다.

이 결론을 이해하기 위해서는 그리스어의 중동태와 수동태의 활용을 둘러싼 사정을 다소 알아 두어야 한다.

그리스어를 공부할 때 처음에 놀라게 되는 것이 '그리스어는 동사의 태에 능동태와 수동태와 중동태, 이렇게 세 가지가 있다'라고 배움에도 불구하고 실제로는 두 가지 활용밖에 배우지 않는다는 점이다. 왜냐하면 아오리스트(그리스어 특유의 시제로, 일회적인 성격이 강한 과거를 표현한다*)와 미래, 이렇게 두 가지 시제만 제외하면 수동태와 중동태의 활용 형태가 전적으로 동일하기 때문이다.

그렇긴 하지만 '수동태의 활용과 중동태의 활용이 전적으로 동일하다'라는 설명도 사실은 부정확하다. 동일한 형태의 단어가 문맥에 따라 때로는 수동태로, 때로는 중동태로 이해되고 있는 것에 불과하기 때문이다. 수동태가 중동태에서 파생된 것이라고 앞에서 쓴 바도 있지만, 그리스어에서 수동의 의미와 중동의 의미가 하나의 형태에 동거하고 있는 사태는 바로 그러한 사실의 한 증거이다.

◆ 아오리스트는 인도-유럽어의 동사 활용 형태로서 일회적이며 완결된 행위를 나타낸다. 예컨대 "열 살 때, 나는 저 나무에서 떨어졌다"에서 '떨어졌다'와 같은 경우이다. 반면에 "열 살 때, 나는 저 학교에 다녔다"의 '다녔다'는 일회성 행위가 아니라 1년에 몇백 번 이상 반복되는 행위다. 이런 경우는 아오리스트가 아니다.

다르게 표현해보자면 '중동태로 활용되고 있지만 수동의 의미를 갖는 경우가 있다'라고 해야 할지, 아니면 '수동태로 활용되고 있지만 중동의 의미를 갖는 경우가 있다'라고 해야 할지 , 바로 그것을 결정할 수가 없다는 얘기이다. '파토스'가 지시하는 태를 중동태라 부르는 앤더슨은 여기서 과감하게 전사의 표현 방식을 채용하고 있는 셈이다.

실제로 앤더슨은 그리스어에서 동사의 활용은 능동태와 중동태 두 가지뿐이라고 확실히 쓰고, 능동태가 아닌 쪽의 활용을 어떻게 부를지에 대해서는 특별한 논의 없이 그냥 판단을 내리고 있다(후술하겠지만, 바로 이 대목 때문에 우리는 앤더슨의 해석에 약간의 거리를 둔다. 앤더슨은 하나의 형태에 동거하고 있는 의미의 비중이 변화해가는 역사, 혹은 하나의 형태 안에서 학자들이 읽어내고자 하는 의미의 구성이 변화해가는 역사를 고려에서 제외하고 태를 논하는 것으로 생각되기 때문이다).

6. 파토스는 '나는 타격당한다'뿐이 아니다

'튑토'와 '튑토마이'

이렇게 규칙만 설명해가지고는 이해하기가 어려울 것이다. 트라쿠스도 그렇게 생각해서인지 구체적인 예를 들었다. 우선은 에네르게이아와 파토스의 구체적인 예를 검토해보자.

트라쿠스가 드는 구체적인 예가 단지 사태를 알기 쉽게 만들어주는 기능만 있느냐 하면, 거기에는 의문이 있다. 왜냐하면 앞서 나왔던 인용문을 보면 알 수 있듯이 트라쿠스가 드는 예는 한결같이 한 단어 동사, 즉 문맥

없이 그저 형태만을 부여받은 동사이기 때문이다.

거기에 복수의 의미가 동거하고 있었던 것은 물론이고 그 의미의 비중이 또한 변화하는 중이었다는 사실도 우리는 알고 있다. 이에 대한 해석은 수많은 연구자들에게 난제였다. 단, 에네르게이아와 파토스의 예는 상당한 정도로 확실히 체계적인 해석을 할 수가 있다. 해석이 가장 심하게 곤란한 경우는 후술할 메소테스의 예시이다.

트라쿠스는 에네르게이아에 대해서는 튑토ᵗύπτω, 파토스에 대해서는 튑토마이ᵗύπτωμαι의 예를 든다.

에네르게이아의 예는 능동태의 예로 생각하면 된다. 직설법 현재 1인칭 단수로 활용하는 이 동사는 '나는 타격한다'를 의미한다.◆ 바로 '수행performance'의 사례이다.

그에 반해 파토스의 예시는 조금 복잡하다. 에네르게이아의 예와 동일하게 직설법 현재 1인칭 단수로 활용하는 이 동사는 파토스를 '수동태'라 번역하는 종래의 해석에 따르면 '나는 타격당한다'라고 번역해야 한다. 영어로 이를 번역한 켐프Kemp도, 프랑스어로 번역한 랄로Lallot도 그렇게 번역하였다.[50] 그러나 이미 말했듯이 이것은 수동태의 예로도 또 중동태의 예로도 읽어낼 수가 있다. 아직 중동태의 의미론을 탐구해보지 않았으니, 여기서는 일단 튑토마이ᵗύπτωμαι의 다의성을 지적하는 데 그치기로 한다.

◆ 본래는 '때리다'인데, 일본어나 영어와 달리 우리말은 이 동사의 태를 자유자재로 바꾸기가 쉽지 않다. 그래서 편의를 위해 '타격하다'로 번역하고, 수동태의 경우 '타격당하다'나 '타격받다'로 번역하기로 한다.

'타격당한다'에서 '애도한다'까지

우선 수동으로 이해한다면, 이 표현은 '내가 무엇에 타격받는다'라고 번역할 수 있다. 여기서 주어의 '경험'을 강조한다면, '내가 타격받은 상태에 있다'로 될 것이다. 한편, 이 형태는 재귀적인 의미 역시 갖고 있으므로, 이 지점에 주목한다면 '스스로 자신을 타격한다'라고도 번역 가능하다.

나아가 타격받는 것, 즉 타격의 추상적인 의미를 강조한다면 '나는 (뭔가에 마음을) 타격받은 상태에 있다'라고도 번역 가능하며, 여기서 한 걸음 더 나아가면 대단히 흥미롭게도 '내가 뭔가를 애도하고(아파하고) 있다'라고도 해석이 가능하다. 이 예에 대한 해석이 어지간한 수단 가지고는 안 된다는 점을 이해할 수 있을 것이다.

앤더슨은 그 의미가 얼마나 폭넓을 수 있는지를 구체적으로 이미지화하기 위해 임의의 그리스어 텍스트에서 예를 찾아내어 소개하고 있다. 그것들을 참조해보자. 다음에 나오는 세 가지는 모두 헤로도토스의 『역사』에서 인용한 것이다. 영어 번역은 앤더슨이 참조하는 번역을, 일본어 번역은 마쓰다이라 지아키松平千秋의 번역을 취할 것인데, 표기 등에는 약간 손을 보았다.

(a) 제6권 138절

εἴ τε τύπτοιτό τις αὐτῶν ὑπ᾽ ἐκείνων τινός

If one of these (children) was beaten by one of those (children)

(그 아이들의) 동료들 중 누군가가 (펠라스고이의) 아이에게 구타당하는 일이 있다면

(b) 제2권 61절

τύπτονται μὲν γὰρ δὴ μετὰ τὴν θυσίην πάντες καὶ πᾶσαι

After the sacrifice, all of the men and women beat themselves (on
the chest)

희생식이 끝난 후, 실로 몇만 명이나 되는 남녀가 빠짐없이 자신의 몸을
치며 슬픔을 나타낸다

(c) 제2권 61절

τὸν δὲ τύπτονται

Whom they mourn

누구를 애도하여

문제의 동사를 3인칭 희구법으로 활용시킨 예문 (a)는 수동태의 의미를
표현하는 예이다. (b)는 재귀적인 의미의 예, 그리고 (c)는 타격의 추상적인
의미를 강조한 예이다. 여기서 더 이상 이 예문들을 검토할 순 없지만 이
것으로 일단 튑토마이^{τύπτομαι}가 얼마나 폭넓은 의미를 가질 수 있었는지
가 이해되었기를 바란다.

파토스는 오히려 중동태를 나타낸다

자, 이제 앤더슨의 해석으로 돌아가자. 그 해석의 요점은 다음 네 가지
로 정리가 된다.

(1) 에네르게이아와 파토스를 '능동' 및 '수동'이라 번역해서는 안 된다.

(2) 그리스어에 있는 것은 능동태의 활용과 중동태의 활용뿐이다.

(3) '수행'을 의미하는 에네르게이아는 능동태의 활용에, '경험'을 의미하는 파토스는 중동태의 활용에 대응한다.

(4) 메소테스라는 단어는 이 두 가지 범주에 적용되지 않는 예외를 지시하기 위한 2차적 용어로, 에네르게이아 및 파토스와는 대등하게 병렬될 수 없다(그런 까닭에 제13절의 서두에서는 메소테스가 언급되지 않는다).

앤더슨은 이리하여 메소테스라는 용어의 가치를 떨어뜨리는 것인데, 이것은 중동태를 업신여기는 것이 전혀 아니다. 오히려 그는 지금까지 '수동태'를 지시한다고 오해받아온 **파토스 항목**이야말로 '중동태'를 담당하고 있다고 말하는 것이다. 그리고 방금 본 바와 같이 파토스의 예로 제시되는 튐토마이^{τύπτωμαι}는 단순한 수동에 머물지 않고 폭넓은 의미를 받아들일 수 있는 형태였다(그러나 그렇게 되면 한 가지 마음에 걸리는 문제가 발생한다. 여기서 파토스의 의미로 간주되는 '경험'이 과연 이렇게나 폭넓은 의미를 받아들일 수 있는 것일까?).

7. 메소테스를 둘러싼 번역 문제—네 가지 예

그럼 메소테스 대목에서 나열되는 예는 어떨까? 에네르게이아 및 파토스의 예와는 달리, 여기서는 예가 네 가지나 제시된다. 앤더슨은 이것들을

'예외'로 다루어야 한다고 말하는데, 만일 그렇다고 한다면 어떠한 의미에서 예외일까? 하나하나 보기로 하자.

'나는 거기에 머물러 있다'

첫 번째로 나오는 페페가^{πέπηγα}는 페그뉘미^{πήγνυμι}의 능동태의 완료형이다.

우선 주목해야 할 것은 이 동사가 능동태로 활용되고 있다는 점이다. 메소테스의 예로 거론되는 첫 번째 동사가 능동태로 활용되고 있다. 그러나 우리는 동시에 그것이 완료형이라는 점에도 주목해야 한다. 왜 그럴까? 사전에 따르면 제일 첫 번째 뜻이 '고정하다'인 이 동사는 **완료로 사용되었을 때에는 '수동적인 의미'**를 갖기 때문이다.[51] 켐프의 영어 번역도, 랄로의 프랑스어 번역도 그 점을 참작하여 '나는 거기에 머물러 있다'라는 의미의 표현으로 번역하였다.[52]

아까와 마찬가지로 앤더슨이 그리스어 텍스트에서 동일한 문례文例를 소개하고 있으므로 그것을 참조하기로 하자. 이번에는 호메로스의 『일리아스』를 인용한다.

제3가 135행
παρὰ δ' ἔγχεα μακρὰ πέπηγεν
and nearby the long spears were stuck
그리고 바로 옆에는 긴 창이 꽂혀 있었다

싸움을 그치고 조용히 주저앉아버린 트로이아군과 아카이아군을 보고, 여신 이리스가 한 말의 일부이다. 마쓰다이라 지아키의 번역을 보면 "… 양군이 지금은 이미 싸우기를 그만두고, 방패에 기대어 장창長槍을 땅바닥에 꽂아놓고 조용히 앉아 있다"라고 되어 있다.[53]

3인칭 복수로 활용되어 있기 때문에 트라쿠스의 예와 형태가 완전히 똑같지는 않지만, 시제는 동일하게 완료이다. 앞서 말한 대로 완료 시제는 단순한 시제 관계를 초월한 의미상의 규정을 초래하며 또한 능동태로 활용하고 있는 동사에 **능동과는 다른** 의미를 부여해준다. 창은 어떤 시점에 땅에 꽂혔다. 그리고 잠자코 앉아 있는 병사들 곁에 **꽂힌 그 상태 그대로** 있다. 이 표현은 그러한 사태를 지시하고 있는 것이다.

'나는 제정신을 잃고 있다'

두 번째인 디에프토라^{διέφθρα}도 마찬가지로 **완료 시제가 단순한 시제 관계를 초월한 의미상의 규정을 동사에게 제공하는** 예이다.

이는 '파괴하다'를 의미하는 디아프테이로^{διαφθείρω}의 능동태 완료형이다. 어떤 변형도 없이 그대로 '파괴했다', '파괴해버렸다'라는 능동의 의미도 가질 수 있지만, 거기서 방향을 틀어 '자신이 파괴당한 상태에 있다', '제정신을 잃고 있다', '파멸할 운명에 있다'를 의미한다.[54]

메소테스의 예로 제시되어 있는 이상 앞서 나왔던 첫 번째 예와 마찬가지로 능동의 의미와는 다른 의미로 번역되어야 할 것이다. 켐프도, 랄로도 그렇게 번역하고 있다.[55] 앤더슨이 소개하는 문례를 보도록 하자. 앞서와 마찬가지로 『일리아스』에서의 인용이다.

제15가 128행

μαινόμενε, φρένας ἠγέ, διέφσορας

(You) raving (person), (you) crazy (person), you are doomed

너는 미치고, 분별을 잃고, 제정신을 잃어버리고 있다

이는 흉포한 아레스를 비난하며 여신 아테네가 말한 대사의 일부이다. 마쓰다이라 지아키의 번역에서는 다음과 같이 되어 있다. "마음이 어지러운 자여, 마음이 미쳤는가? 그래서는 그대의 파멸이 있을 뿐."[56]

사전이나 번역 등을 종합해 생각을 정리해보면 이 표현에는 시간적으로 볼 때 상당히 넓은 의미의 폭이 있는 듯하다. 일단 '파괴되어버렸다'가 본뜻이라고 할 수 있는데 그로부터 일보 전진하여 '제정신을 잃은 상태이다'를 의미할 수도 있고 거기서 한발 더 전진하여 '파멸할 운명에 있다'라는 뉘앙스도 가질 수 있다(영역에서 doomed는 그런 의미이다). 하지만 어떤 경우라도 거기서 의미되고 있는 것은 어떤 시점에서 뭔가가 파괴되어 주어가 그 파괴당한 상태에 계속 있다는 사태일 것이다.

'완료'가 지닌 특별한 지위란?

다시 확인해두자면 지금까지 거론된 두 가지 동사는 능동태로 활용되고 있음이 틀림없지만 완료 시제로 제시됨으로써 하나같이 **능동과는 다른**

의미를 획득하는 것이었다.

이 다른 의미는 사전이나 연구서에서는 '수동'이라고 설명되어 있다. 그러나 이 설명은 '능동이 아니다'라는 점만을 알려줄 뿐이다. 충분하다고는 볼 수 없다. 왜냐하면 두 표현이 의미하는 것은 무슨 일인가를 당한 것이 아니기 때문이다.

완료라는 시제에 주목한다면 이들이 나타내는 사태는 어떤 시점에서 **뭔가가 일어났고** 그것에 의해 야기된 상태가 **지금도 계속되고 있는** 것이라고 설명할 수 있다. 그리고 이렇게 의미를 풀어본다면 왜 완료 시제가 단순한 시간 관계를 초월한 의미상의 규정을 동사에 제공하는지 그 이유가 어렴풋하게나마 드러나기 시작한다. 이 표현들에서 완료 시제가 나타내는 것은 주어가 뭔가를 수행하는 사태(능동)도 아니고 주어가 뭔가를 겪거나 당하는 사태(수동)도 아닌, 주어의 어떤 상태가 **계속 이어지고 있다**는 것을 나타낸다.

요컨대 완료 시제는 여기서 능동이나 수동 그 어떤 쪽으로도 온전히 수렴되지 않는 의미를 담당하고 있다. 그렇다면 그 의미를 무엇이라고 부르면 좋을까?

여기서 상기해야 할 것은 아리스토텔레스의 『범주론』을 해설하는 벤베니스트가 중동태와 완료형 사이에는 어떤 특수한 관계가 있다고 지적했던 사실이다. 그리고 벤베니스트는 그리스어에는 **완료형이 아니고는 표현이 불가능한 관념들의 수 또한 적지 않다**는 이야기도 했다.[57]

우리는 모든 동사가 능동태와 수동태를 가지며 그것들이 하나같이 과거나 완료, 현재 혹은 미래 등의 시제로 활용된다고 하는 막연한 이미지를 갖고 있다. 그러나 적어도 완료 시제는 그런 이미지에 항거한다. "완료는 그리스어의 시제 체계로 온전히 수렴되지 않는다."[58]

요컨대 완료는 시제임에도 불구하고 **태의 구분에 간섭한다**는 것이다. 그리고 그러한 특별한 지위를 가진 시제인 완료가 중동태와 깊은 관계를 갖는다.

'나는 자신을 위해 만들었다'

세 번째인 에포이에사멘$\overset{\acute{\epsilon}\pi o\iota\eta\sigma\acute{\alpha}\mu\eta\nu}{}$은 이른바 중동태로 활용되고 있는 동사의 예이다.

시제는 아오리스트이며 원형 포이에오$\overset{\pi o\iota\acute{\epsilon}\omega}{}$는 '만들다' 혹은 '초래하다'를 의미한다. 중동태와 수동태는 동사의 동일한 활용 안에 동거하고 있지만, 아오리스트와 미래라는 두 가지 시제에 한해서는 수동태가 특수한 형태를 취한다. 따라서 이 두 가지 시제에 관해서는 중동태와 수동태를 명확히 구별하는 것이 가능하다. 에포이에사멘$\overset{\acute{\epsilon}\pi o\iota\eta\sigma\acute{\alpha}\mu\eta\nu}{}$은 중동태이다.

이는 다음 장에서 상세히 검토할 논점이므로 여기서는 가볍게 언급하는 데 그치겠지만, 중동태는 너무나 자주 '능동의 의미를 갖지만 주어가 그 행위를 자신을 위해 수행할 때에 사용된다' 등으로 설명된다. 그래서 만일 '능동의 의미를 갖는다'라는 부분에 따른다면 '나는 (그것을) 만들었다'가 되고(랄로의 번역은 이쪽으로 해석), '자신을 위해 …한다'를 강조하면 '나는 자신을 위해 (뭔가를) 만들었다'나 '나 자신을 위해 만들게 했다'가 된다(켐프의 번역은 이쪽으로 해석).[59]

앤더슨이 드는 문례를 참조해보자. 마찬가지로『일리아스』에서의 인용이다(트라쿠스의 예와 마찬가지로 중동태로 활용되고 있고, 시제 역시 아오리스트이다).

제8가 2행

Ζεὺς δὲ θεῶν ἀγορὴν ποιήσατο

And Zeus arranged an assembly of the gods

그리고 제우스는 신들의 회의를 소집했다

제우스가 신들에게 트로이아군에도, 아카이아군에도 가세하지 말도록 명하기 위해 회의를 여는 장면이다. 마쓰다이라 지아키의 번역은 "… 제우스는 여러 봉우리로 나누어진 올림포스의 가장 높은 정상에서 신들의 회의를 개최했다"라고 되어 있다.[60]

제우스는 명확한 목적을 가지고 자신을 위해 회의를 연 것이므로 '주어가 그 행위를 자신을 위해 할 때에 사용된다'라는 중동태에 대한 일반적 설명이 적용되는 예로 해석이 가능할 테지만 이 점에 대해서는 다음 장에서 다시 한 번 검토하기로 하자.

'나는 자신을 위해 문서를 썼다'

네 번째인 에그라프사멘ἐγραφάμην도 중동태로 활용되고 있다. 세 번째 예와 마찬가지로 시제도 아오리스트이다. 원형인 그라포γράφω는 '쓰다'를 의미한다.

켐프의 영어 번역과 랄로의 프랑스어 번역은 아까 나온 세 번째 예와 전적으로 동일한 해석을 채용했다.[61] 이 예의 의미는 앤더슨이 아리스토파네스의 『벌蜂』에서 인용한 다음 용례를 읽어보면 쉽게 이해될 것이다.

907~908행

τῆς μὲν γραφῆς ἠκούσαθ' ἣν ἐγραψάμην ἄνδρες δικασταὶ τουτονί

You have heard the indictment that I have brought against him, you judges

판사님들, 귀하들께서는 제가 그에 대해 쓴 기소장 내용을 들으셨습니다

법정에서 하는 크산티아누스의 대사이다. 고즈 하루시게高津春繁의 번역으로는 다음과 같이 되어 있다. "재판관 여러분, 여러분은 이 사람에 대한 저의 소訴를 들으셨습니다."[62]

크산티아누스는 자신을 위해 기소장을 쓴 것이다. 중동태가 사용되고 있는 이유는 이로써 설명될 테지만 이 점에 대해서는 다음 장에서 검토하기로 하자.

메소테스는 단지 예외를 가리킨다

이상으로 메소테스의 예로 거론된 네 가지 동사를 검토해보았다. 정리하자면 다음과 같다.

앞의 두 가지는 활용은 능동이지만 의미는 비능동(수동이라고 설명되는 경우도 있지만 수동으로는 전부 다 수렴할 수가 없다)이다. 뒤의 두 가지는 활용은 중동이지만 의미는 능동(능동이라는 규정으로부터 빼져 나오는 의미를 갖고 있긴 하지만 그렇다고 해서 능동이라고 할 수 없는 것도 아니다)이다.

요컨대 이들 네 가지는 에네르게이아와 파토스의 대립으로는 매끄럽게 설명되질 않는다. 활용과 의미가 어긋난 예들인 것이다. 따라서 이들을 모두 담는 메소테스라는 명칭은 규칙에 대한 예외를 일컫는다는 것이 앤더슨의 해석이었다.

앤더슨은 자신이 제시하는 수행과 경험 개념을 사용하여 앞의 두 가지 예('나는 (거기에) 머물러 있다', '나는 제정신을 잃은 상태이다')에 있어서는 주어가 술어를 경험하고 있을 뿐 수행하고 있는 것은 아니며, 뒤의 두 가지 예('나는 자신을 위해 (뭔가를) 만들었다', '나는 자신을 위해 문서를 썼다')에서는 주어가 술어를 경험하는 게 아니라 수행한다고 쓰고 있다.

'에네르게이아'와 '파토스'라는 단어가 1차적으로 능동과 수동을 결코 의미하지 않듯이 '메소테스'라는 단어 또한 1차적인 의미는 '중동'이 아니다. 그것은 일반적으로 '중간적인 것'을 의미하며 유명한 대목에서는 아리스토텔레스가 말한 '중용'도 메소테스이다. 또한 랄로가 지적하듯이 메소테스에 대응하는 형용사 메소스는 고대 그리스 언어학에서 이항대립의 도식에 적용되지 않는 것을 가리킬 때 자주 사용되었다.[63]

메소테스가 왜 '중동태'로 간주되어왔는가?

따라서 『테크네』에서 메소테스는 중동태를 지칭하는 게 아니며 에네르게이아와 파토스의 그 어느 쪽에도 속하지 않는 것, '중간적인 것'을 일반명사로서 지칭한다는 앤더슨의 해석은 상당히 설득력이 있다고 하지 않을 수 없다.

이 해석에 따르면 사태는 다음과 같이 된다.

(1) 트라쿠스의 『테크네』 자체는 능동태와 중동태를 '수행(에네르게이아)'과 '경험(파토스)'이라 부르며 대립시키고 반면 거기에 잘 들어맞지 않는 예들은 한데 뭉뚱그려 '중간적인 것(메소테스)' 항에 담았다.

(2) 하지만 후세의 학자들은 '능동태에 대립하는 것은 수동태인데 그리스어에는 여기에 적용되지 않는 중동태라는 것이 있었다'라고 철석같이 믿었다. 그랬던 탓에 여러 세기에 걸쳐 에네르게이아를 '능동태', 파토스를 '수동태'라 번역하였고 또 그렇게 해석하면서 어떤 의문도 품지 않았다. 게다가 메소테스의 경우 중동태에 한정되지 않는 사례들이 제시되고 있음에도 불구하고 이를 '중동태'라 번역해왔고 또 그리 해석해왔다.

이것은 충분히 있을 수 있는 사태이다.

8. 기묘한 기원

이것은 단순한 오독이 아니다

앤더슨이 가설로 제시하며 기술하는 그 내용의 타당성에 대해서는 이 이상 판단하지 않겠다. 이 책에서는 오히려 앤더슨의 이 주목할 만한 가설로부터 끌어낼 수 있으면서도 그 자신은 거의 주의를 기울이지 않은 다음과 같은 귀결에 주목한다.

앤더슨은 중동태가 수동태로 대체되어가는 역사적 변화에 대해 전혀 언급하지 않았다. 그럼에도 불구하고 그의 가설은 이미, 이렇게 변화한 사실에 대한 재해석이 되어 있다. 어떻게 된 일일까?

일찍이 능동태와 중동태를 대립시키는 퍼스펙티브가 존재하였다. 그리고 그 퍼스펙티브는 점차 우리가 잘 알고 있는 능동태와 수동태를 대립시키는 것으로 변화되어갔는데, 이 변화는 다양한 이유로 인해 의식되지 않았다. 고대 그리스의 문법학자들이 문법을 기술하게 된 시점에 이미 능동태와 수동태의 대립은 당연시되어가는 중이었던 것이다. 그런 까닭에 이 대립을 믿어 의심치 않았던 후세의 학자들은 예전의 문법서들 역시 자신들의 퍼스펙티브 안에서 읽어내고자 해왔다.

앤더슨의 논문은 지금까지의 학자들이 저질러온 『테크네』에 대한 오독을 지적하는 데 머물러 있다. '그들은 『테크네』를 오독해왔던 것이다'라고. 그러나 이는 혹시 단순한 오류의 문제가 아니라 태를 둘러싼 변화가 의식되지 않았던 사태의 귀결이 아닐까?

만일 그렇다면 『테크네』라는 텍스트 자체가 아니라 『테크네』를 그런 특정 방식으로 반복해서 참조해온 것이, 중동태를 제3항으로서 배제하거나 특별시하는 퍼스펙티브를 계속 재생산해온 셈이 된다.

어떤 퍼스펙티브가 그 자신에 의해 강화되는 과정

그런 식으로 생각해보면 『테크네』는 능동태와 수동태의 대립에 있어서의 기묘한 '기원'이라 하지 않을 수 없다.

이 텍스트는 **실제로 트라쿠스가 어떻게 생각하고 있었는지와 관계없이** 능동과 수동을 대립시키는 퍼스펙티브에 의해 번역·해석되어왔다. 그리고 그렇게 번역되고 해석될 **때마다** 능동태와 수동태의 대립이 활성화되어온 것이다. 이 책의 입장에서 중요한 것은 이 사실이다.

『테크네』는 후대에 보급되는 교설을 제시했다는 의미에서 기원인 게 아니라(이런 경우라면 소위 말하는 기원, 즉 일회성 기원이 된다), 후대에 **여러 차례 참조됨으로써 참조하는 측의 퍼스펙티브를 반복 활성화시켰다는** 바로 그런 의미에서의 기원이다(이는 반복적 기원이라고나 불러야 할 기원이다).

이는 우리가 앤더슨의 가설에 대해 '충분히 있을 수 있다'라는 것 이상의 판단을 내리지 않는 이유기도 하다. 그 가설이 옳았든 옳지 않았든 간에 『테크네』가 능동태와 수동태의 대립의 기묘한 기원이었다는 점에는 변함이 없다.

나아가 다음 장과의 관련 속에서 앤더슨의 해석으로부터 도출되는 과제를 다음과 같이 지적해두고 싶다. 앤더슨은 에네르게이아를 '수행', 파토스를 '경험'이라 번역하였고, 이를 능동태와 중동태의 대립에 일치시켰다. 이 설명은 트라쿠스의 『테크네』를 해석하는 차원에서는 충분할 수도 있겠지만 능동태와 중동태의 대립 자체에 대한 해석으로는 충분하다고 할 수 없다.

왜냐하면 중동태로 활용한 동사는 **사태의 수행도 의미하기** 때문이다. 사실 트라쿠스가 든 세 번째와 네 번째 예는 소집하기, 쓰기를 지시하고 있었다.

물론 앞서도 얘기했지만, '수행'과 '경험'은 『테크네』를 해석하기 위해 끄집어낸 개념이라서 이 과제는 앤더슨의 이 논문으로부터 도출되는 2차 적인 과제라고 하지 않을 수 없다. 다음 장에서 이 문제에 대해 씨름해보자.

제3장

중동태의
의미론

문법 연구의 역사를 보면 문법을 논하는 작업이 상상 이상으로 어렵다는 것을 알 수 있다.

우리는 언어를 사용한다. 그러니까 그 언어의 규칙을 알고 있을 것이다. 그런데 그 규칙을 의식하고 정리해보고자 하면 잘 되질 않는다. 문법을 논한다는 일은 자신들이 따르고 있음에도 불구하고 완전히 의식할 수는 없는, 그런 이상한 뭔가를 상대로 하는 일이다.

그렇다고 한다면 이 책의 과제에는 더 곤란한 문제가 있음을 알 수 있을 터이다. 중동태를 논한다는 것은 일찍이 어떤 사람들이 그것을 따르고는 있었지만 당연히 완전히는 의식하지 않았으며, 어떤 시점 이후로는 일부 철학자나 문법가들이 그것을 의식하고자 시도했지만 잘 되지 않았고 그 규칙 자체도 변화해버린, 그러한 무언가를 논하는 일이기 때문이다.

여러 차례 반복해서 말해왔듯이, 비교언어학의 고고학적 연구 성과에 따르면 인도-유럽어에 본래 존재했던 것은 능동태와 수동태의 대립이 아니라 능동태와 중동태의 대립이었다. 수동은 중동태가 가질 수 있는 의미의 하나에 불과했다. 이런 의미에서 '중동태'라는 명칭은 부정확하다. 중동태는 중간적인 것이 아니다^{Middle voice is not middle}.

하지만 후대에 수동태가 능동태와 대등한 지위를 획득하고 중동태를 무대 전면前面에서 퇴장시켰다. '중동태'라는 명칭은 중동태가 무대 전면에서 내몰린 뒤의 바로 이 퍼스펙티브에 의해 만들어진 것이다.

이 명칭의 역사를 탐구하는 과정에서 우리는 기원전 1세기에 알렉산드리아에서 활약한 문법학자 디오니시오스 트라쿠스의 『문법의 기법(테크네 그라마티케)』에 주목했다. 대략 18세기까지 문법의 표준적 교과서로 이용되었고 현재의 문법 용어 대부분이 여기서 기원한 이 텍스트에서는 후대에 각각 능동태, 수동태, 중동태라 번역되게 될 에네르게이아, 파토스, 메소테스라는 용어로 동사의 태가 분류되어 있었다.

능동태, 수동태, 중동태라는 3분법으로 태를 분류한다는 것은 능동태와 수동태를 대립시킨 바탕 위에서 그 사이에 있는 중간적 존재로 중동태를 위치 짓는 것이다. 따라서 '중동태'라는 명칭의 기원, 혹은 능동태와 수동태를 대립시키는 퍼스펙티브의 기원은 필시 이 텍스트에서 찾게 되는데 실제 사태는 조금 복잡했다.

왜냐하면 이 텍스트에서 '에네르게이아'와 '파토스'라는 말이 능동태와 수동태를 지시하느냐 아니냐에 대해 의문이 남았기 때문이다. 우리는 언어학자 폴 켄트 앤더슨의 가설을 추적하면서, 트라쿠스가 능동태와 중동태를 대립시키는 퍼스펙티브 속에서『테크네』를 썼을 가능성을 검증했다. 그 가설은 상당히 설득력 있는 것이었다.

하지만 문제는 실제로 트라쿠스가 **어떤 생각으로 이 텍스트를 썼든 간에** 후세 학자들은 이 텍스트를 능동태와 수동태를 대립시키는 퍼스펙티브로 읽고 주석해왔다는 점이다(이 텍스트는 실로 줄곧 주석의 대상이었다).[64]

그렇다면 이『테크네』는 능동태와 수동태를 대립시키는 퍼스펙티브에 있어서 기묘한 기원으로 존재하고 있다는 얘기가 된다. 모종의 방식으로 트라쿠스의 참된 의도가 판명되었다 해도『테크네』가 능동태와 수동태를 대립시키는 퍼스펙티브에 있어서의 반복적 기원이었다는 점은 달라지지 않는다. 그런 까닭에 앤더슨의 가설에 대략 동의하면서도 그 이상의 판단은 보류했다. 반복되는 얘기이지만, 이 책에서 중요한 것은『테크네』를 되풀이해서 참조해온 그 행위가 바로 능동태와 수동태의 대립을 계속 보강해온 역사이기 때문이다.

앤더슨은 '수행'과 '경험'이라는 개념으로 에네르게이아와 파토스의 의미를 각각 설명했다. 그러나 이는 어디까지나『테크네』에서의 에네르게이아와 파토스를 설명하기 위한 도구이다. 우리는『테크네』의 독해를 통해 중동태의 실제 표현을 접한 바 있다. 이제 그것이 의미하는 바를 탐구해야 할 시점이다.

1. 중동태에 주목하는 연구들: 제3항이라는 신비화

자살? 타살? 그렇지 않으면…

중동태라는 것이 일찍이 존재했지만 그 실태는 확인되지 않는 그런 특별한 것이 아니라는 점은 앞 장에서도 적은 바 있다. 그와 전적으로 동일하게 중동태에 주목하는 연구도 실은 조금도 참신한 것이 아니며 오히려 흔해 빠진 것이다. 많은 분야의 연구자들이 능동과 수동이라는 범주의 불충분함을 알아차렸고 그 범주에 온전히 수렴되지 않는 중동태에 계속해서 주목해왔다.

예컨대 심리학 영역에서는 하워드 조지가 쓴 흥미로운 '논문'이 있다.[65]

이 논문은 빌딩의 베란다에서 사람이 떨어져 사망한 사건을 둘러싸고 과연 그 인물이 스스로 뛰어내린 것인지 아니면 다른 사람에 밀려 떨어진 것인지, 그것을 판단하기가 얼마나 어려운지를 뜨거운 법정극 형태로 표현한 픽션이다(당연히 이 사건은 실제로 있었던 게 아니다. 그렇다 해도 이러한 논문의 게재를 승인한 미국심리학회《이론적·철학적 심리학》은 얼마나 품이 넓고 깊은 저널인가?).

말다툼 이후 베란다에서 떨어진 피해자의 죽음은 자살인가 타살인가? 논문은 말미에서 이렇게 쓰고 있다.

영어에서는 동사가 두 가지 태 중 하나로 표현될 수 있습니다. 즉, 능동(내가 밀었다)이냐 수동(나는 밀렸다)이냐입니다. 영어에는 세 번째 태는 없습니다. 주어와 술어의 관계를 표현하는 별도의 방법이 없는 것입니다. 주어는 능동이거나 수동이어야 합니다. 내가 그것을 했거나 혹은 그것이 나에 대해 이루어졌거나, 둘 중 어느 쪽이어야만 합니다. 그러나 몇몇 언어들은 세 번째 태, 즉 중동태라는 것을 갖고 있습니다. 거기서는 동사의 행위가 다양한 방식으로 주어에 다시 반송됩니다. '설득하다 persuade'라는 동사에 대해 생각해봅시다. 영어에서는 그것이 능동태로 '나는 설득한다 I persuade'라고 표현되든가, 혹은 수동태로 '나는 설득당한다 I am persuaded'로 표현되든가 둘 중 하나입니다. 그러나 그리스어에서 peritho(나는 설득한다)는 중동태를 사용하여 perithomai가 되고, 이는 (중동태를 영어로 최대한 잘 표현해본다면) '나는 자신을 설득당하는 그대로 둔다 let myself be persuaded'가 됩니다.[66]

하워드의 물음은 전적으로 정당하며 그로부터 실로 중요한 성과가 얻어지는 것도 사실이다. 하지만 하워드는 능동태와 수동태의 대립을 전제하고 거기에 다 수렴되지 않는 '세 번째 태'로 중동태를 다루는 데 머무른다. 이래서는 능동-수동이라는 퍼스펙티브 자체를 문제 삼는 데까지는 도달할 수가 없다.

하워드의 물음은 출발점으로는 훌륭하다(논의 방식도 효과적이다). 하지만 우리는 더 앞으로 나아가야만 한다.

신비화할수록 '능동-수동' 도식은 강화된다

능동태와 수동태의 대립을 대전제로 삼은 다음 거기에 수렴되지 않는 제3항으로 중동태를 거론하는 방식이 문제인 것은, 그렇게 하면 결국 이

태를 불필요하게 특별 취급하는 결과로 이어지기 때문이다. 역사적으로 볼 때 이 방식이 신비화의 양상을 노출하고 만 적은 한두 번이 아니다. 특히 철학에서 이 경향이 현저하다.[67]

최근 100년 동안 철학에서는, 서양 근대 철학에 고유한 '주체-객체' 구조가 의문시되어온 경위와 관련되어, 한편에선 이 구조를 능동-수동이라는 문법 구조에 포개면서 다른 한편에서는 이 구조로 환원되지 않는 중동태를 찬양하는 식의 사례들이 산발적으로 발견된다.

가령 근대적인 '주체-객체' 구조를 뛰어넘으려고 한 대표적인 철학자는 마르틴 하이데거로서, 찰스 스콧이나 데이비드 레빈 등의 논문은 그의 철학을 중동태의 퍼스펙티브에서 논하였다. 그러나 이들 텍스트의 성격상 그로부터 배울 게 별로 없다는 점이 대단히 유감스럽다.[68]

그들이 말하는 바(그리고 그들이 알고 있는 바)는 능동태에도, 또 수동태에도 속하지 않는 중동태가 있었다는 점이고, 그리고 그게 전부이다. 이런 식으로 중동태를 **신비화하면 할수록** 능동태와 수동태의 대립은 일상 감각에 뿌리박은 보편적 대립으로 **강고해져간다.**

데리다와 라캉도 역시

최근 철학에서의 중동태에 대한 관심은 실은 자크 데리다의 철학에서 발단하고 있다. 데리다는 「차연差延」이라는 제목의 논문 속에서, 그 자신이 "단어도, 개념도 아니다"라고 말하는 '차연différance'을 설명할 때 중동태라는 단어를 채용하였으며,[69] 이것이 데리다를 추종하는 논자들에 의해 원용되어왔다.

데리다는 différance가 능동적이지도 않고 수동적이지도 않다고 언급하기 위해 중동태를 언급한 것이며 이 설명 자체는 조금도 틀린 게 아니다. 하지만 데리다 역시 중동태가 능동태와 대립했다고 하는 역사를 언급하지 않고(이것은 「차연」이 특별히 중동태 자체를 논한 것은 아니기 때문에 당연한 것이지만) 그로 인해 결과적으로 불필요한 신비화에 일조하고 말았던 것으로 생각된다.

이런 식의 중동태론에 공통되는 것은 단적으로 말해서 언어학이 밝혀온 사실이 참조되지 않았다는 점이다. 언어학에서는 중동태에 대한 방대한 연구들이 축적되어왔다(물론 그 연구들이 모두 유용하다고는 할 수 없지만).

언어학에 의거하면서 중동태를 논하는 예외적인 논자는 정신분석가 자크 라캉이다. 라캉은 『세미나 3: 정신병』에서 벤베니스트의 논의를 참조하면서 "동사가 표현하는 과정 또는 상태 속에서 주체가 주체로 구성된다"라고 논하는데, 그때 라캉은 "문제가 되는 행위를 주어가 자신을 위해 한다"라고 하는 중동태의 정의를 제시하고 있다.[70]

'능동태도 아니고 수동태도 아니다'라는 설명을 초월했다는 점에서 라캉의 이해가 진일보했다고는 할 수 있지만 나중에 보게 되듯이 그의 정의는 충분치 못하며, 또한 라캉 역시 태를 둘러싼 퍼스펙티브의 변화에는 주의를 기울이지 못한 듯하다. 물론 그 자체는 비난받을 일이 아니다.

그런데 그 변화야말로 우리가 주목하려는 것이고, 따라서 언어학에서의 중동태 연구를 참조해야만 하는 것이다.

2. 중동태의 일반적 정의: 왜 기묘한 설명으로 되고 마는가?

'이해 관심'이란 어떠한 것일까?

고전 그리스어 교과서를 읽어보면 거의 대부분의 경우 중동태에 대해 다음과 같이 설명되어 있다.

(1) 중동태의 의미는 오히려 능동이다.

(2) 동사가 표현하는 동작이 주어의 이해 관심에 관계되어 있는 경우가 많다.

(3) 그러나 그 의미가 상당히 다의적이어서 이러한 설명으로는 다 포괄될 수가 없다.

(4) 따라서 매번 사전을 사용해 의미를 확인하여야 한다.[71]

간단한 예를 들어 이 정의가 의미하는 바를 보기로 하자.

'Τὸν ἵππον λύεται(톤 힙폰 뤼에타이)'라는 짧은 그리스어 문장은[72] 정관사가 붙은 목적어(Τὸν ἵππον)와 **중동태로** 활용된 동사(λύεται)로 구성되어 있다. 이를 극히 간단히 번역하자면 '그는 말을 줄에서 푼다He unties the horse'가 되는데 실은 이것만으로는 번역이 충분치 않다.

중동태로 활용하고 있을 때, 동사(λύω)가 나타내는 동작은 주어에 **작용을 미친다**는 것을 함의한다. 어떤 상황이냐 하면 이 경우에 그는 **자신을 위해** 말을 줄에서 푸는 것이다. 즉, 말을 줄에서 푸는 인물은 필시 그 말에 올라타는 인물과 같은 인물이다. 몹시 급한 주인이 평소와는 달리 직접 말을 줄에서 풀어 그대로 말에 타는 경우처럼 말이다.

혹여 하인이 주인을 위해 말을 줄에서 푸는 경우라면, 다른 표현 방식을 구사해야만 한다. 그때 사용되는 것이 **능동태**이다. 동사를 능동태로 활용시켜 앞의 문장을 바꿔 쓴다면, 'Tòν ἵππον λύει(톤 힙폰 뤼에이)'가 된다. 이 문장 또한 '그는 말을 줄에서 푼다'로 번역할 수 있다. 그러나 이때 함의되는 사태는 전혀 다르다. 이 경우 그는 자신이 타기 위해 말을 줄에서 푸는 것이 아니다.

왜 중동태가 "주어의 이해 관심과 관계있다"라든가 "문제의 행위를 주어가 자신을 위해 한다" 등으로 정의되어왔는지 쉽게 이해될 것이다. 이 설명은 확실히 **어느 정도는** 앞뒤가 맞는다. 하지만 만족할 수 있는 것이라고는 도저히 할 수 없다. 실제로 처음 이 설명을 본 사람은 '이해 관심' 등의 설명에 틀림없이 놀랄 것이다. 이처럼 정의하기 어려운 요소가 동사의 형식적 설명 속에 나타나는 것은 기묘한 일이기 때문이다.

그렇다면 이렇게 물을 수도 있을 것이다. 왜 중동태의 정의는 이렇게 기묘한 것이 되어버리는 것일까?

잃어버린 퍼스펙티브를 찾아서

트라쿠스 독해를 둘러싼 혼란을 이미 검토한 바 있기 때문에 우리는 이 물음에 답하기 위한 힌트를 수중에 넣은 상태이다.

일찍이 중동태는 중동태와 능동태를 대립시키는 퍼스펙티브 속에 있었다. 중동태는 능동태와의 대립 속에서 자신의 위치를 확정하고 있었다.

그런데 그 퍼스펙티브는 수동태의 대두와 함께 변화해갔다. 원래는 중동태에서 파생된 것에 불과했던 수동태가 중동태를 대체하였다.

지금은 그러한 퍼스펙티브, 즉 능동태와 수동태를 대립시키는 퍼스펙티브 속에 있다. 그렇다면 그 퍼스펙티브 속에 중동태를 매끄럽게 위치 지을 수 없는 것은 당연한 노릇이다. 중동태는 이 역사적 변화 속에서 일찍이 자신이 갖고 있던 장소를 잃어버린 것이다.

중동태의 일반적 정의는, 능동태와 대립하고 있던 것을 무리하게 능동태와 수동태의 대립 속에 위치짓는, 그런 무리한 일을 하려고 한다. 그래서 좀 거북한 설명이 되고 만다. 그렇긴 하지만 고전 그리스어 교과서는 이 언어를 배울 사람들의 퍼스펙티브에 맞추어 쓰인 것이므로 이러한 설명 방식은 당연하며, 오히려 그렇게 하지 않으면 안 된다고도 말할 수 있을 것이다.

하지만 중동태를 정의하고 싶다면 우리가 그 속에 빠져 있는 상태인 능동 대 수동이라는 퍼스펙티브를 일단 **괄호 속에 넣어두지 않으면 안 된다.** 잃어버린 퍼스펙티브를 어떻게든 다시 회복해야만 한다.

이것은 실로 어려운 일이다. 이 퍼스펙티브는 우리가 의식적으로 채용한 게 아니기 때문이다. 그러나 그렇다 해도 여기에 중동태를 정의하기 위한 힌트가 있다.

3. 중동태를 정의하기 위해 초월론적으로 되기

주어의 피^被작용성: 앨런의 착안점

고전 그리스어에서의 중동태를 의미론적으로 고찰한 최근의 주목할 만한 연구로, 언어학자 럿트거 앨런의 『고대 그리스어에서의 중동태: 다의성 연구』[73]가 있다.

앨런은 중동태를 둘러싼 지금까지의 언어학적 연구를 꼼꼼히 조사하였고, 또 고전 그리스어 문헌을 검토하면서 중동태의 용법에 대한 '의미론적 지도'를 상세히 작성하였다.[74] 이는 중동태의 용법을 세세하게 분류하고 그 용법들 간의 네트워크 구조를 그려낸 것이다.

이러한 접근 방식은 앨런이 중동태를 다의적인 것으로 취급한다는 걸보여주는데(제목부터가 다의성에 주목한 연구라고 되어 있다) 그와 동시에 앨런은 그것들, 즉 분류 가능한 복수의 의미에 공통되는 '추상적인 의미'를 끄집어내는 것이 가능하다는 점도 기술하고 있다.

앨런에 따르면 그 추상적인 의미란 '주어의 피작용성affectedness of the subject'이다.[75] 간단히 말하면 주어가 자기의 행위의 작용을 주어 자신이받는다는 것이다. 이는 일반적인 중동태 정의와 거의 다를 바가 없는데 앨런은 이 추상적인 의미를 정의함에 있어 지금까지 연구자들이 제시해온 중동태의 정의를 비교·검토하고 있다. 이 대목은 우리에게 크게 참고가된다. 제시되어 있는 정의는 다음 다섯 가지이다.[76]

- "중동태는 주어가 어떤 특별한 방식으로 동사의 행위에 연루되거나

혹은 그에 관심을 갖고 있는 사태를 나타낸다."(길더슬리브, 1900년)

- "동사가 주어의 영역 내에 자신의 현장을 갖고 있고 주어 전체가 이 동사에 관여된 것으로 나타난다."(부르크만, 1900년)

- "능동의 경우 동사는 주어에서 출발하여 주어의 밖에서 완수하는 과정을 지시한다. 이에 대립하는 태인 중동의 경우 동사는 주어가 그 장소가 되는 그런 과정을 표현한다. 즉, 주어는 과정의 내부에 있다."(벤베니스트, 1966년)

- "인도-이란어나 그리스어에서 중동의 굴절 어미는 주어가 개인적인 방식으로 과정에 관심(이해관계)을 갖고 있음을 나타낸다."(메이에, 1937년)

- "중동이 (능동과 대립되었을 때) 함의하는 바는, '행위' 또는 '상태'가 동사의 주어 또는 그 주어의 이해 관심에 작용하고 있다는 점이다."(리용, 1969년)

앨런은 이상과 같은 정의들을 비교 및 검토하면서, 지금까지 제시되어 온 중동태의 정의가 하나같이 그 재귀적인 의미와 수동·자동사적 용법 중 어느 하나만을 강조하는 방향으로 치우치고 말았음을 지적하고, 마지막에 제시한 리용의 정의만이 그 두 가지 모두를 균형 있게 제시하였다고 기술한다. '주어의 피작용성'이라는 정의는 리용의 정의를 개선함으로써 얻어진 것이라고 한다.

그런데 이런 판단은 타당한 것일까?

중동태는 능동태와의 대비에 의해 정의되어야만 한다

이미 말한 대로, 중동태를 정의하기 위해서는 우리가 그 속에 이미 잠겨 살고 있는 능동-수동이라는 퍼스펙티브를 일단 괄호 안에 넣어둔 다음에, 일찍이 중동태가 놓여 있던 퍼스펙티브를 복원해야만 한다. 더 구체적으로 말하자면 그 작업은 중동태를 단독으로서가 아니라 **능동태와의 대립에 있어서** 정의하는 것을 의미한다.

이렇게 되면 여기서 또 하나의 과제가 별도로 출현한다.

중동태가 능동태와의 대립에서 그 의미를 확정했던 것이라면, 전적으로 동일하게 능동태 역시 중동태와의 대립속에서 그 의미를 확정하고 있었을 것이다. 그렇다고 한다면 중동태와 대립하던 시기의 능동태를, 현재 퍼스펙티브에서의 능동태와 동일시해서는 안 될 것이다. 중동태를 정의하기 위해서는 중동태와 대립하고 있던 능동태 역시 새로 정의해야만 한다.

우리가 그 안에 잠겨 있는 퍼스펙티브를 괄호에 넣는다는 것은 바로 그러한 것을 의미한다. 중동태를 묻기 위해서는 **우리가 무의식 중에 채용하고 있는 틀, 우리 자신을 규정하고 있는 조건들**을 묻지 않으면 안 된다.

그렇다면 어느 정의에 주목해야 하는 걸까? 답은 명백하다. 앞서 제시된 정의 중에서 검토할 가치가 있는 것은 에밀 벤베니스트의 중동태 정의이다.

벤베니스트만이 능동태와의 대립에 있어서뿐만 아니라, 그와 동시에 능동태 그 자체를 재정의하면서 중동태를 정의하고 있다.[77] 바꿔 말하자면 벤베니스트만이 현재의 퍼스펙티브를 상대화하고, 그런 바탕 위에서 능동태와 중동태를 대립시키고 있던 퍼스펙티브의 복원을 시도하고 있

다. 그에 반해 다른 논자들은 자신들이 잠겨 있는 능동 대 수동이라는 퍼
스펙티브를 조금도 의심치 않은 채로 중동태의 의미를 논하고 있다.

철학적으로 표현을 하자면 여기서 벤베니스트만이 칸트가 말하는 의
미에서 '초월론적'이다. 벤베니스트는 우리가 경험하는 사물과 사태만이
아니라 우리가 사물과 사태를 경험할 때의 **조건 자체**를 문제 삼고 있다.

4. 벤베니스트의 중동태 정의

벤베니스트가 그것을 발견할 수 있었던 이유는?

벤베니스트에게 그러한 초월론적 작업이 가능했던 것은 그의 연구가
늘 언어학에만 머무르지 않는 방대한 식견知見을 배경으로 하고 있었기 때
문일 것이다.

벤베니스트는 언어학자임과 동시에 역사학자이고 사회학자이고 인류
학자이며 또한 필시 철학자였다.[78] 그의 중동태 정의는 그러한 배경이 있
었기에 비로소 가능했던 것이며 단순한 의미론적 고찰로부터는 절대로
태어날 수 없는 것이었다.

벤베니스트는 이 책이 더듬어오고 있는 언어 변화의 역사를 늘 사회 변
화의 역사로 사유했다. 그렇기 때문에 중동태를 능동태와 수동태의 대립
속에서 위치 짓고자 하는, 단적으로 말해서 역사를 무시한 소행을 간단히
배격할 수 있었던 것이다.

벤베니스트가 어떻게 해서 중동태의 의미에 바짝 접근해 갈 수 있었는

지를 여기서 재현해보자. 출발점이 되는 것은 다음과 같은 인식이다.

> [언어] 진화의 양 극단을 취해보면 동사의 능동태가 우선은 중동태에 대립하고 이어서 수동태에 대립하는 것을 알아챌 수 있다. 이 두 가지 타입의 대립 속에서 문제가 되는 것은 상이한 [두 가지] 범주이다. 그들 간의 공통항, 즉 '능동'이라는 항은 '중동'에 대립되었을 때와 '수동'에 대립되었을 때 동일한 의미를 가질 수 없다.[79]

첫 번째 문장에 기술되어 있는 것은 지금까지 우리도 몇 번이나 언급해온, 태를 둘러싼 퍼스펙티브 변화의 역사이다. 이 점에 대한 확인을 바탕으로 벤베니스트는 수동태에 대립되었을 때의 능동태는 중동태와의 대립 관계에서 가졌던 것과 동일한 의미를 더 이상 가질 수 없다고 말한다.

동일한 능동태여도 능동태와 중동태를 대립시키는 퍼스펙티브에 놓였을 경우와, 능동태와 수동태를 대립시키는 퍼스펙티브에 놓였을 경우가 동일한 의미일 수는 없다. 벤베니스트는 따라서 능동과 중동의 **대립 자체의 의미**를 정의하고자 한다.[80]

'능동-수동' 도식의 비명: 형식소상 동사

여기서 주목되는 것은 라틴어이다. 산스크리트어나 그리스어와는 달리 라틴어는 중동태를 이미 상실하고 있다. 그런데 라틴어에는 '형식소상 동사'라 불리는 이상한 동사 그룹이 있다.

형식소상 동사는 일반적으로 교과서 등에서 '형形으로는 수동태이지만 의미는 능동'이라고 설명되는 동사로, 상당수가 존재한다. 예컨대 '두려워하다'를 의미하는 vereor나 '이야기하다'를 의미하는 loquor가 여기에 해당한다.[81]

인도-유럽어의 역사에 입각해보면, 형식소상 동사는 원래 **중동태만을 취하는** 동사였다는 걸 알 수 있다. 이미 말한 바 있듯이, 수동태는 중동태에서 파생한 것이고 그리스어에서는 그 둘이 같은 형태 속에 동거하고 있었다.

따라서 중동태가 존재하지 않는 퍼스펙티브에서 바라보자면 이 동사군들은 '형으로는 수동태'로 보인다. 또한 'Τὸν ἵππον λύεται(그는 말을 줄에서 푼다)'의 사례 분석에서 알 수 있듯이 능동태와 수동태를 대립시키는 퍼스펙티브에서 바라보자면 중동태의 의미는 능동태의 의미와 구별되지 않는다. 따라서 '의미는 능동'으로 보인다.

이들 형식소상 동사의 존재는 지극히 중요하다. 중동태만 취하는 동사들이 있고, 또 중동태가 태로서 소멸한 뒤에도 그 동사들이 특수한 동사 그룹을 형성하고 있었다는 점은 **중동태에 의해서만 표현될 수 있는 관념이 있음**을 의미하기 때문이다.

그런 종류의 관념을 담당하는 동사들은 라틴어 속에서 능동과 수동을 대립시키는 퍼스펙티브에 집요하게 저항했다. 그 동사들은 중동태와 대단히 밀접하게 결부되어 있었기 때문에 능동과 수동으로 가를 수가 없었다. 형식소상 동사의 존재는 능동과 수동이라는 대립이 전혀 보편적이지 않다는 증거이다.

중동태만의 동사와 능동태만의 동사를 비교해본다

그러면 이렇게 생각될 것이다. 중동태밖에 취하지 않는 동사(media tantum이라 불린다)들과 능동태밖에 취하지 않는 동사(active tantum이라 불린다)들을 모아 그것들을 비교·검토하면 중동태의 의미와 그에 대립하는 능동태의 의미에 더 용이하게 접근할 수 있지 않을까? 어쨌든지 간에 중동태(혹은 능동태)로밖에는 표현되지 않는 동사들을 사용하여 중동태(혹은 능동태)를 정의하는 것이니까.

벤베니스트가 바로 이 방법을 채용한다. 그리고 산스크리트어, 그리스어, 라틴어, 아베스타어[82]에 공통되는 능동태만의 동사와 중동태만의 동사를 골라 다음과 같은 표를 제시한다(다음 인용에서 '산', '그', '라', '아'는 각각 산스크리트어, 그리스어, 라틴어, 아베스타어를 말한다).

〈능동태만의 동사〉

있다(산 asti, 그 ἐστι). 가다(산 gachati, 그 βαίνει). 살아가다(산 jīvati, 라 vivit). 흐르다(산 sravati, 그 ῥεῖ). 기다(산 sarpati, 그 ἔρπει). 굽히다(산 bhujati, 그 φεύγει). 바람이 불다(산 vāti, 그 ἄησι). 먹다(산 atti, 그 ἔδει). 마시다(산 pibati, 라 bibit). 주다(산 dadāti, 라 dat).

〈중동태만의 동사〉

태어나다(그 γίγνομαι, 라 nascor). 죽다(산 mtriyate marate, 라틴어 morior). 따라가다, 이어오다(산 sacate, 라 sequor). 주인이 되다, 내 것으로 만들다(아 xšayete, 그 κτάομαι, 산 patyate, 라 potior). 자고 있다(산 séte, 그 νέομαι). 앉아

있다(산 âste, 그 ἧμαι). 고향에 돌아오다(산 nasate, 그 νε´ομαι). 누리다, 이익을 얻다(산 bhuˊnkte, 라 fungor)(fungor는 '의무를 수행하다'의 의미이고, 참고로 라틴어 fruor가 '누리다'의 의미를 갖는다). 겪다, 참고 견디다(라 patior)(참고로 그리스어 ἔνομαι는 '고생하다'). 마음이 동요하다(산 manyate 그 μαιˊνομαι). 괘념하다, 염려하다(라틴어 medeor meditor, 그리스어 μηˊδομαι). 이야기하다(라틴어 loquor for)(그리스어 φάτο 참고)[83]

'하느냐 당하느냐'가 아니라 '안이냐 밖이냐'

이 표는 [한 언어가 아니라] 여러 언어에 **널리 걸쳐 있는** 능동태만의 동사 activa tantum과 중동태만의 동사 media tantum을 모은 것이다. 한 언어에 집중하여 같은 종류의 것을 모으면 이 리스트는 더 길게 만들 수 있다. 벤베니스트는 그렇게 말하면서 중동태만을 취하는 동사들의 리스트를 다음과 같이 제시한다.

> 산스크리트어 vardhate(생장하다), cyavate(흔들리다), prathate(확대되다, 확산되다).
> 그리스어 δύναμαι(…할 수 있다), βούλομαι(욕망하다), ἔραμαι(매료되다), ἔλπομαι(희망하다), αἴδομαι(상대에게 외경심을 품고 자신을 부끄러워하다), ἅζομαι(외경심을 품다)[84]

이상의 내용을 비교 검토하면서 벤베니스트는 아까 우리도 인용했던 정의를 적어놓는다.

　이상과 같은 대조를 통해 충분히 명백하게 본래의 의미에서 언어적인 하나의 구별, 주어와 과정의 관계에 관한 하나의 구별이 출현하기 시작한다. 능동에서 동사가, **주어에서 출발하여 주어 바깥에서 완수되는 과정**을 지시한다. 이에 대립하는 태인 중동태에서 동사는 **주어가 그 장소**siège**가 되는 그러한 과정**을 나타낸다. 요컨대 **주어는 과정의 내부에 있다**.[85]

　한마디로 말하면 이러한 얘기이다.

　능동과 수동의 대립에서는 **하느냐 당하느냐**가 문제되는 것이었다. 그에 반해 능동과 중동의 대립에서는 주어가 과정의 **바깥에 있느냐 안에 있느냐**가 문제된다.

능동태의 예를 검토한다

　앞서 제시된 표를 얼마간 검토해보자. 능동 범주에서 가장 이해하기 쉬운 것은 [남에게 자신의 몸이나 자신의 주장을] '굽히다'와 '주다'이다. 이들은 주체에서 출발하여 주체 바깥에서 완수되는 과정을 나타낸다.

　'먹다'나 '마시다'는 그런 과정이 아닌 것 같아 보이겠지만, 이 동사들이 의미하는 바는 '소화하다'가 아니다. (내가) 먹거나 마시거나 한 것(음식이나 음료수 등)은 주어가 점하고 있는 장소와는 다른 곳으로 사라져버린다. 그리스어 ἔδω(에도우)<ἔδει(에데이)도 '맛보다'라는 의미가 아니라, '먹어

치우다^{eat up}' 또는 '다 먹어버리다^{consume}' 같은 의미이다.⁸⁶

'가다'는 어떨까? βαίνω(바이노) <βαίνει(바이네이)에는 '어딘가로 가버리다', '떠나가다'라는 뉘앙스가 있어 영어로 말하자면 come에 대립하는 의미에서의 go와 닮았다. 그것이 지시하는 동작은, 말이 발화된 측(화자)에서는 전혀 알 수도 없는 곳에 미치는 것이며, 그런 의미에서 동작이 주어가 점하는 장소의 외부에서 완결된다는 점을 함의하고 있을 것이다. '(바람이) 불다'나 '흐르다'나 '기다'도 이런 식으로 유추하여 이해할 수 있다.

똑같은 '가다'라고 해도 ἔρχομαι(에르코마이)는 중동태만의 동사로, 여기에는 '돌아오다'라는 뉘앙스가 있다. 영어의 come에 대응한다고 생각되는 이 동사는 그 동작이 단어가 원래 발해진 곳을 향한다고 하는 의미에서 주어가 동작이 이루어지는 자리로 이미지화될 것이다.

중동태의 예를 검토한다

중동태 쪽은 벤베니스트가 그리스어에서 뽑아낸 중동태만의 동사를 가지고 검토하는 편이 이해하기 쉽다.

뭔가가 '이루어지다(뒤나마이^{δύναμαι})'라고 할 때, 그것은 생성 과정 속에 있다.

누군가가 무언가를 '욕구하다(불로마이^{βούλομαι})'라는 것은 마음속에서 끓어오르는 욕망에서 발원하는 것이고, 주어는 이 욕망에 의해 추동되는 과정 속에 존재한다. '매료되다(에라마이^{ἔραμαι})', '상대에 외경심을 품고 자신을 부끄러워하다(아이도마이^{αἴδομαι})', '외경심을 품다(하조마이^{ἄζομαι})' 등은 동일하게 해석할 수 있는 가장 알기 쉬운 예이다.

'희망하다(엘포마이^{ἔλπομαι})'는 어떨까? 우리는 희망하고자 하여 희망하는 게 아니다. 미래가 불확실할 때, 그러나 기대를 하지 않을 수 없을 때, 주체(주어)를 그 자리(혹은 장소)로 삼아 희망한다고 하는 과정이 발생한다.

벤베니스트는 중동태의 정의에 이어서 이렇게 덧붙였다.

> 주어는 그 과정의 행위자임과 동시에 그 중심이다. 주어[주체]는 주어
> 안에서 성취되는 어떤 일(태어나다, 자다, 자고 있다, 상상하다, 성장하다 등)을 성
> 취한다. 그리고 그 주어는 바로 자신이 그 동작주^{agent}인 과정의 내부에
> 있다.[87]

이러한 견지에서 앞의 표 〈중동태만의 동사〉란에 나열되어 있는 동사, 즉 '태어나다', '죽다', '이어오다', '내 것으로 만들다', '자고 있다', '앉아 있다' 등을 보면 그 내용들이 중동태적인 성격을 갖는다는 점이 꽤나 쉽게 이해될 것이다.[88]

'있다', '살아가다'는 왜 능동태인가

지금까지 얘기한 정의는 실로 많은 점을 시사하며 벤베니스트 자신도 자신이 수립한 정의로부터 분명해지는 다음과 같은 '경이로운' 사실에 대해 언급한다. 문제가 되는 것은 '있다(존재하다)'이다.

'있다'가 '먹다'와 마찬가지로 능동태에만 속한다는 것은 우리에게 놀라운 일로 여겨질 수도 있다. 그러나 이것이 사실이며, 따라서 우리는 우리의 해석을 이 사실에 적합토록 만들지 않으면 안 된다.[89]

여기에 이어지는 벤베니스트의 코멘트는 지극히 흥미롭다.

'있다(존재하다)'는 인도-유럽어에서 '가다'나 '흐르다'와 마찬가지로 **주체의 관여가 필요하다고는 여겨지지 않는 과정**인 것이다.

마찬가지로 능동태 범주에 놓여 있는 '살아가다'에 대해서도 필시 마찬가지일 것이다. 그러면 오늘날 우리가 아는 능동-수동 퍼스펙티브로는 상상도 안 되는 사태를 능동-중동 퍼스펙티브로는 읽어낼 수 있게 된다.

중동태와 대립하는 능동태에서는 (이런 표현이 어떨지 모르겠지만) 주체가 소홀히 여겨진다. '능동성'이란 단지 과정의 출발점이 된다는 것이어서, 우리가 예컨대 '주체성' 같은 단어로 상상하는 의미와는 현저히 괴리되어 있다. 인도-유럽어에서는 '존재하다'도, '살아가다'도 '주어로부터 출발하여 주어 바깥에서 완수되는 과정'이었다고 판단할 수 있다.

5. 중동태의 일반적 정의와의 관계

대립만으로 설명될 수 있는가?

벤베니스트는 단 하나의 태만 갖는 동사가 두 가지 태를 갖는 동사보다 오래된 단어일 가능성에 대해 언급한다.[90] 그가 전자를 사용하여 능동태와 중동태의 대립을 그려내고자 했던 것은 그것이 상당히 높은 순도의 대립을 보여준다고 여겼기 때문일 것이다.

하지만 혹여 순도 높은 대립에 도달할 수 있었다고 해도 모든 행위를 능동과 수동 중 하나에 확실히 할당할 수는 없는 것과 마찬가지로, 모든 행위를 능동과 중동 중 하나로 확실히 할당하는 것 역시 불가능할 것이다. 거기에는 농담濃淡의 측면이 있음에 틀림없다.

앞서 언급한 앨런의 연구는 이 점에서도 커다란 시사를 제공해준다. 앨런이 중동태의 '추상적'인 정의로 '주어의 피작용성'을 들었던 점은 이미 본 바 있지만, 그는 이 피작용성에는 정도가 있다고 보고 좌단에는 낮은 피작용성을, 우단에는 고도의 피작용성을 배치시킨 등급scale형 선분을 제시하고 있다.

거기서는 하나의 태밖에 갖지 않는 동사들뿐만 아니라 두 가지 태를 갖는 동사들도 검토하면서 주어의 피작용성이 낮은 경우에는 능동태가, 그것이 높은 경우에는 중동태가 사용된다고 하는 결론이 도출되어 있다.[91] 따라서 주어가 동사에 의해 제시되는 과정의 밖·안 어느 쪽에 있는가를 흑백논리처럼 뚜렷이 확정짓기는 어렵다.

그렇긴 하지만 이 점이 이 구별의 유효성을 감소시키지는 않는다.

기본적으로 이 정의는 **지금까지 되풀이되어온 일반적인 정의와 전혀 모순되지 않는다.** 이 정의가 뛰어난 것은 일반적인 정의를 **그로부터의 귀결**로 위치 지을 수 있다는 점에 있다. 중동태는 주어가 그 자리가 되는 그런 과정을 표시하는 것이어서 주어가 그 과정 내부에 있다. **그런 까닭에** 동사는 주어에 작용하는 것이고 주어의 이해 관심이 문제가 될 때 이 태가 사용되는 것이다.[92]

아까 본 예에서 확인해보자.

중동태를 사용한 'Τὸν ἵππον λύεται'는 단지 '그는 말을 줄에서 푼다'를 의미할 뿐만 아니라, 필시 그 자신이 말에 탈 것이라는 점을 함의하는 것이었다. 이는 말이 줄에서 풀려남으로써 개시된 그 과정의 내부에 주어가 위치 지어져 있기 때문임에 틀림없다. [이 문장의 끝에 있는] 중동태로 활용된 λύεται가 주어에 작용하거나 주어의 이해 관심에 관련된다는 해석은 이로부터의 귀결이다.

중동태	능동태
δικάζεται(디카제타이) 그는 (원고原告로서) 소송을 제기한다	δικάζει(디카제이) 그는 (사법관으로서) 판결을 내린다
δῶρα φέρεται(도라 페레타이) 그는 그 자신에 관련된 선물을 운반한다(그는 자신이 받은 선물을 갖고 간다)	δῶρα φέρει(도라 페레이) 그는 선물을 운반한다
πολιτεύεσθαι(폴리테우에스타이) 정치에 참가하여 공적인 일 담당하기	πολιτεύειν(폴리테우에인) 통치자로서 통치하기, 혹은 시민으로서 행위하기
νόμους τίθεσθαι(노무스 티테스타이) 자신에게도 적용될 법을 제정하기(자신들을 규율할 법을 제정하기)	νόμους τιθέναι(노무스 티테나이) 법을 제정하기

다른 한편, 능동태를 사용한 'Τὸν ἵππον λύει'는 '그는 말을 줄에서 푼다'를 의미함과 함께 말이 줄에서 풀려남으로써 개시된 그 과정이 주어의 밖에서 완수됨(그 말에는 다른 인물이 탄다)을 함의한다.

마찬가지 방식으로 110쪽의 표와 같은 예를 해독하는 것이 가능하다.[93]

6. 수동태, 능동태와의 관계

중동태로부터 수동태가 발생한 메커니즘

이상의 설명으로부터 수동태가 어떻게 중동태로부터 파생되어왔는가도 이해할 수 있다. 고전학자 샤를 기로의 명쾌한 설명을 참조하자.

중동태는 주어가 어떤 과정의 내부에 있음을 나타내는 것이었다. 예컨대 중동태로 활용되는 νικᾶσθαι(니카스타이)는 그것만으로는 '패배당한 상태에 있다'를 의미한다. 여기에 '아무개하에서'라는 표현을 더하면 νικᾶσθαι ὑπό τινος(니카스타이 휘포 티노스)가 되고, 이것은 '아무개하에서 패배당한 상태에 있다'를 의미한다(ὑπο는 영어로 under의 의미이다).

바로 이 문장에서 상태가 아니라 일회성 행위나 사건을 읽어 들이고자 한다면, '아무개에 의해 패배당했다'라고 해석하는 것이 가능하다(그렇게 하면 ὑπο 자체가 의미의 폭이 넓어져 영어의 by에 상응하는 의미를 갖게 된다).

수동의 의미가 중동태에서 파생된다 함은, 이러한 해석의 파생을 가리킨다. 샤를 기로에 따르면 호메로스에게는 수동의 의미인지 아닌지가 애매한 중동태 동사의 사례들이 상당수 발견되며 이 사실 자체가 중동태로

부터 수동이 파생되었음을 보여준다고 한다.[94]

앞장에서 검토한 트라쿠스의 『테크네』에 보이는 예도, 이제 더 상세하게 분석 및 이해할 수 있다.

파토스의 예로 거론되었던 τύπτομαι(튑토마이)는 중동태로 활용되고 있었다. 그것은 '타격당한 상태에 있음'을 의미하는 것인데 거기서 일회성 사건을 읽어 들이고자 한다면 '타격당했다', '구타당했다'가 되고, 마음에 타격을 받은 상태에 있음을 강조하면 '슬퍼하고 있다', '(아무개에 대해) 아파하고(애도하고) 있다'의 의미가 된다.

또, 타격하는 과정이 주어 바깥이 아니라 주어 내에서 완결되기 때문에 '스스로 자신을 타격하다'라는 재귀의 의미도 그로부터 도출할 수 있다.

메소테스(중동태)의 예문(네 문장) 다시 읽기

메소테스의 예로 등장했던 네 가지 동사 중 앞쪽의 두 가지 예, πέπηγα(페페가)와 διέφθορα(디에프토라)는 각각 능동태로 활용되고 있지만 완료형이기 때문에 능동에서 벗어난 의미를 획득하고 있었다.

그때의 의미는 확실히 **중동태적**이다. 각각 '꽂힌 상태에 있다', 그리고 '(자아 등이) 파괴되어 제정신을 상실한 상태에 있다'를 의미하기 때문이다. 완료형이 중동태와 모종의 관계를 가진다는 점도 납득이 간다. 완료형은 주어가 어떤 과정이나 상태 안에 있음을 표시하는 시제이기 때문이다.

남은 두 가지 예는 앤더슨이 들었던 예문들을 사용해서 분석해보자. ἐποιησάμεν(에포이에사멘)의 예로 '그리고 제우스는 신들의 회의를 소집했다'가 제시된 바 있다. 회의를 소집한다는 것은 지극히 평범한 능동의 예로 생각될지도 모르지만 그렇지 않다. 제우스는 자신도 참가하는 회의를 소집한 것이다. 주어인 제우스는 바로 회의 소집에 의해 시작된 과정 안에 있다.

ἐγραφάμην(에그라프사멘)의 예로는 '내가 그를 상대로 하여 쓴 기소장'이 제시된 바 있다. 이것 또한 기소장을 쓴다고 하는 지극히 평범한 능동의 예로 생각될지도 모르지만 크산티아누스는 기소장을 써서 자신이 그 재판의 원고가 된 것이다. 실로 크산티아누스는 (기소장을) 씀으로써 개시된 과정 속에 있다. 이런 식으로 각각의 예를 분석해보니, 이 정의의 범용성이 금세 분명해진다.

7. '중동태'라는 옛 명칭을 계속 사용하는 것

'내태-외태'라는 깔끔한 설명으로 무엇이 상실되는가?

벤베니스트는 오해를 초래하기 쉬운 '중동태'라는 용어 대신, 그것을 '내태diathèse interne'라 부르고 그에 대립하는 것으로서의 능동태를 '외태diathèse externe'라 부를 것을 제안하고 있다. 주어가 동사가 지시하는 과정 안측에 위치하고 있으면 내태, 그 바깥에 위치하고 있으면 외태라는 것이다.

경우에 따라서는 논의의 혼란을 피하기 위해 이러한 표현을 사용하는 편이 좋을 수도 있다. 우리도 나중에 몇 번 이 명칭을 이용하게 될 것이다. 그러나 이 '중동태'라는 낡은 단어(자크 데리다의 표현을 빌자면 '고명^{古名} paléonyme')를 안이하게 버려서는 안 될 일이다.

'중동태'라는 고명을 내던져버리는 것은 중동태를 둘러싼 까다로운 역사를 회피하는 처사이다. 즉, 무대 전면에서 활약하던 중동태가 점차 그 지위에서 내몰리다가 마침내 수동태로 대체됨과 함께, 불행히도 이 은퇴 뒤에 정식으로 이름을 부여받았다고 하는 이 역사를 상상조차 하지 않는다는 것이다.

중동태에 대해 사유하는 일은 우리에게 어떤 언어 체계를 통해 부과되어 있는 여러 조건들을 고쳐 묻도록 강제한다. 우리는 그렇게 고쳐 묻는 것을 '초월론적'이라고도 불렀다.

'능동태에서는 주어가 과정 바깥에, 중동태에서는 주어가 과정 안에 있고…'라는 정의를 암기하는 것만으로는 고쳐 묻는 일이 결코 종료되지 않는다. 그것은 그 출발점에 불과하다. 우리는 어떤 개념의 기초적인 요소들을 아는 것만으로 만족해버린 채 그로부터 도출되는 다양한 귀결에 대해 생각하지 않는 과오를 범하기 쉽다.

이 과오를 되풀이하지 않기 위해 '중동태'라는 고어가 계속 남아 있어야만 한다. 오해의 역사를 몸에 두른 '중동태'라는 고명이 계속 사용되어야만 한다. '내태와 외태'라는 깔끔한 분류를 받아들이고 그것으로 이해한 듯한 기분이 되어서는 안 된다. 그것은 중동태의 역사를 사유하지 않겠다고 하는 것이기 때문이다.

의지, 다시 한 번…

우리는 지금 중동태의 역사와 의미를 향해 계속 다가가고 있다. 그런 까닭에 최초의 문제로 돌아갈 수가 있다.

능동태와 수동태의 대립은 '하다'와 '당하다'의 대립으로서, 의지 개념을 강하게 상기시키는 것이었다. 우리는 중동태에 주목함으로써 이 대립의 상대화를 시도하고 있다. 일찍이 존재했던 능동태와 중동태의 대립은 '하다'와 '당하다'의 대립과는 다른 위상에 있기 때문이다.

거기서는 주어가 과정의 바깥에 있느냐 안에 있느냐가 문제되는 것이고 의지는 문제가 되지 않는다. 즉, 능동태와 중동태를 대립시키는 언어에서는 **의지가 전경화**前景化**되지 않는다.**

여기서 대단히 흥미로운 사실을 언급함으로써 다음 장으로 넘어가는 이음매로 삼고자 한다. 한나 아렌트가 전해주는 다음과 같은 사실이다.

> '실재하는 일체의 것들에는 그 원인의 하나로서 가능태가 선행하고 있을 터이다'라고 하는 [아리스토텔레스의] 견해는 암암리에 미래를 진정한 시제로 삼기를 부정하고 있다. 즉, 미래는 과거의 귀결 이외의 아무 것도 아니다. (…) 이러한 사정하에서는 기억이 과거를 위한 기관器官인 듯한 형국이어서, 의지를 미래를 위한 기관으로 삼는 사고는 전혀 불필요한 것이었다. **아리스토텔레스는 의지의 실재를 인식할 필요가 없었다.** 요컨대 그리스인들은 우리가 '행동의 원동력'이라고 간주하는 것에 대한 **'단어조차 갖고 있지 않았다'**라는 것이다.[95]

제4장

언어와
사고

능동태와 수동태의 대립, 그리고 거기에 결부된 의지 개념을 의문시하는 데서 시작된 이 책의 행보는 그 전에 인도-유럽어에 존재하던 대립, 능동태와 중동태의 대립에 초점을 맞추기에 이르렀다.

앞 장에서 벤베니스트의 논의를 참조하면서 이 대립 자체의 의미를 확정하고자 하였다. 능동태와 중동태의 대립에서 발견되는 것은 주어가 동사에 의해 제시되는 과정의 바깥에 있느냐 안에 있느냐의 구별이다. 중동태는 동사가 제시하는 과정 안에 주어가 위치 지어지는 사태를 표시하고 능동태는 그 과정이 주어 바깥에서 완수되는 사태를 표시한다.

흥미롭게도 능동태는 이 대립 속에서 우리가 아는 것과는 별도의 의미를 몸에 두르고 있다.[96] 거기에는 능동태와 수동태의 대립이 산출해내는 '하다-당하다'와는 다른 별도의 대립이 있기 때문이다. 그리고 여기서는 의지 관념이 전경화되지 않는다.

앞 장 마지막에서 아렌트의 말을 인용한 바 있다. 아렌트에 따르면 그리스인들은 의지라고 하는 사고방식 자체를 몰랐다. 그들은 의지에 상응하는 단어조차 없었다. 그리스의 대철학자 아리스토텔레스의 철학에는 의지 개념이 결여되어 있다.

이는 의지를 당연한 것으로 보는 현대의 사고방식에서 보자면 크게 놀랄 만한 사실이다. 그러면 이 놀라운 사실과 지금까지 이 책이 중동태에 대해 밝혀온 여러 가지 점들과의 관계는 어떻게 생각하면 좋을까?

1. 그리스 세계에 의지 개념은 없었다

'기묘한 결락缺落'이란?

고대 그리스까지 거슬러 올라가 '의지' 개념의 철학사라고 할 만한 것을 그려낸 『정신의 생활』 제2부에서 아렌트는 고대 그리스 세계가 '의지'를 몰랐다고 하는 사실에 주목한다. "의지라는 능력은 고대 그리스인들에게는 알려져 있지 않았다."[97]

예컨대 그 책에는 독일의 문헌학자 브루노 스넬의 고전적 명저 『정신의 발견』의 다음 대목이 인용되어 있다. 이에 따르면 의지라는 것은 그리스인들에게 전혀 익숙하지 않은 개념이었다.

우리는 의지를 선택의 원천으로 바라보는 데에 완전히 익숙해져 있다. 하지만 끊임없는 노력을 거듭하여 무슨 일인가를 시작하도록 하는 의지라는 것은 그리스인들에게는 전혀 익숙하지 않은 개념이었다. θέλειν(텔레인)은 '준비가 갖춰져 있다, 뭔가에 대해 채비가 되어 있다'라는 의미이다. βούλεσθαι(불레스타이)는 '뭔가를 (더) 바람직스러운 것으로 간주하다'라는 의미이다. 전자는 주관적인 채비나 (행위에 대한) 일정한 관여가 결여된 일종의 자발적인 태도를 가리킨다. 후자는 특정 대상에 향해진 바람이나 계획(불레βουλή), 즉 이점利點을 이해하고 평가하는 것과 긴밀히 결부된 태세에 관련되어 있다. 하지만 **어느 단어도 의지(주체가 객체에 대해 갖는 현실적인 의향)의 실현을 표현하지는 않는다.**[98]

스넬이 말하고자 하는 것은 '의지'라 번역하고 싶은 마음이 들게 하는 단어가 그리스어에 몇 가지 있는 건 틀림없지만 깊이 검토해보면 그 단어들을 그렇게 번역해서는 안 된다는 점이다. 이와 마찬가지로 아렌트가 '기묘한 결락'이라고 말하는 것이[99] 그리스 철학에서도 역시 발견된다. 고대 중세 철학 연구의 태두 에티엔 질송에 따르면 아리스토텔레스는 '자유'도 '자유의지'도 입에 올리지 않는다.[100]

능동태가 중동태에 대립하고 있던 세계에 '의지'는 없다

더욱 주목해야 할 것은 그리스 세계에서의 의지 개념의 결여를, 중동태와 능동태의 대립의 존재와 결부짓는 견해도 이미 존재한다는 점이다. 그리스 문명사가 장피에르 베르낭은 벤베니스트의 중동태에 대한 논의를 이어받아 이렇게 쓰고 있다.

> 그러면 나는 다음과 같이 묻고 싶어진다. 인도-유럽어의 진화 속에서
> 중동태가 사라져간 것은 우연일까? 이미 고대 그리스어에서도 능동태
> 와 중동태 사이에 대립은 더 이상 없고 대립은 능동태와 수동태 사이에
> 있다. 그런 까닭에 중동태는 언어학자들이 다루기에 곤란한 일종의 과
> 거의 유물이 되었다. (…) 벤베니스트는 심리학자가 아니기 때문에 다
> 음과 같은 결론을 끌어내지는 않지만, 이로부터 끌어낼 수 있는 심리학
> 적인 결론이란 그리스어나 고대 인도-유럽어로 표현되는 사상에는 행
> 위자가 자신의 행위의 원천이라고 하는 생각이 존재하지 않는다는 점
> 이다. 혹은 그리스 문명사가의 한 사람으로서 이 결론을 번역하면 이렇
> 게 된다. 그리스에는 의지라는 범주가 없다there is no category of the will in
> Greece 101

베르낭 자신의 강조점은 '그리스에는 의지라는 범주가 없다'라는 사실
이 아니라, 그 후의 서양 세계에서 '의지'나 '책임', '인간 주체' 같은 개념
이 창조되어왔다는 사실 쪽에 있다. 요컨대 중동태의 쇠퇴는 나름의 연유
가 있는 것이지 단순한 우연이 아니라는 것이다.[102]
베르낭의 관심이 이 책의 관심과 다르긴 하지만, 중동태-능동태라는
대립의 존재와 의지 범주의 결여를 직접 결부 지을 가능성이 여기에 제시
되어 있다는 점은 주목할 만하다.
능동태와 수동태의 대립은 의지 개념을 강하게 상기시키지만 능동태

와 중동태의 대립은 그렇지 않다. 그리고 능동태와 중동태를 대립시키는 퍼스펙티브가 잔존하고 있던 그리스 세계에는 의지 개념이 존재하지 않았다. 이 사실은 우리 사고의 저 밑바닥에서 작동하는 능동과 수동이라는 대립을, 능동태와 수동태라는 문법상의 대립이 산출하는 효과로 생각해보고자 하는 이 책의 시도의 타당성을 뒷받침해주는 것이라고도 여겨진다.

2. 어떤 논쟁으로부터

벤베니스트 대 데리다

그러나 나는 여기서 더 나아가기보다는 좀 더 이곳에 머물며 사유를 해보고자 한다.

이 책의 시도는 언어와 사고가 모종의 관계를 갖는다는 걸 전제로 하고 있다. 한데 그것이 어떠한 관계인 것일까? 이 물음은 중동태를 둘러싼 이 책의 논의의 기초에 관련된다. 이를 경시할 수는 없다. 한동안 이 물음에 대해 사유해보자.

언어와 사고의 관계를 생각할 때에 참조되어야 한다고 느껴지는 것이 이미 제2장에서 한 번 참고한 벤베니스트의 논문 「사고 범주와 언어 범주」이다.[103]

이 논문은 아리스토텔레스의 『범주론』에 대한 언어학적 해석에서 출발하여 언어와 사고의 관계에 대한 정식定式을 제시할 뿐만 아니라, 최종적으로는 철학이 주된 논구 대상으로 삼아왔다고 하는 '존재'를 언어학적으로 자리매김하는 문제까지 논의한 것이다.

거기서 제시된 시선은 '언어와 사고'를 사유할 때 피해갈 수 없는 지극히 중요한 것이다. 그러나 그 점이 지금까지 충분히 이해되어온 것 같지는 않다. 특히 이 논문을 둘러싸고 벌어진 논쟁이 그 점을 알기 어렵게 만들고 있다. 벤베니스트의 논의에는 확실히 온전치 못한 측면도 있고 그에 대한 반론 중에 경청할 논점들이 적지 않은 것도 사실이지만, 그러한 점들을 이유로 일소해버릴 수는 없는 귀중한 논점이 이 논문에 제시되어 있다.

이제부터 벤베니스트에 가해진 반론을 세세히 검토하면서 이 논문을 읽어가기로 하자.

데리다의 세 가지 비판

이 논문에 가해진 비판이 몇 가지 있는데, 주로 다루고 싶은 것은 그중에서도 가장 강력하고 가장 광범위한 영향력을 끼친 자크 데리다가 수행한 비판, 즉 그의 1971년 논고 「계사繫辭의 대리보충」[104]이다.

미리 말해두자면, 데리다의 이 초기 논문의 시야는 단순히 벤베니스트 비판에만 머물지 않는다. 데리다는 하이데거 철학의 검토를 자신의 중요한 과제로 삼았던 철학자이기 때문에 이 논고는 그러한 데리다의 프로그램 전체와도 관련되어 있다.

하지만 여기서는 어디까지나 벤베니스트에 대한 반론으로 읽을 것이다. 그 경우 이 논고의 논의는 다음 세 가지로 정리할 수 있다.

(a) 아리스토텔레스 연구사에 대한 참조가 온전치 못한 점에 대하여

(b) 언어와 사고의 관계에 대하여

(c) '존재' 혹은 동사 '있다'에 대하여

이 논점들을 차례로 검토하면서 필요할 때마다 벤베니스트의 논문을 소개하겠다.

3. 『범주론』독해에 대한 공헌: 데리다의 비판(a)에 대하여

중요한 선행 논문들을 참조하지 않았다는 비판

이것은 매우 단순한 반론이다. 벤베니스트는 아리스토텔레스가 제시한 10가지 범주가 그리스어 문법의 명사 및 동사의 체계와 평행관계에 있음을 지적했다. 그런데 아리스토텔레스의 범주론이 '언어의 산물'이라고 하는 부류의 지적은 이미 오래전부터 제시되어 있었다.

그중 이른 것으로는 독일의 문헌학자 프리드리히 아돌프 트렌델렌부르크Friedrich Adolf Trendelenburg가 1846년의 저서에서 마찬가지의 지적을 한 것이 있다. '벤베니스트는 아리스토텔레스에 관해 수행된 실제 연구들을 알지 못했기 때문에 자신이 이 분야에 대단히 정통한 학자라도 되는 양 자신의 논의를 마치 참신한 발견인듯이 제시하고 있다'라는 것이 이 논점의 골자이다.

실은 아리스토텔레스 연구의 대가 피에르 오방크도 벤베니스트의 이

논고에 대해 반론했고 그 속에서 트렌델렌부르크의 이름을 든 바 있다.[105] 그리고 데리다는 오방크의 논의를 자신의 반론에 대한 보강으로 원용하고 있다. 데리다는 트렌델렌부르크의 저서를 직접 참조하지는 않고 인용도 하지 않는다(오방크는 트렌델렌부르크의 저서를 직접 참조하고 그로부터 인용도 한다).[106]

실제로 벤베니스트가 트렌델렌부르크의 해석에 대해 전혀 언급하지 않은 것은 사실이다. 그가 인용한 아리스토텔레스 연구는 곰페르츠의 것뿐이다(게다가 곰페르츠의 견해가 인용된 것은 그것이 『범주론』의 권위 있는 판본인 〈Loeb Classical Library판〉의 서문에서 언급된다는 이유 때문이다).[107] 확실히 벤베니스트에게는 '조심성'이 필요했다[108]고 할 수 있겠다.

하지만 벤베니스트의 해석은 트렌델렌부르크의 해석을 단순히, 무자각적으로 반복한 게 아니다. 벤베니스트는 그 속에서 **단 한 가지뿐이긴 하지만** 트렌델렌부르크와는 다른 해석을 제시하고 있다. 그 한 가지란 종종 '태세'라고 번역되는 $\varkappa\varepsilon\tilde{\iota}\sigma\theta\alpha\iota$(케이스타이)라는 범주를 중동태에 상당하는 것이라고 해석한다는 점이다.

오방크는 이 점을 확실히 적어놓았지만 데리다는 이를 거론하지 않는다. 게다가 오방크는 "단 한 가지뿐이긴 하지만 벤베니스트는 트렌델렌부르크의 논의를 보완함으로써 완성시켜주었다"[109]라고 기술함으로써 이 해석에 동의하는 자세를 보여주고 있다. 트렌델렌부르크의 해석은 적어도 이 한 가지 점에서 불충분했다고 하는 것이다.

중동태 연구에서 중요한 의의를 갖는 지적

그렇게 보면 언어학자 벤베니스트는 아리스토텔레스 철학에 대한 연구사에는 확실히 어두웠을 수도 있지만 적어도 이 분야에 공헌은 하고 있다는 얘기가 된다. 그것은 '단 한 가지 점'에서의 공헌일 것이다. 하지만 적어도 중동태에 주목하는 이 책의 입장에서는 지극히 중요한 공헌이다.

벤베니스트는 거기서, 능동태와 수동태에 상응하는 범주들(ποιεῖν, πάσχειν)에 **앞서** 중동태 및 중동태 완료형에 상응하는 범주들(χεῖσθαι, ἕχειν)이 제시되어 있음에도 불구하고, 그것들이 곰페르츠 등에 의해서는 "순전한 외관에만 관련되는 저차원적인 물음" 따위로 불리면서 마땅한 대우를 받아오지 못했던 사실을 지적하고 있다.[110]

요컨대 능동태와 수동태를 대립시키는 퍼스펙티브에 푹 빠져 있는 상황에서는 제대로 포착될 수 없는 그런 구성이 아리스토텔레스의 범주 중 말미 부분의 네 범주에서는 발견된다는 점을, 벤베니스트는 무엇보다도 강조하는 것이다.

일견 벤베니스트의 해석은 아리스토텔레스의 범주를 단지 문법의 관점에서 이해하여 10가지 범주를 하나하나 문법 사항으로 전사轉寫하고 있을 뿐인 듯 보일지도 모르겠다. 그러나 그렇지 않다. 이 작업에는 분명한 역점이 있으며 바로 그것이 중동태 및 그 완료형이라는 두 가지 범주인 것이다.

벤베니스트의『범주론』해석은 중동태라는 문법 사항이 그 의미에 대해서도, 또 그 역사에 대해서도 정확히 이해되고 있지 않은 현 상황의 문제점을 공격하는 형태로 제시되어 있다. 벤베니스트에 대한 반론은 이 점에 대한 충분한 이해를 바탕으로 행해져야 할 것이다.

4. 사고의 '가능성의 조건'으로서의 언어: 데리다의 비판(b)에 대하여

나뉠 수 없는 것을 나누고 있다는 비판

반론의 두 번째 지점이야말로 벤베니스트와 데리다의 어긋남을 이해함에 있어서, 그리고 또한 언어와 사고의 관계에 대해 사유하고 있는 우리에게 있어서 가장 중요한 점이다.

여기서 논의는 2단계로 이루어져 있다. 제1단계에서 데리다는 아리스토텔레스의 『범주론』이 기본적으로 '존재가 어떻게 이야기되는가legetai' 라는 물음에 대한 응답으로 쓰여 있다는 점을 지적한다.[111] 즉, 아리스토텔레스의 논의는 처음부터 언어에 조준을 맞추고 있다는 것이다. 또 다른한편, 데리다에 의하면 사고 혹은 '사고라는 말'은 "존재와의 관계 바깥에서는 (…) 아무것도 의미한 선례가 없었다".[112] 따라서 이 범주론에서는 언어와 사고를 나누는 일 자체가 의미를 갖지 못한다. 물론 데리다도 말하다시피 "벤베니스트가 [사고와 언어의] 이 차이로부터 출발하는 것은 이어지는 논의를 통해 그 차이를 해소해버리기 위함일 뿐"이지만.[113]

이것은 까놓고 말하자면 벤베니스트가 원래 나뉠 수 없을 것을 처음에 나눠놓고는, 나중에 그것을 다시 겹치면서 "이것들은 나뉠 수 없다"라고 주장하고 있다는 비판이다.

데리다가 말하는 바는 물론 이해가 간다. 하지만 아리스토텔레스가 답하고자 하는 물음이 '그 물음이 제기되는 장에서는 언어와 사고의 구별을 받아들일 수가 없는 물음'이라고 한다면[114] 벤베니스트의 처사가 확실히 우스꽝스러울 수는 있겠지만, 그 결론은 받아들일 수 있는 것이 된다. 나눴다 해도 결국은 "나눌 수 없다"라고 말하고 있으니까.

사고를 언어로 환원하고 있다는 비판

그렇긴 하지만 중요한 것은 데리다의 논의의 제2단계이다.

데리다는 이상의 내용을 바탕으로 벤베니스트가 사고를 언어로 **환원하고 있다**고 지적한다.[115] 요컨대 벤베니스트의 해석에 따르면 아리스토텔레스는 단지 '무의식적으로', '언어의 범주를 사고의 범주로 전사轉寫'한 셈이 되어버린다는 것이다.[116]

그러한 주장은 벤베니스트의 논문 중 다음 대목, 즉 결론부와 모순된다고 데리다는 지적한다.

현대의 인식론이 범주표의 작성을 시도하지 않는 것은 필시 우연이 아닐 터이다. 정신을 틀보다는 잠재성으로, 구조보다는 역동성으로 생각하는 편이 더 많은 성과를 낳을 것이다. 과학적인 방법의 요청에 따르고 있을 때에는, 경험을 기술하기 위해 어떤 언어를 사용하든 간에 사고는 도처에서 동일한 절차를 채용한다. 그것은 하나의 사실이다. 이런 의미에서는 사고가 독립적인 것인데, 다만 언어 자체로부터가 아니라 개개의 언어 구조로부터 독립적인 것이다. 예컨대 중국의 사상[사고]은 도道

, 음陰, 양陽 같은 특수한 범주를 발명할 수 있었지만, 그럼에도 불구하고 중국어의 구조에 방해받는 일 없이 유물론적 변증법이나 양자역학 개념을 흡수하는 것도 가능하다. 어떤 타입의 언어도 그 자체로는, 그 자신만으로는 정신의 활동activité de l'esprit을 도울 수도, 또 방해할 수도 없다. 사고의 발전essor de la pensée은 언어의 개별 성질보다도 인간의 능력, 문화의 일반적 조건, 사회의 조직 체제 쪽에 훨씬 긴밀하게 결부되어 있다. 그러나 사고의 가능성possibilité de la pensée은 언어 능력에 결부되어 있다. 왜냐하면 언어란 형식을 갖춘 의미 작용의 구조이고, 사고한다 함은 그러한 언어 기호를 다루는 일이기 때문이다.[117]

이 구절에 대해 데리다는 이렇게 썼다.

> 따라서 '사고의 발전'이나 '정신의 활동'은 필시 언어 일반으로부터 떼어낼 수는 없다고 해도, 개개의 언어에 본질적으로 결부되어 있는 것은 아니라는 얘기가 될 것이다.[118]

그렇다면 이 사실은 특정한 사고를 특정한 언어(예컨대 그리스어)로 환원시킬 수 있다고 했던 전제에 모순되고 말 거라는 것이다.

또, 벤베니스트는 논문 서두 부분에서 사고를 '내용', 언어를 '용기容器'로 보는 비유에 반대했다. 왜냐하면 "이 '용기'는 '내용' 없이 상상이 불가능하며, '내용' 또한 '용기'로부터 독립해서 상상할 수는 없기 때문이다".[119]

그런데 데리다에 따르면, 앞서 인용한 결론부의 주장은 "결국 개별 언어라는 '형식'과 본질적으로 전혀 결부되지 않은 사고의 '내용'이 있을 수 있다고 인정하는 데로 귀착된다".[120] 사고의 발전이나 정신의 활동은 특정한 언어와 본질적으로 결부되어 있지는 않다고 할 수 있기 때문이다. 결국 데리다에 따르면 벤베니스트는 사고가 언어에 결부되어 있다고도, 결부되어 있지 않다고도 말하고 있으니 모순된다는 이야기이다.

사고의 '가능성'을 규정한다는 것은 어떠한 일인가?

하지만 데리다의 독해가 설득력 있는 비판일 수 있다고는 여겨지지 않는다. 문제는 데리다가 거의 믿음에 가까운 전제, 즉 '벤베니스트는 사고를 언어로 환원하고 있다'라는 전제에서 출발한다는 것이다. 이 오해를 풀기 위해서는 앞선 인용부 속에 들어 있던 한마디 말에 주목해야 한다. 그것은 '사고의 가능성'이라는 표현 속에서 출현한 '가능성'이라는 단어이다.

벤베니스트는 언어와 사고의 관계에 대해 언급할 때 반드시 '가능성 possibilité' 혹은 '…할 수 있다pouvoir'라는 단어를 덧붙인다.

"사고의 내용은 그 형태를 언어로부터, 그리고 언어에 있어서 수취하는 것이기 때문에, 언어야말로 **가능한** 온갖 표현들의 주형鑄型이다."

"사람이 생각**할 수 있는** 상황을 획정하고 조직하는 것은 사람이 말**할 수 있는** 상황이다."[121]

데리다는 인용문에서 '사고의 발전'과 '정신의 활동'이라는 두 가지 표현은 거론해도 '사고의 가능성'이라는 표현은 거론치 않는다. 이는 데리다가 벤베니스트는 사고를 언어로 환원하고 있다고 철석같이 믿었던 것의 발현이요, 하나의 증후이다.

그런데 이 표현은 결정적으로 중요하다. 언어가 사고를 규정하는 게 아니다. 언어는 사고의 **가능성**을 규정한다. 즉, 사람이 생각**할 수 있는** 것은 언어에 영향을 받는다는 얘기이다. 이를 조금 철학적으로 정식화해보면 언어는 사고의 **가능성의 조건**이라 할 수 있을 것이다.

언어가 사고를 규정하거나 사고가 언어로 환원되는 것이 아니라, 언어가 사고의 가능성을 규정하고 그래서 언어가 사고의 가능성의 조건이라고 한다면, 둘의 관계는 어떻게 되는 것일까?

가령 언어가 사고를 **직접 규정한다**고 한다면(요컨대 사고가 언어로 환원되는 것이라 한다면) 언어와 사고는 단순히 두 항으로 병렬되거나 어느 한쪽이 다른 쪽 위에 놓일 뿐이다.

하지만 언어가 사고될 **수 있는** 것에, 즉 사고의 **가능성**에 작용하는 것이라면 그 **다종다양한 작용들이 전개되기 위한 장**이 설정되어야만 한다. 사고에 대한 언어의 작용은 강한 구속력을 가진 경우도 있지만 단순한 영향을 끼치는 경우도 있을 것이고, 또한 사고에 의해 그 작용이 반작용을 받는 경우도 당연히 있을 것이다. 언어가 사고를 직접 규정하는 것이 아니라 사고의 가능성을 규정한다고 하자마자, 그러한 여러 작용들이 직조될 수 있는 장이 논리적으로 요청된다.

그러면 그 장이란 무엇인가? 그것은 다름 아니라 언어가 말해지고 그로부터 사고가 빚어져 나오는 현실 자체, 즉 사회이고 역사이다. '인간의 능력', '문화의 일반적 조건', '사회의 조직 체제'와 결부된 그 장을 무대로 하여 언어는 사고의 가능성에 작용한다.

언어가 사고의 가능성을 규정한다고 하는 정식은 이전부터 존재했던 단순한 언어결정론에 '가능성'이라는 말을 끼워 넣기만 한 것이 아니다. 이 정식은 언어와 사고의 관계를 사유하는 자세 그 자체의 변경을 촉구한다.

벤베니스트가 저 논문에서 제시하고자 한 것은 (그 제시 방식은 서툴렀을지 몰라도) 이러한 정식에 의해 제시되는 시좌視座이다.

데리다는 왜 오인했는가?

사회나 역사라는 장을 필요로 하지 않는 언어결정론, 즉 언어가 직접적으로 사고를 결정짓는다는 사고는 소쉬르 언어학을 극도로 단순화하는 형태로 진술되어 특정한 시기에 일대 유행했었다(데리다는 그러한 사조에 대해 경계를 하며 벤베니스트를 비판한 듯싶기도 하다). 그것은 한마디로 말하면 말이 있기 때문에 현실을 인식할 수 있다는 사고이다.

예컨대 늑대는 개와 구별된다. 그러나 늑대는 개과의 포유류이다. 우리가 늑대를 개와 구별할 수 있는 것은 '늑대'라는 기호가 있기 때문이고, 만일 이 기호가 없어져버리면 개와 늑대는 구별될 수 없다는 것이다. 이로부터 세계는 바로 언어에 의해 분절화되어 나타나는 것이고, 언어 전의 세계는 무정형의 카오스에 불과하다고 하는 과장된 결론이 도출되었다.

그러나 이런 사고방식은 실로 간단한 착각을 하고 있다.

어떤 단어의 부재는 **출발점이 아니라 결과**이다. 예를 들어, '늑대'라는 단어가 없는 언어가 존재한다고 하면 그것은 그 언어의 사용자들이 **늑대를 특별히 인식할 필요가 없었기 때문**일 뿐이다. 인식의 필요만이 아니라 다양한 사례마다 각각 다양한 사정들이 있을 수 있다. 그것은 개별적으로 검토해보지 않으면 알 수 없는 일이다.[122]

사고하는 주체는 늘 모종의 현실 속에 있다. 그러니까 언어가 사고를 직접 규정하는 일 따위는 생각하기 힘들다. 바꿔 말하자면 언어의 **규정 작용**을 사고라는 **피규정물** 쪽으로 **직접** 보낼 수는 없다.

언어와 사고의 관계를 둘러싼 이러한 태도 변경은 철학사 안에서 그 대응물을 찾아볼 수 있다. 철학자 질 들뢰즈는 데카르트의 코기토와 칸트의 코기토의 차이에 대해 이런 이야기를 한다.

데카르트에게는 '나는 생각한다cogito'가 '나는 존재한다sum'를 직접 규정한다. '나는 생각한다, 고로 나는 존재한다Cogito ergo sum'는 논리의 문제이다. 그에 반해 칸트는 이렇게 생각했다. 이 두 항만으로는 **어떻게 해서** '나는 존재한다'가 '나는 생각한다'에 의해 규정되는 건지 알 수가 없다. 따라서 '나는 존재한다'가 '나는 생각한다'에 의해 규정되는 그 **형식**을 설정하지 않으면 안 된다.

칸트에 따르면 그 형식이란 시간이다.[123] 시간이라는 형식이 설정됨으로써 '나는 생각한다'와 '나는 존재한다'의 관계는 단순히 논리적인 것이기를 그친다. '생각하는 나'와 '존재하는 나'는 시간 속에서 계속 관계하면서도 어긋남을 동반한다. 말하자면 둘은 **관계하면서도 갈라진다.** 여기서 말해지는 '시간'이란 거의 '현실'이라 불릴 만한 것이다.

벤베니스트의 정식은 언어학에서의 칸트적 전회라 불릴 수 있을 듯하다. 그리고 언어와 사고가 사회 혹은 역사 속에서 관계하는 그 모습을 면밀히 연구한 『인도-유럽의 제도 어휘집』 등의 작업은 벤베니스트가 사고

를 언어로 환원하는 짓 따위를 하지 않는다는 증거이다.[124]

데리다는 언어가 사고를 규정하는가 아닌가, 둘 중 **어느 쪽인가**, 하는 발상에서 벤베니스트를 읽었다. 그렇기 때문에 거기에 있지도 않은 모순을 읽어낼 수가 있었다.[125]

5. 철학과 언어: 데리다의 비판(c)에 대하여

그리스어의 특수성이 철학을 가능케 했다: 벤베니스트의 주장

이런 식으로 언어와 사고의 관계를 정식화하면, 반론의 마지막 논점이 어떠한 문제를 잉태하고 있는지를 이해하기는 어렵지 않다.

벤베니스트는 아리스토텔레스의 『범주론』을 논한 뒤 10가지 범주가 그리스어 문법과 뗄 수 없는 관계에 있듯이, 고대 그리스에서 시작된 철학의 논술 대상인 '존재' 역시, '존재(있다)'라는 말을 둘러싼 그리스어의 특수한 사정과 뗄 수 없는 관계에 있다고 주장한다. 조금 말을 보충하여 설명해보겠다.

그리스어는 관사를 붙임으로써 동사나 형용사뿐만 아니라 전치사나 절 등, 온갖 것들을 다 명사처럼 다룰 수가 있다. '있다'를 의미하는 동사 εἰμί(부정법 현재로는 εἶναι, 영어의 be동사에 해당한다)도 마찬가지이다. 예를 들자면 그 현재분사를 다양하게 활용시키고 거기에 관사를 붙임으로써 τὸ ὄν(중성 단수 '존재하는 것'), οἱ ὄντες(남성 복수 '존재하는 사람들'), τὰ ὄντα(중성 복수 '존재하는 것들') 등을 만들어낼 수 있다.

이로부터 벤베니스트는 다음과 같이 기술한다.

"물론 언어가 '존재'의 형이상학적 정의에 방향을 부여한 것은 아니다. 실제로 그리스의 사상가들은 각각 자신의 정의를 갖고 있었다. 하지만 그리스어는 '있다(라는 동사)'를 **객체화 가능한 개념**notion objectivable 으로 삼을 수 있게 해주었고, 그렇게 함으로써 철학적인 고찰은 이 개념을 다른 어떤 개념과 마찬가지로 조작操作하고, 분석하고, 위치 지을 수 있었다."[126]

고대 그리스 이래 철학은 존재를 물어왔지만, 그것을 그렇게 물을 수 있었다는 사실은 존재에 상응하는 말을 쉽게 객체화할 수 있는 그리스어의 독자성과 떼어놓을 수 없을 것이라는 얘기이다.

하이데거, 존재론, 유럽: 데리다의 인상 조작操作

이 점을 더 명확히 하기 위해 벤베니스트는 '존재'에 해당하는 관념이 그리스어와는 전혀 다른 방식으로 배분되어 있는 언어, 토고에서 사용되고 있는 에웨어 Ewe語의 예시를 든다. 그리스어(혹은 더 넓게 잡아서 인도-유럽어)의 **틀에서 보자면** '존재(있다)'라는 한 관념 안에 다 담아낼 수 있다고 생각되는 의미들을, 에웨어에서는 다섯 가지의 상이한 동사들(nyé, le, wo, du, di)이 나누어 담당하고 있다고 한다. 이로부터 벤베니스트는 다음과 같이 결론짓는다.

그리스어에서 '존재'의 다양한 용법은 인도-유럽어에 특유한 사실이지 조금도 보편적인 사태나 필연적인 조건이 아니다. (…) 여기서 제시하고 싶은 것은 단지 그리스어의 언어 구조가 '존재(있다)' 관념에, 철학적 사명으로 향할 **소지를 부여했다**prédisposait는 점뿐이다. 반대로 에웨어는 ['존재' 관념에 관해서] 좁은 개념과 특수화된 용법밖에 제공하지 않는다. 에웨족의 형이상학에서 '존재'가 어떠한 위치를 점하고 있는지는 모르겠으나 예비 지식 없이 말할 수 있는 것은 이 개념이 전혀 다른 방식으로 분절화될 것이라는 점이다.[127]

앞서 언급한 에웨어의 다섯 동사는 각각 별개의 동사로서, 이 언어의 형태나 통사법 안에는 그 다섯 가지를 근접시킬 것이 아무것도 없다. "우리가 그 동사들에게서 공통적인 뭔가를 발견하는 것은 그것들을 **우리 자신의 언어 관용에 관련시키기 때문이다**."[128]

요컨대 벤베니스트는 **자각적으로 과감하게** 그리스어 측으로부터 에웨어를 읽음으로써 그리스어(혹은 더 넓게 인도-유럽어)의 보편성을 상대화하고자 했다. 이에 대해 데리다는 그렇게 인도-유럽어 측으로부터 에웨어를 읽는 '책략' 자체의 이론적 지위를 벤베니스트는 묻지 않는다고 지적하는데 그것이 '전적으로 부조리하거나 무효스러운' 듯한 인상 조작을 행하면서도 어째서 그것이 그러한가에 대한 이유는 말하지 않는다.[129]

데리다는 그 뒤에, 벤베니스트의 『일반언어학의 제 문제』에 수록된 다른 논문을 참조하면서 그 논의와 하이데거의 논의에 평행성이 있음을 지적하고 논문을 끝낸다.

데리다가 지적하고픈 것은 '있다'라는 동사를 근원적인 것으로 간주하고 싶은, 하이데거와 상통하는 욕망이 벤베니스트에게서 발견된다는 점이다. 그렇기 때문에 앞서와 같은 에웨어를 둘러싼 논의 방식에 대해서도, 어째서 동사 '있다'의 부재가 아니라 그 기능이 복수의 동사에 각기 다른 방식으로 배분되어 있다는 점에 주목하느냐고 묻는 것이다.[130]

빗나간 트집

그러나 이는 완전히 트집 잡기라고 할 수밖에 없다.

데리다가 언급하는 논문 「'있다être'와 '갖다avoir'의 언어적 기능」에서 벤베니스트는, 일반적으로 동사의 결여에 의해 특징지어지는 명사문(모든 고귀한 것은 드물다omnia praeclara rara 같은 문장[131])의 문제를 거론하면서 이렇게 기술한다.

명사문에 대해서 "어째서 동사 '있다'가 결여되거나 생략되거나 하는 일이 생겨나느냐고 물어서는 안 된다. 그것은 물구나무선 추론이다". 그것이 아니라 "동사 '있다'가 어떻게 해서 출현하게 되는가"를 물어야만 한다.[132]

요컨대 벤베니스트는 오히려 동사 '있다'가 결여를 통해서 원초에 투영되어버리는 사태를 비판하고 있다. 데리다가 지적하고자 하는 바와는 완전히 반대 방향의 일을 벤베니스트는 행하고 있다.

게다가 가령 벤베니스트와 하이데거의 논의에 평행성이 보였다고 해도, 그것이 과연 두 사람으로부터 각각 장황하게 문장을 인용하면서 새삼스레 강조하지 않으면 안 될 그런 종류의 발견인 것일까? 데리다는 '언어학과 존재론'이라든가 '언어학자'와 '철학적 사색자' 같은 구별을 언급하는데, 이렇게 준비가 부족한 구별을 보면 데리다와 마찬가지의 방식으로 다음과 같이 물어보고 싶은 마음을 억누르기 힘들다.

도대체 무엇이 이 두 가지 분야를 구별하는 것인가? 언어에 대해 심원하게 사색한 하이데거가 언어학자가 아니라는 것은 대체 어떠한 의미에서인가? 언어 연구를 통해 그리스 철학에 접근하는 벤베니스트가 철학자가 아니라고 할 수 있는 것은 어떠한 의미에서인가?

데리다는 그것을 물으려 하지 않는다.

성과는 어느 쪽에?

기본적으로 데리다는 하이데거와 벤베니스트 두 사람이 공히 동사 '있다'의 3인칭 단수 현재형의 우위를 화제로 삼았다는 점에 주목하는데, 동일한 문제 계열을 탐구해서 동일한 결론에 이르는 경우가 있는 것은 당연지사가 아닐까?

벤베니스트가 언어학자 앙투안느 메이에의 연구를 출발점 삼아 하이데거는 독자적인 철학적 사색에 입각하여(그리고 대부분은 감에 입각하여) 동사 '있다'의 3인칭 단수 현재형의 우위에 마침내 이르렀다고 해도, 그러한 결론에 의문이 있다면 그 의문은 그들의 평행성을 지적함으로써가 아니라 그 결론을 뒤흔드는 새로운 설을 제시함으로써 표명되어야 할 것이다(그렇지 않을 경우, 평행성 지적 따위는 단순한 트집의 영역을 벗어나지 못한다). 더욱이 실제로 3인칭 단수의 특수성은 잘 알려져 있는 바이다.[133]

설령 그렇다 치더라도 왜 데리다는 이렇게까지 벤베니스트를 비판해야만 했던 것일까?[134]

그것은 통속적으로 이해하자면 벤베니스트의 도발적인 어조 탓일 것이고, 또 학문적으로 이해하자면 벤베니스트가 철학의 근원에 관련된 '존재' 개념까지도 언어학적으로 처리하고자 했기 때문일 것이다. 따라서 이 논쟁은 양쪽 모두 거기서 거기일 뿐, 딱히 어느 한쪽의 손을 들어줄 수는 없다.

하지만 중요한 것은 논쟁 속에서 획득된 성과를 그 결과 탓에 내던져버려서는 안 된다는 점이다.

데리다의 논의가 무엇을 획득했는가에 대해서는 여기서 묻지 않겠다. 벤베니스트의 논의는 언어와 사고의 관계를 둘러싼 새로운 정식을 제시함과 아울러 아리스토텔레스 『범주론』에서의 중동태의 위치를 명시하는 데에 성공하고 있다. 그리고 데리다의 반론은 이 점을 오해하고 있고, 또 그것을 전복시키는 데에도 이르지 못하였다.

철학은 중동태의 억압 위에서 성립되었다

벤베니스트는 그리스어가 동사 '있다'를 쉽사리 객체화시킬 수 있는 특수성을 갖고 있었다는 점을 지적했다. 그리스어로 사고하던 철학자들에게 이것이 조금도 작용을 미치지 않았을 거라 생각하기는 어렵다. 데리다도 그 점을 부정하지는 않는 것 아닌가?

앞의 인용에서 확인한 대로, 벤베니스트는 언어가 사고에 미치는 작용의 양태를 '규정하다determiner'라는 말이 아니라 '소지素地(바탕, 가능성)를 제공하다prédisposer'라는 말로 지칭했다.[135] 이 말은 앞서 우리가 벤베니스트의 논의로부터 추출해낸 정식, 즉 언어는 사고가 아니라 사고 가능성을 규정하는 것이고 그 규정 작용은 사회나 역사라는 장에서 전개된다고 하는 정식을 한마디로 잘 표현한 것이라 할 수 있을 것이다.

어쨌든 간에 벤베니스트가 사고를 언어로 환원하고자 하는 것이 아니라는 점은 이러한 표현법을 보더라도 명백하다.

데리다는 벤베니스트의 논문 여러 편을, 그 맥락에서 찢어내어 자유로이 비교함으로써 '모순'을 지적했다. 그렇다면 우리에게도 마찬가지의 행위가 허락될 터이다. 「계사의 대리보충」이 수록된 『철학의 여백』에 함께 수록된 논문 「차연」 속에서, 데리다는 이런 식으로 쓰고 있다.

> 아마도 **철학은 이러한 중동태**, 즉 일종의 비非타동사성을 **우선은 능동태와 수동태로 가르고**, 다음에는 그것을 **억압함으로써** 자신을 구성했던 것이다.[136]

데리다는 태와 관련하여 발생한 언어의 변화가 철학 자체와 내재적으로 결부되어 있을 가능성을 언급한다. 즉 **언어와 사고가 관계될 가능성, 중동태에 대한 억압이 지금에 이르는 철학의 기원에 있다**고 하는 가능성을 언급하고 있다.

데리다는 **어떤 근거도 제시하지 않고** 이렇게 단정하고 있는데 이 책 중동태의 세계는 데리다의 이 주장에 동의한다. 그리고 이것이야말로 벤베니스트가 주장하던 바로 그 가설이다.

아마도 지금에 이르기까지 우리를 지배하고 있는 사고, 그리스에서 시작된 서양 철학에 의해 어떤 특정한 방식으로 규정되어온 이 사고는 중동태의 억압하에 성립되어 있을 것이다. 데리다는 이 점에 대해 근거 없는 추론을 적어두고 있을 뿐이지만, 이는 역사적·철학적으로 연구되어야만 한다. 그리고 그것을 연구함에 있어 벤베니스트가 남긴 업적이 얼마나 커다란 의의를 가졌는지는 이루 다 헤아릴 수 없다.

제5장

의지와
선택

●

앞 장에서 우리는 언어와 사고의 관계를 새롭게 다시 물었다. 그때 참조되어야 한다고 생각한 것이 에밀 벤베니스트의 정식이다.

그 정식에 따르면 언어는 사고를 규정하는 것이 아니다. 언어는 사고의 가능성을 규정한다. 즉, 언어는 사고에 소지를 제공하는, 사고의 가능성의 조건이다. 이 점은 언어가 사고에 다양한 방식으로 작용하는 장의 설정을 요청한다. 현실의 사회와 역사야말로 바로 그러한 장이다.

언어와 사고의 관계를 정의한 이 정식은 철학사에서 칸트가 이룩한 전회에도 비견될 수 있는 것이었다. 지금 우리는 언어와 사고의 관계를 사회나 역사 속에서 생각한다고 하는, 어떤 의미에서는 당연한 출발점에 서 있다.

중동태의 존재와 의지 개념의 부재는 고대 그리스에서 찾아볼 수 있는 동시적 현상이다. 전자가 후자를 직접 초래하는 것은 아니다. 그러나 언어가 사고의 가능성을 규정하는 것이라고 한다면, 그리고 또한 그 규정 작용은 사회나 역사 같은 것 속에서 전개된다고 한다면, 거기서 모종의 관계를 간취할 수 있을 듯하다.

능동태와 중동태를 대립시키는 언어는 능동태와 수동태를 대립시키는 현재의 언어와는 다른 사고의 조건을 형성하고 있었을 것이다. 중동태를 갖고 있던 고대 그리스가 의지 개념을 알지 못했다는 사실은 그 조건들을 추측함에 있어 중대한 의미를 갖는다.

이번 장에서는 그러한 그리스를 살았던 철학자 아리스토텔레스의 철학을 참고하면서 의지 개념 자체에 대해 생각해보고자 한다. 다만 이 책은 아리스토텔레스 연구서가 아니다. 또한 이 주제에 관련된 연구를 망라하여 점검하고자 한다면 원래 논의의 목적으로부터 크게 일탈하게 될 것이다.[137] 이런 점들을 고려하여 여기서는 주목해야 할 철학자에 의한 아리스토텔레스 독해를 통해 이 문제에 대한 접근을 시도하고 싶다. 내가 말하는 주목해야 할 철학자는 한나 아렌트이다.

1. 아렌트의 의지론

계기는 아이히만

새삼스레 말해보자면 아렌트가 의지 문제와 씨름한 것은 유작이 된 저서 『정신의 생활』에서이다.

이 책은 1973년부터 1975년에 걸쳐 진행된 강의의 원고를 바탕으로 한 것인데, 그 출발점에 있는 것은 아렌트 자신도 방청하고, 후에 그 기록을 『예루살렘의 아이히만』(1963년에 잡지《더 뉴요커》에 연재)으로 발표한 아이히만 재판의 경험이다. 홀로코스트의 중심인물 중 한 사람이었던 아돌프 아이히만은 전쟁이 끝난 후 아르헨티나에 잠복해 있었지만, 이스라엘의 첩보기관 모사드에 의해 이스라엘로 연행되어 1961년에 재판을 받게 된다(사형 판결이 내려진 후 다음 해 교수형에 처해졌다).

아렌트는 법정에서 아이히만을 바라보면서 이 인물은 악마도 아니고 거대한 괴물도 아니며 확실한 이데올로기적 동기나 각별한 악의 동기를 갖고 있던 것도 아니라는 인상을 품게 되었다고 한다.

아렌트에 따르면 아이히만에 대해 말할 수 있는 유일한 특징은 "생각하고 있지 않음thoughtlessness"이었다.[138] 그러한 소극적인 성격밖에 갖고 있지 않은 인물이 대학살에 가담했다. 아렌트는 이 사실에 충격을 받고 현대에 있어서의 '사고의 결여'를 적극적으로 논하는 일의 중요성을 깨닫는다.

그리하여 달려든 것이 훗날 『정신의 생활』에 이르게 될 일련의 강의이다.

프로젝트는 3부로 구성될 예정이었지만 '사고'를 논하는 제1부와 '의지'를 논하는 제2부까지만 쓴 시점에서 아렌트가 이 세상을 떠났다. 1975년의 일이다. 아렌트가 소유한 타자기에는 제3부의 표제가 될 '판단'이라는 단어만 쓰인 종이가 끼워져 있었다고 한다.

남겨진 제1부와 제2부의 원고는 벗이었던 메리 매카시Mary Therese McCarthy의 손으로 편집되어 1978년에 출판되었다. 참고삼아 말하자면

『정신의 생활』의 3부 구성 방식(사고, 의지, 판단)은 명백히 칸트의 비판 철학의 구성(이론 이성, 실천 이성, 판단력)을 의식한 것이다.

참조처는 아리스토텔레스

아렌트는 『정신의 생활』 제2부에서 고대 그리스까지 거슬러 올라가 의지 개념의 철학사라고나 할 법한 것을 그려내는데, 그때 가장 중시되는 것이 아리스토텔레스의 철학이다.[139] 그것은 아리스토텔레스가 혼을 분석한 작업이 그 뒤의 모든 의지에 관한 철학에 결정적인 영향을 끼쳤고, 또 아리스토텔레스 외에 의지 개념의 결락缺落을 이만큼 명확히 의식한 그리스 철학자가 달리 없었기 때문이다.

예컨대 플라톤이 『국가』라는 저서에서 혼에는 세 부분이 있다고 하는 유명한 '영혼 3구분'설을 논한 것은 잘 알려져 있는데, 그 세 부분이란 이성, 기개氣槪, 욕망이어서(이들 세 부분은 또한 사회에서의 세 부분, 즉 철학자, 군인, 평민에 대응한다), 거기에는 의지를 위한 장소가 없다. 아리스토텔레스는 혼에 관한 이러한 논의 속에 모종의 결락이 있다고 여겼다. 그는 이성과 욕망이라는 전통적인 2구분을 거론하며, 이 구분만으로는 혼이나 행위를 잘 설명할 수 없다고 문제를 제기한 것이다*[140]

◆ 아리스토텔레스는 기개를 욕망의 일종이라 보기 때문에, 그에게 플라톤의 3구분은 실질적으로 이분법이나 마찬가지였다.

2. 아리스토텔레스의 '프로아이레시스'

이성과 욕망만으로는 설명되지 않는다

아렌트는 아리스토텔레스가 의지 개념의 결락을 의식하고 있었다고 강조한다. 아렌트가 참조하는 아리스토텔레스의 『에우데모스 윤리학』을 읽으면서 이 말이 의미하는 바를 보도록 하자.[141]

이 책에서는 '무자제無自制'라는 상태를 둘러싸고 벌어지는 이성과 욕망의 대립이 논의되고 있다. 이는 사람의 행위나 상태를 설명함에 있어 이성과 욕망, 이 두 가지만을 설정하게 되면 결국 모순에 빠져버린다는 것의 증명이다. 논의는 다음과 같이 진행된다.

대체적으로 사람이 '자발적(헤콘ἑκών)'으로 행하는 일은 모두 그것을 원해서 행한다. 그리고 좋지 않다고 여기는 일을 바라는 사람은 없다. 그렇다고 보면 자제심이 없는 상태는 누구라도 좋지 않다고 여기는 일이므로, 그러한 상태에 빠져 있는 자는 자신이 바라고 있는 일을 행하면서 자신이 바라고 있는 일을 행하지 않는 셈이다.

왜냐하면 그 사람은 욕망에 입각해 있다는 의미에서는 바람에 따르고 있지만(하고 싶은 일을 하지만), 이성에 반한다는 의미에서는 바람에 따르지 않고 행위하고 있는(하고 싶은 일을 하지 않는) 셈이기 때문이다. 이는 모순이고 "불가능한 일이다".[142]

이해하기 쉽게 말하자면 이 경우 도대체 하고 싶은 일을 하는 것인지 아닌지 둘 중 어느 쪽인지가 설명되지 않는다는 것이다.[143]

'선택'이라는 계기를 끼워 넣은 아리스토텔레스

이성과 욕망, 이렇게 두 가지만을 행위의 동인으로 삼는 한 설명이 매끄럽게 되지 않는다. 그래서 아리스토텔레스는 새로운 개념을 제시한다. 그것이 προαίρεσις(프로아이레시스)라는 개념이다.

종종 '선택choice'이라고 번역되는 이 단어는 '선택'을 의미하는 명사 αἵρεσις(하이레시스)에 '전에', '미리' 등을 의미하는 접두사 προ-(프로)가 붙어 만들어진 말이며,『니코마코스 윤리학』의 설명에 따르면 '다른 여러 가지에 앞서 뭔가를 선택'하는 것을 의미한다.[144]

아렌트는 이를 아리스토텔레스의 조어라고 했지만 실제로는 아리스토텔레스 이전부터 이 단어가 존재했었다. 그렇긴 하지만 아리스토텔레스의 저작 속에서 이 말에 독특한 의미가 담겨 사용되는 것은 사실이고 그 과정에서 이 말이 새로운 개념으로 다듬어졌다고 할 수는 있을 것이다.

프로아이레시스 개념은 앞서의 모순을 해소한다. 행위를 기술함에 있어 자신의 바람에 따른다고도 할 수 있고, 또 따르지 않는다고도 할 수 있는 그런 모순된 상태에 빠져버린 것은, 행위에 앞서 행위의 단서(아르케)가 되는 '선택(프로아이레시스)'이 상정되어 있지 않았기 때문이다.

이성과 욕망의 상호작용 속에서 프로아이레시스가 성립하고 그리하여 행위가 수행된다. 아렌트의 어법을 빌리면 프로아이레시스는 둘 사이에 끼어 매개 역할을 수행한다.[145] 행위의 단서는 프로아이레시스이고, 프로아이레시스를 낳는 것은 이성과 욕망이다.[146]

프로아이레시스에서 이성과 욕망이 함께 섞이는 양상을 가리켜 아리스토텔레스는 이렇게 말한다. 프로아이레시스는 '욕구를 동반하는 지성'

이고, 또 '사고를 동반하는 욕구'이기도 하다.[147] 그렇다고 하면 무자제는 프로아이레시스가 이성보다도 욕망에 더 강하게 영향받아 성립하는 상태를 가리킨다고 생각할 수 있을 것이다.

프로아이레시스 개념을 설정함으로써 이성과 욕망의 영향력의 정도를 생각할 수 있게 된다. 앞서의 모순은 이성과 욕망이 직접 행위를 산출한다고 상정했기 때문에 나타난 것이라고 생각하면 된다.

3. 프로아이레시스는 의지가 아니다

의지와 선택은 다르다

아리스토텔레스의 논의는 뭔가 뻔한 얘길 장황하게 기술하고 있는 것처럼 보일지도 모르겠다. 그러나 아렌트는 지금까지의 논의로부터 의지의 사상사에 관련된 지극히 중요한 결론을 끌어낸다. 아렌트는 이렇게 말한다.

"사람들은 흔히 프로아이레시스라는 선택 능력이 의지의 선구先驅라고 결론내리고 싶어 한다."[148]

이것은 물론, 아무리 의지의 능력과 닮았다고 하더라도, **프로아이레시스는 의지의 능력은 아니라는** 것이다. 이게 무슨 뜻인지 상세히 보도록 하자.

아렌트는 우선 또 하나의 철학 용어를 근거로 끌어온다. 중세에 활발히 논의된 라틴어 철학용어 '리베룸 아르비트리움liberum arbitrium'이다. 이 말은 종종 '자유의지'라고 번역되지만 정확한 번역이 아니다. arbitrium은 본래 '판단, 결정' 같은 의미이고, 따라서 어느 쪽이 이치에 부합하느냐 하는 의미에서의 '선택'이기도 하다. 거기에 '자유로운'을 의미하는 형용사 liberum이 붙어 있다.

한편 리베룸 아르비트리움은 뭔가 새로운 일을 개시하는 자발적인 힘이나, 다른 그 무엇에도 지배받지 않고 자신의 법칙에만 따르는 자율적인 능력을 말하는 게 **아니다**. 리베룸 아르비트리움은 자발적이지도, 자립적이지도 않다.[149] 리베룸 아르비트리움은 이성의 지도와 욕구의 권유에 입각하여 행해지는 선택이다.

그리고 아렌트에 따르면 아리스토텔레스가 말한 프로아이레시스란 바로 그러한 능력을 말하는 것이다. 그것은 '욕구를 동반하는 지성'이고 '사고를 동반하는 욕구'였기 때문이다.

즉, 프로아이레시스에 대응하는 것은 의지가 아니라 리베룸 아르비트리움이라고 생각해야 한다. 그것은 자발적, 자율적으로 뭔가를 **개시하는** 능력이 아니라, 이성이 긍정하고 욕구가 추구하는 그러한 뭔가를(무슨 일인가를) **선택하는** 능력이다.

'의지'의 장소=미래는 있는가?

하지만 이것만으로는 아직 아렌트의 논의가 뭘 지향하는 건지 불명료할 것이다. 프로아이레시스와 의지의 차이는 아직 충분히 명확하지가 않다. 이 차이를 이해하기 위해서는 눈이 휘둥그레질 법한 아렌트 자신의 의지에 대한 정의를 참조해야만 한다.[150] 아렌트는 다음과 같이 쓰고 있다.

우리는 기억을 과거에 관련되는 정신적 기관이라 간주할 수 있다. 그것은 지나가버린 것에 관련되어 있기 때문이다. 그러면 동일한 의미에서 **미래에 관련되는** 정신적 기관을 생각할 수 있을 것이다. 그것이 의지이다.

그런데 의지가 미래를 위한 기관이라고 하면, 의지가 하나의 능력으로 그 존재를 인정받기 위해서는 그에 대응하는 미래 또한 존재해야만 한다. 요컨대 미래가 '진정한 시제'[151]로 인정받아야만 하는 것이다. 미래가 하나의 시제로 인정받지 못한다면, 미래를 위한 기관의 장소 역시 존재하지 않기 때문이다.

미래가 하나의 시제라는 것, 너무 당연하다 싶을지도 모르겠다. 그러나 그렇지가 않다. 사실은 조금도 당연한 것이 아니다. 아렌트가 그 점을 설명하기 위해 근거로 끌어오는 것이 아리스토텔레스에 있어서의 가능태 potentiality의 사고방식이다.

뒤나미스와 에네르게이아라는 쌍개념으로 잘 알려진 그 학설에 따르면, 도토리 안에는 참나무의 가능태가 있고 정자 안에는 동물의 가능태가 있다. 참나무는 도토리에 포함되어 있던 가능태가 실현된 것이고, 동물의 성체는 정자 안에 포함되어 있던 가능태가 실현된 것이다. 이 유명한 학설에 대하여 아렌트는 다음과 같이 지적한다.

> 실재하는 모든 것에는 그 원인의 하나로 가능태가 선행하고 있기 마련이라는 견해는 암암리에 **미래를 진정한 시제로 보는 것을 부정하고 있다.**[152]

'선택'은 과거로부터의 귀결에 불과하다

아리스토텔레스처럼 가능태를 논하는 것이 왜 미래를 진정한 시제로 보는 것의 부정일까? 왜냐하면 이 학설에 따르는 한, **미래는 과거에 존재하고 있던 것의 귀결 이외에 아무것도 아니다**, 하는 얘기가 되어버리기 때문이다. 그렇다면 미래는 미리 존재하던 가능성에 선취되어버리고 만다.

요컨대 아렌트에 따르면 미래가 미래로 인정되기 위해서는 **미래가 과거로부터의 귀결이어서는 안 된다**. 미래는 과거로부터 단절된 절대적 시작이어야만 한다. 그러한 진정한 시제로서의 미래가 인정되었을 때 비로소 의지에 장소가 부여된다. **시작을 담당할 능력**, 무슨 일인가를 시작할 능력의 존재가 인정되기에 이른다.

이 정의에 의해 의지와 프로아이레시스의 차이가 확실해진다.

프로아이레시스는 시작을 담당할 능력이 아니다. 프로아이레시스는 시작이기는커녕 이성과 욕망의 상호작용하에서 출현하는 것이다. 프로아이레시스 혹은 일반적으로 선택이란 그러한 것일 터이다. 선택은 **과거로부터의 귀결**로 존재한다.

따라서 프로아이레시스에 대한 아리스토텔레스의 논의에 아무리 의지와 유사한 개념이 발견되더라도 그것은 의지라고는 말할 수 없다. 아렌트가 프로아이레시스는 의지가 아니라고 말하는 것은 그러한 의미에서이다.

4. 의지와 선택의 차이란 무엇인가?

과거의 요인들, 그 종합으로서의 '선택'

이미 제1장에서 가볍게 지적해둔 바와 같이, 의지 개념은 책임 개념과 강하게 결부되어 있다. 이 점은 '의지'가 그 일상적 용법에서도 무슨 일인가를 시작할 능력으로 연상된다는 것을 의미한다. 어떤 행위를 자신의 의지로 **개시했다**고 상정될 때, 그 사람에게 그 행위의 책임을 물을 수 있다.

방금 검토한 아렌트의 의지에 대한 정의는 '의지'라는 단어의 이러한 일상적 의미를 철학적으로 세련되게 다듬은 것으로 읽을 수 있다. 즉, 우리는 보통 그런 식으로 의식하지는 않는다 해도 아렌트가 말하듯이 의지라고 하면 무슨 일인가를 개시할 능력으로 이해하고 있다. 그렇기 때문에 이 단어에 입각하여 책임을 사고할 수가 있는 것이다.

어떤 행위가 과거로부터의 귀결이라고 한다면 그 행위를 그 행위자의 의지에 의한 것이라 간주할 수 없다. 그 행위는 그 사람에 의해 개시된 것이 아니기 때문이다. 물론 그 행위자가 모종의 **선택**을 하긴 했을 것이다. 그러나 이 경우 선택은 여러 요소들의 상호작용의 결과로 출현한 것이어서, 그 행위자가 자기 의지에 의해 개시한 것이 아니게 된다.

일상생활에서 **선택은 부단히 행해지고 있다.** 사람은 의식하지 않더라도 늘 행위하고 있으며 모든 행위는 선택이다. 그런데 만약 선택이 그것이 과거로부터의 귀결이라고 한다면 의지의 실현이라고는 간주할 수 없다. 그렇다면 이렇게 결론지을 수 있을 것 같다. '**의지와 선택은 명확히 구별되지 않으면 안 된다.**'

선택이란 이 세계에 차고 넘치는 **사실**이다. 행위는 늘 실현되지 않은 행위를 동반하고 있다. 예컨대 내가 사과를 먹었다고 한다면 그것은 귤도 수박도 아닌 사과를 선택한 것이 되고, 혹은 '사과를 먹지 않는다'라고 하는 선택지가 아닌 쪽의 선택지를 고른 것이기도 하다. 그런 의미에서 모든 행위는 선택이다.[153]

세계에 차고 넘치는 이 사실은 다양한 요인들의 종합으로 나타난다. 사과를 먹은 것은 신체에 비타민이 부족해서일 수도 있다. 어젯밤 맛있어 보이는 사과가 나오는 영상을 보았을 수도 있다. 혹은 '사과라는 과일, 참 맛있어'라는 누군가의 말에 부추김을 받았을지도 모른다. 그리고 사과를 실제로 먹었다면 원래부터 사과를 좋아했을 수도 있고, 나아가 그것이 먹을 것이라는 사실 역시 알고 있었을 수도 있다. 만일 처음 사과를 먹는다면 적어도 사과를 보았을 때 '먹을 수 있는 것 같아'라는 판단을 내릴 정도의 지식을 갖고 있었을 수도 있다.

아무튼 과거에 있던 다양한, 그리고 이루 다 헤아릴 수 없이 많은 요소들의 영향의 종합으로 '사과를 먹는다'라는 선택은 출현한다. 요컨대 그것은 과거로부터의 귀결로 존재한다.

과거를 단절하는 것으로서의 '의지'

그러면 이러한 선택과 구별되어야 할 의지라는 것은 무엇인가? 그것은 과거로부터의 귀결로 존재하는 '선택' 곁에 돌연 출현하여 억지로 그것을 과거로부터 분리해버리고자 하는 **개념**이다. 게다가 이 개념은 자연스레 거기에 출현하는 것이 아니다. 그것은 호출된다.

'사과를 먹는다'라는 내 선택의 개시 지점을 어디서 찾느냐는 대단히 어려운 문제이며, 기본적으로 그것을 확정하기란 불가능하다. 너무나도 많은 요소들이 관련되어 있기 때문이다.

그런데 그 사과가 사실은 먹으면 안 되는 과일이라서 먹어버린 일의 **책임**을 묻지 않을 수 없게 되었다고 해보자. 책임을 묻기 위해서는 이 선택의 개시 지점을 확정해야만 한다. 이 확정을 위해 호출되는 것이 의지라는 개념이다. 이 개념은 내 선택의 곁에 나타나 선택과 과거의 연결을 끊어내고 그럼으로써 선택의 개시 지점을 내 안에 위치 짓고자 한다.

이렇게 생각해보면 선택과 의지의 구별은 명확하며 실로 단순하다고 하지 않을 수 없다. 바라든 바라지 않든 간에 선택은 부단히 행해진다. 의지는 나중에 다가와 그 선택에 덧씌워지는 것이다.

그런데 실로 단순한 이 구별이 지금껏 정확히 이해되지 않았다. 의지를 둘러싼 논의가 늘 혼란 속에 빠져 있었던 것은 바로 이 때문이라고 생각된다.

아렌트는 개시할 능력으로 의지를 정의함으로써 이 혼란을 멋지게 해소해버렸다. 이 정의의 포인트는 그녀가 개시한다는 것이 어떤 일인지를 엄밀히 묻고, 아리스토텔레스의 가능태 논의를 참조하면서 거기에 명확히 답했다는 데 있다. 이로써 의지를 선택으로부터 확실히 구별할 수 있게 된다.[154]

선택이 의지와 바꿔치기되어버린다

아렌트는 사상사 차원에서의 혼란만 풀어낸 것이 아니다. 이는 '의지'라는 말을 사용할 때 우리 자신이 종종 빠지는 혼란 또한 풀어냈다.

선택이 그때까지의 경위나 주위 상황 혹은 심신의 상태 등의 다양한 영향하에 이루어진다는 것은 생각해보면 당연한 일이다. 그런데 논의가 추상적으로 흐르면 이 점이 망각되고 어느새 선택이 절대적인 시작을 전제로 하는 의지로 바꿔치기되어 있다. 과거로부터 연속적으로 이어져 **늘 불순할 수밖에 없는** 선택이란 것이, 과거로부터 단절된 시작으로 간주되는 **순수한** 의지에 덮씌워지는 것이다. '의지는 환상이다'라고 할 때에도, 원래는 **의지가 아니라 선택이 문제인 그런 상황**이었는데 결론부에 이르러서 뚜렷한 이유 없이 의지가 부정되는 그런 경우들이 있다.

어떤 사람이 뭔가를 선택함에 있어 그 선택 행위가 명확히 의식되기 전 시점에 뇌에서 어떤 활동이 시작되었다는 것이 실험에 의해 증명되었다고 해보자. 여기서 이 증명에 의해 부정되는 것은 단지 선택의 개시 시점이 사람의 뚜렷한 의식 안에 있다고 하는 믿음일 뿐이다. 그리고 어떤 선택이 행위로 실행되는 시점에 도달하기까지의 다양한 요소들에 의해 영향을 받는 것은 당연지사라서, 그런 점은 굳이 지적할 것까지도 없다. 또한, **뇌에서 일어나는 일이 전부 의식될 리는 없으므로** 선택이 의식되기 전에 뇌에서 뭔가 활동이 시작되고 있는 것 역시 당연한 노릇이다.

그 정도의 일을 대단한 것이라도 되는 양 지적할 수 있는 이유는 어떤 지점에서부터 논술 대상을 '선택'에서 '의지'로 바꿔치기했기 때문이다. 실제로는 선택(다양한 요소들에 영향을 받는 불순한 것)을 다루고 있음에도 불구하고, 의지(절대적으로 독립된 순수한 것)를 부정의 대상으로 내세우면서 "여러분이 순수하다고 여긴 그것은 순수하지 않았던 겁니다"라고 말하는 것이다.[155]

그러면 의식의 역할은?

선택이 과거로부터의 귀결일뿐 결코 순수한 시작이 아니라고 한다면, 선택에서 의식의 역할 역시 새로이 정의할 수 있을 것이다.

의식은 선택에 영향을 끼치는 무수한 요소 중 하나이다. 의식 속에서 행해지는 사고, 혹은 의식하는 것이 가능한 사고는 정신 속에서 행해지는 것이므로 정신 안에 머물면서 의식되지 않는 정신의 다양한 활동들에 영향을 주고 있다.

다양한 요소들이 참여하고 있으니까 의식된 사고가 선택을 결정하는 것은 아닐 테지만, 반대로 의식이 선택과 전혀 무관한 것 역시 아닐 터이다. 의식되지 않는 사고가 의식되는 사고에 영향을 끼치고, 의식되는 사고 또한 의식되지 않는 사고에 영향을 끼치는 그러한 상호작용을 상상해볼 수 있다.

절대적 시작으로서의 의지를 인정하지 않는다면 의식이나 선택은 무의식에 의해 일방적으로 결정되는 셈이 되어버리지 않겠냐고 여기는 사람이 있을지도 모르겠다.

하지만 그런 식으로 생각하게 되는 것은 그때까지 자신이 의지와 행위 혹은 의지와 선택 사이에 어렴풋이 상정하고 있던 관계를, 의식되지 않는 것과 의식되는 것 간의 관계에도 **투영해버리기** 때문이다. 의지가 **일방적으로** 행위나 선택을 결정한다는 사고에 너무나 익숙해져 있기 때문에 의식되지 않는 것(무의식)과 의식되는 것(의식)에 대해서도 한쪽이 다른 한쪽을 **일방적으로** 결정한다고 생각하는 것이다. 요컨대 의식되지 않는 것(무의식)이 의식되는 것(의식)을 **일방적으로** 결정하게 되어버린다는 것이다.

선택은 무수한 요소들의 영향을 받지 않을 수 없고 의식은 다만 그러한 요소들 중 하나에 불과하다고 한다면, 의식은 결코 만능이 아니다. 그러나 의식이 무력한 것도 아니다.

의지라는 절대적 시작을 상정하지 않고도, 선택이라는 개념(과거로부터의 귀결이고 또한 무수한 요소들의 상호작용하에 있는)을 통해 우리는 의식을 위한 장소를 확보할 수 있다. 오히려 의지 개념을 배척함으로써 의식의 역할을 정당하게 평가하는 것이 가능해진다.

5. 의지를 둘러싼 아렌트의 불가해한 선택

의지를 옹호하는 방향으로 나아가는 아렌트

아렌트는 의지와 선택(프로아이레시스)의 구별을 명확한 것으로 상정하고, 그것에 의해 의지 개념을 둘러싼 혼란을 정리해 보여주었다. 이 지점까지 아렌트의 논의는 극히 명료하다. 그런데 이 뒤로 그녀의 논의는 급속히 이해하기 어려운 것으로 바뀌어간다. 어떤 얘기냐 하면 이 정의를 출발점으로 삼는다면 마땅히 이러이러한 방향으로 나아가겠지, 싶은데 실제로는 정반대 방향으로 논의가 전개되기 때문이다.

상세히 보기로 하자. 아렌트는 다음과 같이 말한다.

> 의지에 반대하여 철학자들이 제기해온 논의들은 예컨대 의지 능력의 실새에 반대한다거나, 의지 안에 포함되어 있는 인간의 자유라는 개념에 반대하거나, 또한 자유의지에 고유한 우연성, 즉 그 정의에 비추어보자면 행하지 않은 채 그대로 둘 수도 있는 그런 행위의 우연성에 반대하거나 하는 것이었다. 이러한 반론들을 다시 한 번 새롭게 생각해보면 점점 더 확실해지는 것이 있다. **이러한 반론들은** 전통적으로 리베룸 아르비트리움이라고 알려져 온 자유, 즉 두 가지(혹은 그 이상)의 바람직한 목적이나 행동 양식 중 어떤 것을 선택할 자유에 대한 반론이라기보다는, **미래를 위한 기관으로서의, 또한 새로운 일을 개시할 힘으로서의 의지에 대해 가해진 반론**인 것이다. 리베룸 아르비트리움은 대등하게 가능한 사물이나 사태들 사이에서 결정을 내려 그 어느 쪽인가를 선택하는 것인데, 그 사물이나 사태들은 말하자면 '태어나고(산출되고) 있는 상태' 속에서 단순한 가능태로 우리에게 주어져 있다. 그에 비해 진정 새로운 뭔가를 개시할 능력(의지)에 대해서는, 그 어떤 가능태도 그에 선행하여 존재할 수가 없다. 혹여 그러한 일이 있을 수 있었다면, 실현된 행위의 원인의 하나로 이 가능태가 모습을 드러내고 만다.[156]

어쩌면 특별히 걸리는 데 없이 죽 읽을 수도 있겠지만, 사실은 상당히 신중하게 읽지 않으면 논의의 전제와 그 논의가 결국 닿고자 하는 목적지가 어디인지 잘 알 수 없게 되는 난해한 구절이다. 전체적으로 정리해보자면 다음과 같은 이야기이다.

처음에 아렌트는 철학이 전통적으로 행해온 의지 개념에 대한 비판은 리베룸 아르비트리움(혹은 프로아이레시스)에 대한 비판이 아니라, 그것과는 **명확히 구별된** 의지에 대한 비판으로 이해되지 않으면 안 된다고 말한다. 그런데 의지는 리베룸 아르비트리움과 혼동되기 일쑤였다. 그런 까닭에 전자에 대한 비판도 후자에 대한 비판인 양 오인되고 있다.

요컨대 아렌트는 철학이 의지를 비판할 때 리베룸 아르비트리움은 그 대상에서 제외해야만 한다고 말하는 것이다. 그러면 이 이후의 논의는 부당한 비판을 받아온 리베룸 아르비트리움을 그 비판으로부터 구출하고 이를 재평가하는 방향으로 향하지 않을까 예상되는 바인데, 『정신의 생활』은 그렇게 나아가지 않는다.

아렌트는 지금까지 철학이 행해온 의지 비판은 **확실히** 의지에 대한 비판이지 리베룸 아르비트리움에 가해진 것은 아니라고 애써 지적한 다음, 이를 바탕으로 절대적인 시작으로서의 의지 개념을 옹호한다. 결국 여기서 '철학자들'의 전통적인 논의는 단순한 부정의 대상으로 언급되고 있는 것이다.

의지가 존재할 수 없음을 아렌트 자신이 증명하고 만다

철학이 리베룸 아르비트리움(혹은 프로아이레시스)이 아니라 그와는 구별되는 의지를 비판해왔다고 하는 아렌트의 설은 아마 옳을 것이다. 왜냐하면 **아렌트 자신에 의해 정의된 의지 개념을 잘 보면**, 그것을 철학적으로 옹호하는 일이 얼마나 곤란한지 명백히 드러나기 때문이다.

의지는 과거로부터의 귀결이어서는 안 되고 과거와는 단절된 절대적인 시작이어야만 한다. 그러나 적어도 우리의 정신에 관해서 말하자면, 그러한 것이 있을 수 있다고는 보이지 않는다. 마음에 일어나는 어떠한 상념에도 그에 선행하는 뭔가가 있다. 그야말로 스피노자가 말한 대로 상념이나 행위에는 반드시 그것을 야기하는 원인이 있는데도 인간은 사물이나 사태의 결과밖에 받아들이지 못하기 때문에, 그 원인에까지 생각이 미치지 못하는 것일 뿐이다.

이러한 의미에서 아렌트의 정의는 대단히 탁월한 것임과 동시에 대단히 기묘한 기능을 갖기에 이른다고 하지 않을 수 없다.

그것은 정의로서 **너무나도 잘 짜여 있기 때문에** 의지라는 개념의 무리함을 폭로하고 만다. 아렌트가 정의한 의지는 **자신이 정의하는 대상의 존재 가능성을 스스로 붕괴시켜버리는**, 그러한 종류의 정의이다.

왜냐하면 우리는 순수하고 절대적인 시작 따위는 생각할 수 없기 때문이다. 한 사람 한 사람의 정신 안에 순수하고 절대적인 시작이 있다는 따위의 주장은 적어도 **철학적으로는** 극도로 곤란하다. 그것은 말하자면 '무로부터의 창조creatio ex nihilo'를 요구하는 주장이다.

왜 그렇게까지 칸트를 비판할까?

아마도 그래서일 것이다, 아렌트는 절대적인 시작으로서의 의지를 옹호함에 있어 더 이상 철학을 후원자로 둘 수 없다. 의지를 비판해온 철학을 전면 부정하고, 기독교 신학의 전통에 호소하는 것이다.

이유는 명백하다. 절대적인 시작을 인정하기 위해서는 바로 '무로부터의 창조' 같은 교설을 인정하는 신앙을 필요로 하기 때문이다.

"기독교 철학이 오래 지속되는 동안 의지를 자립적인 특별한 정신적 능력으로 승인하는 것에 대한 혐오는 끝내 소멸되어버리기에 이르렀다."

"그리고 미래의 삶을 위한 준비와의 밀접한 관련 속에서 바울이 최초로 의지를 발견하였다. 미래가 아무리 복잡해도 의지가 필연적으로 자유임을 발견한 것이다. 그런 까닭에 우리의 주제에 대해 어떤 곤란이 발생하는 것은, 다뤄야 할 문제의 '역사적 기원'이 부단히 이어져온 철학적 사상의 전통 속에 있지 않고, 바로 신학 안에 있기 때문인 것이다."[157]

의지를 추구하는 아렌트가 철학을 부정하는 태도는 칸트를 평가할 때 가장 과격해진다.

어느 정도 철학사에 관한 지식이 있는 독자라면 칸트야말로 자신의 윤리학에 있어서 의지의 자발성을 지향한 철학자라고 여길 수 있고, 그런 까닭에 아렌트가 칸트에게서 모범을 발견할 수 있지 않을까, 하고 생각할 수도 있을 것이다.

그런데 그렇게는 되지 않는다. 아렌트에 따르면 칸트 윤리학은 아리스토텔레스의 철학보다 더 후퇴하고 있다. 칸트가 말하는 의지는 심지어 리베룸 아르비트리움도 아니다. 왜냐하면 그것은 자신의 법칙(정언 명법)을 실천 이성으로부터 받아들이기 때문이다.[158] 칸트가 말하는 의지는 선택의 자유도 아니지만 자기 원인도 아니다. "칸트의 의지는 행위의 모든 사건의 집행 기관일 수 있도록 이성으로부터 임명을 받은 것"에 불과하다.[159] 아렌트는 심지어 다음과 같이 말하기도 한다.

> 최근 몇 세기 동안 이것[의지 개념]과 관련해서 **진정으로 어떤 중요성도 없는 유일한 대사상가가 칸트이다.**[160]

칸트를 이렇게까지 부정하는 철학자는 지극히 드물 것이다. 칸트에 대해 부정적인 철학자라도 그 철학의 중요성을 인정하지 않는 일은 거의 있을 수 없기 때문이다. 이로부터 알 수 있는 것은 아렌트가 의지라는 절대적 시작을 그야말로 절대적인 것으로 간주하고 있었다는 사실이다. 의지는 이성으로부터 정언 명법이라는 가이드를 받아들이는 일조차 허용되지 않는다.

'의지를 부정하는 철학을 부정함'의 효과는?

그렇다 해도 의지를 둘러싼 아렌트의 논의는 어째서 이토록 까다로운 것일까? 여기에는 단순한 난해함 이상의 문제가 있는 것 같다.

'의지'라 불려온 뭔가를 리베룸 아르비트리움(프로아이레시스)으로부터 구별하고, 아울러 "철학자들이 비판해온 것은 리베룸 아르비트리움(프로아이레시스)과는 다른 그 어떤 것이다"라고 주장함으로써, 실제로는 존재하지 않는 그 뭔가를 마치 존재하는 듯이 꾸며내는 교묘한 논의가 여기서 구성되고 있는 것은 아닌가, 그런 식으로까지 생각하고 싶어진다.

세간에서는 그 뭔가가 실재라고 믿어지는 경우가 자주 있다. 하지만 그 뭔가는 철학적인 검증을 견뎌낼 수 있는 것이 못 된다. 그래서 철학자들은 이를 부정하고 더 현실적인 리베룸 아르비트리움(프로아이레시스) 개념을 제시해온 것인데, 그럼에도 불구하고 이 개념은 그 뭔가와 혼동되어왔고 지금도 계속 혼동되고 있다. 그렇다면 그 뭔가를 새삼 리베룸 아르비트리움(프로아이레시스)으로부터 명확히 구별해내면 마치 그 뭔가가 실재하는 듯한 논의가 성립되지 않을까? 물론 그때, 아렌트는 동시에 그 뭔가가 실재함을 부정해온 철학의 영위를 비판하는 것이다. 그렇게 하면 실재를 오래도록 부정당해온 그 뭔가가 마치 실재하는 듯한 인상을 줄 수 있을 듯하다.

심술궂은 독해일까? 다시 한 번 다른 논점으로부터 아렌트의 아리스토텔레스 독해를 검토해보자.

6. 공갈협박 문제

자발이냐 비자발이냐

아리스토텔레스가 프로아이레시스 개념을 필요로 한 것은 이성과 욕망만으로는 행위를 매끄럽게 설명할 수 없었기 때문이다. 그럼 프로아이레시스라는 개념까지 만들어서 행위를 설명하고자 한 이유는 뭐냐고 묻는다면, '자발적(헤콘^{ἑκών})' 행위와 '비자발적(아콘^{ἄκων})' 행위를 구별하기 위해서였다.

자발적과 비자발적의 구별은 옳지 못한 일을 행하는 것과 옳은 일을 행하는 것을 구별하는 데에, 즉 어떠한 행위는 비난받아야 하고 또 다른 행위는 상찬받아야 하는가를 명확히 하는 데에 유용하다.[161] 아리스토텔레스에 따르면 자발적 행위만이 비난이나 상찬을 받을 자격이 있다. 전적으로 의도치 않게 우연히 선행을 했다면 그것은 상찬받을 자격이 없다.

예컨대 전철에서 자리에 앉아 있다가 전철 노선도를 보려고 일어났는데 조금 비껴 서 있던 노인으로부터 "자리를 양보해줘 고맙네"라고 감사의 말을 들었다고 가정해보자. 이는 아리스토텔레스의 기준에서 보자면 상찬받을 수 있는 선행이 아니다.

마찬가지로 전혀 의도치 않게 범죄를 저질렀다면 그것은 비난받아선 안 된다. 이것은 예컨대 현대의 법학 용어를 사용하자면 살인과는 다른 과실치사에 상당한다. 그리고 살인과 과실치사의 구별이 늘 그러하듯이, 자발적 행위와 비자발적 행위의 구별도 어렵다. 쉽사리 어느 쪽으로 할당할 수 없는 경계에 있는 예들이 존재하기 때문이다.

어떤 행위가 의도적이냐 아니냐의 문제는 의지 문제와 무관할 수 없다. 아렌트도 당연히 이 점을 언급하는데 그때 그녀는 심히 흥미로운 사례를 꺼내든다. 외관상 심플해 보이는 것과는 반대로 '행위란 무엇인가'라는 원리적인 물음에 관련되는 중요한 사례이다. 게다가 상당한 길이의 논의를 꼼꼼히 조립해가지 않는 한, 이를 정확히 위치 지을 수가 없다.

이제부터 그 사례에 대한 분석을 통해 의지 개념과 관련된 여러 문제들에 대한 검토를 더 진전시켜보자.

협박을 받아 돈을 건네는 것도 자발적 행위?

아렌트가 꺼내든 사례는 총으로 위협을 당한 인물이 자신의 손으로 주머니에서 돈을 꺼내어 그것을 상대에게 건넨다는 것이다.[162]

이것은 일반적으로 협박이라 불리는 사례에 해당된다.[163] 나는 총을 든 인물로부터 돈을 내놓으라는 요구를 받는다. 그리고 나는 주머니에서 돈을 꺼내 그것을 그 인물에게 건넨다. 간단히 떠올려볼 수 있는 장면이다.

이 장면을 아렌트는 어떻게 분석할까? 아렌트에 따르면 이때 나의 행위는 "내가 폭력에 의해 위협당하고는 있지만 물리적으로는 강제당하지 않고 한 행위"이다.[164]

물론 그러할 터이다. 나는 총으로 협박을 받았다. 총은 내게 향해져 있었으니까. 그러나 내가 물리적으로 강제당하고 있지 않은 것 또한 사실이다. 내가 내 손으로 주머니에서 돈을 꺼내어 그것을 상대에게 건넨 것이다.

그러면 나의 이 행위는 어떻게 형용되어야 할까? 나는 물론 총으로 협박을 받았다. 그러나 주머니에서 돈을 꺼내어 건네는 행위를 물리적으로 강제당한 것은 아니다. 그러면 그것은 나의 **자발적** 행위라고 간주되어야 할까? 그리고 그런 까닭으로 나는 돈을 건넴에 있어 **능동적**이었다고 해야 할까?

아렌트의 답변 방식은 실로 흥미롭다. 아렌트는 자신의 해석을 제시하는 것이 아니라 단지 아리스토텔레스의 철학에 따를 경우 도달하게 될 답만을 제시한다.

총으로 위협당한 내가 상대에게 돈을 건네는 행위는 **아리스토텔레스가 정의한 바에 따르면** 자발적인 행위라 간주되고 말 것이다, 하는 것이 그 답이다. 왜 자발적 행위로 간주되어버리느냐 하면 "아리스토텔레스가 자발적이라는 말로 이해하고 있는 것은, 행위가 그때그때 되어가는 대로 이루어진 것이 아니라 자신의 신체적·정신적인 힘을 결여하는 바 없이 보유하고 있는 행위자에 의해 수행된 것('운동의 기원이 행위자 안에 있었다'), 바로 그것이기" 때문이다.[165]

아렌트의 의도는 분명하다. 여기서 시사되고 있는 것은 **아리스토텔레스의 자발성 정의에 따르는 한**, 행위에 대한 기술이 이상해져버리고 말 거라는 점이다. 총으로 위협을 당해 돈을 건넸다 해도, 그것은 자발적으로 돈을 건넨 행위가 되고 마는 것이 아리스토텔레스 철학에서의 자발성의 정의라는 것이다.

여기서 아렌트가 의지 개념을 부정해온 철학의 전통을 일관되게 비판하고 있다는 점, 아리스토텔레스가 제창한 프로아이레시스 개념을 의지 개념과 혼동해서는 안 된다고 강하게 주장하고 있다는 점을 다시 한 번 상기하자. 그리고 그런 바탕 위에서 아리스토텔레스가 진정 그런 식으로 생각했는지 물어야만 한다.

아리스토텔레스는 위협을 당해 행한 행위를 자발적인 행위라고 생각했던 것일까? 아렌트가 참조하는 것은 『니코마코스 윤리학』에서의 자발성에 관한 정의이다.[166] 아렌트의 설명을 읽고 있자면 뭔가 까다롭고 복잡한 인상을 받지만, 실제 거기에 적혀 있는 것은 그다지 복잡하지 않다.

우선 아리스토텔레스는 행위의 '기원'이 행위자에게 있는 행위는 확실히 '자발적'이라고 간주된다고 말한다. 따라서 내가 실제로 손을 움직여 돈을 건넨 것이라면 그 행위는 자발적인 행위이다.

하지만 같은 텍스트에서 '자발적'이나 '비자발적' 같은 용어는 그 행위가 이루어진 상황에 관련해서 사용되어야만 한다고도 적혀 있다. 아리스토텔레스가 드는 것은 폭풍우를 만났을 때 화물을 던져버리는 사례이다.

이때 사람은 틀림없이 자신과 승무원들의 안전을 위해 자신의 판단으로 화물을 내던진다. 그러나 말할 필요도 없이 화물을 던져버리는 행위 자체는 비자발적으로 이루어지고 있다. 기꺼이 화물을 내던져버릴 자는 없기 때문이다. 따라서 아리스토텔레스는 이러한 행위를 자발적이라고도 할 수 있고 그렇지 않다고도 할 수 있다는 의미에서 '혼합적μικτός'인 행위라고 기술하고 있다.[167]

물론 '어느 쪽이냐 따져보자면 자발적인 행위에 가깝다'라고 하는 단서가 달려 있지만 중요한 것은 아리스토텔레스가 동일한 행위여도 상황이나 시점에 따라 자발적이라고도 할 수 있고, 비자발적이라고도 할 수 있다는 양의성에 주목하고 있었다는 점이다.

그러나 아렌트는 이를 단순화시켜버린다. 의지를 비판해온 철학의 전통을 그녀가 부정하고자 한다는 사실을 포개어 생각해보면 여기에는 뭔가 인상 조작 같은 면조차 느껴지기 시작한다. 요컨대 '의지 개념을 갖지 않는 철학은 기이한 결과를 초래하게 된다'라는 이미지를 만들어내고자 하는 것이 아닐까 생각되는 것이다.

7. '하다'와 '당하다'의 경계

푸코의 권력론

이 협박의 사례는 단순히 아리스토텔레스 해석의 문제에만 머물지 않는 더 넓은 문제계 안에 자리매김되어야 하는 것이다. 왜냐하면 여기에 있는 것은 **'사람이 무슨 일인가를 한다** 함은 어떠한 일인가, **사람이 무슨 일인가를 하도록 강제당한다** 함은 어떠한 일인가'라는 원리적인 문제이기 때문이다.

여기서는 '하다'와 '하게 하다'의 경계가 문제되고 있는 것이며 그렇다고 한다면 이 사례는 중동태와 무관할 수 없다. 물론 아렌트는 지나는 길에 가볍게 이 사례를 언급한 데 불과하다. 그러나 이 사례를 어떻게 자리매김하느냐에 따라 그 사상의 핵심부가 드러나기 시작한다고까지 말할 수 있다. 그러면 그러한 세계에 어떻게 접근하면 좋을까?

여기서 하나의 보조선으로 20세기의 프랑스 철학자 미셸 푸코의 권력론을 참조하고 싶다. 푸코야말로 권력 문제를 통해 사람에게 무언가를 하게 한다든가, 사람이 무언가를 한다든가 하는 것이 어떠한 일인가를 원리적으로 물었던 철학자이기 때문이다. 그의 권력론에 의해 아렌트의 사상을 더욱 상대화하는 것 또한 가능해진다.

조금 돌아가는 길이 되겠지만 그런 노동쯤은 마다 않고 이 이론을 소개해보겠다.

폭력은 억누르고 권력은 행위하게 한다

푸코의 권력론은 그때까지 지배적이었던 마르크스주의적 권력관을 일변시켰다고 알려져 있다.[168] 이것은 푸코가 권력을 억압에 의해서가 아니라 행위의 산출에 의해 정의했다는 점에 따른 것이다.

극히 거칠게 말하자면 마르크스주의적인 권력론에서 권력은 '국가의 폭력 장치'와 동일시되어 있었다. 폭력을 독점하고 있는 계급이나 기구가 대중을 억누르고 있는 그러한 양상이 어렴풋이 '권력의 행사'라 지시되고 있었던 것이다.

그에 반해 푸코는 권력이 **억누르는 것이 아니라 행위하게 하는 것이라**고 생각했다.

예를 들어, 공장에서의 노동자, 군대에서의 병사, 학교에서의 학생은 바람직한 방식으로 행위하도록 되어 있다. 그런 의미에서 권력은 '억압' 같은 소극적 이미지로는 온전히 포착되지 않으며, 오히려 '행위의 산출'이라는 적극적인 이미지로 표현되어야 한다는 것이다.

따라서 푸코 권력론의 특징 중 하나를 권력과 폭력의 명확한 구별에서 찾을 수 있을 것이다. 마르크스주의적 권력론에서는 이 두 가지가 애매하게 겹쳐져 있었다. 푸코는 다음과 같이 확실히 권력과 폭력을 구별한다.

실제로 권력 관계를 정의하는 것이 무엇이냐 하면, 이 관계가 타자에게 직접적·무매개적으로 작동하는 것이 아니라 타자의 행위에 작용하는 행위 양태라고 하는 점이다. 즉, 권력 관계란 **행위에 대한 행위**이고, 이루어질 수 있거나 현실적으로 이루어질, 미래의 혹은 현재의 행위에 대한 작용인 것이다. [그에 반해] 폭력 관계는 신체나 물체에 작용한다. 그것은 강제하고 굴복시키며, 박살내고 파괴하고 온갖 가능성을 죄다 닫아버린다. 그런 까닭에 폭력 관계의 바탕에는 **수동성의 극極밖에 남겨지지 않는다.**[169]

권력은 사람들이 행위하는 것을 방해하는 게 아니다. 권력은 행위를 대상으로 하여 사람이 어떤 행위를 하도록 작용하거나 혹은 그 행위의 양상을 규정하는 방식으로 작용한다. 바꿔 말하자면 권력은 사람이 가진 **행위하는 힘**을 이용한다. 그것은 행위를 산출한다는 의미에서 '생산적productif' 이다. 푸코가 『감시와 처벌』 등에서 연구한 것은 바로 권력에 의한 행위 산출의 특정한 패턴이요, 그 패턴의 역사적 변화이다.

그에 반해 폭력은 신체에 직접 작용한다는 의미에서 권력과는 구별된다. "그것은 강제하고 굴복시키며, 박살내고 파괴하고 온갖 가능성을 죄다 닫아버린다."

권력을 행사당하는 측에 남겨지는 '능동성'

가야노 도시히토萱野稔人는 푸코가 말하는 폭력을 해설하면서 "폭력은 상대의 신체에 갖춰져 있는 능력을 물리적으로 상회하는 힘에 의해 그 신체를 특정 상태(감금, 고통, 죽음 등)에 놓이도록 작용한다"라고 쓰고 있다.[170] 권력이 상대의 행위에 작용하여 상대를 행위하게 하는 데 반해, 폭력은 상대의 신체에 작용하여 상대를 특정 상태에 둔다. 즉, **권력은 상대의 행위하**

는 힘을 이용하지만 폭력은 행위하는 힘 자체를 억누른다.

푸코가 폭력을 정의함에 있어 '수동성'이란 단어를 근거로 제시한다는 점은 대단히 흥미롭다. 그리고 이 설명은 적확하다.

폭력 관계에 있어서 폭력을 휘두르는 자는 능동적인 입장에 있고 폭력을 당하는 자는 수동적인 입장에 있다. 폭력 행사가 성공했을 경우 상대는 완전히 수동적인 상태에 놓인다. 그런 의미에서 폭력 관계는 능동과 수동의 대립 속에 있다.

그러면 권력 관계에서는 권력을 행사하는 측과 행사**당하는** 측의 관계가 어떻게 되어 있을까?

여기서 주의해야 할 것은 권력 관계에서 권력을 행사**당하는** 측에 있는 자가 **어떤 의미에서는 능동적**이라는 점이다. 권력을 행사**당하는** 측은 행위**하기** 때문이다. "권력 관계에서는 행위자에게 다소나마 '능동성'이 남겨져 있다."[171]

그러면 당하는데도 하는, 하는데도 당하는 상태에 있는 이런 행위는 어떻게 형용되어야 할까?

상대의 자유를 완전히 빼앗아서는 화장실을 청소하게 할 수 없다

화장실 청소를 예로 들어 생각해보자.[172] 화장실을 청소하기 싫어하는 상대에게 이를 시키기 위해서는 어떻게 하면 좋을까?

예컨대 상대의 손에 솔을 들린 다음 그 손을 쥐고 흔들어 움직이게 만드는 방식을 상상해볼 수 있다. 물론 그렇게 하면 상대에게 화장실 청소를 시킬 수가 있다.

그러나 그렇게 **상대의 자유를 빼앗으면** 그 결과 산출되는 것은 어떤 행위가 아니라 단순히 신체의 수동적인 상태이다. 즉, 상대에게 화장실 청소를 시키고 싶은데 사실상 자신이 화장실을 청소하는 처지에 빠져버리는 것이다.

상대에게 화장실을 청소시키기 위해서는 상대가 어느 정도 자유롭고, 또 어떤 의미에서 '능동적'이지 않으면 안 된다. 권력은 그러한 조건을 이용할 수 있을 때에라야 비로소 상대에게 화장실 청소를 시킬 수 있다.

예를 들어 '화장실을 청소하지 않으면 간식을 주지 않겠다'라고 해서 상대에게 화장실 청소를 시킬 수 있다면 이는 권력에 의한 행위의 산출이다. 그때 권력 행사의 대상이 되는 인간은 어느 정도 자유로우며 또 어느 정도의 '능동성'이 남겨져 있다. 얌전히 말을 들을 것인가 아니면 가혹한 방식에 항의할 것인가 등등의 여러 가능성들 속에서 행위할 수 있는 '능동성'이다.

이 예는 더 무서운 내용으로 바뀔 수도 있다. 권력 행사의 수단을 간식이 아니라 아렌트가 협박 사례로 꺼냈던 총으로 바꾸어도 사태는 변하지 않는다. 그것은 상대의 행위에 작용하여 상대를 행위하게 하는, 그리고 행위의 양상을 규정하는 방식으로 작용하는 행위이다.

무기로 위협하여 화장실을 청소시키는 것은 무기가 나오니까 일견 폭력 행사처럼 여겨질 수도 있다. 그러나 그렇지 않다. 가야노가 명확히 기술하듯이 이것은 권력의 행사라고 간주되어야 한다.[173] 무기는 이 경우 **행사 가능성에 머물러 있기 때문이다.** 상대에게는 얌전히 복종하든 상대의 폭력에 맞서 대치하든 아니면 달아나든, 그러한 가능성들 속에서 행위할 수 있는 '능동성'이 남겨져 있다.[174]

그에 비해 폭력은 '온갖 가능성을 죄다 닫아버리는' 것이다. 요컨대 아까 들었던 사례, 즉 상대의 손에 솔을 들린 다음 그 손을 쥐고 흔들어 움직이게 만드는 사례야말로 폭력 행사의 사례이다. 이 사례에서는 힘이 직접 신체에 작용하고 있어 그 신체에는 손이 강제로 움직여지는 것 이외의 가능성이 닫혀 있다.

이렇게 생각해보면 폭력에는 커다란 한계가 있음을 알 수 있다. 폭력은 상대의 신체를 억눌러 수동성의 극에 둔다. 따라서 거기로부터는 행위를 끌어낼 수가 없다. 바꿔 말하자면 "폭력의 행사 자체에 의해서는 복종을 회득할 수 없다".[175] 복종을 획득하기 위해서는 폭력이 행사 가능성 안에 머물러 있어야 한다.

푸코는 "권력 있는 곳에 저항 있다"라고 말하는데, 이는 저항 가능성이 감소되면, 그와 동시에 행위를 규정하면서 산출한다고 하는 권력 효과도 감소되어버린다는 걸 의미한다. 저항할 수 없을 만큼 쇠약한 상대에게는 화장실을 청소하게 할 수도 없다.

8. 권력 관계에서의 '능동성'

'하다'와 '당하다'로는 설명되지 않는 것

권력과 폭력이 쉽사리 혼동되는 까닭은 권력이 종종 폭력을 이용하기 때문이다. 폭력이 행사 가능성에 머무르면서도 효력을 발휘하기 위해서는 권력을 행사당하는 상대가 그 폭력의 무서움을 이해하고 있어야만 한다.[176] 따라서 권력은 폭력의 무서움을 이해시키기 위해 폭력을 **한정적**으로 이용하기도 한다.

그때 폭력을 어느 정도로 한정하느냐에 따라 권력의 효과가 규정된다. 예컨대 상대를 일어설 수 없을 정도로 두들겨 패면 그 상대는 더 이상 행위할 수 없고 권력의 효과는 한없이 0에 가까워진다. 즉, 권력은 충분히 효력을 발휘할 수 없다. 이야기가 되풀이되지만 권력의 행사는 행사되는 측의 일종의 '능동성'을 전제로 하기 때문이다. 권력이 폭력을 한정적으로 이용하는 경우는 틀림없이 존재하지만 폭력의 행사는 권력의 목적과는 대립한다.[177]

그러면 이때 권력이 행사**되는** 측에서 발견되는 **일종의** '능동성'을 어떻게 이해하면 좋을까? 권력에 의해 화장실을 청소하게 된 자는 능동적이라고 말해야 하는 것일까?

아니, 오히려 다음과 같이 물어야 할 것이다. 폭력은 상대를 수동성하에 두는 것이었다. 폭력을 휘두르는 측은 '하는' 입장에 있고 능동적이며, 폭력이 휘둘려지는 측은 '당하는' 입장에 있고 수동적이다. 그러면 권력 행사에서 발견된 일종의 '능동성'은 이 폭력 행사에서의 능동성과 같은 것일까?

두 경우가 다르다는 점은 명백하다. 무기로 위협당해 화장실을 청소하게 된 자는 자신이 청소를 하고 있음과 동시에 화장실 청소를 억지로 **하도록 당하고** 있기 때문이다. 권력 행사에서는 확실히 상대에게 어느 정도의 자유가 주어지고는 있지만 그 자유가 소위 수동성이라는 것으로 이해될 수 없는 것은 물론이요(행위하고 있다는 것은 틀림없이 사실이니까), 소위 능동성이라는 것으로도 이해될 수 없다(행위하도록 당하고 있는 것이므로).

요컨대 권력 행사에서 행위자의 양상을 '하다'와 '당하다'의 대립으로 설명하는 것은 불가능한 것이다.

능동성과 중동성의 관계에서야말로 권력이 설명될 수 있다

푸코의 권력론은 능동성과 수동성의 대립을 의심하게 만드는 것이다. 권력에 의해 움직여지는 행위자는 능동적이기도 하고 수동적이기도 하다(혹은 능동적이지도 않고 수동적이지도 않다).

한때는 이 점이 쉽사리 이해되지 않았고 또 한때는 까다로운 논의(권력의 대상인 주체는 '타율로서의 자율'이라느니 운운했던 논의들)의 대상이 되기도 했다. 그러나 권력의 양태가 특수한 것으로 보이는 이유는 **모든 일이 다 능동과 수동의 대립으로 설명될 수 있다고 믿기 때문**임에 불과하다.

권력 관계는 능동성과 수동성의 대립에 의해서가 아니라 능동성과 중동성의 대립에 의해 정의하는 것이 옳다. 즉, 행위자가 행위의 자리에 있는지 아닌지로 정의하는 것이다.

권력을 행사하는 자는 권력에 의해 상대에게 행위를 하게 하므로 행위 절차의 바깥에 있다. 이는 **중동성에 대립하는 의미에서의** 능동성에 해당한다. 권력에 의해 행위당하는 자는 행위의 절차 안에 있으므로 중동적이다.

무기로 위협받아 화장실 청소함을 당하는 자는 그것을 자신이 함과 동시에 억지로 하도록 당하고 있기도 하다. 이때 그는 단지 행위의 절차 속에 있는 것이다. 이는 능동성과 중동성의 대립으로 설명하면 간단히 설명되는 일이다. 그런 것을 능동과 수동의 대립, '하다'와 '당하다'의 대립으로 설명하고자 하니 매끄럽게 되지 않았던 것이다.

이렇게 생각해보면 폭력과 권력을 확실히 구별하지 않고 애매하게 일치시켜버리는 사고방식은, 능동성과 중동성의 대립으로 이해해야 할 일을 무리하게 능동성과 수동성, '하다'와 '당하다'의 대립 속으로 밀어넣는 사고방식이라 할 수 있을 것이다. 푸코가 권력 개념의 쇄신을 위해 상당히 고생해야 했던 것도 능동성과 중동성의 대립이 더 이상 존재하지 않고, 모든 것이 능동성과 수동성으로 이해되어버리는 그러한 언어(사상적) 조건이 있었기 때문이다.

9. 아렌트와 일치 문제

아렌트도 폭력과 권력을 구별하지만⋯

이제 아렌트의 협박론으로 돌아가자.

아렌트는 이 사례에서 '나'의 행위를 '내가 폭력에 의해 위협당하고는 있지만 물리적으로는 강제되지 않은 상태에서 행한 행위'라고 기술했다. 우리는 방금 이야기한 푸코의 권력과 폭력의 정의를 바탕으로, 이 사례를 권력의 예로 위치 지었다. 왜냐하면 무기는 행사 가능성에 머물러 있기 때문에 나는 그로부터 달아나든 상대와 맞서든 혹은 고분고분 따르든, 여러 가능성들 중에서 하나를 선택하고 그결과 스스로 돈을 꺼내 상대에게 건네기 때문이다. 이 사례가 (지금처럼 권력의 사례가 아니라) 폭력의 사례가 되는 것은 나를 권총으로 쏴서 죽이거나 움직일 수 없게 만들어 돈을 빼앗은 경우이다.

하지만 아렌트는 이 사례를 폭력의 사례로 생각한다. 그리고 『정신의 생활』에 나오는 이에 대한 해설은 불현듯 떠오른 착상을 기술한 그런 종류의 것이 아니다. 그 기술은 아렌트 자신의 폭력에 대한 정의에 엄밀히 따르고 있기 때문이다. 만년에 그녀가 『정신의 생활』 집필에 매달리고 있던 바로 그 무렵 쓰인 장문의 논고 「폭력에 대하여」(1969년)를 보도록 하자. 거기서 아렌트는 폭력을 '도구의 사용'에 의해 특징짓고 있다.

> 폭력violence은 이미 말한 대로 도구를 사용한다고 하는 특징에 의해 식별된다. 현상적으로 보면 그것은 힘에 가깝다.[178]

이 정의만 보아서는 말하고자 하는 바가 잘 드러나지 않는다. 사실 폭력은 여기서 **권력과의 차이에 있어서** 정의되고 있다. 이 논문은 폭력을 "권력의 가장 질 낮은 발현에 불과하다"라고 보는 정치 이론의 일반적 경향에 대항하여 쓰인 것이다.[179] 즉, 푸코와 마찬가지로 아렌트 역시 권력과 폭력을 구별하고 있는 것이다. 문제는 그들의 구별이 어떤 면에서 겹치고 또 어떤 면에서 겹치지 않는지, 그리고 그 차이는 어디서 유래하는지이다.

아렌트는 권력을 정의하여 이렇게 기술한다.

권력power은 단지 행위할 뿐만 아니라 **일치하여 행위하는**act in concert 인간의 능력에 대응한다. 권력은 결코 개인의 성질이 아니다. 그것은 집단에 속하는 것이며 집단이 집단으로 유지되는 한에서만 계속 존재한다.[180]

권력은 집단적인 것으로 **복수**의 인간들이 일치하여 행위하는 바에 존재한다. 이로부터 아렌트는 권력과 폭력의 차이를 다음과 같이 설명하기에 이른다. 즉, 권력의 특질은 **인간들이 일치하여 행위하는** 바에 있고, 그에 반해 폭력에 의해서는 **그러한 일치가 초래될 수 없다**.

아렌트는 다름 아닌 총의 예를 들며 다음과 같이 확실히 적고 있다.

> 총신銃身으로부터는 결코 발생할 수 없는 것, 그것이 권력이다what never can grow out of it(the barrel of a gun)is power.[181]

권력과 폭력은 동거할 수 있는가?

지금 우리는 매우 섬세한 구별의 문제에 직면했다. 푸코도, 아렌트도 권력과 폭력을 구별한다. 두 가지를 구별하지 않으면 안 된다고 생각한다는 점에서는 푸코와 아렌트가 일치한다. 다만 두 사람 간에는 명확한 차이가 있다.

푸코의 이론 구성에 따르면 폭력은 권력에 의해 이용 가능한 것이 된다. 그에 반해 아렌트의 이론 구성에서는 폭력이 권력을 파괴할 수 있을

뿐, 권력이 폭력을 이용하는 일은 있을 수 없다. 아렌트는 확실히 다음과
같이 썼다.

> 요약하자. 정치적으로 말한다면 권력과 폭력이 동일하지 않다고 하는
> 것으로는 불충분하다. 권력과 폭력은 대립한다. 한쪽이 절대적으로 지
> 배하는 상황에서는 다른 쪽이 부재한다. 폭력은 권력이 위태로워지면
> 출현하는데 폭력을 행사되도록 그대로 두면 마지막에는 권력을 소거해
> 버린다. 그렇다는 것은 결국 폭력에 대립하는 것을 비폭력이라고 생각
> 하는 것은 옳지 않다는 것이다. 비폭력적 권력이라는 것은 사실 언어의
> 중복이다. 폭력은 권력을 파괴할 수는 있어도 권력을 창조하는 일은 전
> 적으로 불가능하다.[182]

폭력이 절대적으로 지배하는 곳에서는 권력이 부재한다고 하는 전반
부의 논의는 푸코의 이론으로부터도 할 수 있는 말일 것이다. 그리고 그것
은 충분히 납득이 가는 테제이다. 확실히 폭력과 권력은 동일하지 않을 뿐
만 아니라 대립한다.

그러나 여기서 더 나아가 아렌트는 폭력이 오로지 권력을 파괴할 뿐,
권력을 창조하기는 전적으로 불가능하다고 말한다. 두 사람의 차이는 어
떻게 생각하면 좋을까?

아렌트는 자발적이지 않은 동의를 인정하지 않는다

다른 관점에서 새로 생각해보자. 왜 아렌트는 총, 즉 폭력으로부터는 권력이 생겨나지 않는다고 하는 것일까?

그것은 그녀가, 폭력은 '일치하여 행위하는 것'을 초래하지 않는다고 생각하기 때문이다. 그러나 '일치하여 행위한다' 함은 어떤 것일까? 우리가 논의해온 예를 가지고 생각해보자. 총으로 위협을 받아 돈을 건넬 때 나는 위협하는 인물의 요구를 받아들이고 있다. **심히 마지못해 하면서도 그에게 동의하고 있다.** 그러면 나는 그의 요구와 일치하여 행위하고 있다고는 할 수 없을까? 물론 그렇게 말할 수 있다. 주머니에서 돈을 꺼내 건넬 때 나는 위협하고 있는 인물의 **요구와 일치해서** 혹은 위협하고 있는 인물의 금전 획득이라는 목적을 향해 그 **인물과 일치해서** 행위하고 있다.

물론 그에 대한 나의 동의는 자발적이지 않다. 그것은 비자발적이다. 그러나 비자발적이라 해도 거기에는 일치가 있다.

그렇다고 하면 여기에는 '총신'으로부터 발생한 일치가 있는 셈이다. 아렌트는 "총으로부터는 권력이 발생하지 않는다"라고 말했었다. 따라서 이러한 반론을 그녀는 절대로 인정하지 않을 것이다. 하지만 그러면 이 사례를 어떻게 위치 지으면 좋을까?

아렌트는 아리스토텔레스의 자발성 개념에 따를 경우 이 사례는 자발적인 행위로 위치 지어지고 말 거라고 하는 데 머무르며 이 행위에 대한 적극적인 기술을 피했다. 그것은 단적으로 말해서 그녀의 이론 구성에서는 이 행위를 효과적으로 위치 지을 수 없기 때문일 것이다. 왜 그것을 효과적으로 위치 지을 수 없느냐 하면, 그것은 그녀가 '일치'를 자발적인 것으로 생각하기 때문이다. 바꿔 말하자면 총으로부터 발생할 수 있는 일치는 일치가 아니라고, 즉 자발적이지 않은 동의는 동의가 아니라고 생각하기 때문이다.

아렌트에게 권력은 복수의 인간들이 함께 살아가기 위해 필요불가결한 함이다. 그렇기 때문에 그것을 정의하는 일치는 자발적으로 실현되어야만 한다. 아렌트는 **비자발적인 동의**로서의 일치를 인정하지 않는다. 그럴 경우, 동의에 대한 그러한 사고는 끝까지 유지될 수 있는 것일까?

10. 비자발적 동의라는 개념

"어쩔 수 없이 국수를 먹다"를 어떻게 설명할까?

아렌트는 무기 같은 도구를 사용하지 않으면 획득할 수 없는 동의는 동의가 아니라고 생각한다. 그것은 강제된 동의이지 자발적인 동의가 아니다. 이는 결국 아렌트가 **강제냐 자발이냐** 라는 관점에서 행위를 파악하고 있음을 의미한다. 그렇기 때문에 아렌트에 따르면 '일치하여 행위한 것'이라 간주되어야 할 행위는 자발적인 동의를 바탕으로 한 경우로 한정되는 것이다.

그러나 실제의 행위들은 강제냐 자발이냐로 뚜렷이 나누어지지 않는다. 푸코가 그려내는 권력 관계로부터 드러나기 시작한 것은 바로 **강제라고도 자발이라고도 할 수 없는 행위**의 모습이었다.

구체적인 예를 가지고 생각해보자. 가야노는 푸코와 아렌트의 권력 이론의 차이를 설명함에 있어 다음과 같은 예를 들고 있다.

> "점심으로는 라면을 먹고싶지만, 친구가 국수로 하자고 해서 **어쩔 수 없이** 국수로 한다."
> "아이가 통곡을 해서 **어쩔 수 없이** 과자를 사준다."
> "급료를 원해서 **어쩔 수 없이** 일한다."
> "총신이 들이밀어져서 **어쩔 수 없이** 화장실 청소를 한다."[183]

아이에게 과자를 사주는 것은 아이의 요구에 대한 동의이다. 그것은 비자발적인 동의, 어쩔 수 없는 동의일 것이다. 그러나 그것 역시 동의이다. 그리고 통곡을 하는 것은 그러한 동의를 끌어내기 위해 아이가 나름의 수단을 이용한 것이다.

그렇다면 총신을 들이밀어 화장실 청소를 하게 하는 일도 마찬가지로 동의를 끌어내기 위한 수단의 이용이라고 생각하지 않으면 안 된다. 아렌트의 정의에서는 이들을 적절하게 위치 지을 수가 없다. 그에 따르면 마지막 예만이 폭력의 사례가 될 테지만 '친구라고 하는 압력', '통곡', '월급이라는 압력'을 도구로 생각하는 일도 가능하다.

기본적으로 때린다는 것은 틀림없이 폭력의 행사이지만 이때에는 움켜쥔 주먹이 일종의 도구로 간주될 것이다. 요컨대 '도구의 사용'이라는 기준은 너무나도 애매하다고 하지 않을 수 없다.

물론 아렌트는 정치를 논하고 있기 때문에 거기까지 생각하지 않은 것은 당연하다는 반응이 있을 수 있다. 하지만 문제는 아렌트가 통곡하는 아이에 대해 생각하지 않았다는 게 아니다. 문제는 그녀가 비자발적인 동의를 동의라고 인정하지 않았다는 점, 총신이 초래하는 '일치하여 행위하기'의 가능성을 배제했다는 점에 있다.

자발성과 동의를 구분해 생각한다

지금까지의 논의를 거쳐 우리는 협박을 정확히 위치 지을 수 있다.

총을 사용하여 나를 위협하는 상대에게 주머니에서 돈을 꺼내어 직접 건넨다. 이는 바로 '총으로 위협당해서 **어쩔 수 없이** 돈을 건네는' 일, 즉 '어쩔 수 없이 동의하는' 비자발적 동의의 사례임이 틀림없다.

이제 이 사례를 다음과 같이 독해할 수 있을 것이다.

아렌트는 협박을 해설함에 있어 자발성 개념만을 언급했지만 실은 여기서 또 하나의 다른 개념이 문제되고 있다. 바로 동의 개념이다. 즉, 협박당한 인물이 돈을 주머니에서 꺼내 직접 건네는 행위는 다음과 같이 설명했더라면 좋았을 것이다. 이 사례에서 나의 행위에 자발성이 존재하지 않는 것은 틀림없지만 그럼에도 불구하고 동의는 존재한다고.

아렌트는 이런 경우의 나의 행위를 "내가 폭력에 의해 위협당하고는 있지만 물리적으로는 강제당하지 않은 상태로 행한 행위"라고 형용했다. 이를 바탕으로 아리스토텔레스 같은 사고에서는 **강제가 없는 경우에는 자발적인 것이 되고 만다**는 상당히 무리한 해석을 제시했다(실제로 아리스토텔레스가 자발적이라고도 할 수 있고, 또 비자발적이라고도 할 수 있다는 애매한 해석의 가능성을 남겼음에도 불구하고).

그러나 강제는 없지만 자발적이지도 않고, 자발적이지는 않지만 동의는 하고 있는 그러한 사태를 충분히 생각해볼 수 있다. 아니, 그러한 사태는 일상에 차고 넘칠 정도로 흔한 일이다. 이 점이 시야에서 사라지게 된 것은 강제냐 자발이냐 하는 대립으로부터, 즉 능동이냐 수동이냐 하는 대립으로부터 사물이나 사태를 바라보고 있기 때문이다. 능동과 중동의 대립을 사용하면 그러한 사태를 쉽사리 기술할 수 있다.

11. 아렌트에 있어서 정치, 의지, 자발성

'어쩔 수 없이'를 배제한 그 다음

비자발적 동의를 행위 유형에서 배제하는 것은 단지 다양한 행위들을 충분히 기술하지 못했다는 문제점에만 그치지 않는다. 그것은 간과할 수 없는 중대한 귀결을 불러들인다.

비자발적 동의를 행위의 한 유형으로 인정하지 않으면, 모든 동의는 '동의했다는 이유만으로 자발적이었다'라고 간주되어버릴 가능성이, 생겨난다. **도구 등등을 이용한 강한 강제력이 작동하지 않아도** 사람은 어떤 이유로 말미암아 **의문을 느끼면서도 동의를 하고 마는** 경우가 있다. 즉, 폭력에 의해 '모든 가능성이 닫혀' 있는 것은 아니지만 그렇다고 해서 자발적이지도 않은, 그럼에도 불구하고 동의하고 마는 경우가 있을 수 있다(괴롭힘harassment의 경우, 이런 경우가 문제가 된다).

그러한 동의는 비자발적 동의라는 범주가 없으면 단순한 동의, 즉 '당신이 스스로 동의한 것'으로 이해되고 말 것이다.

그렇다면 자발적인 동의란 진정 어떤 것일까? 그러한 일이 있을 수 있는 것일까? 사람은 어떠한 경우에 자발적으로 일치하여 행위한다고 할 수 있는 것일까?

여기서 아렌트의 의지에 대한 정의를 상기하지 않을 수 없다. 과거로부터의 귀결이 아닌 진정한 시작, 즉 미래를 담당하는 기관으로서의 의지란 바로 순수하게 자발적인 능력을 가리킬 것이다. 사람들이 자발적으로 일치하여 행위한다는 것은, 아마도 아렌트에게는 각 사람이 각 사람의 의지를 가지고 집단적으로 행위함을 의미했을 것이다.

그러나 이미 지적한 바와 같이 그러한 의지의 존재는 철학적으로 도저히 지지할 수가 없다. 순수한 시작 따위는 없으며 순수하게 자발적인 동의 또한 있을 수 없다. 선택이 늘 불순하듯이 동의 역시 늘 불순할 것이다. 그리고 그러한 일은 우리의 일상에 아주 흔하다(예컨대 모두가 입에 풀칠할 것을 마련하기 위해 어쩔 수 없이 일하고 있다).

'비자발적 일치'의 가능성을 향하여

'일치하여 행위함'을 둘러싼 아렌트의 사유는 그의 가장 유명한 저서인 『인간의 조건』에 그려져 있는 정치관의 근저에 흐르는 것이라 생각된다. 아렌트는 그 책 속에서 정치의 조건이란 복수성複數性이라고 썼다.[184]

복수성이란 반드시 **복수의 인간**이 있다는 것이다. 복수의 인간이 있다는 것은 거기에 반드시 불일치가 있다는 것이다. 따라서 정치란 그러한 불일치를 초래하는 복수성 속에서 사람들이 일치를 탐색하고 일치를 달성하여 커뮤니티를 움직여가는 활동이다. 이 정의는 정치의 진리를 적확하게 표현하고 있다. 아마도 정치에 대한 수많은 정의 중에서도 가장 탁월한 것 중 하나일 것이다.

문제는 아렌트가 이 일치를 불필요할 정도로 이상화해버렸다는 점이다.

어쩌면 자발적 일치의 가능성은 아렌트에게 이 어두운 세상속에서의 정치적 생활이 가질 수 있는 유일한 희망이었을지도 모른다. 그러나 인간의 순수한 의지나 자발성을 부정하는 것이 반드시 정치적 생활에 대한 절망으로 이어지지는 않는다. 왜냐하면 복수의 인간들이 비록 비자발적인 방식일지라도 일치를 만들어내는 과정에 참여할 수 있으면 되기 때문이다.

순수한 의지나 자발성이 없다는 것은 바꿔 말하자면 정치를 둘러싼 의견, 그 집합으로서의 여론도 미리 존재하지는 않는다는 것이다. 한 사람 한 사람이 정치적인 의견을 자발적으로 갖고 있는 일 따위는 있을 수 없다. 그것을 점차 만들어가고 더욱 갈고닦는 과정이 있으면 된다.

아렌트의 정치에 대한 정의를 받아들이되, '일치하여 행위함'을 그녀와는 다른 방식으로 고찰할 필요가 있을 것으로 생각된다.[185]

제6장

언어의
역사

앞 장에서 아렌트의 『정신의 생활』을 발판으로 의지를 둘러싼 여러 문제들을 따져보았다. 주목할 것은 거기서 제시된 의지의 정의 문제였다.

아렌트에 따르면 의지가 의지라 불리기 위해서는 그것이 과거로부터의 귀결이어서는 안 된다. 과거로부터 단절된 절대적인 시작이어야 한다. 미래에 대한 정신적 기관인 의지는 이 점에서 선택(프로아이레시스 혹은 리베룸 아르비트리움)과 구별된다.

이는 의지를 둘러싼 다양한 혼란을 해결하는 탁월한 정의이다. 하지만 이 정의에는 기묘한 역설이 있었다. 의지가 그러한 것이라면, 그것은 도저히 존재하리라고는 생각되지 않는다. 순수한 자발성 따위가 있을 수 없는 이상 '의지'라고 생각되었던 것도 역시나 과거로부터의 계승성을 가진다고 하지 않을 수 없기 때문이다.

따라서 이 정의는 자신이 정의하는 대상을 너무 예리하게 표현한 나머지 도리어 그 기초를 무너뜨려버리는 그런 성격의 정의라 하지 않을 수 없다. 그런데 아렌트는 이 정의를 제시하고 그 바탕 위에서 의지를 옹호하는 것이었다. 그것이 무리한 시도였고 또한 그러한 방향성이 더 이상 철학에서는 지지받을 수 없다는 사실은 굳이 말할 필요도 없다. 실제로 아렌트는 의지 개념을 비판해온 철학의 역사 자체를 부정하고 기독교 신학에 호소한다.

우리는 대단히 이해하기 어려운 아렌트의 이 입장을 위치 짓기 위해 『정신의 생활』에서 언급된 협박의 사례에 주목했다. 위협을 당해 돈을 내어주는 행위에서 발견되는 것은 '하도록 당하고 있다'라고도, '하고 있다'라고도 할 수 없는 기묘한 양태이다. 그에 대한 해설을 그녀의 폭력 및 권력에 대한 정의와 함께 검증했을 때 분명히 드러난 것은, 협박 같은 부류의 사례가 아렌트의 사상에서 공백이 되어 있다는 사실이다.

아렌트는 폭력과 권력을 논하는 가운데 "총신으로부터는 결코 생겨날 수 없는 것, 그것이 권력이다"라고 썼다. 권력을 일치하여 행위하는 능력으로 정의하는 아렌트의 사상에서 이 비유적 명제는 비자발적으로 이루어진 동의가 동의로 인정될 수 없음을 의미한다.

그리고 그것은 동의(혹은 일치하여 행위하는 것)를 자발적인 것으로 위치 지었기 때문에 그녀가 불러들이고 만 궤변이다. 일상에서는 오히려 비자발적 동의 쪽이 흔해 빠진 현상에 속한다. 아니, 일상에서는 자발적인 동의 같은 게 진짜로 존재하는지 의문이 생겨날 정도이다.

자발적인 동의에 집착하는 아렌트는 협박 상황에서 나타나는 비자발적 동의의 위치를 적합하게 지정해줄 수가 없다. 그것은 바꿔 말하자면 아렌트가 행위를 자발이냐 강제냐 하는 도식하에 사유했음을 의미한다. 그리고 이 도식은 능동과 수동의 대립과 너무나 잘 포개진다. 요컨대 능동과 수동을 대립시키는 도식으로는 협박 상황에서 나타나는 그런 비자발적 동의를 적절히 잘 위치 지을 수 없다는 것이다.

우리는 푸코의 권력론에 주목하면서, 능동태와 중동태의 대립에 의거하면 비자발적 동의하에 이루어진 행위를 잘 기술할 수 있다는 사실을 제시하였다. 이 점은 푸코의 권력 이론이, 비록 그러한 용어를 사용하지 않았다 하더라도, 중동태와 관련된 도식을 그 안에 내장하고 있음을 의미한다. 푸코의 이론이 기존의 철학 용어로는 매끄럽게 설명할 수 없었던 사태(그러다 보니 자율이기도 하고 타율이기도 한 주체 같은 표현을 운운하게 했던 사태)를 대상으로 삼았고, 또 그것이 좀체 잘 이해되지 않았던 이유 또한 이로부터 설명할 수 있다.

또한 푸코가 그러한 단어를 사용하지 않고도 능동과 중동의 대립을 사고하고 있었다고 하는 사실은 제4장에서 우리가 제시한 '언어는 사고의 가능성의 조건을 규정한다'라는 명제에 대한 방증이기도 하다.

푸코는 '중동태'라는 용어 없이 중동의 양태를 사고할 수 있었다. 언어가 사고를 직접 규정하지 않는다는 것을 알 수 있다. 그러나 우리는 능동태와 수동태를 대립시키는 언어 속에서 사고하는 사람들이고, 따라서 '중동태'라는 용어 혹은 그에 상당하는 말을 사용하지 않고서는, 중동태의 세계를 어지간해서는 잘 이해할 수가 없다. 권력 관계로 파악되어야 할 사태가 폭력 관계와 슡하게 혼동되어버리기 일쑤인 것은 그 때문이다.

중동태는 일부 학자들이 신비화하곤 했던 그런 특별한 무엇이 아니다. 그것은 도리어 우리의 신변에 흔하게 존재하는 사태들을 기술하는 데에 편리한 범주이다. 그러면 그런 편리한 것이 어떻게 해서 모습을 감추게 된 것일까? 어떻게 해서 능동과 수동을 대립시키는 불편하고 부정확한 언어가 전경에 자리잡게 된 것일까?

물론 이 물음에 확정적인 답을 제시하는 것은 불가능하다. 하지만 답을 상상해볼 수는 있을 듯하다. 나는 이 대목에서 다시 한 번 인도-유럽어의 역사를 논하면서 그 답에 접근해보고 싶다. 라틴어를 참고로 삼으려 한다.

1. 동사는 늦게 생겨났다

먼저 명사적 구문이 있었다

중동태나 능동태 같은 태의 개념은 당연한 얘기이지만 동사와 결부되어 있다. 동사는 오늘날 우리가 아는 여러 인도-유럽어에서 문장의 중추를 담당하는 것으로 보인다. 요컨대 동사가 없는 언어를 상상하기는 어렵다.

그러나 실은 동사가 언어 속에서 상당히 늦게 생겨난 요소라는 점은 이미 알려져 있다. 프랑스의 고전학자 장 콜라르는 저서 『라틴어 문법』 속에서 다음과 같이 쓰고 있다.

동사는 우리에게 문장의 중추적 요소처럼 보이지만 오늘날 우리가 알고 있는 형태의 동사는 실은 문법 범주 중에서 늦게 생겨난 것이다. '동

사적' 구문 이전에는 '명사적' 구문이 있었고 그 핵심 축은 동사가 아니라 동작 명사였다.[186]

동사가 늦게 생겨난 요소였다고 한다면 그것은 언제쯤 생겨난 것일까? 물론 정확한 연대를 확정할 수는 없는데, 콜라르 책의 번역자인 아리타 준有田潤이 지적하듯이 여러 인도-유럽어의 공통 기원으로 상정되어 있는 '공통 기어共通基語'는 이미 동사를 갖고 있었던 것으로 판단된다.[187] 따라서 콜라르가 여기서 언급하는 것은 그 전 시대의 언어임을 알 수 있다.

공통 기어를 발판으로

'공통 기어'란 라틴어, 고전 그리스어, 산스크리트어 등의 공통 기원에 해당하는 언어를 지칭하기 위해 18세기에 제안된 명칭이다. 물론 공통 기어에 대해서는 문자도 직접적인 증거도 남아 있지 않지만, 그로부터 파생된 언어를 비교함으로써 그 모습을 어느 정도 이론적으로 복원하는 것은 가능하다.[188]

공통 기어가 언제쯤부터 사용된 언어인가에 대해서는 설이 갈린다. 다만 그 언어를 사용하던 민족은 본래 현재의 우크라이나 혹은 남러시아쯤에 살았고 늦어도 기원전 3000년경에는 현재의 유럽 각지로 이동해 있었으며 그 후 점차 유럽을 인도-유럽어화해간 것으로 보인다.[189]

공통 기어의 사용자들이 어디에 살고 있었는지를 어떻게 이토록 확실히 추측할 수 있는 걸까? 그것은 공통 기어에 '바다'를 나타내는 단어가 없었던 것으로 여겨지기 때문이다.

그런 사실은 또 어떻게 알 수 있느냐 하면, 그 자손 언어, 즉 우리가 아는 여러 인도-유럽어에 '바다'를 의미하는 단어가 제각각이기 때문이다. 이 사실로부터 공통 기어의 사용자들이 바다와 접하고 그 후 '바다'라는 말을 사용하기 시작한 것은, 그들이 각지로 분산된 이후의 일이라 추측할 수 있다.

또한 동일한 수법으로 '배'나 '노', '돛' 같은 의미의 단어를 조사해보면 이런 의미를 갖는 단어들이 공통 기어에 존재하고 있었으리라는 점을 알 수 있다. 요컨대 이 언어의 원래 사용자들은 바다는 없지만 하천이나 호수는 존재하는 지역에 살고 있었던 것이다. 또한 눈이라는 단어가 공유되어 있다는 점으로부터 눈이 내리는 기후였으리라는 사실을 알 수 있다. 말은 사육하고 있지 않았던 듯하다. 철鐵은 갖고 있었다.[190]

명사적 구문의 화석을 찾는다

콜라르가 상당히 옛 시대를 염두에 두면서 언어의 역사를 이야기하고 있다는 점은 이제 이해가 되었을 테지만, 동사가 늦게 발전한 요소임을 가르쳐주는 명사적 구문이란 어떤 것일까?

이 원시적 어법은 명사와 동사의 무차별성에 의해 특징지어진다. 우리가 아는 라틴어에서는 이미 명사와 동사가 명확히 구별되어 있다. 하지만 이 라틴어 안에서도 예전에 존재했던, 명사와 동사의 무차별성의 흔적을 읽어낼 수가 있다고 한다. 그 흔적 몇 가지를 보도록 하자.

콜라르는 자신이 '화석적 구문'이라 부르는 문장들의 예를 플라우투스 (기원전 254년경~기원전 184년)로부터 인용한다.

Quid tibi hanc rem narratioi est?

플라우투스는 소위 라틴어 '발전기'의 희극작가로, 우리가 오늘날 배우는 라틴어의 모범이 산출된 '고전기' 전의 작가이다.

이 문장은 '왜 자네는 이 이야기를 하는 건가?'라는 의미인데, 직역하면 '왜 자네에게는 이 건에 대한 이야기가 있는 건가?'가 된다.[191] 후대의 언어라면 '이야기하다narro'라는 동사로 말했을 것을 (나중의 언어의 관점에서 보자면) 굳이 '이야기narratio'라는 명사로 말하고 있다.[192] 이것은 동사가 발생하기 전의 언어 상태가 말 그대로 '화석'처럼 나중에 전해진 예로 간주할 수 있다.

수피눔이라는 화석

훗날 동사가 담당하게 될 동작이나 상태의 의미가 본래는 명사에 의해 담당되고 있었음을 보여주는 '화석'은 이밖에도 또 있다.

라틴어의 동사에는 '목적 분사'라고 종종 번역되는 '수피눔'이라는 흥미로운 형태가 있다. 예컨대 '나는 아이밀리우스 회당을 보러 온다'라는 의미의 다음 예문에서는 visum이 동사 video의 수피눔인데, 이는 '보기 위해'를 의미한다.[193]

Venio visum basilican Aemiliam.

수피눔은 그 형태로 볼 때 본래는 제4변화라 불리는 방식으로 격변화하는 **명사**였으리라 생각된다.[194] 즉, 지금은 동사의 한 형태로 분류되어버리지만 사실 그것은 동사의 발생 전부터 존재하던, **동작을 지시하는 명사**였다는 것이다.[195]

수피눔은 대격과 탈격 이외의 격은 잃어버렸지만 (대격과 탈격으로는) 확실히 격변화를 하며, 그 대격과 탈격은 제4변화 명사의 대격과 탈격에 일치한다. 또 대단히 흥미롭게도 '발전기'의 작가인 플라우투스의 작품에는 훗날의 라틴어에는 보이지 않는 여격與格의 수피눔이 나타난다.

이는 동사가 발전해감에 따라 수피눔이 잇따라 그 격을 상실해갔음을 보여주는 증거라 판단된다. 즉, (현재에는 수피눔이라 불리는) 동작을 나타내는 추상 명사가 다양하게 격변화하여 예컨대 '보기 위해, 보기를, 봄으로써, 보는 일은' 등의 의미를 나타내고, 그럼으로써 문장이 구성되고 있었다는 것이다.

지금까지 내용을 정리하면 다음과 같이 말할 수 있겠다.

동사란 발달한 명사이다.[196]

동작을 나타내는 추상 명사에 의해 명사문이라는 형태로 구문이 형성되던 시대가 있었다. 그 후 그러한 명사가 다양하고 무수한 형태소를 몸에 걸쳐간다. 그러한 형태소는 우리가 오늘날 '활용'이라 부르는 것을 구성하기에 이르러 최종적으로 동사를 발생시킨다(라틴어의 경우, 불필요해진 동작 명사의 일부가 수피눔으로 남았다[197]).

2. 동사의 기원으로서의 비인칭구문

It rains는 예외가 아니라 '기원'이다

동사가 문법 체계에 있어서 비교적 새로운 것이고 원래는 동작 명사에 의해 행위를 표현하는 명사적 구문이 이용되고 있었다고 한다면, 현재 우리가 동사를 파악하는 방식 자체가 변경을 강요받을 수도 있겠다. 문제가 되는 것은 소위 비인칭 구문이다.

영어의 'It rains'라는 예문으로 잘 알려진 동사의 비인칭적 사용은 우리에게는 일종의 예외 혹은 파격처럼 보인다. 주어로 배치되어 있는 it이 아무것도 지시하고 있지 않기 때문이다. 라틴어의 tonat(천둥이 치다)와 그리스어의 ὕει(비가 내리다)도 마찬가지의 표현인데 3인칭으로 활용된 이 동사들은 하나같이 어떠한 주어에도 대응되지 않는다.

하지만 이 문장들이 예외적으로 여겨지는 것은 '동사의 여러 가지 형태는 행위나 상태를 주어에 결부 짓는 것'이라는 사고에 우리가 익숙해져 버렸기 때문일 뿐이다.[198] 사실 비인칭 구문은 동사의 가장 오래된 형태를 전하는 것이기 때문이다.

동사의 발생에 선행하여 명사적 구문이 존재했음을 상기하자. 앞서 소개한 플라우투스의 문장에서도 그러하지만, 명사적 구문에서는 동작 명사가 행위 자체를 표현한다. 그리고 동작 명사는 **인칭을 지시하지 않는다.**
요컨대 동작 명사 자체는 그 행위가 누구의 행위인지를 표현하지 않는다.
인칭 관념은 구문 자체에 포함되어 있었는데 예컨대 플라우투스의 예문
으로 말하자면 거기서 '자네에게'를 의미하던 여격 2인칭 대명사 tibi가
그 역할을 맡고 있었던 것이다.

동사는 본래 행위자를 지시하지 않았다

  그러하다면 동작 명사가 그 후 밟아온 역사의 여정을 대략 다음과 같이
추측할 수 있다. 동작을 나타내는 것을 담당하던 단어군(동작 명사)이 어떤
특수한 지위를 획득하고 그로 인해 명사와 구별되기에 이른다. 동사의 원
시적 형태가 발생한 것이다. 그러나 그것들은 아직 명사와 완전히 분리되
지 않았다. 명사였던 시절의 특징을 완전히 버리지는 않은 것이다. 요컨
대 동작을 표현할 수는 있어도 **자유자재로 인칭을 나타내는 표시 같은 것**
을 곧장 획득하지는 않았던 셈이다.

  이리하여 우선은 단지 **동작 혹은 사건만을 표시하는 동사**가 태어난다.
콜라르가 말하는 '단인칭unipersonnel' 동사의 창조이다.

> 이는 실로 '단인칭' 동사형의 창조라고 해야 할 것인데, 여기서 '동사'
> 는 행위를 어느 정도 생명이 있는 것으로 만들었지만 여전히 그것을
> 개체화된 행위자와 **관련짓지 않으면서**, 즉 비인칭적으로 표현한 것이
> 다.[199]

콜라르는 그러한 비인칭적 동사의 예로 프랑스어 'il me souvient'라는 구문을 든다.

'그것[il]'이 '나에게[me]' '상기시킨다[souvient]'라는 문장이다. 이 경우 주어인 il*은 그 어떤 동작주에도 대응하지 않는다. 예컨대 'Il me souvient des jours de mon enfance'라고 하면 '어린 시절의 나날들이 상기된다'가 된다.

동사를 '개체화된 행위자'와 결부 짓고 싶어 하는 오늘날 우리의 의식에서는 이러한 문장이 예외처럼 느껴지지만 '명사적 구문'에서 발전해 나온 동사의 가장 초창기에 있었던 것은 바로 이러한 표현이었다는 것이다. 동사는 원래 **행위자를 지시하는 일 없이 동작이나 사건만을 지시하고 있었다.**

'내게 후회가 생기다'에서 '내가 후회하다'로

이는 결국 동사의 역사 속에서 인칭 개념이 상당히 후대가 되어서야 발생한 것이라는 말이기도 하다.

예컨대 '내가 자신의 잘못을 후회하다'라고 말하고 싶을 때, 라틴어에는 비인칭 동사를 사용한 'me paeniter culpae meae'라는 표현이 있는데, 이는 문자 그대로는 '내 잘못에 관해 나에게 후회가 생기다'로 번역할 수 있다(**내가** 후회하는 게 아니라 후회가 **나에게** 생기는 거니까 이것은 '후회'라는 것을

◆ 영어의 it에 해당한다.

표현함에 있어 실로 **적확한 표현법**이라 하지 않을 수 없다).

하지만 이러한 표현은 인칭의 발달과 함께 동사의 활용으로 대체되어 갔다.[200] 동일한 동사를 1인칭으로 활용시킨 paeniteo(내가 후회하다)라는 형태가 대신 사용되는 것으로 바뀌어가기 때문이다.

이러한 인칭의 역사는 그 명칭이 초래하는 어떤 오해를 풀어준다. 동사의 비인칭 형태가 후대에 '3인칭'이라 불리게 되는 형태에 대응한다는 사실을 생각하면[201] 1인칭(나)이나 2인칭(당신)이라는 개념은 동사의 역사에서 나중이 되어서야 나타나기 시작한 셈이다.

'나'에게 1인칭이라는 명칭이 부여되고는 있지만 인칭이 '나'에서 시작된 것은 아니다.[202] '나'(1인칭)가 '당신'(2인칭)에게로 향하고 나아가 그로부터 부재하는 자(3인칭)에게로 확대되어 간다고 하는 이미지는 이 명칭이 초래한 오해이다.

3. 중동태의 저항과 새로운 표현의 개발

형식소상 동사

지금까지 살펴본 동사 발생의 역사에 입각하여 이번에는 중동태가 쇠퇴해간 역사를 보기로 하자. 물론 그 역사를 완전히 알 수는 없지만 우리가 아는 언어 상태로부터 거슬러 올라감으로써 그 역사를 짐작해볼 수는 있다. 여기서도 라틴어가 참조된다.

우리가 일반적으로 배우는 '고전 라틴어'란 기원전 80년부터 기원후

14년 무렵까지의 라틴어를 가리키는데 이미 이 시점에서 이 언어는 중동태를 상실한 상태였다. 라틴어는 인도-유럽어족 중에 '이탤릭어파'라 불리는 그룹의 후계에 해당하는 언어로, 이탤릭어파를 사용하는 민족은 기원전 1000년 이전부터 이탈리아반도에 진출해 있었던 것으로 보인다.

'공통 기어'의 시대로부터 적어도 2,000년 이상 이어지는 역사 속에서 그들이 사용하는 언어는 변화를 거듭하여 중동태를 결여한 언어 상태에 이르렀다. 그러나 거기에서 우리는 상실된 중동태의 흔적을 읽어낼 수 있다. 그것이 이미 제3장에서 한 번 언급한적 있는 '형식소상 동사', 즉 라틴어로 '데포넨티아deponentia'라 불리는 특수한 동사 그룹이다.

판단하다arbitror, 새점鳥占을 치다auspicor, 알아보다conspicor, 치유하다medicor, 명상하다meditor, 생각하다opinor 등의 동사를 포함하는 이 그룹은 일반적으로 '수동태의 변화 형식밖에 없지만 의미는 능동 동사'라고 설명된다.

하지만 이들은 본래 능동태가 없이 오직 중동태에 의해서만 그 의미를 표현하던 동사(media tantum)였다. 즉, 이 동사들은 그 의미가 중동태와 너무나도 강하게 결부되어 있었기 때문에 능동태와 수동태를 대립시키는 퍼스펙티브가 지배하는 상황으로 바뀐 뒤에도 그 틀 안에 매끄럽게 포함될 수 없었던 것이다.

'데포넨티아'라는 옛 명칭은 이 그룹에 포함되는 동사들이 능동태의 형식 또는 수동태의 의미를 '방기했음depono'을 의미하는 것으로 것으로 보이는데, 이런 식으로 명명되었다는 사실은 이미 고대 문법가들이 중동태를 둘러싼 역사에 대해 이미 이해할 수 없게 되었음을 증거해준다. 사실 데포넨티아는 뭔가를 방기한 동사들이 아니다. 다만, 새로 지배력을 획득한 퍼스펙티브에 의해 데포넨티아 쪽이 **튕겨져 나온** 것이다. 그 전까지 중동태는 어떤 결여도 없이 동사 체계 내에 존재하고 있었다. 그런데 언젠가부터 결손 사항이 있는 예외 취급을 받게 되었다.

하지만 예외 취급을 당했다고 하는 사실을 역으로 생각해보면 그것들이 아무리 '정칙正則'에 어긋나는 것이라 해도 그것들을 아예 방기할 수는 없었다는 얘기이기도 하다. 중동태는 그러니까 아무리 예외적으로 여겨져도 언어로 이를 표현하지 않을 수는 없는, 그러한 관념을 담당하고 있었던 것이다. 당연한 얘기이지만, 능동과 수동의 대립은 동사에 의해 표현되는 관념들 전부를 거두어들일 수 없었다.

라틴어는 그러한 **불균형** 상태에 있다. 그리고 능동과 수동의 대립은 조금도 보편적이지 않기 때문에, 이 대립을 중심에 놓은 언어는 모두 이와 유사한 불균형을 안고 있다고 할 수 있을 것이다.

재귀적 표현

그렇긴 하지만 라틴어가 수많은 예외들을 끌어안은 채 그대로 안정된 것도 아니었다. 중동태의 결여를 보완하고 예외에 대응하기 위한 새로운 표현들이 개발되어갔기 때문이다. 그렇게 해서 개발된 새로운 표현의 하나가 재귀적 표현이다. 예를 하나 들어보자.

exerceo라는 동사는 '끊임없이 움직이게 하다'를 원의로 하여 그로부터 '단련하다'를 의미하게 된 동사인데 exerceor라는 **수동태**로 활용됨으로써 '나는 자신을 단련한다' 또는 '훈련한다'를 의미한다고 라틴어 사전

등에 설명되어 있다.

그런데 능동태와 수동태를 대립시키는 퍼스펙티브에 익숙해져 있는 우리의 관점에서 보자면 이 의미(나 자신을 단련하다, 훈련하다)는 도저히 수동태에 해당되지 않는 것 같다. 그러면 어떻게 해서 그러한 일어난 것일까? 그것은 원래 중동태에서 파생되어 나온 수동태가 중동태로서의 의미를 자신에게 붙잡아두었기 때문이다. 요컨대 '나는 자신을 단련한다'나 '훈련한다' 같은 중동태의 의미를 보유하고 있는 형태(exerceor)가 '수동태'라 불리게 된 것이다.

그러나 exerceor는 어디까지나 형태는 수동태인지라 '훈련하다'라는 의미에는 아무래도 어울리지 않는다. 그래서 능동태를 사용하여 다른 표현을 만들어내는 일이 발생한다. me exerceo라는 재귀적 표현의 발생이다.[203] 동사를 exerceo로, 즉 **능동태**로 활용하여 '하다'의 의미를 보유케 한 다음 그 목적어에 동작주 본인(me)을 두어 중동태가 담당하던 의미('나는 자신을 단련한다' 또는 '훈련한다')를 표현한다.

그리스어의 중동태가 종종 영어의 재귀동사(혹은 프랑스어의 대명동사代名動詞 등)에 대응하는 경우가 있는 것은 이러한 사정에 기인한다. 라틴어에서는 중동태가 소멸되었기 때문에 그것을 담당하던 동사가 형식소상 동사로서 예외 취급을 받거나 새로운 재귀적 표현이 개발되거나 했다. 그러한 발상이 각지로 퍼져나갔다.

그리스어나 라틴어 등의 고전어는 서양 인문학의 기초로 큰 권위를 가지고 있고 인류가 쌓아올린 하나의 문명에 있어 흔들림 없는 기원처럼 이미지화되는 경우가 많다. 그러나 실제로 이 언어들을 배운 사람이라면 곧

장 이해할 수 있겠지만, 그리스어든 라틴어든 커다란 변화의 흐름 속에서
생성변화하고 있었던 언어이다.

바꿔 말하자면 그렇게 변화해오지 않은 언어 따위는 없다. 어떤 시점의
어떤 언어라도 생성변화 안에 있다.[204] 그리고 우리가 주목하는 태라는 형
태에 대해 말하자면 라틴어는 동사의 태態의 조직과 관련해서 특히 격렬
한 생성변화 속에 있었다는 사실이 지금까지의 이야기를 통해 분명히 드
러났다.[205]

4. 사건의 묘사에서 행위의 귀속으로

사건이 주, 행위자가 종이었던 시대

우리는 1만 년, 아니 그 이상일 수도 있는 장대한 역사를 부감해보았다.

그러면 '공통 기어'의 시대보다 더 전의 상태에서 시작되는 인도-유럽
어 변화의 역사를 지금까지처럼 동사 및 태의 변화라는 관점에서 바라보
았을 때, 거기서 발견되는 방향성이란 무엇인가? 이 엄청난 물음에 과감
히 답변해보자.

우선 이 변화의 역사 중 한 측면을 '사건을 묘사하는 언어'에서 '행위자
를 확정하는 언어'로 이행해온 역사로서 그려낼 수 있지 않을까 싶다.

명사적 구문의 시대에 동작은 단순한 사건으로 그려졌다. 거기에서 생
겨난 동사도 당초에는 비인칭 형태여서 동작의 행위자가 아니라 사건 자
체를 기술하고 있었다.

하지만 동사는 훗날 인칭을 획득하였고 그럼으로써 동사가 표현하는 행위나 상태를 주어에 결부 짓는 발상의 기초가 탄생했다. 그렇긴 하지만 동사가 그 뒤에 태라는 형태를 획득한 후에도 동사와 행위자의 관계에 대해서는, 행위자가 동작 과정의 안에 있는지 바깥에 있는지가 문제되는 상태에 머물러 있었다. 거기에 있던 것은 아직 능동과 중동의 구분이었기 때문이다.

하지만 그 후 동사는 더 강한 의미에서 행위를 행위자에 결부 짓게 된다. 능동과 수동의 구별에 의해 행위자 자신이 했느냐 아니냐가 문제가 되기 때문이다.

사건을 사유화하는 언어로

행위자를 확정한다 함은 어떠한 일일까?

나의 신체하에서 '걷는다'라고 하는 과정이 실현되기 위해서는 실로 많은 요소들이 협동하지 않으면 안 되는 것이었다. 그중 어느 요소가 결여되더라도 '걷는다'라는 과정은 실현되지 않는다. 이 과정에는 실로 많은 요소들이 참여하고 있다.

그런데 능동과 수동을 대립시키는 언어는, 행위에 관한 복수의 요소들의 공유 재산이라 할 수 있는 이 과정을 오로지 **나의** 행위로, 즉 **나에 귀속하는 것**으로 기술한다. 조금 과장스레 말하자면 **사건을 사유화**私有化**한다**고 할 수도 있을 것이다. '하느냐', '당하느냐'로 사고하는 언어, 능동태와 수동태를 대립시키는 언어는 단지 '이 행위는 **누구의 것이냐?**'라고 묻는다.

그렇다면 다음과 같이 말할 수 있을 것이다. 중동태가 상실되고 능동태가 수동태에 대립되기에 이르렀을 때 출현한 것은, 단지 행위자를 확정하는 것만이 아니라 행위를 행위자에 귀속시키는 그러한 언어였던 것이라고. **사건을 묘사하는 언어에서 행위를 행위자에게 귀속시키는 언어로의 이행!** 그러한 흐름을 하나의 커다란 변화의 역사로 생각해볼 수 있다.

행위의 귀속을 묻는 언어가 그 귀속처로 요구하는 것이 바로 의지이다. 의지란 행위의 귀속처이다. 철학자 조르지오 아감벤은 의지란 행동이나 기술을 어떤 주체에게 소속시킬 수 있게 해주는 장치라고 말한다.[206] 선택(프로아이레시스 또는 리베룸 아르비트리움)과 구별되는 한에서는 존재하는지조차 의심스러운 이 의지라는 능력이, 행위를 기술하는 것이 문제가 되면 돌연 근거로 내세워지는 것은 그 때문이라고 생각된다.

5. 일본어와 중동태

경이로운 논문

동사를 둘러싼 언어의 역사를 거시적으로 논했으니 다시 한 번 중동태의 미시적 분석으로 돌아가 이 언어의 역사에 대한 고찰을 더욱 심화시켜보자. 이를 위해 지금까지 논하지 않았던 일본어를 참고로 삼아보고 싶다.

언뜻 보기에 일본어는 인도-유럽어들의 이와 같은 역사와 관계가 없을 것 같다. 일본어는 인도-유럽어가 아니며, 동사의 기능이나 형태도 인도-유럽어들과는 상당히 다르다. 그럼에도 불구하고 양자의 관계에 대해 논한다고 하는 곤란한 과제에 우리가 달려드는 것은 이 시도에 힘을 보태줄 경이로운 논문이 존재하기 때문이다.

1928년(쇼와 3년)이라는 그 옛날, 영어학자 오카쿠라 요시사부로岡倉由三郎 (1868~1936, 유명한 오카쿠라 덴신岡倉天心의 동생)의 환갑 기념 논문집이 발표되었다. 그다지 세상의 주목을 받아왔다고는 생각되지 않는 논집인데, 여기에 실린 오카쿠라의 제자인 영문학자 호소에 잇키細江逸記가 쓴 논문 「우리 국어의 동사의 상相, voice을 논하고 동사의 활용 형식의 분기分岐함에 이르러 원리의 일단에 미침」이 우리가 이야기하고자 하는 논문이다.

이것은 제목 그대로 일본어에 있어서 '상相', 즉 문법상의 태를 논한 것인데 이토록 옛날에 쓰였다고는 생각되지 않을 만큼 정확히 여러 인도-유럽어에 있어서 태의 변천을 기술하면서, 그것을 일본어 동사의 변천과 비교하여 둘 모두가 중동태를 공유하고 있었다는 점을, 그리고 그뿐만이 아니라 중동태가 다른 형태로 '분기'하는 그 양상까지도 인도-유럽어와 일본어에 공통되었음을 지적한 논문이다.

호소에는 영문학자이면서도 산스크리트어, 그리스어, 라틴어는 물론 프랑스어, 이탈리아어, 스페인어, 독일어, 러시아어, 스칸디나비아어 등 현대 유럽어들, 심지어는 한국어, 아이누어, 류큐어 등 일본어에 비교적 가까운 언어에 대한 지식까지 자유자재로 구사하면서 문법에 있어서 동사 활용의 변천을 논한다. 이 논고는 지금도 통용된다고 하기보다는, 도리어 지금은 이미 거의 찾아볼 수 없게 되어버린 진정한 석학이 남긴 고밀도의 논의라 할 수 있을 것이다.

그 전모를 소개하는 것은 필자의 힘에 부친다. 그래서 우리는 어디까지나 이 책에 관련된 한에서 그 논의를 추적해가고자 한다.

자동사와 수동태는 중동태라는 부모에서 태어난 형제이다

호소에는 우선 산스크리트어 동사에 있어서 Parasmai-Pada와 Atmane-Pada의 대립[208], 즉 그리스어에 있어서의 능동태와 중동태의 대립에 상응하는 대립을 소개하면서 인도-유럽어에는 본래 능동태와 수동태의 대립이 존재하지 않았다는 점, 수동태는 어디까지나 2차적으로 발전한 것에 불과하다는 점을 지적한다.

호소에가 예로 든 것은 산스크리트어 동사 namati와 namate의 대립이다. 이 두 동사는 각각 호소에의 영어 번역에 따르면 'he bends'와 'he bends himself'를 의미한다. 우리말로 번역하면 '그가 굽히다'와 '그가 자신을 굽히다' 정도가 될 것이다.

후자가 부자연스러운 번역이 되고 만 것은, 이 두 가지 형태의 출발점에 있는 대립을 명확히 하기 위해 호소에가 후자를 재귀 표현으로 번역했기 때문이다(이에 관한 문제점은 후술하겠다). 후자는 실제로는 '몸을 구부리기', 즉 '숙이기'를 의미하므로 'he bows'라는 **자동사**를 사용한 표현으로 번역할 수 있다. 즉, namate라는 중동태는 사실 자동사로 표현할 수 있는 의미를 갖고 있는 것이다.◆

◆ 일본어에서는 '굽히다'로 옮긴 '曲げる'가 타동사이고 '구부리다, 숙이다'로 옮긴 'かがむ'가 자동사이다. 우리말에서는 여기에 정확히 상응하는 쌍을 찾지 못해 아쉬운 대로 전자를 '굽히다', 후자를 '숙이다'로 번역해 구별하기로 한다.

다른 한편 namate는 '몸을 숙이다'를 의미하기 때문에 이 단어는 또한 'he is bent'라는 **수동태**로 번역될 수도 있을 것이다. 호소에가 말하는 대로 "실제 영어에서도 'History repeats itself'라는 것을 'History is repeated'라고 해도 큰 차이가 없다".[209] 이는 수동태가 중동태에서 파생되어왔다는 역사와도 일치한다.

이 명쾌한 정리로부터 흥미로운 사실이 보이기 시작한다. 자동사 표현과 수동태는 모두 중동태에서 유래하는 것으로, 실로 이 둘은 **형제 같은 관계에 있다**는 사실이다.

호소에는 그리스어에서도 예를 들어가며 이를 보완 설명한다. 'I show'를 의미하는 동사의 능동태 φαίνω(파이노)는 'I show myself'라 번역할 수 있는 중동태 φαίνομαι(파이노마이)에 대립하고 있는데, 후자는 이로부터 'I appear'라는 자동사적인 의미를 담당하기에 이르고 심지어는 'I am shown'이라는 수동태의 의미도 표현하게 된다. 이 경우에도 중동태 속에서 자동사적 의미와 수동태의 의미가 형제 관계에 있다.

호소에는 이런 식으로 중동태로부터 자동사와 수동태가 생겨나는 사태에서 법칙성을 발견하고 이를 '반조反照, 수동, 자동의 법칙'이라 부른다. 반조는 오늘날 '재귀'라 부르는 것이다.

벤베니스트보다 30년도 더 이전에…

호소에는 namati와 mamate, φαίνω와 φαίνομαι에서 발견되는 이러한 대립, 즉 이 책이 다루어온 능동태와 중동태의 대립을 '과향성過向性능상

能相'과 '불不과향성 능상' 내지 '반조성 능상'의 대립으로 정식화한다.

능동태에 상당하는 '과향성 능상'은 동작이 갑에서 나와 을로 향하여 그 을을 처분하는 것을 나타낸다. 주어(갑)로부터 발원한 동작이 주어와는 다른 객체(을)에 작용하여 주어 밖에서 그 영향력이 완결된다는 것이다.

중동태에 상당하는 '불과향성 능상' 내지 '반조성 능상'은 동작이 행위자를 떠나지 않고 그 영향이 모종의 형식에 있어서 행위자 자신에게 반조되는 성질의 것을 나타낸다.[210] 주어로부터 발원한 동작의 영향력이 그 어떤 방식에 의해 행위자에 머무른다는 것이다.

다소 이미지에 차이는 있지만 호소에의 정의가 벤베니스트의 정의와 상당히 비슷하다는 점에 놀라지 않을 수 없다. 벤베니스트가 그 정의를 논문으로 발표하기 30년도 더 전에 호소에는 이 정의에 도달했던 것이다.

호소에는 재귀성에 의해 중동태를 정의하기 때문에 일견 그것을 주어의 피작용성에 의해 정의해온 전통적 정의와 비슷한 것이라 여겨질지도 모르겠다. 그러나 그런 평가는 잘못된 것이다. 호소에는 능동태와 중동태를 모두 '능상(능동태)의 일종'으로 기술한 다음 그 전제를 바탕으로 **능동태와의 관계에 있어서 중동태**를, **중동태와의 관계에 있어서 능동태**를 정의하고 있기 때문이다. 호소에는 중동태가 단독으로는 정의될 수 없음을 알고 있었다.

바로 이 점이 우리가 벤베니스트에 의한 중동태의 정의를 채용한 가장 큰 이유였다. 중동태를 능동태나 수동태와 나란히 늘어놓고 이를 단독으로 정의하고자 하는 의미론상의 시도에는 역사에 대한 시선이 결여되어 있다. 그에 반해 호소에는 능동태와 대립하는 중동태로부터 자동사나 수동태가 파생되는 역학^{dynamics} 자체속에서 중동태를 정의하고자 하는 시점이 있다.

다시 말하지만 이것은 지금도 통용되는 논의가 아니라 지금은 드문 중요한 논의이다.

6. 자동사와 수동태

자동사와 수동태의 형제 관계가 끊어져버린다

호소에의 정리를 우리가 지금까지 논의해온 내용과 결부시키면, 한 걸음 더 나아가 다음과 같은 논점을 이끌어낼 수 있다.

앞서 라틴어를 참고하면서 우리는 중동태의 소멸이 me exerceo 같은 재귀적 표현을 산출했음을 확인했다. 중동태를 이 재귀 개념으로 번역한 호소에는 중동태로부터 자동사와 수동태가 도출된다는 점에 주목했다.

수동태가 중동태로부터 파생된 것임은 지금까지 몇 번이나 확인해왔지만, 호소에가 말하는 대로 자동사 역시 그로부터 파생된 것이다. 그리고 앞서 기술한 대로 중동태에서 자동사 표현과 수동태 표현이 함께 도출되는 것이라고 한다면, 이 둘은 대단히 가까운 의미를 가진 형제 같은 존재라고 생각해야 한다. 실제로 φαίνομαι(파이노마이)는 'I appear'도, 'I am shown'도 의미한다.

그런데 신기하게도 자동사 표현과 수동태 표현이라는, 형제 관계에 있는 이 두 가지 표현은 우리가 현재 사용하고 있는 능동-수동의 대립 도식

안으로 가지고 들어오자마자 곧장 **능동태와 수동태로 바뀌어 서로 대립하고 만다.** 확실히 'I appear'는 능동태, 'I am shown'은 수동태이기 때문이다.

이 사실은 능동–수동의 대립 도식이 얼마나 행위의 귀속이라는 퍼스펙티브에 사로잡혀 있는지를 너무나 알기 쉽게 보여준다. 본래 큰 차이가 없는 표현임에도 불구하고 '그 행위를 누구에게 귀속시켜야 할까?'라는 물음이 작용하자마자 둘은 대립하기를 강요당한다. 동일한 **사태**가 행위의 귀속을 둘러싼 심문을 받으면 그 사태가 **자발**적으로 모습을 드러냈는지 아니면 무언가에 의해 드러남을 강제당했는지, 둘 중 어느 쪽인지를 선택하지 않으면 안 된다.

그리고 너무나 당연한 얘기이겠지만 이 물음에 의해 전경에 놓이게 것이 바로 의지이나.

나는 모습을 나타낸다. 나는 나타나고 (그러면) 내 모습이 나타내어진다.* 이 상황에 대해 현재의 언어는 '너의 의지는?'이라고 심문해 오는 것이다. 그것은 말하자면, **심문하는 언어**이다.

by에 의한 치환에 마음을 빼앗겨서는 안 된다

자동사와 수동태의 근접이 이해하기 어렵게 느껴진다면 그것은 능동태와 수동태를 상호 바꿔쓸 수 있는 것으로 간주하는 통념에 너무나 친숙

◆ '나타낸다'는 타동사이고 '나타나고'는 자동사이며 '나타내어진다'는 타동사를 수동태로 변형한 것이다.

해져버렸기 때문일 것이다.

수동태라고 하면 곧 행위자를 전치사 by로 표시한 문장이 연상된다. 그러나 호소에의 예를 빌리면, 수동태를 이해함에 있어 " 'The firemen put out the fire'를 'The fire was put out by the firemen'으로 바꾸는 태의 전환 방식에 **마음을 빼앗겨**, 이것만이 수동태의 전부라는 듯이 생각하는 그런 심적 상태로는 **도저히 정당한 해석을 내릴 수가 없다**".[211]

기본적으로 " '소상(수동태)'이라는 것은 실제 언어 사실로서 결코 원시적인 것이 아니고 영국이나 독일 등 여러 나라에서도 보통 사람들의 일상 회화에서는 비교적 사용되는 일이 적지 않다."[◆][212] 아무래도 수동태를 써야만 할 것 같은 경우란 '행위자를 알지 못하거나 또는 화자의 마음속에서 그것이 적확하지 않을 때'인데,[213] 이는 재귀 표현에 의해 표현 가능하다.

호소에가 기술하고 있는 내용을 무슨 태곳적 이야기처럼 여겨서는 안된다. 현대 영어에서도 수동태로 쓰인 문장의 80퍼센트는 [우리가 공식처럼 알고 있는] 전치사 by에 의한 행위자의 명시를 결여하고 있다는 것이 계량적인 연구에 의해 이미 밝혀져 있다.[214] 요컨대 대부분의 수동태 표현은 능동태 표현으로의 전환이 불가능하다는 것이다.[◆◆]

◆ 원문에는 '적다'라고 되어 있지만 문맥상 '적지 않다'가 맞을 것으로 보인다.

◆◆ 수동태 문장을 능동태 문장으로 전환하는 공식은 소위 " 'by 행위자'의 '행위자'를 주어로 바꿔라!" 이다. 그런데 오늘날 수동태 문장의 80퍼센트는 'by 행위자'라는 요소가 없다.

중동태를 담당하는 '유(ゆ)'

그러면 지금까지 논의해온 태에 관한 문제와 일본어는 어떠한 관계가 있을까? 호소에는 일본어에도 이와 동일한 동사 표현의 변천을 찾아볼 수 있다는 사실에 주목한다.

예컨대 동사 '生まれる(낳아지다, 태어나다)'[*]의 문어체 표현인 표현인 '生まる(낳아지다)'는 명백히 '生む(낳다)'의 수동태이지만 의미상으로는 자동사로 취급되어야만 한다. '生まる(낳아지다)'를 번역하는 영어 'I am born'이나 그리스어 'γίγνομαι(기그노마이)'에서도 동일한 사태를 발견할 수 있다. 영어는 중동태가 없으니까 자동사의 의미가 수동태로 표현되고 그리스어에서는 자동사의 의미가 중동태로 표현된다.

일본어에서도 자동사와 수동태는 밀접한 관계에 있다. 왜 그렇게 되느냐 하면, 일본어에도 중동태라고 지칭할 만한 동사 형태가 존재하고 있었고, 또 지금도 존재하기 때문이다.

'見える(보이다)'라는 동사에 대해 생각해보자. 이 동사는 '見る(보다)'라는 **타동사**와 쌍을 이루는 **자동사**인데 그것이 **수동**의 의미에서 파생된 것임은 명백하다. 자동사이면서도 'which is seen'이라든가 'which is to be seen'으로 번역될 그런 의미를 갖는다. '見える(보이다)'는 따라서 자동사와 수동태의 의미를 그로부터 도출해낼 수 있는 중동태에 해당하는 동사로 간주할 수 있다.

'見える'는 문어에서는 '見ゆ(보이다)'이다. 동일한 계통의 동사로는

---

[*] 일본어에서는 '태어나다'라는 뜻을 '낳아지다(生まれる)'라는 수동태로 표현한다. 이것은 같은 내용을 영어에서 'I was born'이라고 표현하는 방식과 유사하다.

'聞こゆ(듣다)'나 '覚ゆ(생각나다)' 등이 있다. 여기서 어미에 보이는 글자 'ゆ('유'라고 읽는다)'가 인도-유럽어에서 말하는 중동태의 의미를 담당하고 있었다고 생각된다.

이 어미는 그 후 동사들이 복잡해짐에 따라 'ゆ'와 'らゆ('라유'라고 읽는다)'로 분기해간다. 오늘날에도 전해지는 'いわゆる(이와유루; 이른바)'나 'あらゆる(아라유루; 모든)' 같은 표현은 그 자취이다. 각각 'いう(이우; 말하다)'와 'ある(아루; 있다)'에 어미 'ゆ'가 붙어 형성된 말이다.

'자연의 기세'=자발의 위치

'ゆ'와 'らゆ'는 더욱 시대가 내려와 'る('루'라고 읽는다)'와 'らる('라루'라고 읽는다)'로 음운 변화한다. 그 의미를 계승한 것이 현대어 'れる('레루'라고 읽는다)'와 'られる('라레루'라고 읽는다)'라는 조동사이다.

잘 알려져 있듯이 이것은 수동, 가능, 자발, 존경 등 네 가지의 다양한 의미를 가진 기이한 조동사인데 호소에는 이를 다음과 같이 해석한다.

일본 상고 시대^代의 일본어에 존재하던 중동태, 즉 'ゆ' 음으로 변별되었던 그 의미는 우선 자동사를 낳았다. 호소에의 논문은 '옛날이 그립다'든가 '앞날이 걱정스럽다' 등 어떤 동작이나 상태가 자연스레 출현하는 것을 가리키는 'れる', 'られる'의 의미를 자발이라 하고, 그것을 '자연의 기세'라 부르는데, 이는 자동사로부터 발전한 의미이자 수동태보다도 먼저 성립된 것이리라고 호소에는 짐작한다.

또한 가능과 존경(호소에의 논문에서는 각각 '능력'과 '존경')은 '자연의 기세'

로부터 발달했을 것이라고도 기술되어 있다.[215]

7. '자연의 기세'로서의 중동태

미적지근한 호소에의 설명

여기서 자발, 즉 '자연의 기세'의 취급이 문제이다. 호소에가 그것을 취급하는 걸 보면 어딘가 미적지근하다는 느낌을 받게 된다.

'소상(수동)' 및 '능력(가능)'과 '자연의 기세(자발)'의 관계에 대해 호소에는, 중동태의 의미에 비추어볼 때 후자, 즉 '자연의 기세' 쪽이 오래된 것이고 '소상' 및 '능력'은 그로부터 파생된 것이라고 확실히 쓰고 있지만, 자동사와 '자연의 기세'의 관계에 대해서는 딱히 아무 말도 하지 않기 때문이다. 그럼에도 불구하고 어떤 이유에선지 '자연의 기세'는 '소상'과 '능력'의 뒤에 위치되어 있다.

이 도식 내에서의 '자동사'라는 게 과연 의미를 가리키는지 아니면 형태를 가리키는지부터가 기본적으로 애매한 상태이다. 만일 그것이 '자동사적인 의미'를 가리키고 있는 것이라면, 애당초 자동사적인 의미를 갖고 있던 중동태가 있었다고 하는 사실에 불과하기 때문에 그것이 중동태로부터 **나왔다**고는 할 수 없다. 달리 말하자면, namate를 'he bends himself'라는 재귀적 표현으로 번역한 것은 호소에 자신이었는데, 애시당초 그가 그 문장을 'he bows'라는 자동사 표현으로 번역할 수도 있었던 것이다. 앞서 말했던 바와 같이 호소에가 중동태를 재귀적 표현으로 번역한 것은 단지 능동태와 중동태의 출발점에 존재하는 대립을 명확히 하기 위함이었다.

혹은 이렇게 말할 수도 있겠다. φαίνομαι(파이노마이, I appear)는 태의 관점에서 보았을 때에는 중동태라 불리는 것이고, 자동사와 타동사를 구별하는 관점에서 보자면 단적으로 자동사이다. 그렇다고 한다면 φαίνομαι라는 중동태 동사로부터 자동사적인 의미가 파생했다고는 할 수 없을 것이다.

그럼 '자동사'라는 말은 형태로서의 자동사를 가리키는 것일까, 하는 생각이 들지도 모르겠다. 하지만 그럴 경우 순수하게 의미를 가리키는 '자연의 기세' 등과 그것을 나란히 놓는 것은 이상한 처사가 되어버린다.

'자연의 기세'가 중동태의 근저에 있다

호소에가 '자동사'라는 말을 여기에 추가하고 싶었던 이유는 따로 있었는데(이 점은 나중에 언급할 것이다), 어쨌든 간에 이 도식에는 애매함이 있다. 하지만 거기에 약간 손을 보아서 **'자연의 기세'가 중동태의 의미의 근저에 있고** 그로부터 훗날 자동사가 담당하게 될 의미와 수동태가 담당하게 될 의미가 도출된다고 생각하면 문제는 해결된다.

예컨대 '숙이다かがむ'는 확실히 자동사 표현인데, 이는 '옛날이 그립다 昔が偲ばれる'와 같은 이른바 자발의 표현과 어떻게 다른 것일까?

능동태와 수동태를 대립시키는 퍼스펙티브에서 보자면 전자는 명확한 능동태의 표현으로, 후자는 수동태에 가까운 표현으로 이해될 듯하다. 반면 능동태와 중동태를 대립시키는 퍼스펙티브에서 이들을 바라보면 이들은 중동태 표현이라는 의미에서는 전혀 차이가 없다. 양쪽 모두 어떤 과정이 주어를 장소로 해서 실현되고 있는 것이다.

하지만 둘 사이에는 정도의 차이라고 부를 만한 그 무언가를 느끼게 하는 면모가 있다. '숙일' 때에는 숙이기 위한 힘이 실현되고 있을 뿐이지만, '옛날이 그리울' 때에는 옛날을 그리워하도록 하기 위한 힘이 어딘가로부터 와서 주어(주체)를 천천히, 그러나 착실히 움직이고 있다는 감각이 있다. 두 경우 모두 어떤 '자연의 기세', 즉 **힘의 실현**을 지시하고 있지만 거기에는 정도의 차이가 있다.

힘의 정도에 의해 중동태가 구분된다

주어를 무대로 진행되는 과정을 표시하는 중동태는, 아마도 그 과정을 실현하는 힘의 정도에 따라 다양하게 특징지어지는 스펙트럼을 가질 것이다. 그 스펙트럼을 몇 가지로 절취함으로써 중동태의 의미가 구별되는 것은 아닐까?

예컨대 담백한 힘의 실현이라면 단순한 자동사 표현이 담당할 수 있다.

대단히 강한 힘이 비록 느리지만 착실히 과정을 실현하는 경우에는 자발의 의미로 이해된다.

또, 과정을 실현하는 힘과 주어(주체) 사이에 명확한 구별이 발견되는 경우에는 수동태로 이를 표현할 수 있다.

그 힘의 강도와 주어가 결부된다는 점이 강조되면 가능의 의미가 나

온다.[216]

중동태는 주어가 '하는' 것인지 '당하는' 것인지를 묻는 능동-수동의 관점이 아니라 주어가 과정의 안에 있는지 밖에 있는지를 묻는 관점으로 이해되어야만 하는 것이었다. 그러면 그런 중동태 안에 **과정을 실현하는 힘의 이미지**가 깃들어 있는 것은 딱히 이상할 게 없다.

호소에의 용법에서 벗어나 '자연의 기세'라는 용어를 자발과는 다른 의미를 갖는 관용구로 사용하기로 하자. 그렇게 하면 중동태는 **주어를 장소로 해서 '자연의 기세'가 실현되는 양상을 지시하는 표현**이라고 할 수 있다. **이른바 자발의 표현**은 그 '기세' 중 '자연' 부분이 강하게 느껴지는 표현이라고 할 수 있을 것이다. 콜라르가 비인칭 표현의 자취로 들었던 'Il me souvient des jours de mon enfance(어린 시절의 나날들이 상기되다)' 등도 마찬가지로 해석할 수 있을 것이다.

'자연의 기세'로 바라보았을 때 중동태는 비인칭 표현과 상통한다는 측면이 가시화된다. 이 사실은 필시 중요한 의미를 가질 것이다. 이어서 이 점에 대해 생각해보자.[217]

8. 중동태를 둘러싼 짐작

중동태는 자동사·타동사·사동 표현의 배지培地

사실 호소에는 중동태가 밟아온 역사적 도정을 설명함에 있어 하나의 법칙('반조, 수동, 자동의 법칙') 이외에 두 가지 법칙을 더 제시하였다. 하나는

'반조, 사동, 타동의 법칙'이고 또 다른 하나는 '수동, 사역의 법칙'이었다.

다시 한 번 확인해두자면, '반조, 수동, 자동의 법칙'이란 반조(재귀)를 핵으로 하는 중동태에서 자동사가 태어나고 나아가 수동태가 파생된다고 하는 법칙이었다.

여기서 주목할 것은 호소에가 자동사의 발생을 수동태의 발생보다 선행한 것으로 보았음에도 불구하고, 법칙명에서는 '반조, 수동, 자동'이라고 해서 '자동(사)'이라는 단어를 마지막에 놓았다는 점이다. 왜 이렇게 된 것일까? 일단 호소에는 중동태로부터 자동사만이 아니라 타동사나 사동 표현도 발생한다고 생각했다. 그리고 그는 세 법칙을 각각 자동사, 타동사, 사동 표현의 발생 메커니즘을 잘 나타내는 형식으로 제시하고 싶었다. 그런 취지에서 호소에는 세 법칙의 말미에 자동, 타동, 사역이 오도록 해놓았던 것이다.

논문에서는 제일 처음의 '반조, 수동, 자동의 법칙'이 가장 길게 논의되고 또 가장 강조되어 있다. 하지만 호소에 자신은 중동태에서 파생되는 의미 체계 전체를 그려내고자 했다.

극히 간단하게 나머지 두 가지 법칙을 보아두자.

'반조, 사동, 타동의 법칙'은 중동태에서 타동사가 태어나는 메커니즘을 설명하는 것이다. 그리스어 동사 τίνω(티노)는 능동태 동사로 '(행위 등의) 대가를 치르다pay a penalty'를 의미한다. 이 동사는 중동태 τίνομαι(티노마이)로는 '(자신을 위해) 대가를 치르게 하다make another pay a penalty'를 의미하게 된다. 그것이 전변되어 '처벌하다punish'라는 타동사의 의미가 생겨난다.

마지막으로 '수동, 사역의 법칙'은 중동태에서 사동 표현이 태어나는 메커니즘을 가리킨다. '자르다'를 의미하는 능동태 동사 κείρω(케이로)의 중동태 κείρομαι(케이로마이)는 영어에서라면 'I have my hair cut'정도로 번역될 수 있는 의미를 갖는다. 즉, '머리카락을 잘렸다'라고도(수동), 또 '머리카락을 자르게 했다'라고도(사동) 이해될 수 있는 표현이다.

호소에의 언어사란은 '능동태에서 중동태로'

그런데 호소에는 능동태와 중동태의 발생과 관련하여, 우선 능동태밖에 존재하지 않았던 시대, 즉 태의 개념이 존재하지 않았던 시대가 있었고 그 후 중동태가 발달하였는데, 이러한 발달에 의해 문화가 비약적인 발전을 이룩했다고 생각한다.

> 문화의 발달은 사상 형식의 복잡화를 초래하였고 이로써 Paramai-Pada(능동태) 독점의 시대는 가고 '능상(능동태)'·'중상(중동태)' 병립의 시대[⋯]가 된 것이다. 이미 '중상'이 존재하게 되었고, 이로부터 언어의 전도는 양양할 수밖에 없다. 어떤 의미에서 보면『일리아스』(그리스의 시인 호메로스의 서사시)는 중동태의 소산이고『샤쿤탈라Sakuntalá』(인도 시인 칼리다사의 희곡)는 Atmane-Pada(중동태)의 하사품이다. 『고사기古事記』, 『일본서기日本書紀』, 『만엽집万葉集』의 노래 또한 동일한 의미에서 '중상'(중동태)의 산물이라 할 수 있다.[218]

일본어에서는 능동태 동사에 어미 'ゆ(유)'가 붙어 중동태가 발생했다고 하는 것이 호소에의 설이다. 요컨대 능동태만의 단순한 언어에서 중동태를 갖는 풍부한 언어로 이행한다는 것이 그의 언어사관인 것이다.

중동태가 먼저 있었다?! 어림짐작해본 기원

그러나 호소에의 분석을 참고하면서도 이와는 다른 언어사를 그려볼 수는 없을까?

중동태는 자동사만이 아니라 타동사나 사동 표현을 산출하는 것이었다. 이것은 중동태에 능동태를 산출하는 잠재성potential이 비장되어 있음을 의미한다. 그에 비해 능동태에는 그러한 잠재성을 찾아볼 수가 없다.

또한 동사는 비인칭 동사로 출현한 것이었다. 사건을 단지 사건으로 가리키는 이 원시적인 동사 형태의 관념은 중동태가 표현하는 '자연의 기세' 관념에 대단히 가깝다.

그러면 완전한 어림짐작이라는 전제를 바탕으로, 다음과 같이 생각해볼 수는 없는 것일까? 비인칭으로 태어난 동사는 우선 훗날 **중동태로 계승되게 될 의미를 획득하고** 그 후 능동태를 산출해간 것은 아닐까? 즉, 능동태에 선행하여 중동태가 존재했던 것은 아닐까?

이는 완전한 어림짐작이다. 그러나 학문에는 어림짐작이 종종 필요한 법이다. 늘 그렇듯이 생물의 진화 과정은 발견된 이 화석과 저 화석 사이를 어림짐작하면서 해명되어간다. 심지어 어림짐작의 정도가 극단적으로 될 수밖에 없는 '미싱 링크(잃어버린 고리)'에 대해서도 학문은 논의를 진행시키고자 한다. 그렇다면 어림짐작이라는 점을 먼저 강조한 다음, 그 전제 위에서 가설을 제시하는 일도 허용될 수 있을 것이다.

명사에서 발전한 동사는 우선 비인칭 동사로 존재했다. 그것은 발달 과정에서 훗날 중동태에 의해 담당될 의미를 획득해간다. 그리고 언어가 더 한층 복잡해지는 가운데 중동태는 자신에게 대립하는 능동태를 그 파생체로 산출한다. 중동태와 능동태의 밀월 관계는 오래 계속되었다. 그러나 언젠가부터 중동태는 자신이 산출한 또 하나의 형태인 수동태에게 그 지위를 점점 더 빼앗기게 된다. 이윽고 수동태는 능동태와 대등한 지위로까지 치고 올라갔고 중동태는 그 존재조차 망각되었다. 그리고 그것이 담당하던 의미는 분할되어 다른 표현들(자동사, 재귀 표현, 사동 표현 등)에게 상속되기에 이르렀다….

이 책에서는 이것을 '어림짐작해본 동사의 기원'으로 제시하고 싶다.

9. 억압당한 것의 회귀

중동태가 담당하던 의미는 어디로?

호소에는 수동태에 대한 통속적 이해를 비판했다.

수동태가 중동태에서 파생되어 나온 것임은 명백한 사실이다. 따라서 'The firemen put out the fire(소방관이 불을 껐다)'와 'The fire was put out by the firemen(불이 소방관에 의해 꺼졌다)'의 쌍처럼 전환 가능한 문장만을 생각해서는 안 된다. 호소에는 'The firemen got the soldiers to put out the fire(소방관이 병사들에게 불을 끄게 했다)'나, 'The firemen got the fire put out by the soldiers(소방관이 불을 병사들에 의해 꺼지게 했다)'와 같은, 중동태에서 파생된 사동 표현에 대해서도 생각해야만 한다고 말한다.[219]

또한 호소에는 중동태로부터 자동사와 수동태가 파생된 것이므로 자동사에 수동태가 있는 것도 전혀 이상하지 않다고도 기술하였다. 통상적으로 수동태로 전환될 수 있는 것은 타동사만이라고들 생각한다. 따라서 '母が泣く(엄마가 울다)'라는 자동사 표현으로부터 '母が子に泣かれる(엄마가 아이의 울음을 당하다)'◆라는 수동태 표현이 만들어지는 것은 특수한 현상처럼 여겨질지도 모르지만, 호소에에 따르면 그렇지 않다는 것이다.

호소에는 이렇게 쓰고 있다. "이른바 '자동사'의 소상(수동태)이 존재하는 것도 당연한 일이다. 즉, 이와 같은 것은 이 어형 자체의 원의原意로부터 초래된 지극히 순정한 용법이다."[220]

호소에에 따르면 '母が子に泣かれる'(엄마가 아이의 울음을 당하다, 즉 아이가 울어 엄마가 곤란을 겪는다는 뜻)는 영문으로 'The mother had her child cry'라고 할 수 있다. 자동사의 수동태 표현에 대해 일본어와 영어가 완전히 평행하지 않다는 점에서 볼 때 두 언어는 중동태로부터 동사 표현이 진화해 나온 양상이 서로 달랐을 것으로 생각된다.[221] 이 표현에 대해 생각할

◆ 원문 母が子に泣かれる는 우리말에서는 거의 찾아볼 수 없는 일본어 문장의 유형이다. 이 문장을 직역하면 '엄마가 아이에 울어지다'이고 조금 더 나아가면 '아이가 우는 행위를 엄마가 당하다'이다. 그리하여 결국 이 문장의 뜻은 '아이가 울어 엄마가 곤란하다'가 된다. 일본어에는 이런 형식의 문장이 종종 있다. 예컨대 '雨が降る(비가 내리다)'라는 문장을 '雨が降られる(비가 내려지다)'라고 피동화할 경우, '비가 내려 곤란하다', 즉 옷이 다 젖어버렸다든지 외출할 수가 없다든지 하는 뜻이 된다. 주 221을 참조하라.

때에도 수동태라고 하면 곧장 능동태와 전환 가능한 것으로 파악해버리는 통념을 늘 배격해야 한다는 건 두말할 필요도 없다.

중동태가 얼굴을 슬며시 드러낼 때

호소에의 논문이 제시하는 다양한 예문들로부터 알 수 있듯이 우리가 아는 현대 영어에서는 예전에 중동태가 담당하던 의미가 다양한 표현들에 분담되어 있다. 그리고 현대 영어에는 중동태가 존재하지 않는다. 그러나 여기서 주목해야 할 것은 중동태의 부활이라고나 해야 할 현상들이 보인다는 점이다. 마지막으로 이 현상을 간단히 살펴보자.

우선 앞서 보았던 'to be born' 같은 표현이 있다는 걸 재확인해두자. 이런 표현은 중동태가 존재하지 않는 탓에 의미는 자동사인데도 형태는 수동태를 사용하게 된 경우이다. 'I am married to her(나는 그녀와 결혼했다)'라든가 'I am engaged in political activities(나는 정치 활동에 가담하고 있다)', 'The ship was wrecked(배가 난파했다)', 'The soldiers were wounded(병사들이 부상을 입었다)' 등, 이들은 라틴어의 데포넨티아('형식소상 동사'에 해당되는 동사 그룹을 라틴어에서 부르던 이름)와 마찬가지로 중동태의 흔적이라 볼 수 있다.

이어서 수동 부정사不定詞라 불리는 형태가 있다. 'I am to blame(비난받아야 할 사람은 나이다)'이나 'house to let(셋집, 세놓은 집)' 같은 표현이다.

blame은 '비난하다'라는 의미의 타동사이므로 '나는 비난받아야 한다'라고 하고 싶다면 'I am to be blamed'라고 되어야 하고 실제로 그러한 표현도 가능하다. 그러나 blame이라는 단어가 마치 비난받을 상태를 보여주는 자동사처럼 'I am to blame'이라는 표현으로 사용되는 것이다.

let도 마찬가지로 '빌려주다'라는 의미의 타동사이므로 빌려지는 집을 의미하기 위해서는 'house to be let'이라고 해야 할 것처럼 생각되지만, 실제로는 이 동사가 빌려지는 상태를 보여주는 자동사인 듯이 사용되어 'house to let'이라 말해진다.

타동사를 이렇게 사용하는 방식은 중동태에 대단히 가깝다. 이 표현들은 '관용적인 성구成句'라고 설명되고 있지만 그러한 관용이 가능한 것은 영어의 동사 체계를 능동-수동 도식 속에 빠짐없이 밀어 넣는 것이 불가능하기 때문이다. 잠재되어 있는 중동태 감각이 때때로 겉으로 표출되어서, 이런 표현 방식을 사용해도 괜찮을 거라는 감각이 생겨나는 것이다.

가장 주목해야 할 것은 종종 '능동 수동태'나 '중간 구문' 등으로 불리는 다음과 같은 수많은 표현들이다.

> Your translation reads well. (너의 번역은 읽기 쉽다.)
>
> Peace sells. But who's buying? (평화는 팔리고 있다. 그런데 누가 사는가?)
>
> This camera handles easily. (이 카메라는 사용하기 쉽다.)
>
> The door shuts easily. (그 문은 쉽게 닫힌다.)
>
> The paper feel rough. (이 종이는 거친 감촉이다.)

이러한 표현에서는 타동사가 자동사처럼 사용되고 있으며 게다가 그것이 조금도 부자연스러움을 느끼게 하지 않는다. 과장되게 표현하자면 억압되어 있던 중동태의 회귀라고 해야 할 현상일 것이다. 실제로 일반적인 능동태의 용법인 'I read your translation'과 'Your translation reads well'을 비교해보면 이 대립이 능동태와 중동태의 대립에 거의 일치한다는 걸 알 수 있다.

행위의 귀속을 심문하는 힘과 그로부터 달아나는 힘

여기서 주의해야 할 것은 이러한 구문의 존재를 가지고 '영어에도 중동태가 있다'라고 주장해버려서는, 중동태를 둘러싼 여러 문제들에 접근할 수 없게 된다는 점이다. 그러한 주장에는 어떤 특정 시점에서의 언어 상태를 따로 떼어내어 그것을 하나의 완결된 체계로 기술할 수 있다고 보는 언어관이 들어 있다. 언어를 하나의 균형 잡힌 체계로 본다고도 할 수 있겠다.

언어는 불균형한 체계이다. 언어는 늘 다양한 요구에 대응하면서 억압과 모순을 품은 채 운용되고 있다. 사람의 마음이나 사회와 다를 바 없다. 그래서 모순이 심해지면 억압에 대한 반발이 강해지는 경우도 있다.

중동태는 어느 시기부턴가 억압당하기 시작했다. 능동태와 수동태를 대립시키는 퍼스펙티브가 바로 이 억압의 체제이다. 이러한 퍼스펙티브 속에 있는 언어를 우리는 심문하는 언어라 불렀다. 그 언어는 행위자에게 끊임없이 심문을 한다. 늘 행위의 귀속처를 찾고 그리하여 능동과 수동 중 어느 쪽인가를 선택하도록 강제한다.

그러나 마음속에서의 억압은 한 번 행사되었다고 해서 그 후에도 변함

없이 영향력을 행사할 수 있는 것이 아니며, 따라서 계속 억압하기 위해서는 늘 강한 에너지를 필요로 한다. 그와 마찬가지로 언어에서의 억압 역시 계속 행사되기 위해서는 강한 에너지를 필요로 할 것이다.

중동태와 관련해서는 행위의 귀속이나 의지의 존재를 둘러싼 강한 신념이야말로 그 에너지의 원천이었던 것 같다. 그러나 이는 바꿔 말하면 그러한 억압이 약한 지점이나 그것이 약화되었을 시점에는 억압되어 있던 것이 다시 한 번 출현할 수도 있다는 얘기가 된다.

이는 정신분석에서 말하는 '증후symptom' 같은 것이다. 억압되어 있던 것이 형태를 바꾸어 나타나는 것이다. 그런 의미에서 방금 전에 제시된 영어 문장들의 표현은 중동태라고 하는 '억압된 것'의 회귀로 포착되어야 할 현상이다.

언어: 억압과 모순 속에서 꿈틀거리는 것

지금까지의 논의로부터, '언어는 변화한다'라든가 '말은 생물이다' 등의 표현이 비록 틀린 것은 아니지만 결정적으로 불충분하다고 하는 이유 또한 눈에 들어오기 시작할 것이다.

언어는 확실히 생물처럼 변화한다. 그러나 그것은 언어가 (바로 사람의 마음이나 사회처럼) 역사라는 환경 속에 처해 있기 때문이다. 수많은 요구들이 끊임없이 밀려들면서 언어에게 억압을 행사한다. 언어는 그 과정에서 발생하는 모순들을 품으면서 존재하고 있다. 억압과 모순을 품고 있지 않은 언어는 존재하지 않으며 그런 의미에서 언어가 변화하는 것은 그 억압의 형태가 바뀐다는 걸 의미한다. 언어는 이 조건을 절대로 초월할 수 없다.

어떤 사상가의 유명한 말을 비틀어 다음과 같이 말할 수도 있지 않을까 싶다.

언어는 자기 자신의 역사를 만든다. 단, 생각하는 대로는 아니다.

언어는 자신이 선택한 환경 아래에서가 아니라 바로 눈앞에 있는, 주어진 과거로부터 물려받은 환경 아래에서 자신의 역사를 만드는 것이다.

중동태, 방하, 사건—
하이데거, 들뢰즈

앞 장에서 중동태를 중심으로 대단히 장기간에 걸친 언어의 역사에 대해 어림짐작을 해보았다.

지금까지 몇 번이나 되풀이해왔듯이 능동태와 수동태의 대립은 조금도 보편적인 것이 아니고 그에 선행하여 능동태와 중동태의 대립이 있었던 것인데, 그로부터 더 거슬러 올라가면 동사는 명사에서 발전한 것이고 또한 그것은 처음에 비인칭 표현이라는 형태를 획득했었다는 사실을 이해할 수 있었다. 동사의 원시적 형태는 '하다'와 '당하다'를 대립시키는 퍼스펙티브와는 무관하고 '일어나는 일', 즉 사건을 표현하는 것이다.

비인칭 표현이 출현한 뒤 동사가 진화해온 과정에 대해서는 너무나도 알 수 없는 일들이 많다. 하지만 사건을 표현한다고 하는 원시적 동사 형태가 가진 특성이 중동태에 계승되고 있다는 점, 나아가 중동태로부터는 수동태만이 아니라 자동사 표현도 파생 가능하다는 점을 근거로 동사 진화의 과정에서 최초로 나타난 것은 중동태가 아닐지, 더 정확히 말하면 후대에 중동태로 계승되는 의미와 형태가 아닐지 짐작해보았다.

물론 이것은 짐작에 불과하지만 확실한 것은 일찍이 매우 중요한 임무를 짊어지고 있던 중동태가 그 뒤 억압당해 소멸되어간다고 하는 것이다.

중동태가 담당하던 관념은 그 억압 과정 속에서 마치 유산이 분할될 때처럼 복수로 나뉘어 수많은 표현들로 계승되어갔다. 놀랍게도 그 계승 과정이 인도-유럽어들과 일본어에 공통된다는 점도 확인했다. 이제는 더 이상 그 유산이 유산으로도 인식되지 않는다. 당연한 얘기이지만 계승이라는 게 기본적으로 그러한 것이리라. 중동태 자신도 자신의 의미를 어쩌면 비인칭 표현에서 계승한 것에 불과할 테니까.

그러나 그렇게 의미를 분할하여 계승했다 해도 역시나 이 억압에는 어딘가 모종의 편치 않음이 있을 것이다. 좀 더 강하게 말해서 억압이 모순을 초래한다고 해도 좋겠다. '중동태적'이라 부를 수 있는 표현들이 마치 신경증 환자들이 보이는 '증후'처럼 산발적으로 출현한다. 그것을 우리는 중동태라는 '억압당한 것'의 회귀라 불렀다.

이 회귀는 일상적인 언어가 중동태가 억압당하는 데 대해 은밀히 반항하고 있다는 증거이다. 사실은 이 억압에 민감하게 반응하는 지적인 움직임이 있었다. 그것이 철학이다. 중동태 문제부터 치고 들어가 언어를 대대적으로 논한 철학은 존재하지 않지만 '하다'와 '당하다', 능동과 수동에 지배당한 언어에 대해서는 적잖은 철학자들이 음으로 양으로 위화감을 표명해왔다.

제4장에서 우리는 데리다가 남긴 다음의 말을 인용했다.

> 아마도 철학은 이러한 중동태, 즉 일종의 비非타동사성을 우선 능동태
> 와 수동태로 가르고 그것을 억압함으로써 자신을 구성했을 것이다."[222]

데리다는 어떤 증거도, 어떤 근거도 제시하지 않는바, 이 언명은 오직 그의 감으로만 기술된 것이라고 할 수도 있을 터인데, 그렇다고 해서 이 감을 허투루 보아선 안 된다.

때로 철학은 '플라톤주의'라는 별명으로 불리면서, '철학사는 플라톤 책의 여백에 기입된 주석에 불과하다(화이트헤드)'라는 식의 소리도 들었다. 그리고 철학자라 불리는 자는 거의 누구나 이 플라톤주의라는 것에 싸움을 걸었다. 그러나 철학자들이 지금까지 싸움을 걸어온 '철학'이란 대체 무엇이었을까? 철학자들은 무엇과 싸운 것일까?

엄청나게 거대한 이 물음에 직접 답할 수는 없다. 그러나 능동과 수동에 지배당한 언어에 위화감을 표명한 몇몇 철학자들에 대해 확인해보는 정도는 여기서도 가능할 것이다.

지금부터의 내용은 중동태의 관점에서 새로 쓰일 철학사의 서장을 향한 노트 같은 것이다.

1. 하이데거와 의지

전환점으로서의 니체

의지 개념을 철저히 비판하면서 능동과 수동을 대립시키는 언어의 문제점을 밝힌 것은 20세기 독일의 철학자 마르틴 하이데거이다. 하이데거는 1930년대에 스스로 '전회Kehre'라고 부르는 태도 변경을 강요받는데, 그 후 집요하게 '의지Wille'를 비판하고 '비-의지Nicht-Wille'라든가 '의욕하지 않음을 의욕하는 것Wollen das Nicht-Wollen' 등의 수수께끼 같은 키워드를 입에 올리게 된다.

하이데거는 비교적秘教的인 말투로 유명하고, 또 그 말투 자체가 그의 언어 비판과 직결되어 있는데, 여기서는 가능한 간결하게 [따라서 그의 말투는 유감스럽게도 상당 부분 상실될 수밖에 없지만] 그의 의지 비판이 지향하는 바를 정리해보자. 여기서도 역시 아렌트가 중요한 길잡이가 된다.

아렌트는 하이데거의 전회를 증언하는 텍스트로 『니체』에 주목한다. 1961년에 출판된 전 2권의 방대한 텍스트는 1936년부터 1940년까지 행한 일련의 강의를 수록한 것인데 이 시기가 바로 전회가 일어난 시기이다. 그리고 '힘 의지'를 논한 니체에게 의지 개념이 얼마나 중요했는지에 대해서는 굳이 논의할 필요도 없을 것이다.

아렌트에 따르면 전회 이전의 초기 저작에는 '의지의 작용'이라는 말은 나타나지 않고 1927년에 출판된 『존재와 시간』에는 니체의 이름이 보이지 않는다. 결국 "의지의 능력에 관한 하이데거의 위치는 (…) 니체의 저작에 관한 그의 놀랍도록 주의 깊은 탐구로부터 직접 생겨난 것이다."[223]

'용재성'에 숨어 있는 의지

하이데거의 의지 비판이 그의 니체 연구와 관계된다는 점은 틀림없을 테지만, 방금 언급한 아렌트의 정리는 아직 하이데거 저작의 전모가 밝혀지지 않았던 시대에 행해진 고찰이다. 따라서 그로 인한 제약을 벗어날 수 없었으며 지금은 거기에 약간 보완을 해야 하는 상황이다. 하이데거와 의지 개념 간의 양가적인ambivalent 관계를 설득력 있게 논한 브렛 W. 데이비스의 주목할 만한 텍스트 『하이데거와 의지』[224]를 참조하자.

잘 알려져 있듯이 하이데거의 초기 대표작 『존재와 시간』에서 강조되고 있는 정신의 능력은 의지가 아니라 '배려Besorgen' 혹은 '관심Sorge'이다.

하이데거는 세계를 단순한 객체의 집합으로서가 아니라 그가 자신의 특수한 용어법으로 '현존재Dasein'라 부르는 인간에게 있어서의 '도구Zeug'들의 모음으로 파악했다.[225] 도구란 기본적으로 **뭔가를 하기 위해 있다**. 이 '뭔가를 하기 위해 있다'라고 하는 양태를 하이데거는 '용재성用在性, Zuhandenheit'이라 부르면서 인간이 배려나 관심을 가지고 세계에 관련을 맺을 때 사물이 용재성을 드러낸다고 설파했다.

인간과 세계의 관련성, 세계 속에서의 인간의 지위를 밝히고자 하는 이 용재성 분석에는 일견 의지를 위한 장소는 없는 듯 보이지만 데이비스는 배려 자체가 의지를 전제하고 있다고 지적한다. 왜냐하면 '뭔가를 하기 **위해 있는**' 도구의 집합으로 세계를 생각하는 것은 모종의 **목적성**하에서 세계를 생각하는 것이고, 이 목적성은 의지를 가진 주체를 전제한다고 생각되기 때문이다.[226]

실제로 하이데거는 1929년부터 1930년에 걸쳐 쓰인 『논리학의 형이상학적 기초』에서 "세계란 (…) 무엇보다도 우선 목적성(…을 위해 있음^{umwillen})을 통해 규정된다. 그러나 목적성은 오직 의지^{Willen}가 존재하는 바에서만 가능하다"라고 말한다.[227]

아렌트가 말하는 바와 같이 확실히 초기의 하이데거는 의지를 정면에서 논하지는 않는다. 하지만 그 논의의 바탕에는 의지 개념이 조용히 가로놓여 있다.

'결의성' 및 '결단'과 의지의 비틀린 관계

또 아렌트는 왜 그런지 『존재와 시간』에서의 '결의성^{Entschlossenheit}(각오성)'이나 '결단^{Entschluß}'의 논의에 대해서는 전혀 언급하지 않지만 이 개념들이 의지 개념을 상기시키는 것임에는 이론의 여지가 없다.

하이데거는 배려의 구조를 통해 인간을 분석한 뒤 그 '본래적'인 존재 방식 쪽으로 논의를 진전시켜 "남의 일이 아니라 바로 자기 자신의 책임 있는 존재를 향하여 침묵 속에, 불안을 마다 않고, 자신을 기투^{企投함}"이라는 의미의 '결의성'을 찬양하기에 이른다.[228] 결단은 이 결의에 입각한 결정이다.

결의성이나 결단은 하나같이 하이데거의 용어로 너무나도 유명하기 때문에 이를 둘러싼 논의들은 복잡하게 뒤얽혀 있다. 간단히 말하면 결의성이나 결단이 의지와 관계가 있다는 해석도 있고 관계가 없다는 해석도 존재한다. 데이비스는 주의 깊게 그 논의들을 네 가지로 정리하고 그로부터 설득력 있는 결론을 다음과 같이 이끌어낸다.

"결의성은 처음엔 단호한 의지 문제로서 사람을 직격直擊하지만 그것은 또한 의지하기를 끊임없이 중단시키는 하나의 열린 의지의 감각을 초래하는 것으로도 모습을 드러낸다."[229]

난해하다고 느껴질지도 모르지만 그것이 말하고 있는 바는 대략 다음과 같은 내용이다. 결의성이나 결단은 확실히 처음에는 의지로 경험된다. 그러나 그것이 계속해서 단순한 의지로 존속하지는 않는다. 결의성도 결단도 모두 의지의 경험이지만 의지와는 다른 차원이 그에 의해 열린다.

이렇게 말해도 여전히 난해할지 모르겠다. 일단 여기서는 아렌트가 말하듯이 초기의 하이데거는 정면에서 명시적으로 의지 개념을 논하지는 않지만, 용재성 분석에 있어서도 또 결의성 제시에 있어서도 의지와 다소 뒤틀린 관계가 발견되며, 그런 점에서 볼 때 의지 개념이 전혀 문제되지 않았던 것은 아니라는 점 정도를 확인해두면 되겠다.

그는 왜 의지를 강하게 부정하고 싶은 것일까?

데이비스에 따르면 그 후 1929년 논문 「근거의 본질에 대하여」에서 의지 개념은 하이데거 존재론에 있어서 커다란 역할을 담당하게 되는데 그때에는 의지라는 단어에 인용부호가 붙어 있다. 데이비스는 이 인용부호를 의지 개념에 대한 하이데거의 주저함의 발로라고 본다. 그런데 이 인용부호가 나치즘에 대한 하이데거의 공감을 확실히 드러내는 저 악명 높은 1933년의 프라이부르크대학 총장 취임 연설, 「독일 대학의 자기 주장」에서는 사라진다.[230]

이상에서 보았듯이 실제 사태는 조금 복잡하지만 대략적으로 다음과 같이 정리할 수 있을 것이다.

하이데거의 사상 속에는 의지에 끌리는 부분과 의지를 경계하는 부분이 있었다. 『존재와 시간』은 의지를 경계하면서 쓰여 있지만 의지 개념에 충분히 거리를 두고 있는 것은 아니다. 의지에 이끌리는 하이데거 내의 경향은 그 후 점차 모습을 드러내 그에 대한 주저를 상회해간다. 하지만 스스로 전회라 일컬었던 모종의 태도 변경, 그리고 어쩌면 정치적 경험이 관련되어 하이데거는 의지에 대한 경계를 강화하고, 아니 그 수준을 넘어서 적극적으로 그것을 비판하게 된다. 자신이 그것에 이끌린 바 있었고 아마도 여전히 어딘가 이끌리는 면이 있기 때문에 비판은 **더 한층 강한 어조로** 가해지게 되었다.

2. 하이데거의 의지 비판

의지한다는 것은 잊는 것

그런데 전회를 경험한 하이데거는 의지 개념의 어디에서 문제를 발견한 것일까? 아렌트는 『니체』의 마지막쯤에 보이는 다음 대목을 인용한다.

의지가 시작을 소유한 일 따위는 전례가 없는바, 의지는 늘 망각을 통해 본질적으로 그곳을 떠나버리는 것이다. 가장 깊은 망각이란 회상하지 않음이다.[231]

일견 수수께끼 같은 예언서의 한 구절처럼 보이지만, 우리가 지금까지 아렌트의 의지론을 통해 밝혀온 내용이 이 대목을 독해하는 데에 도움이 된다. 그리고 또 이 대목을 통해, 우리가 아렌트의 의지론을 통해 밝혀온 것의 의미도 또 다른 각도에서 검증될 것이다. 아렌트 자신은 이 대목을 주석하여 다음과 같이 썼다.

"의지가 미래를 주장하는 것은 인간에게 **과거의 망각을 강제한다**고 하는 것이며 그럼으로써 사고는 그 가장 중요한 활동인 an-denken, 즉 회상을 빼앗겨버린다."[232]

의지는 절대적인 시작임을 주장한다. 아니, 그렇게 주장하지 않더라도, 만일 그렇지 않다면 의지는 의지일 수가 없는 것이었다. 하지만 그러한 절대적인 시작이 있을 수 있다고는 도저히 생각되지 않는다. "의지가 시작을 소유한 일 따위는 전례가 없다."

그럼에도 불구하고 사람은 그러한 의지를 가지려 한다. 그때 도대체 무슨 일이 일어나는 것일까? 그것은 바로 '과거의 망각'이다.

의지하고자 할 때 사람은 지나가버린 일에서 눈을 돌리고, 역사를 잊고, **단지 미래만을 지향**하여 그 어떤 무엇으로부터도 분리된 **시작이고자 한다.** 그리하여 사고는 가장 중요한 활동을 빼앗긴다. 아렌트가 굳이 독일어로(게다가 접두사를 강조하기 위해 하이데거식으로 하이픈을 붙여) 적은 Andenken, 즉 회상을 빼앗기는 것이다.[233]

의지가 절대적 시작이어야 하지만, 절대적 시작이란 있을 수 없다고 하는 패러독스의 귀결이, 여기서는 더할 나위 없이 간결하게 기술되어 있다. 의지에 의해 절대적 시작이 되는 일 따위는 불가능하다. 그럼에도 불구하고 그것을 추구한다면 사람은 지나가버린 것에 대한 회상을 포기할 수밖에 없다. 그리고 무슨 일인가를 흐릿하게 망각해가는 일과는 비교도 되지 않는 '가장 깊은 망각'이란 회상하지 않는 것이다.

하이데거는 결국 **의지함은 망각하고자 함**이라고 쓴다.

의지함은 생각하지 않음

하이데거를 주석하는 아렌트가 회상을 사고의 가장 중요한 활동이라고 한 것에는 연유가 없지 않다. 조금 뒤에 아렌트도 인용하는 『사유란 무엇인가』에서 하이데거는 "사유함은 회상함이다$^{Denken \, ist \, Andenken}$"라고 단언한다.[234]

물론 여기에는 보는 바와 같이, 어원학에 바탕을 둔 하이데거의 일급 말놀이('Denken(사유함)은 An-denken(회상함)이다')가 잠재되어 있다. 하이데거는 '생각하다'를 의미하는 denken이라는 말을 과거로 거슬러 올라가 중고中高 독일어 Gedanc('사상'이라는 뜻)라는 말에 이른 다음, 그것이 '감사하다'를 의미하는 danken, 그리고 '회상'을 의미하는 Andenken과 결부되어 있다고 주장한다.[235]

만일 이런 식의 어원학적 고찰이, 어원학에 입각하여 말할 수 있는 차원을 넘어선 월권 행위를 저지른 것이라면, 그것은 확실히 지적받아야 마땅하다. 그러나 하이데거가 의지 개념을 비판하면서 그 대목에서 회상과 사고의 관계에 대해 말하는 데에는 충분한 근거가 있다.[236]

사람은 의지할 때 단지 미래만을 보고 과거를 잊으려 하며 회상을 방기해버린다. 되풀이해서 말하지만 의지는 절대적 시작이고자 하기 때문이다. 그리고 회상을 방기하는 것은 바로 사고를 방기하는 것이다. 왜냐하면 사람은 그때까지 자신이 수취해온 다양한 정보에 접근하지 않고서는 뭔가를 사고할 수 없기 때문이다.[237]

요컨대 하이데거는 이렇게 말하고 있는 것이다. **의지한다는 것은 사고하지 않겠다고 하는 것이다.**[238]

의지한다는 것은 증오하는 것

그뿐만이 아니다. 『사유란 무엇인가』는 나아가 이렇게까지 말한다.

의지하는 일은 단지 미래만을 지향한다. 그런데 일체의 '…이었던(es war)' 것, 즉 지나가버린 과거는 어떻게 해볼 도리가 없다. 따라서 "'…이었던' 것은 모든 의욕에 있어 걸림돌이 된다. 그것은 의지가 더 이상 굴릴 수 없는 돌이다. 이리하여 '…이었던' 것은 모든 의욕에 있어 비애의 씨앗이 되고, 이(齒)를 가는 일의 씨앗이 된다".[239]

한마디로 말하면 의지는 지나가버린 것 혹은 역사에 대해 적의 Widerwille를 품게 된다. 그러나 적의를 품는 일은 불쾌한 일이어서 결국 '의지는 자기 자신에 대해 고뇌하게' 된다.

하이데거는 의지 자체에 깃드는 이러한 적의야말로 니체가 말하는 복수Rache의 본질이라고도 말한다. 하이데거는 의지하는 일은 증오하는 일이고 복수심을 품는 일이라고까지 말하는 것이다.

3. 내려놓음

후기 하이데거의 키워드

의지에 대한 하이데거의 비판은 실로 강렬하다. 앞서 말한 대로 의지 비판으로부터 '비-의지'나 '의욕하지 않음을 의욕하기'가 적극적으로 논의되기에 이르는데 이것들을 하이데거는 흥미로운 한 단어로 지칭한다. 그것은 바로 '내려놓음(放下放下)'이라고 종종 번역되는 Gelassenheit가 그것이다.

이 말은 독일어 사전을 보면 '착 가라앉음, 냉정, 태연, 자약' 등의 의미가 적혀 있는데 하이데거는 당연히 이 말의 구성으로부터 그 의미를 생각한다. 이 말은 '…하게 하다', '…하는 그대로 두다'라는 의미의 동사 lassen의 과거 분사로부터 만들어지는 명사이다. '뭔가로 되어가는 대로 둠, 뭔가에 몸을 맡김'이라고도 이해될 수 있는 것이어서 어떤 번역자는 이를 '내맡겨진 상태'라고 번역하기도 한다.[240]

'내려놓음'은 후기 하이데거의 키워드이긴 하지만 그렇다고 해서 그의 방대한 저작들의 여기저기서 논의되는 것은 아니다. 다만 하이데거는 1959년에 이 단어를 제목으로 한 책을 출판한다. 원서로 70쪽 정도 되는 이 텍스트 『내려놓음』은 첫째, 「내려놓음」이라는 제목의 짧은 강연 원고와 둘째, 「내려놓음의 소재所在 구명究明을 위하여」라는, 플라톤의 대화편을 연상케 하는 희곡체 대화편으로 구성되어 있다.

앞서 하이데거의 저작군이 방대하다고 말했지만 그 태반은 강의 노트여서 단행본 형태로 출판된 것은 많지 않다. 『내려놓음』은 얼마 안 되는 단행본들 중 하나이다.

「내려놓음」은 1955년에 행해진 강연의 기록으로, 꽤나 구체적으로 기술技術 문제를 논하고 있다. 「내려놓음의 소재 구명을 위하여」는 1944년부터 1945년에 걸쳐 쓰인 대화편의 일부라는 사실이 텍스트 자체 안에 기록되어 있다. 그 대화편 전체는 1995년이 되어서야 비로소 공개되었는데 이는 단행본『내려놓음』을 통해 공개되었던 부분의 4배에 가까운 장대한 것이었다.[241]

하이데거가 1950년대 말에 그때까지 미발표 상태였던 텍스트들을 이러한 구성하에 단행본으로 발표했다는 사실 자체가 하나의 큰 질문이 될 수 있다. 하지만 이 물음에 답하기 위해서는 이 책과는 테마 자체가 다른 논의를 처음부터 조립해가야 하기 때문에 다음 기회로 양보하고자 한다.[242] 여기서는 이 책의 주요한 테마에 대해 논의하는 데 그치겠다.

의지와 무사려: 어떤 대화로부터

내려놓음에서는 기술 문제가 논의된다고 썼지만, 그 근저에는 무언가를 사유한다고 하는 것에 대한 하이데거 자신의 다음과 같은 인식이 있었다.

"오늘날 더욱 증대해가고 있는 무사려無思慮는 현대인의 가장 내밀한 골수를 파먹어 들어가는 어떤 사건에 입각하고 있다. 즉, 현대인은 사유로부터 한창 도망치는 중이다."[243]

이러한 인식은 이 한마디만을 끄집어내본다면 '현대인은 뭔가를 사유하지 않는다'라는 구세대의 단순한 교설처럼 들리기도 한다. 그러나 이것

249
제7장 중동태, 방하, 사건—하이데거, 들뢰즈

은 하이데거가 행한 일련의 의지 비판의 맥락에서 읽히지 않으면 안 된다. 『내려놓음』 후반의 대화체 텍스트 「내려놓음의 소재 구명을 위하여」는 실로, 의지하는 것과는 다른 방식으로 사고한다 함은 어떤 일인가, 하는 물음을 둘러싸고 전개되기 때문이다.

게다가 그 안에서 '내려놓음'이라는 키워드는 제시되지만 명확한 답이 제공되는 것은 아니다. 독자들은 연구자, 학자, 교사 3인의 화자와 함께 이것저것 사유하기를 촉구받는다. 말하자면 강연 부분(내려놓음)이 문제를 제시하고 대화편(내려놓음의 소재 구명을 위하여)이 그에 대해 생각하는 과정을 실천해 보이는 것이다. 대화가 조금 진전된 뒤에 다음과 같이 이야기를 주고받는 대목이 나온다. 분위기가 느껴질 수 있도록 길게 인용하겠다.◆

(…)

학자 밤이 되어 걷는 것도 천천히 느려지니, 가만히 뭔가를 사유할 시간이 되었군요.

교사 그렇지만 그 때문에 이렇듯 사람들이 사는 마을에서 떨어진 곳까지 오고 말았습니다.

연구자 이 대화 속에서 우리의 손을 잡고, 혹은 더 정확히 말하자면 언어에 의해 우리를 이끌어주고 있는 눈에 띄지 않는 길안내가 점점 더 신뢰할 수 있게 되어가고 있어요.

◆ 다음 인용문에서 gelassen과 Gelassenheit라는 단어는 본래 독일어의 일상용어로서의 의미와 하이데거의 독자적인 의미가 교차 혹은 혼용되어 쓰이고 있기 때문에, 맥락에 따라 '초연히', '초연한 내맡김', '내려놓음' 등으로 달리 번역하였다. 한편 이 책에서는 '학자, 교사, 연구자'로 되어 있지만 국역본에는 '학자, 스승, 탐구자'로 번역되어 있는 경우도 있다.

학자 이 길안내는 없어선 안 됩니다. 대화가 더욱더 어려워지고 있으니까요.

교사 당신이 이야기하는 그 어려움이라는 것이 뭔가 익숙지 않은 것을 가리키고, 또 이 익숙지 않음이 의지라고 하는 (습관이 되어버리고 있는) 것으로부터 우리가 탈각하는 것이라고 한다면, 확실히 그럴 것입니다.

학자 지금 당신은 의욕이 아니라 의지로부터 탈각한다고 말씀하셨군요.

연구자 게다가 사람을 깜짝 놀라게 하는 그런 터무니없는 요구를 대단히 초연하게gelassen 말씀하고 계십니다.

교사 제가 완전히 내려놓은 초연함Gelassenheit을 조금이라도 지니고 있다면 지금 말한 탈각 따위도 저에게는 무용한 셈이 되겠습니다.

학자 의욕하는 것으로부터의 탈각이라면 우리에게도 가능한 것이니까 그 점에서라면 우리도 내려놓음을 각성시키는 데에 공헌할 수 있어요.

교사 오히려 내려놓음을 향하여 계속 깨어 있는 일에 공헌할 수 있다고 해야 하겠지요.

학자 내려놓음을 각성시키기라고 하면 왜 안 되는 겁니까?

교사 우리는 내려놓음을 혼자 힘으로 우리 안에서 각성시키는 것이 아니기 때문입니다.

연구자 그렇다면 내려놓음은 어딘가 다른 곳으로부터 야기된다는 말씀이신가요?

교사 아닙니다. 야기되는 것이 아니라 그대로 그것으로서 인정되는 zugelassen 것입니다.

학자 내려놓음이라는 말이 무엇을 의미하는지 저에게는 아직 이해가

되지 않습니다. 하지만 그래도 어렴풋하게나마 이렇게 예감하고 있습니다. 우리의 존재가 의욕함과는 다른 것 안으로 끌려 들어가 있도록 einlassen 허용되었을zugelassen 때, 내려놓음이 비로소 깨어난다는 말씀인 것 같다, 하고.

연구자 당신은 자꾸만 '…하는 그대로 두다lassen'라는 의미의 말을 사용하고 계십니다. 그 때문에 일종의 수동성이 말해지고 있다는 인상이 생겨납니다. 그러나 여기서 문제가 되는 것은 단지 힘없는 채로 사물과 사태를 되어가는 추세에 맡긴다든가, 떠다니는 대로 둔다는 그런 것이 아닐 듯합니다.

학자 아마도 내려놓음 안에는 전 세계의 어떤 소행보다도, 인류의 어떤 제작물보다도 차원 높은 행위가 숨겨져 있을 겁니다.

교사 그렇긴 하지만 그 높은 행위는 결코 능동성을 가리키는 게 아닙니다.

연구자 그러면, 여기서 '가로놓여 있다'라는 표현을 해도 좋다면 내려놓음은 능동성과 수동성의 구별 바깥에 가로놓여 있다는 셈이 되는….

학자 그것은 내려놓음이 의지 영역에는 속하지 않기 때문입니다.

연구자: 다만 의욕함으로부터 내려놓음으로의 이행은 극히 곤란하다고 생각됩니다….[244]

(…)

의지로부터의 탈각은 가능한가?

『내려놓음』의 일역자인 쓰지무라 고이치辻村公一는 서두에 나온 '길안내'라는 것은 필시 언어의 본질을 의미할 것이라고 말한다. 대화인 이상에는 언어를 통해서 주고받는 것은 당연한데, 그 주고받음의 매체 자체가 주고받음을 인도하는 손길이 되어 있다고 하는 것이다. 그것이 눈에 띄지 않는 것은 대화 바깥에 그 인도의 손길이 있는 게 아니라 대화의 매체 자체가 인도의 손길이기 때문이다.

학자는 연구자의 그런 지적을 받아서 가벼운 심정으로 '대화가 더욱더 어려워지고 있다'라고 말을 계속 이었음에 불과하다. 그러나 교사는 그때, '지금 지적된 어려움은 우리가 습관화해버리고 있는 의지로부터 탈각하는 것의 어려움이라고 생각해야만 한다'라고 말한다. 이 대화는 때때로 이와 같은 비약을 포함하고 있다.

"사람을 깜짝 놀라게 하는" 이 말을 받은 학자는 의욕Wollen이 아니라 의지Willen가 제시된 것에 주목하는데, 그것은 이 대목보다 앞선 곳에서 두 단어의 차이가 문제된 적이 있었기 때문이다. 앞서 기술했듯이 「내려놓음의 소재 구명을 위하여」는 나중에 공간公刊된 대화편(여기에는 「안키바시에」라는 제목이 붙여져 있다)의 말미 약 4분의 1에 해당하는 것이다. 그러니까 「내려놓음의 소재 구명을 위하여」는 상당히 긴 대화의 마지막 부분에 해당되는 것이다.

단, 의욕과 의지의 차이가 무엇인지, 그에 대한 답은 나오지 않는다. 둘의 관계를 적절히 표현할 말을 찾지 못했다고 되어 있는데,[245] 그렇지만 동시에 의욕은 의지를 수행하는 것이라는 정의도 적혀 있는 것으로 보아,

결국 데이비스가 말하는 것처럼 최종적으로 문제가 되는 것은 의지 쪽이라고 생각할 수 있을 것이다.[246]

'능동-수동'의 외부에 가로놓여 있는 것

내려놓음^{Gelassenheit}이라는 단어는 '대단히 초연하게^{gelassen} 말씀하셨다'라는 연구자의 발화 속에서 부사로 출현함으로써, 상당히 자연스러운 방식으로 도입된다. 교사는 그 발화를 받아서 '내려놓음'이라는 명사를 끄집어낸다. 이 말이 급속히 텍스트의 키워드가 되면서 내려놓음의 각성이 문제가 된다.

다만 교사는 우리가 자신들의 힘으로 내려놓음을 각성시킨다든가 야기한다든가 하는 식으로 생각해서는 안 된다고 말한다. 즉, 주체와 객체의 구도에서 이를 생각해서는 안 된다. 그럼 어떻게 하면 좋다는 건가? 인용 부분의 바로 뒤에서는 교사가 '우리는 아무것도 하지 않고 기다려야 한다'라고 말하고 그에 대해 학자가 '그런 것은 아무런 소용없는 위안이군요'라고 태클을 건다.

하이데거의 답은 확실치 않다. 아니, 확실치 않다기보다는 이러한 주고받음에 독자를 끌어들임으로써 독자가 독자 나름의 방식으로 내려놓음에 이르기를 요구하고 있다고도 해석할 수 있겠다. 중요한 것은 인용부 말미의 주고받음이다.

연구자는 내려놓음이 일견 수동성처럼 보이기도 하지만 그렇지는 않을 것이며, 하물며 '사물과 사태를 되어가는 추세에 그대로 내맡기는' 것일 수는 없다고 지적한다. 교사는 그에 답하여 내려놓음이 능동성도 아니라고 덧붙인다.

결국 연구자가 정리하듯이 '**내려놓음은 능동성과 수동성의 구별 바깥에 가로놓여 있다**'. 즉, 여기서는 능동과 수동을 대립시키는 퍼스펙티브 자체의 외부에 이르는 것을 염두에 두고 있는 것이다.

학자의 응답은 더욱 흥미롭다. 그는 능동과 수동의 구별을 의지와 결부 짓는다. 내려놓음이 능동성과 수동성의 외부에 있다는 것은 그것이 **의지 영역의 외부에 있다**고 하는 것이다.

수수께끼 같은 표현을 중동태로부터 해석하면?

하이데거는 능동과 수동을 대립시키는 퍼스펙티브가 의지 개념에 직결된다고 보고 있다. 이 점은 지금까지 우리가 몇 번이나 강조해온 점이다.

그리고 능동과 수동의 대립에 의해 초래되는 효과가 의지라고 한다면, 의지의 외부에 이르기 위해서는 능동과 수동에 지배당한 언어로부터 벗어나야만 할 것이다. 이러한 벗어남의 요청에 대해 하이데거는 극히 난해하고 비교적秘教的인, 경우에 따라서는 신비적이라고도 할 수 있는 표현으로 답했다.

하지만 중동태, 혹은 중동태와 능동태가 대립하는 퍼스펙티브는 결코 신비적인 것이 아니다. 그것은 최근까지 존재했고 지금도 그 영향이 우리 언어 속에서 느껴지며, 설령 이 언어를 알지 못한다 해도 그 퍼스펙티브에 입각하여 사고한 철학자가 있었으며 나아가 현대의 언어에서는 억압당한 것의 회귀로서 그것이 부활하는 현상마저 찾아볼 수 있다.

이러한 맥락에서, 하이데거의 특수한 말투를 중동태의 퍼스펙티브로 부터 해석한다고 하는 가능성이 시야에 들어오기 시작한다. 예컨대 『존재와 시간』의 유명한 다음 구절을 보자.

> 그것(시간성)은 존재하는 것이 아니라 시숙時熟한다(Sie (die Zeitlichkeit) ist nicht, sondern zeitigt sich).

여기서는 시간Zeit이라는 말이 억지로 재귀 동사 '시숙하다', 즉 '자기를 시간하다sich zeitigen'로 전환되어 있다.[247]

그 외에도 하이데거는 '세계가 세계하다Die Welt welter(The world worlds)', '무無가 무하다Das Nichts nichtet (Nothingness nothings)', '말이 말하다Die Sprache spricht(Language speaks)', '공간이 공간하다Der Raum räumt(Space spaces)', '물物이 세계를 물하다Das Ding dingt Welt (The thing things the world)' 등 다소의 차이는 있지만 유사한 수수께끼성 표현을 연발한다.

이들을 하나하나 검토하는 일은 또 다른 과제일 수밖에 없다. 그러나 중동태의 발생과 억압의 역사를 보아온 우리에게는 이 표현들이 'The book sells' 같은 **억압된 중동태의 회귀로서의** 중간 구문을 강하게 상기시킨다.

잃어버린 '태'를 찾아서

하이데거는 1959년의 논고『동일성과 차이성』에서 "서양의 언어는 모두 저마다의 방식을 가진 형이상학적 사고의 언어이다"라고 탄식했다.[248] 여기서의 형이상학적 사고는 그가 말하는 '존재-신神-론'이라는 난해한 그 무언가의 견지에서 사유되고 있어 직접적으로는 중동태와 관계가 없다.

그러나 서양의 언어가 하이데거에게 갑갑함을 안겨준 이유(혹은 그 이유 중 하나)가 어쩌면 단순히 그 언어가 어떤 태를 잃어버렸기 때문이라고 한다면 어떨까? 바로 그런 연유로 인해 그는 중동태를 연상시키는 특수 표현을 이 갑갑한 언어 속으로 끌고 들어오려 했던 것이 아닐까?

그리고 하이데거가 아낙시만드로스나 헤라클레이토스, 파르메니데스 같은 소크라테스 이전의 고대 철학자들에게 집착했던 것도 그들의 철학 자체가 훌륭했기 때문일 뿐만 아니라, 그들이 살며 숨 쉬던 언어가 능동과 수동에 지배당하는 **심문하는 언어**로 완전히 전환되기 이전의 언어, 중동태적인 것을 품고 있는 언어였기 때문은 아닐까? 다만 하이데거는 다양한 제약 탓에 자신이 지향하는 바를 비교적秘敎的인 언어로 말하지 않을 수 없었다고 할 수는 없을까?

만약 그렇다면 잃어버린 언어를 학문적인 수단으로 재현함으로써 하이데거가 예컨대 내려놓음이라는 단어를 통해 말하고자 했던 것의 일단一端을 체험할 수 있을지도 모르겠다. 그러할 때, 인도유럽어에는 속하지 않는 일본어에도 중동태로 분류되어야 할 요소가 존재하고, 게다가 일본어가 거쳐온 경위가 여러 인도-유럽어의 경우와 동일했다는 사실은, 현재의 인류가 수중에 넣은 문명(신석기neolithic 문명이라고 부르면 좋을까)의 어떤 핵核

같은 것을 조금이나마 그려보는 데에 도움이 될 수도 있을 것이다.

하이데거에게는 다양한 제약 탓에 이루어질 수 없는 것들이 있었다. 그 것은 하이데거를 읽고 있는 우리 세대의 과제이다.

4. 들뢰즈 『의미의 논리학』: 그 고전적 문제 설정

'비가 내리다'를 어떻게 말할까?

능동과 수동에 지배당한 언어는 행위의 귀속을 묻는 언어이고 그것은 하이데거가 말하듯이 의지 개념과 강하게 결부되어 있었다. 하이데거는 의지 개념을 강력하게 비판하면서 능동과 수동에 지배당한 언어의 바깥쪽을 지향했다.

하이데거와는 시점視點이 전혀 다르긴 하지만, 행위의 맞은편에 있는 사건이라는 시점에서 언어를 고찰하고자 한 철학자가 있다. 20세기 프랑스의 철학자 질 들뢰즈이다. 그의 언어론은 『차이와 반복』과 함께 주요 저서 중 하나로 꼽히는 『의미의 논리학』에 전개되어 있다.

이 책에선 고대 철학을 논의하다가 루이스 캐럴을 언급하기도 하고 심지어는 "자기瓷器와 화산火山"이 이랬느니 저랬느니 하는 등, 일견 "기서奇書"로 분류되어도 이상할 게 없으리만치 다양한 테마가 등장하는 게 특징이지만,[249] 그 근간에 있는 문제 설정은 단순하다. '존재는 어떻게 말해질 수 있는가?'

예컨대 '비가 내리다'라는 사건을 대기라는 이 존재 속에 어떻게 위치

지으면 좋을까? 대기는 부단한 변화를 계속하고 있고, 거기에 '비가 내린다'라는 명제로 가리킬 수 있는 그런 뭔가가 발견되는 것은 어디까지나 어떤 일정한 시점視點—인간적인—에 섰을 경우의 일에 불과하다. 이로부터 표층에서 일어나는 변화는 2차적인 것이며, 변화가 그 위에서 일어나는 [바탕인] 그 "실체"야말로 고찰 대상으로 삼지 않으면 안 된다고 보는 철학적 사고가 태어난다.

극히 대략적으로 말해보자면 이 계통의 사고 방식에 속하는 것이 플라톤이나 아리스토텔레스의 철학이다.

> 아리스토텔레스에게는 모든 범주가 존재와의 관련속에서 말해진다. 그리고 존재 속의 차이는 **제일의**第一義**로서의 실체**와 그것에 **우유성으로서 관계 지어지는 그 밖의 범주**, 이렇게 둘 사이에 그어진다.[250]

이 사고방식에서는 실체를 가리키는 명사야말로 특권적인 지위에 놓인다. 명사에 의해 지명되는 실체에 형용사에 의해 지명되는 성질이 부여되고 그것이 동사에 의해 지명되는 운동을 담당한다고 하는 구도가 된다.

사건의 수준으로

그에 반해 들뢰즈가 주목한 것은 실체와 실체에 일어나는 사건을 대등하게 취급하는 철학이다. 그것이 바로 스토아학파의 철학이다. 우리는 제2장에서 그들의 문법 연구에 대해 가볍게 언급한 바가 있다.

들뢰즈가 전면적으로 의거하는 스토아학파 철학의 전문가 에밀 브레이에에 따르면 기원전 3세기 초 제논에 의해 개시된 이 철학 일파는 물체와 비물체적인 것의 관계에 대해 고찰하였다. 예컨대 메스가 살을 쩰 때, 메스는 그 살에 어떤 새로운 '실재적인real 질'을 부여하지는 않는다(살은 살 그대로이다). 그러나 거기에는 '베였다'라는 새로운 '속성'이 생겨나 있다. 브레이에에 따르면 '이 속성이라는 것은 늘 **동사에 의해 실현되는** 것이다. 이는 결국 속성이 존재être가 아니라 존재의 방식manière d"être임을 의미한다.'[251]

알기 쉽게 말하자면 스토아학파는 실체 같은 추상적인 것이 아니라 다양한 사건을 받아들이는 구체적인 물체의 존재 방식을 물었던 것이라고 해도 좋겠다. 그것을 묻기 위해 스토아학파는 두 가지 수준, 즉 깊이profondeur를 갖춘 존재인 물체의 수준과 비물체적인 사건이 발생하는 존재의 표면surface이라는 수준을 구별했다.[252]

들뢰즈 자신은 후자의 수준을 존재라 부르기를 좋아하지 않아 '존재 외의 것extra-être'이라든가 '이념적인 것l'idéal', '비물체적인 것l'incorporel'이라 불렀는데, 어쨌든 간에 중요한 것은 깊이 혹은 두터움을 갖춘 물체라는 존재와는 구별된 또 하나의 수준, 사건이라는 수준이 스토아학파에 의해 발견되었다는 점이다. 스토아학파는 표면 효과를 발견했다.[253]

존재는 어떻게 말해질 수 있는가?

물체의 표면에 일어나는 사건은 예컨대 '비가 내리다' 같은 명제에 의해 표현된다. 들뢰즈는 벤베니스트 등도 참조하면서 명제 안에서 읽어낼 수 있는 관계로 지시désignationa, 표시manifestation, 의미 작용signification 이 렇게 세 가지를 드는데, 그와 함께 사건을 표현하는 것은 그 세 가지와도 다른 네 번째 관계, 즉 의미sens라 불리는 관계라고 한다.[254]

사물의 표층에서 일어나는 비물체적인 것으로서의 사건, 그 사건을 명제 차원에서 표현하는 '의미', 바로 이것을 탐구하는 것이 '의미의 논리학'이 되는 것이다. 그리고 "의미는 혹은 표현되는 것은 그것을 표현하는 명제 바깥에는 존재하지 않는다. 표현되는 것은 그 표현 바깥에 존재하지 않는다".[255]

이 책이 '존재는 어떻게 말해질 수 있는가?'라는 물음을 둘러싸고 전개된다는 말이 무슨 뜻인지 이해가 될 것이다. 그런 의미에서 이 책은 존재가 말해지는(레게타이ᐤέτɑɩ) 방식을 물었던 아리스토텔레스적인 범주론의 문제 설정에, 20세기의 철학자가 새로이 달려들어 고투한 텍스트라 해야 한다. 느닷없어 보이는 이 책이 실은 대단히 고전적인 문제와 고투하고 있었던 것이다.

5. 사건의 언어, 동사적 철학

사건은 능동적이지도 수동적이지도 않다

스토아학파는 명사 우위의 철학(소위 형이상학적 사고)을 전도시키는 이론을 구축했다. 그것은 브레이에와 들뢰즈에 의해 물체의 표면이라 불린 수준에서 일어나는 사건이라는 것을, 철학 안에 도입하고자 하는 시도였다.

앞서 인용한 대목에서 기술되었던 것처럼 사건과 그것이 초래하는 속성을 철학 안에 도입했을 때부터 문제가 되는 것은 더 이상 단순한 존재 혹은 정태적인 실체가 아니라 존재가 구체적으로 **존재하고 있는 방식**이 된다(들뢰즈는 이를 물체의 상태états de choses라고도 불렀다).

존재의 방식에 대해 『의미의 논리학』에는 브레이에의 다음 구절이 인용되어 있다.

> 이 존재의 방식이란 어떤 의미에서 존재의 한계, 존재의 표층에서 발견되는 것이다. 그리고 그것은 존재의 본성에 변화를 가하는 것이 아니다. 요컨대 존재의 방식이라는 것은 **능동적이지도 않지만 수동적이지도 않다.** 왜냐하면 수동성이라는 것은 행위(능동action)를 겪는 물체적 본성을 전제해버리기 때문이다. 이 '존재의 방식'이라는 것은 단적으로 결과이고, 따라서 여러 존재들 중 하나로는 분류할 수 없는 효과인 것이다.[256]

철학에 사건을 도입했을 때 거기에 출현하는 것은 **능동적이지도 않고 수동적이지도 않은** 존재의 **양태**를 다루는 언어이다. 브레이에가 강조하고 들뢰즈가 인용하듯이 그러한 사건은 **동사에 의해 표현된다.**

메스에 의해 베어진 살에는 '베어지다être coupé'라는 속성이 부여된다. 푸른vert 수목이 구성되는 그 기원에는 '푸르러지다verdoyer'라는 동사가 있다.[257] 깊이 혹은 두터움을 갖춘 물체들이 뒤섞임으로써 물체의 표면에는 동사에 의해서만 지명되는 사건이 초래되는데, 이 원초적인 광경이 행위하는 자와 행위를 겪는 자라는 물체적 본성을 전제하면서 재구성되었을 때 능동성이나 수동성이 어디서부터랄 것도 없이 나타난다.

들뢰즈는 스토아학파적인 사건 개념에 의해 그러한 재구성을 비판했다. 동사의 우위는 그로부터 도출되는 결론 중 하나이다.

사건에 선행하는 주어는 없다: 가능세계론

여기서 더 나아가 들뢰즈는 라이프니츠의 철학을 참조하면서 '동사적 철학'이라고도 할 수 있는 것을 구상한다. 가능한 한 간략하게 그 에센스만을 설명해보겠다.

라이프니츠는 가능세계라는 개념을 도입했다. 가령 라이프니츠가 좋아한 예를 사용하자면 우리가 아는 현실세계에서는 카이사르가 루비콘강을 건넜다. 그러나 어쩌면 카이사르는 두려운 생각이 들어 루비콘강을 건너지 않았을 수도 있다. 우리는 그렇게 카이사르가 루비콘강을 건너지 않은 세계를 생각해볼 수 있다. 이를 '어떤 가능세계에서는 카이사르가 루비콘강을 건너지 않았다'라고 바꿔 말하고자 하는 것이 가능세계론이다.

확실히 우리는 시저가 루비콘강을 건너지 않은 가능세계를 생각할 수 있다. '루비콘강을 건너지 않는 카이사르'는 그 자체로는 모순이 없다. 그러나 그것은 우리가 아는 현실세계와는 모순된다. 그가 루비콘강을 건넌다는 사건은 그 밖의 무한히 많은 사건들이 이루는 계열série 안에 편성되어 되어있기 때문이다.

바꿔 말하자면 이 현실세계에서는 루비콘강을 건넌 카이사르와 **양립**

가능한 사건들만이 계열을 이루고 있다. 그렇다는 것은 이 현실세계와는 별도의 세계, 즉 카이사르가 루비콘강을 건너지 않은 가능세계에서는 바로 그러한 카이사르와 양립 가능한 사건들이 또 나름의 계열을 이루고 있다는 얘기가 된다.

사건에 있어서 계열은 분기diverger한다. 그렇다면 세계는 양립 가능한 사건의 여러 계열들이 수렴converger한 다발로서 그려볼 수 있다. 요컨대 라이프니츠에 따르면 세계는 그 속에서 사건이 일어나는 장 같은 것이 아니다.

이러한 사건의 이론에 의해 주어(혹은 라이프니츠가 '모나드'라 부르는 개체 혹은 실체)도 또한 새로운 위치를 얻게 된다.

라이프니츠는 술어 개념이 주어 개념에 포함되어 있다고 말한다. 이는 예컨대 '카이사르'라는 주어에 '루비콘강을 건너다'라는 술어가 포함되어 있음을 의미하는데, 주의해야 할 것은 미리 주어가 있고 거기에 술어가 부여되는 게 아니라는 점이다.

앞서 말했듯 사건에 있어서 계열은 분기하는 것이었다. 이것은 카이사르가 루비콘강을 건넌다는 사건에 의해 '루비콘강을 건너다'라는 술어를 내포한 주어 '카이사르'가 이 현실세계에 발생하는 것이라고 해석된다(따라서 가능세계에서는 '루비콘강을 건너지 않다'라는 술어를 내포한 주어 '카이사르'가 발생한다).

사건에 선행하여 주어(주체)가 존재하는 것이 아니다. 라이프니츠가 좋아한 다른 예를 들자면 동사 '죄를 짓다pécher'가 지명하는 사건의 주변에서 우리가 아는 '죄인pécheur' 아담이 구성된다. 사건이란 결국 개체를 발생시키는 생성기generator 역할을 담당하는 것이다.

동적 발생 이론으로

동사에 의해 지명되는 사건이야말로 주어(주체) 혹은 세계를 발생시킨다고 하는 라이프니츠의 비전은 동사적 철학, 즉 [행위가 아니라 바로] 사건을 중심에 놓는 철학을 모색한 들뢰즈에게 매력적이었을 것이다.

단, 이렇게 짧은 설명만으로도 금방 느껴졌겠지만, 라이프니츠의 철학에는 어딘가 납득이 가지 않는 면이 있다. 확실히 카이사르가 루비콘강을 건넌다는 사건에 의해 '루비콘강을 건너다'라는 술어를 내포한 주어 '카이사르'가 발생한다고는 할 수 있다. 그러나 이것은 전제되어 있는 기존의 사건을 새로 해석하고 있음에 불과하다. 이때 말해지는 '발생'은 형이상학적인 논리에서의 '발생'이지, 이 현실 자체의 발생은 아니다.

이로부터 들뢰즈는 라이프니츠가 그려 보인 발생을 정적인 발생이라 부르고 그것과는 다른 동적인 발생을 이론화해야 한다고 단언하기에 이른다.

> 전제된 사건으로부터 사물의 상태에서의 그 실현, 명제에 있어서의 그 표현으로 향하는 그러한 방식의 정적인 발생은 더 이상 문제가 아니다. 중요한 것은 사물의 상태로부터 사건으로, (물체의) 혼합으로부터 순수한 선線으로, 깊이로부터 표면의 산출로 향하는 동적 발생이다.[258]

마지막에 나온 '깊이로부터 표면의 산출'이란 깊이 혹은 두터움을 갖춘 물체로부터 어떻게 해서 표면 효과인 사건이 태어나는가, 하는 물음을 지시하는 것이다. 표면의 산출이라 불리는 이유는 표면이 미리 존재하는 것이 아니라 사건이 일어남과 동시에 사건이 일어나는 수준인 표면 그 자체가 발생하기 때문이다. 동적 발생 이론이란 따라서 한마디로 말하면 **어떻게 해서 사건이 일어나는지**를 묻는 이론이다.[259]

들뢰즈가 동적 발생을 설명하는 언어들(즉, 사물의 상태, 사건, 물체의 혼합, 깊이, 표면 등)이 하나같이 스토아학파에 관련되는 것이라는 점이 여기서 눈길을 끈다. 『의미의 논리학』은 그 철학사적 레퍼런스에 관해서 말하자면 스토아학파에서 출발하여 동사 이론을 표명하고 그로부터 라이프니츠를 경유하여 그것을 더욱 첨예화하면서도 정적 발생 이론에 대한 반성과 동적 발생 이론에의 지향으로부터 다시 스토아학파로 귀환한다. 그 이후에는 정신분석 이론을 주로 참조하면서 동적 발생을 이론화하려고 시도한다.

6. 동사는 명사에 선행하는가?

철저한 동사 우위론자 들뢰즈

들뢰즈는 철저히 동사를 우위에 둔다. 그것은 행위로부터가 아니라 사건으로부터 언어를 고찰하고자 하는 그의 철학의 프로그램으로부터 도출된 필연적 귀결이다. 그리고 이 귀결은 대단히 흥미로운 하나의 물음을 초래한다.

『의미의 논리학』 중에서도 특히 언어에 초점을 맞추고 있는 「제26계열 언어에 대하여」에서는 스토아학파를 에피쿠로스학파와 비교한다.

이 두 학파는 전자의 금욕주의와 후자의 쾌락주의의 대립이라는 구도 하에 소개되기 일쑤이지만, 들뢰즈는 논의를 오직 언어에 한정한다. 그리고 스토아학파가 동사를 중시하여 그 활용conjugaison을 논한 데 반해 에피쿠로스학파는 명사를 중시하여 그 격변화déclinaison를 논했다고 쓴다. 또한 스토아학파가 논한 동사의 활용은 사건들끼리의 접합conjugaison 이론으로부터 유래하고◆ 에피쿠로스학파가 논한 명사의 격변화는 원자의 빗겨남déclinaison 이론으로부터 유래하는 것이라고도 말한다. 들뢰즈는 conjugaison과 déclinaison이라는 두 단어가 각각 가지고 있는 의미의 이중성을 이용하여 논의를 하고 있는 것이다.

앞서 언급했듯 스토아학파는 사건의 이론을 대대적으로 전개했다. 방금 이야기에 나온 접합이란 사건이 겹치면서 새로운 사건이 산출되는 것을 가리키는 것으로 보인다. 또한 잘 알려져 있듯이 에피쿠로스학파는 원자론이라 불리는 철학을 전개했다. 그 이전의 데모크리토스적인 원자론이 결정론적이었던 데 반해 에피쿠로스는 원자의 움직임에는 빗겨남(클리나멘)이 있다는 사유를 표명하고, 그럼으로써 결정론을 물리쳤다고 알려져 있다. 들뢰즈는 이들 스토아학파와 에피쿠로스학파의 철학적 논의가 언어와 관련해서 그들이 취한 지향성과 직결되어 있다고 말하는 것이다.

◆ 프랑스어 conjugaison에는 '(동사의) 활용'이라는 뜻과 함께 '결합' 혹은 '접합'이라는 뜻도 있다.

사건이 동사를 가능케 한다

이렇듯 양자를 비교한 들뢰즈는 '언어에서 명사와 동사 중 어느 쪽이 앞서 있었는가?'라는 물음에 대해 언급한다.[260]

지금까지 논의의 흐름을 통해 독자들은 들뢰즈가 어떻게 이 물음에 답할지에 대해 곧장 예측할 수 있을 것이다. 들뢰즈는 명사를 중시하는 에피쿠로스학파가 아니라 동사를 중시하는 스토아학파에 가까이 다가가는 형태로 이 물음에 답한다.[261] 다만 이 답은 상당히 주의해서 읽어야 한다.

들뢰즈는 우선 '최초에 있었던 것은 행위이다'라는 격언에 따르는 한 이 물음에 답하는 것은 불가능하다고 지적한다. 왜냐하면 동사가 표현하는 것은 행위가 아니라 사건이기 때문이다.

그 뒤, 명사와 그 격변화는 행위를 체현하는 데 반해 동사와 그 활용은 반응을 체현한다든가, 동사는 외부 행위의 이미지가 아니라 언어 내부에서의 반응 과정이라는 등 세세한 설명이 더해지지만[262] 결론은 어렵지 않다. 들뢰즈는 처음부터 사건이야말로 언어를 가능케 한다[263]고 생각했다. 그리고 그 사건을 지명하는 것이 바로 동사였다.

부정법 예찬의 의미

하지만 이로부터 '들뢰즈는 언어에서 명사보다 동사가 먼저 있었다고 생각한다'라고 곧장 판단해서는 안 된다. 좀 더 들뢰즈의 논의를 살펴보고 다시 생각해보자.

들뢰즈에게는 거의 동사 예찬이라고나 할 그런 태도가 보이는데, 잘 읽어보면 그가 실제로 내세우는 것은 동사라기보다 동사의 "부정법infinitif"224이라는 점이 드러난다.

예를 들어 들뢰즈는 동사를 예찬함에 있어 자신이 존재를 정의할 때 사용했던 스콜라 철학자 요하네스 둔스 스코투스(1266년경~1308년)의 일의성univocité 개념까지 끄집어내어 동사Ie Verbe야말로 언어의 일의성이라고 단언한다.265 주목할 것은 이 단언에 다음과 같은 조건이 붙어 있다는 점이다.

> 다만 그렇게 말할 수 있는 것은 무규정 상태인 부정법 형태에서의 동사,
> 즉 인칭도 없고 현재형도 없고 태의 다양성도 없는 그런 동사에 대해서
> 이다.

들뢰즈의 동사 예찬은 실제로는 **부정법 예찬**이다. 동사라고 하면서도 들뢰즈는 실제로 인칭도 시제도 태도 없는 부정법에 대해 생각하고 있다. 당연한 얘기이지만 부정법은 동사가 명사로 취급되는 형태이다.

사실 동사를 정의한다는 건 어려운 일이다. 벤베니스트는 동사와 명사의 차이를 논할 때, 동사는 과정을 제시하고 명사는 대상을 제시한다든가 동사에는 시제가 있지만 명사에는 시제가 없다든가 하는 그런 식의 정의는 도저히 만족스럽지 않다고 강하게 주장한다.266

벤베니스트에 따르면 동사란 '완결된 평서문'의 구성에 불가결한 것이다.267 이 정의가 의미하는 바를 여기서 상세히 논할 수는 없지만 중요한 것은 단어 하나를 골라 그것 단독으로 동사냐 아니냐를 특정할 수는 없다는 점과 동사는 늘 문장 속에서의 그 기능으로부터 정의될 수밖에 없다는

점이다. 따라서 들뢰즈가 동사, 그것도 동사의 부정법만을 채택한 논의를 바탕으로 '동사는 명사에 선행하였다'라고 말할 수는 없다.

기본적으로 부정법은 동사가 인칭 변화하지 않은 형태이기 때문에, 바로 그것이 동사가 발달해 나온 동사의 기원처럼 생각될 수도 있겠으나 이 또한 의문이다.

하이데거는 프토시스(명사의 격변화)와 크리시스(동사의 활용) 개념을 논하면서, 동사의 부정법이 (그것을 기점으로 하여 굴절변화가 이루어지는 듯 보이기 때문에) 처음에 존재하고 있었던 것인 양 여겨지지만 실제로 말의 어형의 시간적 발생 순서로 볼 때 당연히 훨씬 뒤에, 가장 나중에 생긴 것이라고 말한다.[268]

또, 인칭도 시제도 태도 없는 부정법이라는 것은 어디까지나 들뢰즈가 사용하는 **프랑스어의 부정법 규칙에 불과하다.** 예컨대 그리스어의 동사라면 부정법에 시제도 있고 태도 있다. 부정법은 동사의 기원도 뭣도 아닌 것이다.

지금까지의 내용을 바탕으로 볼 때, 들뢰즈가 예찬하는 동사 혹은 동사의 부정법은 프랑스어를 모델로 하면서 사유된 '사건을 지명하는 **동사적인 것**'이라고나 부름 직한 것, 들뢰즈에 의해 개념화된 동사의 이데아(혹은 이미지) 같은 것이지 실제 동사에 대한 것은 아니라고 보아야 한다.

이렇게 지적하는 것은 들뢰즈의 논의가 애매하다고 말하고 싶어서가 아니다. 들뢰즈 자신이 '사건이야말로 언어를 가능케 한다'라고 말한 뒤에 이어서 이렇게 말하기 때문이다.

단, 가능케 한다고 하는 것은 개시한다고 하는 것이 아니다.[269]

그러니까 들뢰즈는 '언어에서 명사와 동사 중 어느 쪽이 먼저 있었는 가?'라는 물음에 정면으로 답하는 것을 피하고 이 물음을 '언어를 가능케 하는 것은 무엇인가?'로 변환한 다음, 이를 바탕으로 언어가 사건에 의해 가능해지며 그 사건을 지명하는 것이 동사라고 말하는 것이다.

사건을 지명하는 동사적인 것: 동사의 이데아

우리는 동사라는 것이 명사가 발달한 것임을 알고 있다. 이 사실은 한 편으로는 들뢰즈의 주장을 이해하는 데에 도움이 되고 다른 한편 들뢰즈 의 주장은 이 사실을 더 엄밀하게 이해하는 데에 도움이 된다.

동사가 발달한 명사이며 그런 점에서 동사가 파생된 것이라 해도 우리 가 그렇게 지적할 수 있는 것은 이미 동사와 명사가 구별되어 있는 시점에 서 있기 때문이다. 어떤 이야기냐 하면, 우리가 지금 동사로 인식하는 요 소가 발생하기 이전의 시점에서는 애당초 동사와 명사의 구별이 없었다. 그러한 구별을 갖지 않는 언어가 있었을 뿐이다. 따라서 그 단계에서 예컨 대 "비가 내리고 있는" 사건을 의미하는 언어 표현이 있었다 해도 그것을 우리가 동사라거나 명사라고 부를 수는 없다.

이런 의미에서는 확실히 우리가 아는 동사, 우리가 지금 '동사'라고 인 식하는 요소는 거기에 없었을 수도 있다. 하지만 들뢰즈가 말하는 '사건 을 지명하는 동사적인 것', 동사의 이데아 같은 것은 거기에 있었다. 그러한 원시적인 언어에서부터 동사가 특별한 명사로 발달하여 이 이데아를 담당하게 되었다.

확실히 그것은 언어를 가능케 하는 무엇일 것이다. 그러나 그렇다고 해서 동사가 명사에 선행하는 것은 아니다. 반복되는 이야기이지만, '사건을 지명하는 동사적인 것', 즉 동사의 이데아는 언어에 줄곧 존재하고 있었을지 모르지만 **소위** 동사라는 것은 훨씬 뒤에 발달한 것이다.

따라서 이미 '동사는 발달한 명사이다'라는 명제를 제시했고 또 이 명제 자체에 부정확한 바는 없지만 그것을 다른 방식으로 바꿔 말할 경우에는 난제가 들러붙는다는 사실에 주의해야 한다. 즉, '동사가 명사에 선행한다'라고 하는 것은 단적으로 말해서 논리와 역사의 혼동, '가능케 하다'와 '개시하다'의 혼동에 바탕을 둔 오류이다. 그러나 반대로 '명사가 동사에 선행한다'라고 하는 것 역시 상당히 오해를 불러들이는 표현이다. 동사와 명사가 분화되어 있지 않은 상태라면 그 미분화한 것을 '명사'라고는 부를 수 없기 때문이다.

동사를 둘러싼 들뢰즈의 논의는 동사의 발생을 둘러싼 논의를 혼란시키는 것처럼 느껴지지만, 그 의도하는 바가 동사 자체가 아니라 '사건을 지명하는 동사적인 것', 즉 동사의 이데아라는 사실만 이해한다면 오히려 논의를 말끔하게 정리하는 데 유용하다. 들뢰즈는 그렇기 때문에 동사 자체가 아니라 동사의 부정법을 예찬했던 것이다.

제8장

중동태와 자유의 철학—
스피노자

능동태와 수동태에 지배당한 언어를 의심한 두 철학자로 우리는 하이데거와 들뢰즈를 검토했다. 중동태에 주목함으로써 그들의 철학을 다시 읽어볼 수 있고, 또 그들의 철학에 주목함으로써 중동태에 대한 이해를 더욱 심화시킬 수 있다.

하지만 상실된 중동태에 주목하는 이 책의 프로그램에 비추어볼 때 어쩌면 최고의 발상의 원천이 될 철학자는 이미 제1장에서도 언급한 17세기 네덜란드의 철학자 스피노자이다. 그의 철학의 근간부에 이 책의 프로그램과 호응하는 사고방식이 있는 것은 물론이지만, 무엇보다도 우리의 눈길을 끄는 것은 그가 『히브리어 문법 강요』라는 문법서를 썼다는 사실이다.[270]

물론 언어는 철학에서 늘 주요한 문제였다. 하지만 그것이 철학 속에서 존재감을 증가시켜온 것은 18세기 이후의 일이다. 또 그 경우에도 언어의 기원이나 언어의 본질이 중심적인 화제였지, 철학자가 소위 문법서를 쓴다고 하는 것은 대단히 드문 일이라 하지 않을 수 없다.

철학 연구에 있어서는 많은 경우 으레 그렇듯이,『**히브리어 문법 강요**』역시 그의 중요 저작인 **까닭에** 연구는 거의 이뤄지지 않았다. 여기서는 이 텍스트를 총체적으로 논할 수는 없다. 지금부터 할 일은 그것을 개관하고 그로부터 스피노자 철학의 중심 과제에 육박해가는 것이다.

1. 스피노자가 쓴 문법서 『히브리어 문법 강요』

왜 그렇게까지 문법에 관심을 보이는가?

이 텍스트에 붙여진 편자^{編者}의 '책머리에'에 따르면 스피노자는 히브리어를 배우고 싶다는 친구들의 열렬한 바람에 부응하여 『히브리어 문법 강요』를 집필하기에 이르렀다고 한다. 하지만 단지 그들에게 히브리어를 가르치기 위함이었다면 스피노자 자신이 어린 시절부터 이 언어를 배웠으니까, 그때 이용했던 교과서를 이용하면 족했을 터이다.[271]

또, 이 텍스트에서는 학습의 편의를 최대한 고려하여 항목이 배려되어 있지만 그것이 단지 기존의 문법을 재구성한 것은 아니다.[272] 이 텍스트의 프랑스어 번역가 조엘 아슈케나지에 따르면 이 책은 그때까지의 문법서에는 보이지 않는 특수한 용어법으로 쓰였다고 한다.[273]

스피노자는 물론 『신학정치론』에서 성경을 이해하기 위해서는 히브리어에 대한 정밀한 지식이 필요하다고 강조했다. 하지만 아무리 친구들의 바람이 있었다고 해도 스스로 문법서를 집필하고 게다가 문법 체계 자체를 독특한 용어법으로 새로 쓰기까지 한 것을 보면, 스피노자는 **단지 성경을 읽는다는 목적을 위해서만이 아니라,** 문법 연구 그 자체에 강한 관심을 품고 있었기 때문에 그 책을 쓴 것 같다.

쾌활하고 기쁨에 찬 스피노자

『히브리어 문법 강요』에는 히브리어 학자들이 성경의 문법을 논해왔을 뿐 히브리어라는 언어 그 자체의 문법을 논하지는 않았다는 주장이 누차에 걸쳐 적혀 있다.[274] 스피노자는 이 언어의 보편적 이해를 목표로 삼았던 것이다.[275]

실제로 읽어보면 스피노자 자신이 문법 연구에 몰입해 이 책을 썼다는 것이 문장으로부터 전해져 온다. 예를 들자면 이 책의 해설은 「문자와 모음」을 해설하면서 시작한다. 문자는 입의 움직임을 표현하는 기호이며 "모음은 일정하게 한정된 음을 나타내는 [지시하는] 기호"라고 정의한다. 이로부터 스피노자는 '이 정의에 의해 우리는 히브리어에 있어서 모음이 문자가 아님을 이해할 수 있다'라고 결론 내린다.

잘 알려져 있듯이 히브리어에는 모음을 기록하는 문자가 없다. 스피노자는 이 점을 이렇게 간결한 정의로 설명하는 것인데 뒤이어 스피노자가 기술하는 비유는 대단히 멋진 것이다.

문자와 모음의 차이를 명확히 이해시키기 위해서는 피리를 예로 들어 설명하는 것이 좋다. 피리 중에서도 손가락을 대어 음을 연주하는 피리가 좋다. 이 경우 모음은 음악의 음音이다. 문자는 손가락이 닿는 구멍이다.[276]

스피노자의 문장은 언제나 비통하다고도 할 수 있는 긴장감에 가득 차 있다. 그러나 문법을 논하는 스피노자의 문장은 언제나 그렇듯이 철저히 논리적이고 동시에 쾌활하다. 여기에는 순수한 지적 기쁨이 있다. 그리고 그러한 기쁨에 찬 문장 속에서 스피노자 철학의 몇몇 중요 개념이 문법 설명이라는 분장을 하고 나타나는 것이다.

2. 동사의 7번째 형태: 문법론

연주 그 자체를 기호화하는 악보처럼

「문자와 모음」에 대한 해설이 세 장에 걸쳐 이어진 후 제4장에서 상당히 상세하게 액센트가 논의된다는 점이 눈에 띈다.

아이러니하게 이야기할 때와 담백하게 이야기할 때는 억양이 전혀 다르다. 뭔가를 상찬할 때, 뭔가에 감탄할 때, 뭔가를 비난할 때, 뭔가를 경멸할 때, 각각의 경우에 말하는 방식은 전혀 달라진다.

문자를 발명한 사람들은 그러한 감정을 기호로 표시하는 일을 하지 않았다고 스피노자는 지적한다. 즉, 스피노자는 그러한 **감정의 차이를 기호**

화하는 것이 불가능하지는 않았으리라 생각하는 것이다. 그런데 문자는 그러한 감정을 완전히 무시하는 방식으로 발명되었다(이런 걸 내용 중심주의라고나 불러야 할까?).

스피노자를 본떠 음악에 비유한다면 이 지적이 의미하는 바는 현재 사용되는 오선지 악보를 연상함으로써 쉽게 이해할 수 있다. 오선지 악보에 기재할 수 있는 정보 등은 음악으로 연주되는 것 중 극히 일부분일 수밖에 없다. 그렇기 때문에 동일한 악보를 다양한 방식으로 해석, 즉 연주하는 것도 가능한 것인데, 스피노자는 말하자면 **그러한 연주 자체를 기호화한 악보**의 가능성을 사유하고 있는 것이다.

이어서 제5장부터는 명사에 대한 설명이 시작된다.

라틴어에서는 품사가 8가지로 구분되는데, 히브리어에서는 모든 단어가 명사의 가치와 성질을 갖는다고 스피노자는 지적한다. 따라서 명사에 대한 설명에 타 언어에서라면 다른 품사로 취급될 단어들까지 포함된다. 실제로 제 10장에서는 전치사도 역시 명사의 일종으로 복수형을 갖는다는 점이 설명되고 있다.

예컨대 "…의 사이에서"를 의미하는 전치사(영어의 between에 상당한다)는 단수형으로는 어떤 존재와 다른 존재 사이의 관계를 보여주지만, 복수형이 되면 존재들 간에 있는 여러 갭들을 의미한다고 한다. 같은 장에서는 부사 역시 명사로 설명되고 있다. 명사의 부사화는 근대어에서도 자주 보이는 현상이므로 상상하기 쉬울 것이다(예컨대 '정말 멋있어'의 경우, 명사 '정말'이 부사 '정말로'로 기능하고 있다고 볼 수 있다).

자기가 자기 자신이 있는 곳을 방문하다

우리의 주제와 직접 관련되는 내용이 시작되는 것은 제11장의 대명사 설명에 이어지는 제12장 「부정不定명사에 대하여De Nomine Infinitivo」라는 제목의 장에서 시작된다. 제목의 표현이 친숙하지 않은데, 이는 동사의 부정사(소위 '동사의 원형')를 설명한 대목이다.

스피노자에 따르면 부정사는 그것이 행위하는 자에게만 관련되거나 혹은 행동을 받는 자에게만 관련되는 경우, 6가지 범주로 분류된다.[277]

행위하는 자에 관련되느냐 아니면 행위를 받는 자에게 관련되느냐의 구별은 소위 능동-수동의 구별에 대응한다. 이 두 가지 범주에 행위를 빈번히 행하는 경우의 능동과 수동, 사역의 능동과 수동을 더한 6가지가 기본 범주로 존재한다. 스피노자는 여기서 다음과 같이 덧붙인다.

> **그러나 행위하는 자와 행위를 받는 자가 동일한 인물일 경우가 종종 있다.** 그래서 히브리인들은 새로이 7번째 종류의 부정법을 만들 필요가 있다고 생각했다. 행위하는 자와 행위를 받는 자에게 동시에 관련되는 행위를 표현하기 위함이다.[278]

그 예로 드는 것은 '자기가 자기 자신이 있는 곳을 방문하다'라는 표현이다. 이 예에서 제시되는 관념은 앞서 나왔던 6가지 형태로는 표현이 안된다. 그래서 스피노자는 다음과 같이 말한다. 결정적인 말이 나오는 대목이다.

그런 까닭에 (어떤 행위가) 행위하는 자에게 다시 관련되는 행위, 즉 **내재원인**causa immanens을 표현하는 그런 별도의 부정법 범주를 만들어낼 필요가 있었다.[279]

스피노자에 의하면 이 새로운 7번째 형태는 아까 설명한 동사의 세 번째 형태, 즉 빈번함을 나타내는 능동태에 접두사를 덧붙임으로써 구성된다.

능동-수동의 바깥에 있는 것

아무렇지도 않게 기술되어 있지만 바로 이 대목에 스피노자 철학을 이해함에 있어서의 포인트가 제시되어 있다.

우선 '히브리인들은 새로운 7번째 종류의 부정법을 만들 필요가 있다고 생각했다'라고 기술되어 있다는 점이 주목된다. 이러한 표현은 어떤 관념을 나타내는 데 필요한 말이 언어 안에 존재하지 않는 경우가 있다는 인식이 스피노자 안에 있었음을 의미한다. 요컨대 스피노자가 어떠한 언어 표현을 사용하여 관념을 기록할지에 대해 지극히 예민한 감성을 갖고 있었다는 것이다. 문학적 감성이라 해도 좋겠다.

스피노자가 여기서 다루는 것은 히브리어이다. 하지만 이 점은 자신이 저작에 사용하는 언어, 즉 라틴어에 대해서도 스피노자가 자각적이었음을 의미할 것이다. 스피노자는 **언어를 언어로서** 의식하고 있었다. 그렇기 때문에 문법을 연구한다는 발상도 나온 것이다.

다음으로, 당연한 얘기이지만 스피노자가 여기서 능동도 수동도 아닌,

혹은 능동이기도 하고 수동이기도 한 행위에 대해, 즉 능동태와 수동태의 외측에 있는 형식에 대해 생각하고 있다는 점이 주목된다.

스피노자는 능동태로도 수동태로도 설명해낼 수 없는 관념이 있다는 걸 자각하고 있으며, 게다가 그것이 중요한 관념임을 의식하고 있다. 바로 그렇기 때문에, 능동과 수동으로 설명할 수 있는 부정사의 6번째 형태를 설명한 뒤, 거기에는 포함되지 않는 **제7의 형태로서** 이것을 언급했다.

스피노자가 '중동태'라는 용어를 사용한 적은 없으며 『히브리어 문법 강요』에서도 그러한 표현은 보이지 않는다. 하지만 그 사상 안에는 이 상실된 태와 상통하는 개념이 명확히 존재하고 있다.

3. 내재 원인, 표현, 중동태: 존재론(1)

신에게 타동사는 없다

그 개념은 '내재 원인causa immanens'이라 불린다.

스피노자의 독자들에게 이는 꽤나 익숙한 개념이다. 그도 그럴 것이 『에티카』 체계의 출발점에 신이라는 실체가 있는데 그 신과 만물의 관계를 정의하는 것이 이 개념이기 때문이다.

스피노자에게 신이라는 실체는 이 우주 혹은 자연 자체이고 세상 만물은 그러한 실체가 다양한 방식으로 변양affectio한 것으로 존재한다. 모든 만물은 신의 일부이고 또 신 안에 있다. 따라서 신은 만물의 원인이라는 의미에서 작용을 미치지만 그 작용은 신 안에 머무른다. 신은 작용하지만,

그 작용은 신 이외의 아무것에게도 닿지 않는다. 그것은 확실히 '동사의 제7형태', 바로 그것에 의해 표현될 수 있는 사태이다.

더욱 흥미로운 것은 『에티카』에서 내재 원인이 다음과 같은 정식하에 나타난다는 점이다. 우선 라틴어 원문만을 인용하자.

Deus est omnium rerum causa immanens, non vero transiens.

(제1부 정리18)[280]

이 유명한 구절은 종종 '신은 모든 것의 내재[적] 원인이지 초월[적] 원인이 아니다'라고 번역된다. 그렇게 하면 번역으로는 문제가 없지만 그러나 여기서 지적해야 할 것은 '초월[적]'이라 번역된 transiens라는 말이 '타동사의'라고도 번역할 수 있다는 점이다.

타동사는 그 작용이 타他에 미치는 의미를 갖는 동사를 가리킨다. 그러므로 초월 원인이란 결국 **그 작용이 타에 미치는** 원인을 가리킨다. 주어가 그 장소가 되는 과정, 주어가 과정의 내부에 있는 사태를 지시하는 것이 중동태였음을 상기하면, 이 '타동사적transiens'이라는 말은 중동태와 대립하는 능동태의 의미를 연상시킨다고도 할 수 있다. 요컨대 '내재적immanens'이라는 말 자체가 중동태적이다.

그리고 이 초월 원인, 즉 **타동사적 원인**이 스피노자가 그리는 신에 걸맞지 않는다는 점은 명백하다. 신은 자신과는 다른 타 객체에 작용하는 것이 아니기 때문이다. '내재 원인'이라는 용어는 신이 작용하는 사태를 설명하기 위해 도입되었다.

'표현'이라는 개념을 도입하다

내재 원인은 그 작용을 타가 아니라 자신에게 미친다. 이 정의는 비록 틀린 것은 아니지만 아무래도 충분하지는 않다. 그도 그럴 것이 이것은 내재 원인이 **무엇이 아닌지**에 대한 설명에 불과하기 때문이다. 결국 이 설명은 내재 원인이 능동과 수동의 구별에 의해 설명될 수 없다든가 그런 까닭에 타동사적이지 않다든가 하는 것을 얘기하고 있을 뿐이다.

사실 내재 원인 개념을 적극적으로 정의하는 것은 그리 용이하지가 않다. 실제로 철학자 조르지오 아감벤이 지적하듯이, 스피노자 자신의 설명도 최소한 내재 원인 개념을 도입하는 앞 정리(제1부 정리18)에 있어서는 동어반복에 머무르고 있다.[281]

내재 원인의 핵심부를 매끄럽게 설명하기 위해서는 별도의 개념으로부터 도움이 필요하다. 아감벤은 질 들뢰즈가 스피노자 연구에서 대대적으로 논한 '표현' 개념에 주목하면서 다음과 같이 말한다.

> 내재 원인이라는 관계는 그것을 구성하는 능동적인 요소가 원인이 되어 제2의 요소를 **야기하는 것이 아니라** 오히려 그것이 제2의 요소 속에서 **자신을 표현한다**는 점을 함의하고 있다.[282]

유일한 실체와 그 변양으로서의 양태

스피노자가 사용하는 독특한 용어를 소개하면서 그 의미하는 바를 풀어보기로 하자.

이미 말했듯이 스피노자에 따르면 신이란 이 우주 혹은 자연 그 자체이다. 스피노자는 이 사태를 '신 즉 자연Deus sive Natura'이라는 말로 표현했다(좀 더 일상적인 표기를 쓴다면 '신은 곧 자연'이다. 그리고 '신이 곧 자연'이지 '자연이 곧 신'은 아니다).

신이야말로 유일하게 존재하는 실체Substantia고 이것이 다양한 방식으로 변양함으로써 여러 개물個物들이 나타난다. '변양affectio'이란 성질이나 형태를 띰을 의미한다. 신 즉 자연이라는 실체가 다양한 성질이나 형태를 띰으로써 개물이 나타나는 것이므로, 그 의미에서 신 즉 자연은 **만물의 원인**이다.

실체의 변양으로서 존재하는 개물을 가리켜 스피노자는 양태modus라 부른다. modus는 모드mode를 말하는 것으로, 양식이나 방식을 의미한다.[283]

개물이 양식이라는 것은 참으로 이해하기 쉽지 않은 말인데, 이 말은 무엇보다도 우선 개물 하나하나가 명사로 지명할 수 있는 그러한 실체가 아님을 함의하고 있다. 실체는 단 하나, 신뿐이다. 그러나 그 신은 다양한 방식으로 존재하고 있다. 예컨대 뜰의 수목으로, 길가의 돌멩이로, 혹은 나 같은 신체를 가진 인간 존재로 말이다. 그 각각이 신 즉 자연이라는 실체가 존재함에 있어서의 양식이고 그 존재의 방식이다.[284] 신은 수목으로 존재하는 것도 가능하고 돌멩이로 존재하는 것도 가능하며 인간 존재로 존재하는 것도 가능하다.

양태적 존재론: 아감벤

양태는 이러한 의미에서 아감벤이 지적하듯이 명사가 아니라 부사 같은 성격을 갖고 있다.[285] 양태들은 저마다 실체가 **어떠한 방식으로** 존재하고 있는지를 설명하기 때문이다. 각각의 양태는 실체가 그렇게 존재할 수 있다고 하는 **실체의 힘을 표현하고 있다.** 스피노자는 물을 예로 들어 이렇게 얘기한다.

> 물은 물로서는 생生하고 또 멸滅한다. 그러나 실체로서는 생하는 일도 멸하는 일도 없다.(제1부 정리15 비고)

물은 화학적으로 분해되어버리는 일도 있을 테고 액체가 아니라 고체나 기체로 된다든가 하는 일도 있을 것이다. 그러나 물로 변양되어 있던 실체가 사라지는 것은 아니다. 물이란, 실체가 존재함에 있어 취하는 하나의 양식이기 때문이다. 그것은 하나의 양태로서 실체가 어떠한 방식으로 존재하고 작용할 수 있는지를 표현한다. 그렇기 때문에 스피노자는 다음과 같이 말한다.

> 존재하는 모든 만물은 신의 본성 혹은 본질을 일정한 방식으로 표현한다. (⋯) 존재하는 모든 만물은 신의 능력을, **만물의 원인인 신의 능력을 일정한 방식으로 표현한다.**(제1부 정리36 증명)[286]

아마도 내재 원인 개념을 도입하기 위해서는 표현 개념이 필요했을 것이고, 또한 (역으로) 표현적 관계에 대해 사유하기 위해서는 내재 원인 개념이 필요했을 것이다. 표현 개념은 원인의 의미를 변용시켜 원인과 결과의 계층적 질서를 철폐한다. 즉, 원인과 결과의 관계는 '작용하다'와 '작용받다'의 관계이기를 그치고 **원인이 결과에 있어서 자신의 힘을 표현한다**고 하는 관계에 있다.

아감벤은 이상의 내용에 입각하여 『에티카』에서 그려진 (실체와 그 변양으로서의 양태에 의해 존재를 설명하는) '양태적 존재론'은 소위 능동-수동 쌍으로는 설명되지 않는 것이며 이것은 '중동태적 존재론'으로만 이해할 수 있다고 주장한다.[287] 이 점은 또한 스피노자의 철학이 늘 난해하다고 알려지고 근대 철학에서도 계속 이례적이었던 이유 중 하나인 것으로 보인다. 스피노자 철학의 핵심에는 우리의 언어, 소위 능동과 수동에 지배당한 이 언어로는 좀체로 온전히 설명될 수 없는 무언가가 있는 것이다.

신에게 수동은 있을 수 없다: '당하다'가 아니라 '(그리) 되다'

아감벤은 지적하지 않았지만, 스피노자의 존재론에서 중동태가 확고한 지위를 차지하고 있다는 점은 신을 설명하는 스피노자의 말투에 확실히 나타나 있다.

신이라는 실체의 변양은 '변양'이라는 명사만이 아니라 '변양하다 afficitur'라는 동사에 의해서도 설명된다. 이는 '작용하다, 어떤 상태에 두다, 자극하다, 영향을 미치다' 등을 의미하는 afficio라는 동사가 **수동태**로 활용된 것이다. 『에티카』에서는 누차 이 동사가 'Deus afficitur + 탈격 명사'라는 구문으로 사용되고 탈격 명사는 '…에 의해(영어의 by)'를 표현하기 때문에, 그대로 읽으면 이것은 가령 '신이 …에 의해 자극받다'나 '신이 …의 영향을 받다' 등으로 변역할 수 있을 것이다.[288]

하지만 영어 번역자 새뮤얼 셜리도 지적하듯이 이 동사 표현을 수동의 의미로 이해하는 것은 불가능하다. 그것이 수동을 의미하는 것이라면 '신 바깥에 무언가가 있고 그것에 의해 신이 자극 또는 영향을 받다'라는 의미가 될 터인데 신 바깥에는 아무것도 없기 때문이다.[289]

afficitur가 지시하는 사태에 있어서 확실히 신은 모종의 자극을 **받는다.** 그러나 그것들은 신 자신으로부터 발원發源된 것이다. 요컨대 신은 **자신을 자극하고 있다.** 자극을 받으니까 신은 그 자극들을 갖게 된다. 갖는다고 하면 자기 바깥에 있는 것을 수중에 취한다는 뉘앙스가 발생하고 말지만, 당연히 그런 것은 아니고 신이 이 자극에 의해 어떤 상태로 **'초래함을 당하다'**라는 데에 가깝다. 그러나 되풀이되는 얘기이지만 신에게 자극을 주는 것은 신 자신이므로 '당하다'라는 표현 방식은 부정확하다. 신은 그러한 상태로 **되는**(변하는 혹은 바뀌는) 것이다.✦

afficitur라는 동사 표현은, 어떻게도 설명하기 힘든 이러한 사태를 설명하는 것이다. 자극을 받고 있음에도 불구하고 그 자극들은 자신으로부터 발원된 것이다. 자신이 그 자극들을 갖고 있다고도 할 수 있지만 그 자극들이 자기 바깥으로부터 온 것은 아니기 때문에 차라리 그것들에 의해 어떤 상태로 초래된다고 해야 한다. 그리고 그 결과 '작용을 받다'라는 수

✦ 이 대목은 라틴어나 일본어로도 표현이 어려운 편이다. '당하다', '되다', '변하다', '바뀌다' 등으로 번역했으나, 단어의 엄밀한 뜻에 구애되기보다는 문맥상의 측면을 더 중시해 읽기를 권한다.

동적인 의미를 담당하는 것으로 간주된 동사 표현은 '(그리) 되다'라는 자동사적인 의미로 이해되어야만 한다.

중동태만이 설명할 수 있는 세계

이렇게 설명해도 이 사태는 이해하기 어려울 수 있는데, 만일 그렇게 느껴진다면 그 이유는 스피노자 철학을 능동태와 수동태의 구별에 입각하여 설명하고자 하기 때문이다. 우리는 이 동사 표현을 어떻게 이해해야 할지 이미 알고 있다. 이 afficitur는 바로 중동태로 이해해야만 한다.

라틴어에서는 수동태가 수동의 의미보다 오히려 자동사적인 의미, 즉 중동태의 의미를 갖는 경우가 있고 이것은 중동태적 수동태라 불리기 일쑤이다. 예를 들자면 '시대는 변한다'라는 뜻의 문장 'Tempora mutantur'에서 동사인 muto는 수동태로 활용되고 있지만 이를 '시대가 변해지다'라고 번역하지는 않는다. 그렇다 해도 시대는 변하면서 동시에 변해지고 있기도 하며, 변하는 것이 자신에게 영향을 미치고도 있다. 요컨대 거기에는 단지 변화해가는 과정만이 있다.

afficitur가 지시하는 사태도 마찬가지이다. 이 표현은 신이 하나의 과정 안에 있음을 보여주고 있다. 그리고 거기서 일어나고 있는 사태는 자동사 표현(…의 상태가 되다), 재귀적 표현(자신을 자극하다), 수동 표현(어떤 상태로 초래되다) 등, 중동태가 담당하던 복수의 의미의 복합으로만 지시할 수가 있다. 기본적으로 중동태에는 '당하다'라는 수동의 의미와 '…가[로] 되다'라는 자동사의 의미가 공존하는 일이 조금도 놀라운 일이 아니었다.*(제6장 참조).

이 표현은 스피노자가 구상하는 신 즉 자연을 지시함에 있어 더할 나위 없이 적절하다. 스피노자가 『히브리어 문법 강요』에서 보여준 언어에의 강한 집착이나, 능동도 수동도 아닌 의미에 대한 주목 등을 생각해본다면 이 표현이 상당히 의식적으로 선택된 것 아니냐고 추론할 수도 있을 것이다.

나아가 다음과 같은 생각도 해볼 수 있다. 스피노자가 말하는 신은 자신을 자극함과 동시에 자극을 받음으로써 어떤 상태에로 생성한다고 하는 중동태적인 과정 속에 있다. 그리고 신, 즉 이 자연은 무한하기 때문에 바깥으로부터 신에게 작용해오는 것은 없다. 즉, 여기에 그려져 있는 것은 **중동태만이 설명할 수 있는 세계**이다.

바꿔 말하자면 스피노자가 말하는 신 즉 자연 **그 자체**를 설명함에 있어서, 중동태(내태)에 대립하는 의미에서의 능동태(외태)[290]에게는 차례가 오지 않는다. 이 세계에는 바깥이 없기 때문에 그 바깥에서 완수될 과정을 나타내는 태는 필요가 없는 것이다.

스피노자가 구상하는 세계는 중동태만이 있는 세계이다. 내재 원인이란 결국 중동태의 세계를 설명하는 개념인 것이다.

◆ 영문법을 기준으로 교육을 받은 사람은 '되다'가 수동태로 느껴지기 쉽다. 하지만 '저녁이 되다', '소년이 남자가 되다'와 같은 용례에서 느껴지듯이 자동사의 측면이 강하다.

4. 변양의 두 가지 지위: 존재론 (2)

스피노자가 말하는 '능동', '수동'이란

스피노자 존재론의 중핵에서는 내재 원인, 표현 개념 그리고 중동태가 하나의 시스템을 이루고 있다. 이 시스템은 이른바 능동과 수동의 구별로 는 설명이 잘 되지 않는다. 아감벤이 말하는 바와 같이 그것은 중동태적 존재론이라고 불러야 할 무엇이다.

이 점은 신을 설명하는 스피노자의 표현 방식에서 확연히 읽어낼 수가 있었다. 외부로부터 자극을 받는 게 아니라 자신 안에 자폐·내향하는 변 양 과정을 계속하는 '신 즉 자연' **그 자체**를 그려내는 데 필요한 것은 중동태 이고, 그에 반해 능동태와 수동태의 구별로는 그것을 잘 그려낼 수가 없다.

그러나 신 즉 자연 그 자체는 능동-수동의 구별을 받아들이지 않는다 해도 다른 한편, 이 구별이 출현할 기회를 완전히 상실한다고도 생각되지 않는다. 왜냐하면 그 안에 있는 개물에 대해서는 **작용하는 것[존재]과 작용 받는 것[존재]이라는 구별**이 계속 남기 때문이다.

이 자연 자체는 내재 원인에 지배당하고 있다 해도, 예컨대 우리 개개 의 신체가 다른 물체에 작용하거나 다른 물체로부터 작용을 받거나 한다 는 것은 변함없는 사실이다. 이 지극히 당연한 사태를 스피노자의 중동태 적 존재론 속에서 어떻게 이해하면 좋을까?

이 물음은 『에티카』에서의 능동과 수동 개념을 둘러싼 또 하나의 문 제에 직결된다. 사실은 스피노자 자신이 『에티카』에서 능동action과 수동 passio이라는 용어에 호소하고 있다. 게다가 그것들은 『에티카』에서 극히 중요한 지위를 점하는 키워드로, 단적으로 말해서 능동은 지향해야 할 것, 수동은 배척해야 할 것에 다름 아니다.

스피노자는 이 용어들로 대체 무엇을 의미하고자 하는 것일까? 중동태적 존재론 속에서 이 용어들은 무엇을 의미할 수 있는 것일까?

왜 이것이 문제인가 하면, 스피노자가 말하는 능동과 수동은 단지 개물이 작용하거나 작용받거나 하는 일과 정확히 포개지지 않기 때문이다. 이 문제를 이해하기 위해서는 작용하는 존재와 작용받는 존재라는 구별과는 다른 수준을 생각해야만 하는 것이다.

변양: 그 두 가지 의미

실은 이렇게 생각을 전개해가다 보면 또 하나의 까다로운 문제가 출현한다. 이 까다로운 문제를 이해하기 위해서는 스피노자 철학에서의 개물의 지위를 새삼 확인할 필요가 있다. 포인트가 되는 것은 앞서 소개했던 변양 개념이다.

스피노자에게 개물은 신이라는 실체가 변양한 양태로 파악되는 것이었다. 이미 말한 바와 같이 변양이란 실체가 일정한 성질이나 형태를 띠는 걸 의미한다. 수목, 돌멩이, 내 신체 혹은 티끌이나 먼지 등 이 세상 모든 것은 모종의 형태나 성질을 수취한 실체의 변양이다.

이렇게 보았을 경우 **온갖 변양들의 원인은 신**이라고 할 수 있다. 스피노자도 다음과 같이 쓰고 있다. "신은 자신 및 모든 물物의 원인이다."(제1부 정리34 비고) 수목, 돌멩이, 내 신체, 티끌, 먼지 등 이 세상 모든 것은 신이라는 실체가 변양한 양태이다. 이미 말한 바와 같이, 그런 까닭에 그것들은 하나같이 그 나름의 방식으로 신의 본성과 힘을 표현하고 있는 것이었다(제1부 정리36 증명).

하지만 다른 한편(여기가 대단히 주의깊게 읽을 필요가 있는 지점인데) 변양은 **또한 양태 자체에 일어나는 변화**도 의미한다.

양태는 개물로서 다른 개물로부터 자극이나 영향을 받아 어떤 일정한 상태를 드러낸다. 예컨대 태양의 빛을 받으면 인간의 피부는 뜨거워진다. 이는 태양이 피부에 초래한 변양이다. 왜 그러한가? 확실히 이것은 양태(신체)가 어떤 성질(뜨거움)을 띤 것을 의미하기 때문이다.

당연한 이야기이지만, 이 경우 변양의 원인은 그 양태에 작용을 미친 다른 양태(태양)에서 찾을 수 있다. 그리고 개물은 완전히 고립되기란 불가능하여, 늘 주위로부터 모종의 자극이나 영향을 계속 받고 있으므로 이러한 의미에서 양태에는 끊임없이 변양이 일어나기 마련이다. 스피노자는 그렇기 때문에 다음과 같이 단언한다.

> 모든 개물, 즉 유한하고 한정된 존재를 소유하는 각각의 물物은 **마찬가지로 유한하고 한정된 존재를 소유하는 다른 원인으로부터** 존재로 혹은 작용으로 결정되지 않고서는 존재할 수도, 작용으로 결정될 수도 없다.(제1부 정리28. 강조는 인용자)

표현은 복잡하지만 말하고자 하는 바는 어렵지 않다. **개물은 끊임없이 다른 개물로부터 자극이나 영향을 받으면서 존재하고 있다**는 것이다.

변양은 이렇듯 **개물로서의 양태와 개물이 드러내는 일정한 상태**, 이렇게 두 가지를 의미한다. 어느 것이나 다 변양이며, 결국은 동일한 것을 말하고 있다. '신 즉 자연'이라는 실체밖에 존재하지 않으며, 그 어떤 의미의 변양도 그 실체가 일정한 성질이나 형태를 띠는 것이라는 점을 말하고 있다.

그러나 또한 두 가지는 동시에 서로 구별되기도 해야 한다. 양태인 우리에게, 양태와 양태가 받는 변양은 단적으로 별개의 것이다. 그렇기 때문에 두 번째 의미에서의 변양은 2차적인 변양이라 생각하면 좋을 것이다.

능동과 수동을 단순한 시점 문제로 환원하지 않는 길은 있는가?

여기까지는 그다지 어렵지 않다. 하지만 이제 우리가 검토하고자 하는 스피노자적인 능동-수동의 구별을 여기에 끌고 들어오면 그 순간 이야기가 까다로워진다.

이제 곧 보게 되겠지만, 변양은 그 변양이 일어나는 양태의 본성에 의해 완전히는 설명될 수 없을 때에 수동이라 말해진다. 그런데 신에게는 외적인 원인이 없기 때문에 신은 자신의 모든 변양의 원인이고, 신에 있어서 일어나는 변양은 모두 신의 본성에 의해 설명될 수 있는 법이다. 실제로 스피노자는 신이 만물의 원인이라고 말했다.

그렇다면 어떠한 양태도 **신의 본성에 의해 설명될 수 있다고 하는 의미에서는 능동**이기 마련이다.[291] 물론 이것은 신의 본성에 의해 양태를 설명하고자 하는 한에서 할 수 있는 말이다. 그러면 이 의미에서는 양태의 능동이나 수동을 생각하기란 불가능하다. 모든 양태가 능동이라면 애당초 능동과 수동이라는 구별에 호소할 필요가 없어져버리기 때문이다.

다른 한편 양태가 입는[겪는] 변양, 즉 2차적인 변양에 대해 생각해보면, 이쪽은 **수동이라고밖에는 생각할 수가 없다**. 그도 그럴 것이 모든 양태는 늘 외부로부터 자극이나 영향을 계속 받고 있고, 바로 그러한 자극이나 영향에 의해서만 존재할 수도, 또 작용할 수도 있기 때문이다. 어떤 양태가 외부로부터의 자극이나 영향에 의해 존재하고 또 작용하는 것이라면, 그 양태의 존재와 작용은 외부의 원인에 의해서만 설명될 수 있을 것이다. 요컨대 그 양태는 수동이다.

여기서 발견되는 까다로운 문제란 다음과 같은 것이다.

실체의 변양으로서의 양태를 신의 본성으로부터 설명하고자 하면 모든 것은 능동이 된다. 반대로 양태에 일어나는 변양을 설명하고자 하면 이번에는 모든 게 수동이라 여겨지기 시작한다. 이래서는 능동과 수동이 단지 시점의 차이가 되어버린다. 그러나 이미 말했듯이 『에티카』에서 능동은 지향해야 할 상태이고 수동은 배척해야 할 상태로 제시되어 있다. 따라서 그것들은 지향하거나 아니면 반대로 배척하거나 할 수 있는 것이어야 하지, 단지 시점의 차이로 환원될 수 있는 것이어서는 안 될 터이다. 그런데 『에티카』의 논의를 일별한 지금에서는 그렇게 생각되지는 않는다. 여기에 까다로운 문제가 있는 것이다.

물어야 할 것은 2차적인 변양이다. 우리는 끊임없이 외부의 원인으로부터 자극이나 영향을 받아 변양을 계속하고 있다. 그러한 우리의 변양이 어떻게 능동일 수 있을까? 스피노자는 능동을 어떠한 것으로 사유하고 있었던 걸까?

5. 변양의 중동태적 프로세스: 윤리학(1)

인간은 모두 수동이 아닌가?

스피노자에게 능동과 수동은 변양의 두 가지 양상을 가리킨다. 변양은, 그 변양을 겪는 물체의 본성만으로 설명될 때에 능동이라 불리고 그 변양을 겪는 물체의 본성만으로 그것이 설명되지 않을 때에 수동이라 불린다 (제3부 정의2).

개물이라는 양태, 예컨대 우리 한 사람 한 사람은 외부의 다른 양태로부터 영향을 받지 않을 수 없게 되어 있다. 그렇다면 그 위에 일어나는 변양을 우리의 본질만으로 설명할 수 있을 리가 없다. 거기에는 반드시 자극을 초래한 측의 영향력이 포함되어 있다.

예컨대 신체가 태양에 달구어졌다면, 피부가 뜨거워진다는 이 변양에는 태양의 본질 역시 포함되어 있으므로 우리 신체의 본질만으로는 이를 설명할 수가 없다. 그렇다면 양태 위에 발생하는 변양은 늘 수동이 아닌가, 하고 생각지 않을 수 없다. 이것이 현재의 문제이다.

양태의 변양의 논리에 더 접근하여 생각해보자. 주의할 점은 변양에 대해 두 단계가 구별된다는 것이다.

감정이 '슬픔' 쪽으로 방향을 튼다

신의 변양과 마찬가지로 양태의 변양 또한 afficitur라는 동사 표현에 의해 설명된다. 'afficitur tristitia'라고 하면 이것은 "슬픔에 의해 자극받는다"라고 자주 번역되지만, 그것은 그 양태가 슬픔으로 가득 차서 슬픔의 상태가 됨을 의미한다. 마찬가지 표현이 『에티카』에서 산발적으로 발견되는데, 예컨대 다음의 정리를 그 예로 들 수 있다.

> 자신이 사랑하는 존재가 기쁨 혹은 슬픔에 자극받았다고 하는 사태를 표상하는 사람은, 마찬가지로 기쁨 혹은 슬픔에 의해 자극받을 것이다 laetria etiam vel tristitia afficietur.(제3부 정리21)

이것은 연민의 감정 혹은 공감의 사실을 설명한 정리인데, 그 의미하는 바는 분명하다.

여기서 중요한 것은 afficitur가 라틴어 문법에 따르면 수동적이기 때문에, 앞의 표현은 '슬픔에 의해 자극받다'라고 읽혀버리고 말겠지만, **실제로는 슬픔이라는 감정에 외부로부터[외적으로] 자극받는 것은 아니다**, 하는 점이다.

당연한 얘기이지만 '슬픔'이라는 감정이 바깥에서 우리 쪽으로 들어오는 것은 아니다. 우리의 감정은 늘 지속적으로 변화하고 있으며 그러한 과정에서 외부의 원인(예컨대 눈앞에서 일어난 불행)에 자극받음으로써, 지속적으로 변화하고 있는 감정이 **슬픔 쪽으로 방향을 트는** 것이다. 그리하여 심신에 슬픔이 고양되고 슬픔으로 가득 차서 우리는 슬픔이라 불리는 상태에 이른다.[292]

외부 자극에 의해 내부의 변양이 개시되는 과정

스피노자는 감정을 다음과 같이 정의한다.

> 감정affectus이란 우리 신체의 활동 능력을 증대 혹은 감소시키고 촉진
> 혹은 저해하는 신체의 변양(affectio)인 동시에 그러한 변양의 관념이라
> 고 이해한다.(제3부 정의3)

감정이란 우리 자신에게 있어서 일어나는 변양이다. '**신체**의 변양' 및
'그러한 변양의 **관념**'이라 불리는 데서 알 수 있듯이 스피노자는 감정을
신체와 정신 사이에 걸쳐 있는 것으로 파악하고 있다. 요컨대 '감정'이라
는 말은 매우 광범위한 의미에서 사용되고 있다.[293]

우리는 철두철미하게 이 감정에 입각하여 행위하고 있으며 그런 의미
에서 감정은 무엇보다도 우선 욕망cupiditas이다. 외부로부터의 다양한 자
극이 우리에게 다양한 변양을 초래하고 이로 인해 우리 안에 다양한 욕망
이 발생한다.

예를 들어 사랑하는 사람이 불행한 일을 겪은 경우를 생각해보자. 그
사실은 외부의 원인으로서 우리를 자극하고 우리 안에 특정한 욕망을 불
러일으킬 것이다. 가령 우리는 연민의 정을 품음과 동시에 그 인물을 돕고
싶다는 욕망을 품을 수도 있다. 혹은 그 인물과 마찬가지로 완전히 낙담하
여 아무것도 할 수 없게 될 수도 있다.

스피노자는 우리의 활동 능력potentia agendi이나 사고 능력potentia
cogitandi을 상승시키는 감정을 기쁨laetitia이라 부르고, 그것들을 저하시키

는 감정을 슬픔tristitia이라 부른다(제3부 정리3, 정리11, 감정의 정의1~3). 『에티카』에서는 다양한 감정이 상세히 분석되는데, 어떠한 감정도 기쁨과 슬픔 중 어느 한쪽으로 분류할 수 있다는 것이 스피노자의 생각이다. 감정은 욕망으로서 우리를 결정한다. 그리고 그 결정에는 기쁨과 슬픔이라는 두 방향이 있다고 하는 것이다.

앞서 우리는 ('슬픔에 의해 자극받는다'라고 자주 번역되는 문장이라고 소개했던) afficitur tristitia라는 말로 표현되는 과정에서는 슬픔이라는 감정이 외부로부터 다가오는 것이 아니라, 지속적으로 변화하는 감정이 슬픔쪽으로 방향을 트는 것이라고 말했다. 이 점은 결국 afficitur에 의해 제시되는 변양의 과정이 **자폐하고 있음, 내향하고 있음**을 의미한다.

확실히 우리는 외부의 원인으로부터 자극을 받는다. 그러나 **이 외부의 원인이 그것만으로 우리를 결정짓는 것은 아니다.** 이 외부의 원인은 우리 안에서 afficitur라는 (중동태의 의미를 가진) 동사 표현에 의해 지시되는 **자폐적·내향적인 변양의 과정을 개시하는** 것이다.

나중에 보게 되겠지만 이 변양의 과정은 그 변양을 겪는 양태의 본질이 어떠하냐에 따라 규정된다. 그러기 때문에 예컨대 동일한 타인의 불행을 보고 나서 돕고 싶어지는 사람도 있지만 반대로 완전히 낙담해버리는 사람도 있는 것이다.

'능동태→중동태'라는 두 단계를 거친다

여기에 이르러 변양의 과정이 afficitur라는 중동태의 의미를 갖는 동사 표현으로 지시된다는 사실의 중요성이 확연해지기 시작한다. 이 표현은 변양의 과정이 **양태를 그 장소로** 삼아 진행된다는 점을 정확히 지시하고 있다.

만일 이것을 수동태로 이해해버린다면 이 과정이 갖는 자폐성과 내향성은 이해할 수 없게 되고, 그 결과 외부의 원인이 그대로 변양 과정을 규정하는 듯 읽게 되고 만다. 그러나 앞서 기술한 대로 양태의 변양에서 우리는 두 단계를 보지 않으면 안 된다.

(1) 외부의 원인이 양태에 작용하는 단계. 이는 소위 외부의 원인이 중동태(내태)에 대립한다는 의미에서의 **능동태(외태)에 있어서,** 다른 양태에 작용하는 단계이다. 앞서 말했던 작용하는 존재와 작용을 받는 존재의 구별이 문제로 되는 게 바로 이 단계이다.

(2) 이어서 양태를 장소로 삼아 변양 과정이 개시되는 단계가 있다. 이는 **중동태(내태)에 의해 지시되는,** 양태의 자폐적·내향적인 과정이다.

afficitur를 단순한 수동태로 읽어버리면 변양의 두 단계를 잘 이해할 수가 없다. 두 단계 모두 수동태의 틀 내에서 이해되어버리기 때문이다. 그리고 실제로 그러한 일이 일어나고 있는 듯하다. 중동태가 없는 언어에서는 이를 수동태로 번역할 수밖에 없다. afficitur는 영어라면 'to be affected', 프랑스어라면 'être affecté' 등, 수동태로 번역될 수밖에 없기 때문이다. 이것이 스피노자의 변양 이론을 대단히 이해하기 어렵게 만들어버린다. 이래가지고는 스피노자가 말하는 능동 개념도 잘 이해할 수 없게 되어버린다.

6. 스피노자에서의 능동과 수동: 윤리학(2)

'변양하는 능력'이 본질이다

우리는 변양의 두 과정을 구별했다. 하나는 능동태(외태)에 의해 제시되는 단계(외부의 원인이 다른 양태에게 작용하는 단계)이고 또 하나는 중동태(내태)에 의해 제시되는 단계(변양 과정이 양태를 장소로 하여 개시되는)이다.

여기까지 오면, 양태는 늘 외부의 원인으로부터 자극과 영향을 계속 받을 수밖에 없음에도 불구하고 그 변양이 (필연적으로 수동이 아니라) 능동일 수 있다고 스피노자가 생각한 것이 어떤 의미를 갖는지 상당히 확연해진다. 순서대로 설명해보자.

이미 말했던 바와 같이, 스피노자에게 능동과 수동은 변양의 두 양상을 가리키는 것이다. 변양은 변양하는 물체의 본성만으로 그것이 설명될 때에 능동이라 불리고 그렇지 않을 때는 수동이라 불린다(제3부 정의2). 이는 우리가 자폐적·내향적인 과정이라 불렀던 중동태적 과정의 **질의 차이**를 표현하고 있다.

이러한 질의 차이는 무엇에 입각하여 나타나는 것일까? 외부로부터 동일한 자극을 받아도, 인간들은 저마다 다른 방식으로 변양하는 일이 있을 수 있다. 또, 동일한 인간이 동일한 자극을 받는다 해도, 때와 경우에 따라 다른 방식으로 변양하는 일도 있을 수 있다(제3부 정리51).

그러한 의미에서 우리는 외부의 원인이 그 자체로 우리를 결정하는 것은 아니라고 앞서 말한 바 있다. 이는 우리가 사실로서 아는 것인데, 동일한 타인의 불행을 보았다 해도 사람에 따라 반응이 다르며, 동일한 한 인간의 반응도 상황에 따라 변화한다.

동일한 자극을 받았다 해도 개체마다 변양의 방식이 다르고, 또 동일한 개체여도 때와 상황에 따라 다른 방식으로 변양할 수 있다는 사실은 우리로 하여금 다음과 같은 능력을 상정케 한다. 즉, 외부로부터의 자극에 응하여 변양을 초래하는 능력, 말하자면 '변양하는 능력'이다. 개체 하나하나가 그러한 능력을 가진다. 그 능력은 개체마다 다르다. 그리고 이 능력은 한 개체 안에서도 지속적으로 변화하고 있다.

양태의 "변양하는 능력"을 스피노자는 양태의 본질essentia이라는 개념으로 사고하는 듯 보인다. 왜냐하면 스피노자는 욕망의 정의 속에서 다음과 같이 말하기 때문이다.

> 욕망이란 인간의 본질 그 자체이다. 단, 인간의 본질이, 주어진 그 각각의 변양에 의해 어떤 일을 하도록 결정된다고 생각되는 한에 있어서 그러하다.(제3부 감정의 정의1)

우리는 외부로부터 자극을 받으면, 그 자극과 나의 "변양하는 능력"과의 상관관계속에서 일정한 방식으로 변양한다. 그리고 그 변양이 욕망으로서 우리를 결정한다. 스피노자는 인간이 변양하고 그 변양에 의해 결정되는 그 과정에서 작용하는 힘, 그것을 인간의 본질이라 판단하고 있는 것이다.

중동태로서의 '코나투스'

양태의 본질은 또 다른 방식으로도 정의되어 있다. 수고를 마다않고 그쪽도 확인해보자.

모든 양태는 부분으로 이루어져 있다. 예컨대 우리 신체는 스피노자의 말로 하자면 유동적인 것, 부드러운 것, 딱딱한 것, 이 세 가지로 구성되어 있다.[294] 이러한 여러 부분들 사이에는 일정한 관계가, 즉 여러 부분들의 운동과 정지의 일정한 비율이 있다.

예컨대 유동적인 혈액은 각 신체 부위에 일정한 비율로 필요한 요소를 운반한다. 여러 부분들 간의 관계가 일정 비율로 유지된다면 본질은 힘의 정도를 높게 유지할 수 있으며 비율이 불안정해지면 힘의 정도는 낮아진다.

양태의 부분들 간의 관계를 **일정한 비율로 유지하고자 하는 힘**, 그것을 스피노자는 '코나투스conatus'라 부른다. 스피노자에 의하면 이 코나투스야말로 양태의 현실적인 본질이다. "각각의 개물이 자기의 있음(존재)을 고집하려 애쓰는 노력conatus, quo unaquaeque res in suo esse perseverare conatur이야말로 그 개물의 현실적 본질이다(제3부 정리7)".

이 정리는 우리가 변양하는 능력이라 정의한 본질을 다른 각도에서 설명한 것으로 읽을 수 있다. 즉, 양태의 본질은 힘이고 그 힘은 자신을 유지하도록 작동하며(코나투스), 그것이 외부로부터의 자극에 응답할 때에는 변양을 맡는 것이다('변양하는 능력').

인용한 정의로부터 알 수 있듯이, 변양과 마찬가지로 코나투스 역시 명사만이 아니라 동사에 의해서도 표현된다. 그 동사 표현인 conor(앞선 문장에서의 conatur)는 형식소상 동사로서, 중동태로 이해되어야 할 의미를 갖는다.

요컨대 이 동사 표현은 형태로는 수동태이지만 단순한 수동의 뜻으로 이를 이해할 수는 없다. 이 동사는 힘이 자신에게 작용하고, 그래서 그 의미에서는 자극을 받고 있으면서도 다른 한편 자신을 유지하고자 하는 모습을 지시하고 있다.[295] 이 점은 결국 변양 과정만이 아니라 그 과정에서 작용하는 힘, 코나투스로서의 본질 또한 중동태에 의한 설명을 필요로 한다는 것을 의미한다.

자극을 받고 변양하여 자신에게 영향을 끼친다

스피노자가 말하는 본질은 역동적이라고나 해야 할 그런 개념이다. 본질이라고 하면 뭔가 불변하는 부동의 것이 연상된다. 하지만 『에티카』에서는 이 개념이 개체의 힘을 일컫는다. 바꿔 말하자면, 그러한 힘이야말로 그 개체의 본질이라고 스피노자는 생각하고 있다.

이 본질 개념을 들뢰즈는 선연한 이미지를 환기할 수 있도록 설명한다. 들뢰즈는 스피노자에 따르면 농경마와 경주마 사이에는 농경마와 소의 사이보다 커다란 차이가 있기 마련이라고 말한다.[296]

본질을 불변·부동의 형태로 파악하는 전통적인 철학의 사고방식에 따르면, 농경마든 경주마든 말은 말이고 그래서 소와는 하등 관계가 없다. 하지만 스피노자 철학의 견지에서 보면 소도, 말도 전혀 다르게 보이기 시작하는 것이다. 농경마의 변양하는 능력은 경주마의 그것과는 전혀 다르고 오히려 동일한 농경 장소에서 일하고 있는 소의 그것과 닮았을 것이다.

형태만을 중시하는 본질 개념은 추상적이다. 그에 반해 변양하는 능력의 견지에서 파악된 스피노자적 본질 개념은 구체적이다. 여기에는 전혀 새로운 분류학의 사상이 있다.

그러한 본질은 힘인 한 계속해서 변화하고 또한 다양한 강도彊度를 갖는다. 앞서 나왔던 욕망의 정의에 대해 설명하면서 스피노자는 다음과 같이 말한다. "인간의 본질의 변양affectionem humanae essentiae이라는 것을 우리는 그 본질의 각각의 상태라 이해한다."(제3부 감정의 정의1 설명) 본질은 '변양하는 능력'으로서 자극을 **받지만** 그에 응하여 변양하며 동시에 변양함으로써 **자신에게도 일정한 영향을 미친다.**

중동태의 주요한 의미를 담당하는 수동·자동사·재귀 등 세 계기가 불가분하게 이 과정 속에 존재하고 있음을 알 수 있다. 본질은 단지 외부로부터의 자극에 반격을 가할 뿐만 아니라 반격하면서 자신에게 변화를 초래한다. 그리고 **이 힘으로서의 본질이 원인이 되어** 일정한 변양이, 즉 욕망이 일어나고 그것이 행위나 사고라는 결과로 나타난다.

행위 '방향'의 차이가 아니라 '질'의 차이

상당히 먼 우회로를 거쳐왔다. 지금까지의 이야기를 바탕으로 스피노자가 말하는 능동과 수동을 사유해보자.

앞서 본 바와 같이 스피노자가 생각하는 인과성, 즉 중동태에 있어서 파악된 인과성 개념에 있어서는 원인이 결과에 있어서 자신을 표현했다. 그러면 우리가 자폐적·내향적이라 불렀던 중동태적 변양의 과정도 이 인과성에 의해 설명될 수 있을 것이다. 즉, 이 인과성 개념에 의하면 욕망의 결과로 나타나는 행위나 사고는 그 원인인 **힘으로서의 본질을 표현하고 있** 는 것이 된다.

이 정식이야말로 스피노자가 사유하는 능동과 수동에 대해 명쾌한 설 명을 제공해준다.

우리의 변양이 우리의 본질에 의해 설명될 때, 즉 **우리의 변양이 우리의 본질을 충분히 표현하고 있을 때** 우리는 능동이다. 역으로 그 개체의 본질 이 외부로부터의 자극에 의해 압도당해버리는 경우에는 거기에 발생하는 변양이 개체의 본질을 거의 표현하지 못하고 외부에서 자극을 가한 존재 의 본질을 많이 표현하고 있을 것이다. 그 경우에 그 개체는 수동이다.

일반적으로 수동과 능동은 행위의 방향으로 간주된다. 행위의 화살표 가 자신으로부터 출발하면 능동이고 거꾸로 행위의 화살표가 자신을 향 하고 있으면 수동이라고 하는 것이 일반적인 이미지일 것이다. 그에 반해 스피노자는 능동과 수동을 **방향**이 아니라 **질의 차이**로 사유했다.

이로써 협박이 설명된다!

이것은 매우 설득력 있는 사고방식으로 여겨진다. 왜냐하면 우리는 행 위하고 있다고 해서 그것이 반드시 능동을 의미하지는 않는다는 사실을 잘 알고 있기 때문이다.

위협을 당해 돈을 건네는 행위를 능동이라고 하지는 않는다. 그러나 일 반적인 능동과 수동의 구별에서는 예컨대 곤란에 처한 사람에게 의로운 마음에서 돈을 건네는 행위와, 위협당해 돈을 건네는 행위를 잘 구별할 수가 없다. 왜냐하면 행위의 방향은 같기 때문이다.

그러나 두 행위는 명백히 다르다. 스피노자 철학은 우리가 직감하면서도 매끄럽게 설명하지 못하는 이 사태를 명확히 설명한다. 곤란에 처한 사람에게 의로운 마음에서 돈을 건네는 행위는 그 사람의 본질이 원인이 되어 일어나는 행위여서 한없이 능동에 가까운 행위라 할 수 있을 것이다.

우리가 늘 외부의 원인으로부터 자극을 계속 받고 있음에도 불구하고 능동일 수 있는 것은, 스피노자가 중동태에 의해 설명한 변양의 자폐적·내향적 과정이 존재하기 때문이다. 바꿔 말하자면 이 과정을 보지 못하고 있는 한, 우리는 행위의 방향 말고는 능동과 수동을 구별할 수가 없다.

7. 능동과 수동의 정도: 윤리학(3)

순수한 능동이 될 수는 없다

스피노자가 말하는 능동은 한편으로는 개체가 받는 자극의 종류나 양에, 다른 한편으로는 그 힘으로서의 본질에 의존한다. 그러니까 개체가 언제 어디서나 늘 능동적일 수는 없다. 도저히 대응할 수 없는 자극은 반드시 존재한다. 하지만 개체의 본질은 고정적이지 않다. 본질이란 개체의 힘의 정도이고, 게다가 그 정도는 변양을 통해 고양되는 경우도, 저하되는 경우도 있는 것이다.

이로부터 우리는 스피노자 윤리학에서 한 가지 주의할 점을 도출할 수 있을 것이다.

우리는 아무리 능동적으로 보일 때에도 완전한 능동이나 순수한 능동일 수는 없다. 외부의 원인을 완전히 배제하는 것은 양태에게는 이루어질 수 없는 바람이기 때문이다. 완전히 능동일 수 있는 것은 자신의 외부를 갖지 않는 신뿐이다.

하지만 자신의 본질이 원인이 되는 부분을 더 많아지게 만들어갈 수는 있다. 능동과 수동은 따라서 양자택일의 것이 아니라 정도를 갖는 것으로 생각해야 한다. 우리는 순수한 능동이 될 수는 없지만 수동 부분을 감소시키고 능동 부분을 증가시킬 수는 있다.

구타는 언제 수동으로 되는가

스피노자가 이야기한 인상적인 예를 사용해 생각해보자. 그는 구타 동작에 대해 다음과 같이 기술한다.

> 구타라는 행동이 있다. 우리가 그 행동을 물리적으로 보고, 인간이 팔을 들고 주먹을 꽉 쥐며 힘을 담아 팔 전체를 내리친다는 것에만 초점을 맞추는 한, 그것은 인간 신체의 메커니즘으로부터 생각할 수 있는 하나의 덕이다.(제4부 정리59 비고)

스피노자는 덕virtus을 능력potentia과 동일시한다. 그리고 인간에게 덕은, 인간이 자기 본성의 법칙에 의해서만 이해되는 그런 일을 수행할 능력이라고 말한다(제4부 정의8). 바로 그렇기 때문에 구타라는 동작은, 이 동작만을 보는 한에서는 인간 신체의 메커니즘을 표현하고 있다는 점에서 '덕'이라 일컬어질 수 있는 것이다.

구타가 더 이상 그 사람의 본질을 표현하지 못하게 되는 것은, 예컨대 그 사람이 분노에 내몰려 주먹을 휘둘렀을 때이다. 그 경우 구타라는 행위는 외부로부터의 자극에 점령당한, 분노라는 수동의 변양이 야기한 것에 다름 아니다. 구타는 그때, 그 사람의 본질이 아니라 그 사람을 분노의 상태로 내몰아버린 외부의 원인을 더 많이 표현하고 있다.

하지만 여기서 주의해야 할 것은 그 구타가 설령 분노에 내몰려서 수행된 행위라 하더라도 그 사람의 신체의 본질의 표현**이기도 하다**는 점이다. 거기에 그 사람의 신체의 메커니즘이 전혀 표현되지 않는 것은 아니기 때문이다.

역으로 다음과 같이 말할 수도 있을 것이다. 심신을 단련한다는 목적하에 구타 동작을 홀로 허공을 향해 되풀이하는 경우에도, 그것이 순수한 신체의 표현인지 아닌지는 확실치 않다. 그때의 동작은 어딘가에서 몸에 익게 된 버릇을 동반하고 있어서, 신체의 본질을 충분하게는 발휘하고 있지 않을 지도 모르며, 또 어딘가에 분노의 감정이 있을지도 모른다.

어쨌든 간에 중요한 것은 스피노자의 윤리학이 순수무구한 상태를 추구하지는 않는다는 점이다.

어떻게 하면 수동에서 벗어날 수 있을까?

스피노자는 어떠한 수동 상태에 있든 간에 그것을 명료하게 인식만 할 수 있다면 그 상태로부터 벗어날 수 있다고 말한다(제5부 정리3).

물론 이 정리가 말하는 바는 지나치다고 생각된다. 아무리 그 상태를 명료하게 인식했다 해도 우리가 완전히 수동에서 벗어날 수는 없을 것이다. 게다가 이론적으로는 그렇다 쳐도 실제로는 무슨 수를 써도 자신이 전혀 인식할 수 없을 정도로 수동적인 상태에 빠진 상황을 얼마든지 생각해볼 수 있다. 우리의 본질이 자신들의 행위나 사고의 순수한 원인이 되는 일은 있을 수 없다.

하지만 우리에게 일어나는 변양이 외부로부터의 자극만이 아니라 우리 자신의 변양하는 능력에도 의존하고 있는 것이라면, 여기에는 희망이 있을 것이다.

타인으로부터 온갖 욕설을 다 뒤집어쓰면 사람은 분노에 부들부들 떤다. 그러나 스피노자가 말하는 '사유 능력' 즉, 생각하는 힘을 고양시켜 그것에 대응할 수 있는 상태라면, 그 사람은 '왜 이 인물은 내게 이렇게 가혹한 말을 하는 것일까?', '어떻게 하면 이러한 재난을 피할 수 있을까?'라고 생각할 수 있을 것이다. 그렇게 생각하는 동안 사람은 자기 안의 수동 부분을 한없이 축소시키고 있을 것이다.

타인의 능력이나 실적을 보고 질투심이 타올랐을 때도 '어떻게 해서 나는 이 인물을 질투하기에 이르렀는가?'라고 물을 수 있을 만큼 사유 능력을 고양시킨 상태라면, 질투에 점령당해버린 변양에 변화를 초래할 수 있을 것이다.

이런 의미에서, 타인이 온갖 욕설을 마구 퍼부으면 그대로 분노에 부들부들 떨든가, 타인의 대단한 능력이나 탁월한 실적을 보면 그대로 질투심에 빠져버리는, 그런 **획일적인** 변양의 출현을 피하는 것이야말로 스피노자의『에티카』에서 하나의 커다란 과제라 할 수 있을 것이다.

8. 자유에 대하여

'능동과 수동'에서 '자유와 강제'로

사람은 늘 자극을 받고, 행위를 한다. 스피노자는 그것을 변양 이론으로 설명했다. 이미 기술했듯이, 스피노자가 생각하는 능동과 수동은 이 변양의 질로 존재한다. 스피노자는 능동과 수동을 행위의 방향성으로 파악하는 일반적인 사고방식을 물리치고 그 대신 행위로 나타난 변양의 질을 그 자리에 놓았다.

그 이론에 따르면 나는 내게 일어나는 변양이 나의 힘으로서의 본질을 충분히 표현하고 있을 때 능동적이다. 내 행위나 사고가 내 힘으로서의 본질에 의해 설명될 수 있을 때 그것들은 능동적이다.

이 사고방식은 대단히 설득력이 있다. 그것은 우리가 직감은 하면서도 잘 설명하지 못하고 있던 사태를 멋지게 해명하는 것이기도 하다.

하지만 능동-수동 구별의 부적절함을 강조해온 우리로서는 능동과 수동이 아무리 일반적인 의미와는 다른 방식으로 정의되어 있다 해도 어딘가 그 용어들에 불편함을 느낀다. 이 말들을 다르게 표현하고픈 심정을 억누르기 힘들다.

사실 스피노자 철학에는 이 말들을 달리 표현하는 다른 단어들이 있다.

바꿔 말하자면 이 말들은 『에티카』에 있어서 최종적으로 그 다른 단어들로 귀착된다. 그것은 『에티카』의 전편을 관통하여 스피노자가 추구해온 것, 즉 '자유'이고 그 자유의 반대어로서의 '강제'이다.

필연성에 입각한 행동이 자유이다

스피노자는 소위 자유의지를 부정하였는데, 만일 어떤 사람이 자유의지를 느낀다면 그것은 자신을 행위에로 초래한 원인에 대한 인식이 결여되어 있기 때문이라고 설파했다. 그런 까닭에 스피노자는 누차 자유를 부정하는 철학자라고 여겨져왔다. 물론 그러한 이미지는 잘못된 것이다. 스피노자는 『에티카』를 인간의 자유를 위해 썼다. 그래서 이 책의 최종부 제5장에는 「인간의 자유에 대하여」라는 제목이 달려 있는 것이다.

그 자유를 스피노자는 다음과 같이 정의한다. "자기 본성의 필연성에 입각하여 행위하는 자는 자유롭다."(제1부 정의7)

스피노자에 따르면 자유는 필연성과 대립하지 않는다. 오히려 자신을 관철하는 필연적인 법칙에 입각하여 그 본질을 충분히 표현하면서 행위할 때 우리는 자유로운 것이다. 그렇다면 자유롭기 위해서는 자신을 관철하는 필연적인 법칙을 인식해야 할 것이다. 자신은 어떠한 경우에 어떤 식으로 변양하는가? 그에 대한 인식이야말로 우리가 자유에 다가가는 첫걸음이다. 그래서 스피노자는 조금 강한 표현으로, 어떠한 수동 상태에 있든 간에 그것을 명료하게 인식할 수만 있다면 그 상태로부터 벗어날 수 있다고 쓴 것이다.

자유와 대립하는 것은 필연성이 아니라 강제이다. 강제당하고 있다 함은 일정한 양식으로 존재하고 작용하도록 ['아'가 아닌] '타'로부터 결정되어 있음을 가리킨다(제1부 정의7). 그것은 결국 변양이 자신의 본질에 의해서는 거의 설명될 수 없는 상태, 행위의 표현이 외부의 원인에 점령당해버린 상태이다.

사람은 필연적인 법칙에 갇혀 있을 때 부자유스러워져서 강제 상태에 빠지는 게 아니다. 자신이 가진 필연적인 법칙을 유린당하고 있을 때 강제 상태에 빠진다. 그래서 자유와 강제는 변양의 질의 차이로 생각해야만 하는 것이다.

지금 우리가 '필연적인 법칙'이라 부른 것은 구체적으로는 우리 한 사람 한 사람 안에서 작용하는 코나투스의 작용과 관련되어 있다. 코나투스는 한 사람 한 사람의 구성과 상관관계에 있는 것이었다. 요컨대 구성이 다르면 코나투스가 다른 방식으로 작용한다. 코나투스의 작용이 다르기 때문에 '변양하는 능력'의 발현도 달라진다. 그리고 그러한 힘이야말로 우리 한 사람 한 사람의 본질이다.

스피노자는 본질을 구체적으로 사유했다. 그래서 자유로워지기 위해 가야 할 여정도 각 사람마다 다른 구체적인 것이 된다.

자유는 인식에 의해 초래된다

자유를 추구한다는 것은 자유의지를 인정한다는 것과 같지 않다. 중동태에 대해 논하는 과정에서 우리는 몇 번이나 자유의지 혹은 의지의 존재에 대해 부정적인 견해를 말해왔다. 어쩌면 그 논술들로 인해 독자 여러분이 자유에 대해 부정적인 견해를 품게 되었을지도 모르겠다.

하지만 자유의지나 의지를 부정하는 것은 자유를 추구하는 것과 전혀 모순되지 않는다. 그러긴커녕 만일 자유가 스피노자가 말하듯이 인식에 의해 초래되는 것이라면, 자유의지를 신앙하는 일이야말로 우리가 자유로워지는 길을 막아버린다고까지 말하지 않을 수 없다. 그 신앙은 있지도 않은 순수한 시작을 믿기를 강요하여 우리가 사물이나 사건을 있는 그대로 인식하지 못하게 방해하기 때문이다.

그런 의미에서 우리가, 그리고 세계가 중동태하에 움직이고 있다는 사실을 인식하는 것이야말로, 우리가 자유로워지기 위한 길이다. 중동태의 철학은 자유를 지향한다.

제9장

빌리들의
이야기

중동태를 둘러싼 우리의 탐구도 끝을 향해 가고 있다. 능동과 수동의 대립을 의문시하며 시작된 탐구는 중동태 검토를 통해 행위나 의지, 책임 같은 개념의 재검토로 향하게 되었다. 그렇게 전개되어온 논의들에 입각하여 이제 마지막으로 새삼 능동과 수동, 행위나 의지, 책임에 대해 생각해보고 싶다. 다시 한 번 그것들을 개념으로서 논하겠다는 건 아니다. 이 개념들에 대해 생각하지 않을 수 없게 만드는 문학작품 한 편을 읽으면서, 이 개념들을 둘러싼 문제들이 얼마나 뿌리 깊은 것인지를 다시 한 번 확인하고 싶은 것이다.

1. 멜빌의 유작

여기서 다루려는 문학작품은 미국의 작가 허먼 멜빌의 소설『빌리 버드(Billy Budd)』이다.[297] 이 중편 소설은 멜빌의 유작이고 그의 사후인 1924년에 출판되었다. 우선 극히 간단하게 줄거리를 보자.

때는 18세기 말, 영국 상선의 선원이었던 빌리 버드는 귀항 도중 영국의 군함 벨리포텐트 호(Bellipotent. '전투 능력이 있다'라는 뜻)에 강제 징용당한다. 인원이 부족한 군함이 사람 수를 맞추기 위해 해상에서 마주친 상선에 사관을 보내, 근육질의 선원을 거의 사정 봐주지 않고 징용해 가는 일이 당시에는 흔히 있었던 듯하다. 빌리는 그러나 이 일을 유유자적하고 순진한 성격 때문에 마치 날씨 변화 같은 것에나 대응하듯이 받아들인다. 그리고 벨리포텐트 호에서도 유능한 선원으로 인정받아 일에도 금세 익숙해지고, 주변 누구로부터도 호감을 받는 존재가 되어갔다.

그러나 시간이 좀 지나고 알 수 없는 일들이 일어나기 시작한다. 어찌된 일인지 빌리의 관물대의 내용물이 어지럽혀지거나 해먹에 이상이 발견된다거나 하는 사태가 눈에 띄게 된 것이다. 빌리는 벨리포텐트 호에 승선한 직후 선원 하나가 채찍질로 처벌받는 장면을 목격하고 그에 커다란 충격을 받았던 터라, 바보짓을 해서 그런 처벌을 받는 일이 없도록 늘 주의 깊게 행동하고 있었다. 그래서 일련의 알 수 없는 일들은 그를 더욱 불안케 했다.

빌리는 노련한 덴마크인 선원에게 상담을 하러 간다. 그리고 그의 입에서 생각지도 못한 얘기를 듣게 된다. 선임 위병 하사관 클래가트가 빌리를 미워하고 있기 때문이라는 것이다. 선임 위병 하사관이란 군대의 경찰인 헌병의 대장 같은 역할이다. 빌리는 평상시의 클레가트에게 그런 인상을 받은 적은 없었다. 순진한 마음의 빌리는 덴마크인 선원의 말을 이해할 수도, 믿을 수도 없다.

당시 영국의 해군에는 질서 유지와 관련해서 긴장된 공기가 감돌고 있었다. 군대 내 처우에 불만을 품은 수병들의 반란이 일어난 지 얼마 안 되었던 무렵이기 때문이다. 벨리포텐트 호의 함장 비어는 군율 위반을 불허하는 엄격함과 부하의 생활 상태를 배려하는 마음을 겸비한 탁월한 군인이었지만 그 역시도 이 상황에 대해 초연할 수는 없었다. 부하가 이 사건을 안이하게 언급할 때에는 짜증을 낼 정도였던 것이다. 이야기의 클라이맥스는 이 반란을 둘러싸고 전개된다.

어느 날 저녁, 빌리는 수상쩍은 선원으로부터 슬며시 "강제 징용당한 건 우리만이 아냐', '만약의 경우 여차하면 손을 빌려주게"라는 말을 듣는다. 그 선원은 금화로 보이는 반짝이는 무언가를 두 개 들어 보였다. 빌리는 물론 그런 제의는 뿌리친다. 하지만 그 후 그는 어떻게 하면 좋을지 알 수 없게 되고 만다. 이치에 닿게 보고도 못 하겠고 나중에 그 선원을 추궁해볼 수도 없다. 빌리의 순진한 마음이 사악한 것과 맞닥뜨렸기 때문에 경직되어버린 듯했다.◆

◆ 이제부터 저자가 『빌리 버드』를 해설하거나 거기서 인용하는 문장들을 보면, 지금까지 저자 자신이 주장해온 내용과 단어나 논리 등 여러 면에서 대응하도록 쓰여 있다. 그래서 가능하면 원문을 살려 번역했고 다소 어색한 표현이 종종 나오는 것도 그 때문이다. 주의 깊게 읽어가면 앞의 내용들이 상기되면서 훨씬 더 생생하고 역동적인 독서가 될 것이다.

빌리는 다시 덴마크인 노병에게 상담을 하지만 돌아온 답은 똑같았다. 클레가트는 널 증오하고 있어. 이 노병은 그 수상쩍은 선원이 클레가트의 끄나풀로서 빌리를 시험했을 가능성을 시사했다. 하지만 빌리는 그것을 이해할 수 없다. 노병도 입을 다문다. 그리고 운명의 시간이 온다.

클레가트는 비어 함장에게 빌리가 반란을 꾀하고 있다고 보고한다. 빌리를 높이 평가하고 있던 비어는 그 말을 처음엔 의심스러워한다. 하지만 클레가트의 상세한 보고는 비어로 하여금 자신과 클레가트 앞에 빌리를 불러 이야기를 청취해볼 기회를 마련하지 않을 수 없게 만들었다. 얼마 지나지 않아 함장실에서 세 사람은 면담을 한다. 클레가트는 빌리 앞에서 고발 내용을 되풀이한다. 빌리는 처음엔 저게 지금 무슨 이야기인가, 이해를 못 한다. 하지만 오래지 않아 그 의미를 이해하자, 경직된 듯이 거기에 멍하니 서 있었다. 이때 빌리의 신체에 어떤 변화가 일어난다. 빌리는 사실 언어 장애를 안고 있었다. 배 위에서 자연의 맹위에 노출되었을 때도 선원으로서 멋지게 행동할 수 있었지만, 뜻하지 않게 가슴을 찌르는 듯한 자극을 받자 말을 더듬고 만 것이다.

비어는 아무 말도 없이 다만 목을 그렁그렁할 뿐인 빌리의 모습에서 장애가 있다는 사실을 알아차리고 "당황하지 말게"라고 부드럽게 말을 건넨다. 그런데 그 말이 역으로 빌리의 초조감을 부채질한다. 빌리의 말더듬증은 더욱 악화된다. 그리고 "십자가에 묶어놓고 찔러 죽이는 형을 당한 사람 같은 표정이 그의 안면에 떠올랐던" 그때, 빌리의 오른팔이 빠르게 날아가고 클레가트는 바닥에 쓰러졌다. 클레가트는 죽었다.

비어는 임시 군법회의를 소집한다. 빌리는 클레가트의 증언이 거짓이라고 확실히 진술한다. 비어는 "그 말을 믿네"라고 빌리에게 말한다. 하지만 비어는 최종적으로 유죄 판결을 내린다. 형은 교수형. 전시이기 때문에 형은 즉시 집행. 상소는 인정되지 않는다.

마치 자연인과 같은 빌리에게는 형 집행 직전이 되어도 죽음에 대한 공포심이 결여되어 있었다. 마지막 순간에는 언어 장애의 흔적도 없이 "비어 함장께 신의 가호가 있기를"이라고 말하며, 모두가 올려다보는 가운데 그대로 처형당한다.

말미에는 후일담이 적혀 있다. 비어 함장은 그 뒤에 해전에서 부상을 당해 명을 다한다. 목숨이 다해가기 직전, 침상에서 비어는 빌리의 이름을 중얼거렸다고 한다. 또한 해군 신문에는 음모를 기도하던 버드라는 인물이 그것을 고발한 선임 하사관 클레가트를 살해했기 때문에 형에 처해졌다고 하는 보고가 실렸다. 소설 마지막에는 빌리를 칭찬하는 시가 있는데 그의 당직 동료였던 선원이 쓴 것이다.

2. 그리스도, 아담

역사를 짊어진 아담

『빌리 버드』는 빌리의 수난극으로 소개되는 것이 보통이다. 실제로 앞에서 인용했듯이 빌리를 그리스도에 견주어 기술하는 묘사도 극중에 존재한다.

하지만 이야기의 초반부를 읽는 독자들에게는 빌리가 그리스도보다는 오히려 아담의 모습으로 나타난다. 아담은 어딘가 백치 같은 면모가 있다. 어떤 부자유도 없는 환경 속에서 마음이 가는 대로 먹고 잔다. 지혜도 무의식도 없다. 더러움을 모르고 그 지성에는 예리함도 똑똑함도 없다. 자의식도 전무한 것이나 다름없다.

또한 그는 필시 거의 학교 교육을 받지 않았을 것이며, 그 때문이겠지만 문맹이다. 하지만 교육의 결여는 오히려 더러움 없음(무구함)의 원천이라고 생각할 수도 있다. 유유자적함 역시 백치스러움의 한 측면이라 해도 좋지 않을까 싶다.

> 그는 문자를 읽을 줄은 몰랐지만 노래를 부를 수는 있었다. 그리고 마치 까막눈인 나이팅게일처럼 이따금 자신의 노래를 직접 만들어 불렀다.(제2장)

아담은 역사가 없는 존재이다. 에덴동산의 시간은 멈추어 있다. 빌리의 경우도 그와 닮았다. 그는 사생아이고 출신도 알지 못한다. 하지만 빌리는 아담과는 달리 현실 사회, 현실의 역사 속을 살고 있는 존재이다. 그는 역시나 누군가로부터 태어난 존재이다.

순종 말의 경우 그 출신을 알아볼 수 있는 자에게는 한눈에 분명해지는 것과 마찬가지로, 빌리가 고귀한 혈통을 이어받은 것은 분명하다고 극중 대사에서 언급되고 있다. 핏줄에 대한 언급은 그의 고귀한 분위기를 설명해주며 그와 동시에 그 자신에게 역사가 있다고 하는 확인이기도 하다. 부모의 이름은 알 수 없지만 부모는 있기 마련이니, 그에게는 이 세상에 떨어져 어떤 환경 속에서 자라고 선원이 되었다고 하는 인생, 결국 한 인간으로서의 역사가 있다.

빌리는 생각대로 행위할 수 없다

또 그에게는 말을 더듬는 장애가 있었다. 극중에서 빌리가 말을 더듬는 모습은 두 번 나온다. 한 번은 이미 소개한 대로 클레가트를 죽이는 장면이고, 또 한 번은 밤중에 수상쩍은 선원으로부터 넌지시 선내에서의 반란을 권유받는 장면이다. 덴마크인 노병은 이 선원의 행동이 클레가트의 사주일 가능성을 시사했다. 즉, 빌리가 불온 분자인지 아닌지를 확인하기 위해 클레가트가 부하를 시켜 그를 시험하려 했다는 것이다. 사태의 진상은 극중에서는 밝혀지지 않지만 그랬을 가능성은 충분히 있다.

어쨌든 간에 빌리는 이 대화에 대해 그 선원 본인에게 따져 물을 수도 해당 부서에 이 건을 보고할 수도 없다. 그것은 이런 사악한 뭔가에 자극당하자 그의 말더듬증이 발생하였고 그래서 잘 대응할 수 없었던 것과 무관하지 않을 것이다. 사람들은 '왜 그렇게 하지 않았는가'라고 쉽게 말할지도 모른다. "하지만 어쩌면 단순히 예민한 두뇌 이상의 뭔가가, 오히려 그것과는 다른 뭔가가, 빌리 버드 같은 사람의 천성을 제대로 이해하기 위해서는 필요한 것이다."(제17장)

빌리는 심신에 관련된 말더듬증이라는 특징 탓에 생각대로 행위할 수 없다. 생각대로 행위할 수 없음이 그의 운명을 결정한다.

3. 시기라는 수수께끼

클레가트의 입장에서 읽어본다

이 소설을 읽으면서 독자들이 무엇보다도 의문스레 여기는 것은 클레가트의 행동이다. 그는 빌리에게 확실히 누명을 씌운다. 클레가트의 이 행위만 없었더라면 클레가트도 빌리도 목숨을 잃는 일은 없었다.

단, 『빌리 버드』의 독자들이 대부분 빌리의 시점에서 이야기를 읽고 만다는 점에 유의할 필요가 있다. 비평가 바버라 존슨은 이 소설을 논한 유명한 평론에서 "이 이야기는 사실 클레가트의 의심을 정당화하는 시점에서 새로 읽어볼 수도 있다"라고 말했다.[298]

빌리는 상선에서 전함으로 연행될 때 순직한 마음으로 상선을 향해 이별의 말을 외치는데 이것은 강제 징용을 넌지시 빈정댄 것이 아닌가, 하고 클레가트에 의해 이해된다. 또, 언젠가 빌리는 곁을 지나가던 클레가트 앞에 뜻하지 않게 수프를 흘리고 만다. 그때 빌리는 "자, 보라고, 지렛대 다리(클레가트의 별명. 선임 위병 하사관을 뜻함)가 나에게 감정을 갖고 있다고 누가 말하는 거냐고!"(제10장)라고 말하는데, 이는 클레가트에 의해 악의의 표명으로, 나아가서는 빌리가 다른 선원들과 떠들 때 이미 자신을 화제로 삼은 적이 있었다는 증거로 받아들여진다. 그리고 마지막으로 바로 그 밤중에 일어났던 사건도 있지 않은가.

물론 클레가트의 의심을 정당화하는 시점에서 이야기를 읽을 수는 있다. 하지만 그것만으로는 왜 이 인물이 빌리 같은 인간을 의심하기에 이르는지, 그것을 설명할 수가 없다.

멜빌은 클레가트의 모습(양상)을 타락depravity이라 부른다. 그 타락은 '저열한 욕망이나 관능적 욕망과는 무관한' 타락이다(제11장). 천한 정념 탓에 몸을 망치고 타락해버린 것은 아니다. 그것은 뭔가 숙명 같은 것을 느끼게 하는 타락이다. 바로 그렇기 때문에 다음과 같이 말하는 것이다.

> 그의 내부에는 사악한 본성에서 발원하는 편집偏執이 깃들어 있으니, 그 것은 해로운 교육을 받은 탓도, 악서惡書에 탐닉한 탓도, 방종한 생활을 한 탓도 아니고, 그가 출생과 함께 타고난 생득적인 것, 요컨대 '인간의 본성 자체에 뿌리박은 타락'이 그리 만드는 바였던 것이다.(제11장)

그것은 평범한 이유로 설명할 수 있는 성격의 비틀림이 아니다.

끌리기 때문에 발생하는 시기

하지만 클레가트의 마음은 타락이라는 한마디로 온전히 설명될 수 있는 게 아니다. 그의 마음에는 독자를 일순간 놀라게 하는 복잡함이 나타났다 사라졌다 한다. 클레가트는 질투심과는 다른 시기envy를 빌리에 대해 느끼고 있기 때문이다.

질투란 어떤 사람(A)의 애정이 자기(B)가 아닌 다른 인간(C)에게 향해지는 것에 대한 미움이어서, 늘 제3자(C)가 관련되어 있다. 그리고 제3자가 관련되어 있기 때문에 이 제3자만 제거되면 (적어도 잠정적으로는) 질투는 사라진다.

그에 반해 시기는 나 자신에 관련되어 있다. 그 의미에서 시기는 더 근원적이다.

그러면 클레가트는 왜 빌리를 시기하는가? 당연한 얘기이지만, "그러한 빌리의 성격에 클레가트가 자석에게처럼 강렬하게 끌렸기" 때문이다 (제12장). 그리고 클레가트가 빌리에게 이끌린 것은 클레가트 자신이 빌리의 성격에 끌릴 만한 지능을 갖고 있었기 때문이다. 비어 함장을 제외하면 그는 "빌리를 통해 표현된 도덕적 현상을 지적으로 충분히 이해할 수 있는 유일한 인간이었다"(제12장).

게다가 빌리에 대한 클레가트의 마음은 결코 시기의 형태로만 모습을 드러내지는 않았다. 왜냐하면 빌리에게 시선을 보내는 클레가트의 두 눈이 **마악 흘러내릴 듯 뜨거운 눈물로 그득해지는 일도 있었기** 때문이다. 이게 무슨 이야기일까? 멜빌은 이렇게 쓰고 있다.

> 마치 숙명에 의해 금지당하지만 않았더라면, 클레가트는 빌리를 사랑할 수도 있었을지 모른다고까지 생각되었다.(제17장)

클레가트의 마음속에는 심지어 빌리에 대한 사랑도 존재한다. 그런데 그 사랑, 예리한 지성이 뒷받침된 사랑은 클레가트의 마음속에서는 시기로 전화되어버린다. 여기에는 확실히 '인간 본성 자체에 뿌리내린 타락'이라는 표현에 호소하고 싶어질 만큼의 마음의 어둠이 있다. 그것은 진정 어둡다. 우리 독자들에게는 그 이유를 아는 게 허락되지 않는다. 클레가트의 전력前歷에 대해서는 무엇 하나 알려져 있지 않기 때문이다(제8장).

자신이 빌리에게 사랑을 느끼고 있다는 점을 클레가트가 아예 깨닫지 못했을 리는 없다. 그는 빌리를 바라보는 자신의 눈이 눈물로 차올랐던 일을 알고 있었기 때문이다. 시기로, 결국은 '적대심antipathy'(제12장)으로 변화되어버리는 그 사랑은, 확실히 클레가트 본인에게도 불분명한 것이었을지 모른다. 하지만 그는 그것을 비록 아주 짧은 순간이라 해도 의식할 수는 있었을 것이다. 눈물을 흘린 적이 있었으니까 말이다.

그러나 그는 그 사랑에 따를 수가 없다. 누구로부터 그렇게 명령받은 것은 아니지만 아무래도 그의 본성이 그 사랑에 따르는 것을 허용하지 않는다. 그의 안에 있는 무언가가 사랑에 따르는 것을 불허하는 것이다. 아름다운 것을 사랑하고 그 사랑에 순순히 따르며 사는 당연한 일을 클레가트는 허용받지 못하고 살아간다. 사랑이 시기로 변하고 시기는 타오르는 듯한 적대심을 낳는다. 클레가트도, 또 우리 독자들도 어째서 그것이 그의 숙명인지, 그 이유는 알 수가 없다.

사람은 상대에게서 자신을 볼 때 시기한다

클레가트의 그때까지의 인생이 수수께끼인 한, 우리는 그 숙명의 경위를 알 도리가 없다. 다만 그것을 좀 더 분석해볼 수는 있다.

스피노자는 시기라는 감정에 대해 해설하면서 어떤 사람도 자신과 동등치 않은 자를 시기하지는 않는다고 말한다(『에티카』 제3부 정리55 보충(系)).

'이 사람은 나와는 달라', '이 사람은 나보다 원래 뛰어나지'라고 생각하는 인물에 대해 사람들은 시기하지 않는다. 반면 '이놈에게 이게 가능하다면 나 역시 가능해도 되는 거 아냐?', '저 녀석이 되는데 나라고 안 될 건 뭐야!'라고 생각되는 인물에 대해 사람은 시기한다. 시기는 비교와 분리될 수 없는 것인지라 비교 불가능한 것, 예컨대 자신과는 격이 다른 인물에 대해서는 그러한 감정을 품지 않는 것이다.

그렇기 때문에 시기의 마음이 싹튼 순간 사람들은 마치 자신에게 들려주기라도 하듯이 '저 녀석은 어렸을 때부터 달랐으니까', '저 사람은 어린 시절부터 주위 인간들과는 달랐을 테지'라고 말하는 것이다. 어린 시절부터 격이 달랐다면 지금 자신과 그 인물 사이에 능력이나 형편의 큰 차이가 있어도 그 차이는 허용할 수 있는 것이 된다. 그것은 애당초 출발점이 다른, 격이 다른 인물과의 차이이기 때문이다.

이렇게 자신을 타이르는 것은 요컨대 자신이 시기를 품을 성싶은 인물을 자신과 동등하지 않은 존재로 변환하는 절차인 것이다. 사람은 하늘을 날 수 있는 새를 동경하기는 해도 시기하진 않는다. 이와 달리 사람이 시기를 할 때는 상대에게서 자신을 보고 있는 것이다.

"빌리 버드의 미모, 발랄하고 건강한 지체肢體, 싱그러운 생명을 순수하게 향수하는 모습"(제12장)을 다른 선원들은 시기하지 않는다. 단지 그에게 호의적으로 대할 뿐이다. 하지만 클레가트는 다르다. 이미 말한 바와 같이, 비어를 제외하면 오직 클레가트만이 "빌리를 통해 표현된 도덕적 현상을 지적으로 충분히 이해할 수 있는 유일한 인간"이었기 때문이다.

클레가트는 빌리의 고귀함에 필적하는 지성을 가질 수 있었기 때문에 빌리를 시기했다. 그렇긴 하지만 중요한 것은, 클레가트는 빌리를 시샘한 반면, 비어 함장은 빌리를 시샘하지 않았다는 점이다. 이는 클레가트의 지성이 시기의 조건이기는 했어도, 그 원인은 아니라는 것을 의미한다. 비록 클레가트 수준의 지성을 갖고 있다 해도 사람이 반드시 빌리를 시기하진 않는다는 것이다.

클레가트도 생각대로 행위할 수 없다

이렇게 생각하다 보면 새삼 클레가트의 인생의 어둠이 우리 독자들의 마음을 무겁게 내리누른다. 사랑을 그대로 느끼지 못하도록 마음을 빚어 내고 만 그의 인생의 어둠을 우리는 알 수가 없다. 그렇기 때문에 그 어둠은, 그것을 상상하는 독자들의 마음을 더더욱 어둡게 만든다.

멜빌은 분명히 그의 마음의 타락을 '인간의 본성 자체에 뿌리박은 타락'이라 불렀다. 하지만 그렇다고 해서, 그 타락이 그의 그때까지의 인생과 무연하다고 할 수 있을까? 확실히 그것은 '저열한 욕망이나 관능적 욕망과는 무연'한 타락일 것이다. 알기 쉬운 이유로 뚝딱 설명할 수 있는 그런 것이 아니다.

그러나 그 역시 그때까지의 인생을 살아온 것이다. 긴 시간의 흐름 속에서 그는 거의 숙명이라고밖에 할 수 없는 타락을 배양시키고 만 것이다. 인생을 살아가고 있는 인간이라면 마음의 타락은 그런 것일 수밖에 없다.

그렇다면 빌리의 모습을 바라보면서 두 눈을 눈물로 가득 채우는 클레가트는 한편으로는 빌리를 향한 사랑을 느끼면서 다른 한편으로는 빌리 안에서 **자신이 그럴 수 있었을 지도 모를** 그런 인물을 보고 있었다고 생각하지 않을 수 없다. 빌리의 용모나 형색이 "비천하지 않은 혈통"을 느끼게 하는 것이었듯이(제2장) 클레가트의 모습은 "사실은 사회적으로든 정신적으로든 고귀한 자질을 타고난 인간"임을 짐작케 하는 것이었다고 한다(제8장).

타락을 초래한 인생을 짊어지고 살아가는 이 인물은 밝게 빛나는 삶을 살아온 빌리에게서 자신과 동등한 혹은 동류의 존재를 발견하고 그런 까닭에 시기의 감정을 품었다. 그런 의미에서는 클레가트가 빌리일 수 있었고, 또 빌리는 클레가트일 수도 있었다. 아니, 그건 너무 지나친 말일 수도 있겠다. 하지만 클레가트의 눈에는 그렇게 비쳤다. 자기는 어쩌면 빌리 같은 인생을 보낼 수 있었다. 빌리 역시 뭔가가 어그러졌더라면 자기 같은 인생을 보낼 수도 있었다. 흥미롭게도 빌리가 그리스도에 비겨 표현되듯이 클레가트도 한 번 '슬픔에 찬 사람the man of sorrows', 즉 그리스도에 비겨 표현된다(제17장).

모종의 계기로 클레가트가 자신이 품은 사랑을 순순히 받아들일 수 있었더라면 이런 식으로 죽는 일은 없었을 것이다. 그러나 그의 마음이, 그의 마음속의 뭔가가 그것을 불허한다.

그는 자기 인생이 초래한 타락 탓에 생각대로 행위할 수 없다. 빌리가 심신에 관련된 특징 혹은 그 기질 때문에 생각대로 행위할 수 없는 것과 마찬가지로 클레가트 또한 생각대로 행위할 수 없는 것이다. 그리고 그 점이 그의 운명을 결정한다.

4. 역사

빌리라는 독자, 클레가트라는 독자

앞서 소개한 존슨의 『빌리 버드』 평론, 즉 「멜빌의 주먹」은 이 소설에 대해 이야기할 때 결코 제외할 수 없는 기념비적인 비평이다. 그녀는 빌리와 클레가트의 대립을, 이 소설에 대해 그동안 쓰여온 두 계열의 비평의 대립과 포개어 보였다.[299]

빌리는 무슨 일이든 순직하게, 글자 그대로, 액면 그대로 받아들인다. 그래서 빌리는 실제로 눈앞에서 클레가트에게 고발당할 때까지 그를 의심하는 일이 없다. 존슨에 따르면 이 '글자 그대로 읽는 독자'로서의 빌리는 『빌리 버드』라는 소설을, 멜빌이 만년에 신이나 숙명을 받아들였다는 증거로 읽어내는 수납受納파의 독해에 대응한다.

그에 반해 이 소설을 이 세상에 대한 저항이라고, 멜빌은 빌리의 비극을 사회에 대한 하나의 풍자로 그린 것이라고 보는 풍자파의 독해가 있다. 이 독해는 클레가트에 대응한다. 클레가트는 무슨 일이든 액면 이상의 것으로 받아들인다. 빌리가 상선에 고한 작별인사를, 클레가트는 강제 징용에 대한 불만의 표명으로 받아들인다. 바탕부터 순진한 존재인 빌리에게서 클레가트는 그 이면을 보고자 하는 것이다.

나아가 존슨은 빌리라는 존재, 클레가트라는 존재를 독해함에 있어서도 두 가지 입장이 존재한다고 지적한다. 하나는 그녀가 형이상학적이라 부르는 것이고, 또 하나는 정신분석적인 것이다. 형이상학적 독해는 빌리와 클레가트를 각각 선과 악의 상징으로 읽는다. 이 경우 빌리의 살인은 뜻하지 않은 사건으로 해석된다.[300] 빌리는 '선'임에도 불구하고 잘못하여 클레가트를 죽인 잘못을 저지르고 만 것이고, 그런 점에서 빌리에 의한 살인은 동기를 결여한 것이 된다. 그에 반해 정신분석적 독해는 빌리의 일격을 무의식적 소망의 실현으로 파악한다. 요컨대 이 독해는 빌리의 무구함을 탈신비화하고자 한다.[301]

존슨은 이 두 가지 독해의 대립도 빌리와 클레가트에 포갠다. 형이상학적 독해는 선과 악이라는 단순한 상징만을 읽는다. 빌리가 사태를 모두 액면 그대로 받아들이는 것과 똑같이 말이다. 한편 클레가트는 정신분석이 늘 숨겨진 의미를 찾아내고자 더듬거리는 것과 마찬가지로, 늘 사물이나 사태의 이면을 탐구한다. 존슨에 따르면 멜빌은 어떤 장면에서 클레가트를 마치 정신분석가 같은 존재로 그려낸다고 한다.[302]

이렇게 생각해보면 빌리와 클레가트 두 사람은 이 소설을 읽는 사람들의 태도를 선취하고 있는 듯하다. 존슨에 따르면 이 대립하는 독해는 양립 불가능하다. 하지만 양측 모두 소설에 드러난 증거에 의해 동등하게 지지될 수 있다. 요컨대 **어느 한쪽만 옳다고 할 수는 없다.**

> 멜빌이 독자들에게 어느 쪽인가를 선택하라고 요구하는 것 같지는 않다. 도리어 정신분석과 형이상학, 우연과 결정, 의지에 의한 것과 우연적인 것, 무의식적인 것과 윤리적인 것 등이 대립하는 그 한복판에서 문제가 되는 것에 대해 음미하도록 그러한 콘텍스트를 독자들에게 제공하고 있는 것이다.[303]

이 대목은 논문의 전반 부분에서 가져온 것인데 그녀의 결론과 사유를 극도로 콤팩트하게 정리한 문장이다. 요컨대 『빌리 버드』라는 소설은 테제를 제시하고 있다기보다는 테제가 선택됨에 있어서의 여러 조건들, 그 콘텍스트를 주도면밀하게 제시하고 있다는 것이다.

역사적 콘텍스트에 의해 독해가 결정된다

존슨의 이러한 독해 태도가 말하자면 상징적으로 나타나는 것이, 바로 비어 함장에 대해 자리매김하는 대목이다. 존슨에 따르면 비어는 빌리와 클레가트의 대립, 어떤 의미에서는 단순한 그 대립 속에 등장하여 판단을 내리는 인물이다. 실제로 비어는 재판에서 빌리에게 사형 판결을 내렸다. 그러나 비어는 단지 판단을 내리는 것만이 아니다. 빌리나 클레가트와는 달리 비어는 늘 선례나 역사적 상황에 의거한다. "비어는 과거나 미래를 조사하여 해석의 지침으로 삼는다."[304]

이것은 무엇을 의미할까? 빌리와 클레가트는 『빌리 버드』라는 소설을 읽는 이의 입장을 상징하는 것이었다. 그리고 그것들은 양립 불가능하지만 동시에 양쪽 모두 지지받을 만하다. 빌리의 무죄는 물론이려니와, 실은 클레가트의 의심의 정당성 역시 지지받을 수 있는 것이었듯이 말이다.

비어는 그 사이에 서서 역사를 참조하여 판단을 내린다. 이것은 결국 『빌리 버드』라는 소설을 독자가 어떻게 읽을 것인지도 독자가 서 있는 역사에 의해 결정된다고 하는 것을 의미한다.

자의적인 것과 동기부여된 것, 풍자적인 성격과 글자 그대로의 것 등 언어가 그 사이에서 늘 흔들리는 매개 변수이다. 그리고 읽는 사람 각각에게 그 두 가지 측면이 어떠한 비율로 감지될지는 역사적 콘텍스트만이 결정한다.[305]

즉, 독해는 역사라는 콘텍스트에 의해 결정되는 것이어서 어느 독해가 선험적으로ᵃ priori 올바르다고는 할 수 없다. 존슨에 따르면 선례나 역사적 상황 등을 참고하면서 판단을 내리는 비어는 독자에 의한 독해가 역사 속에서 결정되는 양상에 대한 알레고리(비유)이다.

비어의 착란

존슨의 독해는 굉장히 빼어나서 이 소설을 읽는 독자의 머리를 깨끗이 정리해준다. 그렇지만 여기에 만족하지 말고 더 앞으로 나아가보자.

방금 전 우리는 비어 함장에 대한 자리매김에서 존슨의 독해 태도가 상징적으로 나타난다고 말한 바 있다. 존슨은 비어를, 양립 불가능하지만 그 각각은 지지할 만한 독해들 중 어느 한쪽을 선택하는 것이 콘텍스트에 의존한다는 점을 상징하는 존재로 자리매김했다. 그러면 실제로 판단을 내릴 때의 비어는 어떠했던가?

비어는 임시 군법회의 석상에서 빌리에게 '너를 믿는다'라고 말한다. 이 한마디는 사건의 추이를 불안한 심정으로 바라보고 있던 독자에게 희망을 품게 한다. 하지만 그 뒤 비어는 독자가 상상하던 방향 혹은 기대하던 방향과는 정반대 방향으로 나아간다.

그 태도는 사실 어떤 규율 위반도 불허하는 엄격한 군인의 태도라기보다는 판단을 자기 이외의 무언가에게 맡기려고 하는, 어딘가 무책임한 태도이다. 비어는, 자신들은 군인 장교로 임관을 하는 순간 자유로운 행위자이기를 단념한 것이며, 선고를 내리는 것은 자신이 아니라 자신들을 통해 효력을 발휘하는 군형법이라고 말한다. "군형법에 대해 그리고 군형법의 준엄함과 가혹함에 대해서 우리는 책임을 질 입장에 있지 않네."(제21장)

사실은, 재판에 입회한 해병대장의 경우 빌리를 옹호하며 그가 반란도 살인도 의도하지 않았음이 확실하다고 주장한다(제21장). 그러나 비어는 굽히지 않는다. 그에 의하면 빌리의 범죄 유무 따위는 문제가 아니다. 문제는 그의 행위이다.

비어의 말을 들으면서 그를 고통스러운 판단을 받아들이는 멋진 군인이라고 여기는 독자들도 있을지 모르겠다. 이러한 태도야말로 실은 존경해야 할 군인의 태도라고 말이다. 그러나 우리 독자들은 대부분 18세기 말 영국 해군의 분위기에 대해서도, 또 당시 군형법 운용의 관습에 대해서도 무지하다는 사실을 잊어선 안 된다. 이러한 법의 운용이 진정으로 제대로 된 것인지에 대해서 우리는 그리 쉽사리 판단을 내릴 수 없는 것이다.

그렇다면 **그것을 알고 있는 사람으로부터 가르침을 받지 않으면 안 된다.** 실제로 멜빌은 이를 위해 따로 한 장을 마련해놓았다. 1페이지도 안 될 정도로 지극히 짧은 탓에 기묘한 고립감을 풍기는 제20장에서 멜빌은 군의관으로 하여금 일의 경과에 대한 감상을 이야기하게 한다. 군의관에 따르면 기본적으로 임시 군법회의 소집부터가 현명한 조치라 하기 힘들다고 한다.

> 그가 생각할 때에 먼저 해야 할 일은 빌리를 구금하는 것, 그것도 관례에 따라 구금하는 것이다. 그 다음에 이토록 이상한 사건에 대해서는 더이상의 행동은 보류하고 벨리포텐트 호가 모母함대로 복귀하기를 기다려 함대 사령관인 제독에게 사건의 처리를 맡겨야 한다. 군의관은 평소와는 전혀 다른 비어 함장의 동요와 흥분의 외침을 상기하였다. 아무래도 평소의 함장과는 달랐다. 정신착란이라도 일어나고 만 것인가?(제20장)

그렇다. 이런 '이상한 사건'과 맞닥뜨린 상황에서, 선고를 내리는 것은 우리들이 아닌 우리를 통해 효력을 발휘하는 군형법이야 운운하며 판결을 서두르는 것은, 냉정하고 엄격한 군인이 할 일이 전혀 아니다. 물론 군의관의 판단이 절대로 옳다고는 단언할 수 없다. 하지만 당시 군형법의 운용이라는 관점에서 보면, 비어의 판단이 반드시 관례에 바탕을 둔 것은 아니었다고 하는 것이다.

비어 함장은 뭔가에 강제당하여 이런 식으로 행동하고 있다. 그렇기 때문에 군의관은 정신착란이라는 말까지 사용하여 이때의 비어를 형용했다.

비어도 역시 생각대로 판단을 '내릴 수 없다'

그럼 비어에게 이렇게 거동하도록 강제하는 것은 무엇인가?

비어는 앞서 보았던 대로 군인과 군형법의 관계 등에 대한 그럴싸한 설명을 장황하게 늘어놓고 있는데, 말미에 그가 실제로 가장 신경 쓰고 있던 점을 자백한다. 그것은 임시 군법회의에 입회해 있던 항해장航海長이 "유죄를 인정한다 해도, 벌을 경감할 수는 없겠는지요?"(제21장)라고 물었을 때의 일이다.

비어는 다음과 같이 말한다. 그러한 관대한 조치를 '민중people'(비어는 이때 선원들을 그렇게 불렀다)은 어떻게 받아들일까? 빌리의 행위는 틀림없이 살인이다. 그에 부과되어야 할 형을 그들은 알고 있다. 그것이 부과되지 않게 되면 어떻게 받아들일까? 그들은 노아에서 일어난 수병들의 반란을 상기할 것이 틀림없다. 그리고 바로 이러한 시기이기 때문에 법이 엄격히 집행되어야 하는데, 그리하지 않는다는 것은 사관들이 자기들한테 겁을 먹었다는 증거라고 여길 것임에 틀림없다. 이번의 관대한 조치를 사관들이 겁에 질렸기 때문이라고 생각할 것임에 틀림없다. 그러한 사태는 절대적으로 피해야만 한다….

그렇다. 비어의 마음을 가장 강하게 사로잡고 있는 것은, 군인으로서 엄격하고자 하는 의무감 따위가 아니다. 그것은 바로 **반란이 일어났다고 하는 사실**이다. 비어는 두려워하고 있다. 그렇기 때문에 두려워하고 있음을 '민중'에게 눈치채여서는 안 된다고 강하게 주장하는 것이다. 군인과 군형법의 관계에 대한 비어의 설명이 왠지 뻔한 거짓말 같고 그것을 열심히 설명하는 그의 모습이 어딘가 무책임하게 느껴지는 것은, 그가 가장 신경 쓰고 있는 것이 거기에 있지 않기 때문이다.

그는 마음속으로는 '지금은 이미 어쩔 수 없어'라고 생각하고 있는 것이다. 그렇기 때문에 평소대로라면 군의관이나 항해장처럼 판단했을 수도 있는 함장 비어가 지금은 생각대로 판단을 내릴 수 없게 되어 있는 것이다.

사람에게 자신이 선택한 일 따위는 없다

비어에 대한 존슨의 평가에 어떤 문제점이 있는지, 바로 이 지점에서 생각해볼 수 있을 것이다. 존슨은 이렇게 쓰고 있다.

> 비어는 죄의 유무를 결정하기 전에, 그의 결정을 가능케 할 참조틀*을 먼저 규정 및 제한해야 한다. 그는 '본질적인' 콘텍스트보다 '법적인' 콘텍스트를 선택함으로써 그러한 규정 및 제한을 실행하는 것이다. 이렇듯 어떤 참조틀을 취해야 마땅한가를 결정하는 것이 바로 이후 진행될 결의의 과정을 결정한다. 요컨대 비어가 일단 그의 콘텍스트를 규정해버리면, 그는 사실상 결정에 이미 도달한 셈이다.[306]

빌리의 '선'을 구출하는 본질적인 콘텍스트를 선택할 것이냐, 아니면 빌리의 행위만을 묻는 법적인 콘텍스트를 선택할 것이냐, 그 어느 쪽이냐에 따라 판단은 달라진다. 판단을 결정하는 조건인 '참조틀'에 판단 자체가 의존하는 모습을 존슨은 비어에게서 읽어내고 있다.

그러나 우리는 여기서 커다란 의문을 제기하지 않을 수 없다. 사람은

◆ 기준계 혹은 좌표계의 뜻도 함의되어 있다.

참조틀을 선택할 수 있는 것일까? 어느 콘텍스트에 의존할지를 결정할 수 있는 자유 같은 게 존재하는 것일까?

왜냐하면 비어는 자신이 의존해야 할 콘텍스트를 자유로이 선택하는 따위의 처지에 있지 않기 때문이다. 빌리를 사형에 처할 수밖에 없다는 상념을 비어에게 품게 하는 것은 바로 그의 안에 있는 두려움이다.

이러한 의문을 제기하자마자 존슨이 사실은 반란에 대해 거의 언급하지 않았고, 또 비어가 판단을 내림에 있어 반란이 결정적 요인이었다는 점에도 주의를 기울이지 않았다는 점이 새삼 의식되기 시작한다.[307]

존슨은, 양립 불가능하지만 그 각각은 지지 가능한 독해 방식이 여러 가지가 있고, 그중 어떤 방식이 선택되는가는 역사적 콘텍스트에 의해 결정된다는 도식으로 이 소설을 독해하고자 한다. 그렇기 때문에 역사의 어떤 요소가 다른 요소들을 압도할 정도로 강력하게 작용하고, 그래서 **더 이상 선택의 자유 따위는 인정되지 않는** 그런 사태에는 주의를 기울일 수가 없다.

물론 존슨이 말하는 내용은 올바르다. 틀을 선택하면 결정은 내려지는 것이다. 정확히 맞는 얘기이다. 그러나 역사에 대한 존슨의 설명은 어딘가 추상적이다. 바꿔 말하자면 인간 존재가 추상적으로 파악되고 있다. 인간이 역사 속에서 그토록 자유로운 것일까? 지금까지 어느 누가 자신이 참조하는 틀을 자유로이 선택하여 판단을 내린 적이 있었단 말인가?

이렇게 되면 존슨의 사상 저 깊숙한 곳에는 **의지의 자유에 대한 신앙이 있는 게 아닌가** 하는 의문마저 싹트기 시작한다.[308]

역사의 강제력: 마르크스의 말

존슨이 비어라는 인물을 역사와 결부 지었던 것은 정말이지 혜안이 아닐 수 없다. 이 점은 아무리 강조해도 지나치지 않다. 그러나 존슨은 역사를 중립적인 조건으로 간주하고 있는 게 아닐까? 그는 역사가 지닌 강제력을 지나치게 과소평가하고 있는 것 아닌가?

그렇게 생각할 때, 아무래도 언급하지 않을 수 없는 것은 칼 마르크스의 『루이 보나파르트의 브뤼메르 18일』 서두에 있는 다음과 같은 유명한 말일 것이다.

> 인간은 자기 자신의 역사를 만든다. 하지만 자기 생각 대로 만드는 것은 아니다. 자신이 선택한 환경하에서가 아니라, 바로 눈앞에 있는, 주어진, 과거로부터 물려받은 환경하에서 만드는 것이다.

마르크스의 이 유명한 구절은 실로 멋진 문학적 표현이다. 만일 이 문장이 "인간은 자기 자신의 역사를 생각하는 그대로 만들고 있는 것이 아니다"라는 표현이었다면, 그 의미하는 바는 엉망이 되어버린다. "인간은 자기 자신의 역사를 만든다Die Menschen machen ihre eigene Geschichte"에 "하지만 생각하는 대로 만드는 것은 아니다aber sie machen sie nicht aus freien Stücken"라는 말이 이어지기 때문에, 인간이 역사를 만든다고도, 또 그것을 강제당하고 있다고도 잘라 말할 수 없는 양상이 멋지게 표현되고 있는 것이다.

역사는 인간이 생각한 대로 만들어낸 것이 아니다. 하지만 그것은 인간이 만든 역사로 간주된다. 바로 여기에 역사와 인간의 잔혹한 관계가 있다. 인간이 참조틀을 선택한 일은 단 한 번도 없다. 인간은 바로 눈앞에 있는, 주어진, 과거로부터 물려받은 참조틀 아래에서 판단을 내릴 수밖에 없는 것이다.

5. 그들은 대체 누구인가

아렌트의 독해

이런 식으로 『빌리 버드』라는 소설을 읽어가다 보면 빌리, 클레가트, 비어 중 어느 누구도 **생각하는 대로 행위할 수 없는** 인물이라는 점이 드러난다.

빌리는 신체, 클레가트는 감정, 비어는 역사 때문에 생각하는 대로 행위할 수 없다. 혹은 빌리는 기질, 클레가트는 인생, 비어는 사회 때문에 생각하는 대로 행위할 수 없다 해도 좋을지 모르겠다. 우리는 그들을 어떻게 파악하면 좋을까?

여기서 다시 한 번 그녀를 언급할 수밖에 없다. 우리가 지금까지 몇 번이나 언급해온 철학자, 바로 한나 아렌트이다.

아렌트는 미국 독립혁명과 프랑스혁명을 비교해서 논의한 『혁명에 대하여』라는 저작에서 『빌리 버드』를 논하고 있다. 아렌트는 멜빌의 이 소설에 강한 충격을 받았던 듯, 옛 스승인 하이데거에게 이를 한 권 증정했을 정도였다. 『혁명에 대하여』는 프랑스혁명의 유명함에 대항하여 미국 독립혁명이 지닌 정치혁명으로서의 성격을 높이 평가한 책인데, 『빌리 버드』는 프랑스 혁명에 영향을 끼친 철학자 루소나 실제 혁명의 지도자인 정치가 로베스 피에르 등의 사상의 맹점을 예리하게 도려내는 작품으로 언급되고 있다.

아렌트가 무엇보다 주의를 촉구하는 것은 덕이 선과 반드시 일치하는 것은 아니며, 악덕이 반드시 악과 일치하는 것은 아니라는 사실이다. 여기서 덕이란 인간 사회 속에서 통용될 수 있는, 그리고 또 통용되고 있는 그런 도덕적 규범을 가리킨다. 태반의 사람이 동의할 수 있는 모범 같은 것이라고 생각하면 되겠다.

루소와 로베스 피에르는 그러한 덕이 불운하고 가난한 사람들의 마음에 자연스레 나타나는 것이라 생각하고 있었다. 그도 그럴 것이 루소와 로베스 피에르는 루소와 로베스 피에르가 부유한 사람들의 무시무시한 이기주의를 직접 목도했던 것이다.

부가 초래하는 안락은 인간으로부터 인간이 본래 갖추고 있는 공감 능력을 빼앗는다. 요컨대 타락한 사회는 이기주의라는 악덕을 만연시킨다. 그에 반해 그러한 안락을 알지 못하는 가난한 사람들은 공감 능력을 갖는다. 그들은 마찬가지로 비참한 처지에 있는 사람들에 공감하고, 동정할 수가 있다. "비참의 고뇌는 선을 산출한다."[309]

루소나 로베스 피에르에게 있어, 타인과 함께 고뇌하는 동정의 감정이야말로 덕이고 선이었다. 역으로 이기주의야말로 사회가 초래한 악덕이요, 악이었다. 이리하여 선과 악은 덕과 악덕에 어렴풋이 포개진다. 프랑스혁명의 사람들은 덕을, 불운한 사람들이 불운하기 때문에 가질 수 있는 '속성'이며 심지어 빈민의 '세습 재산'이라고까지 생각했다. 그리고 거기서 선을 보았다.

아렌트는 그들의 이러한 확신에 근본적으로 이의를 제기한다. 아렌트에 따르면 루소와 로베스 피에르가 이해하지 못했던 것은 '절대선은 절대악보다 위험이 적지 않다'[310]라는 점, 그리고 덕을 초월하는 선, 악덕을 초월하는 악이 있다고 하는 점이다. 바꿔 말하자면 선과 악에는 인간의 사회에서 통용될 수 있는, 그리고 통용되고 있는 규범에 다 포괄되지 않는 **과잉**이 있다는 것이다.

그 과잉을 알고 있는 사람이라면 선이 덕에 위배되는 경우가 있음을 분별하고 있을 것이다. 혹은 악덕이라 불리는 것이 선의 기능을 수행하는 경우도 있다는 것을 알고 있을 것이다. 그러나 이 과잉을 모르는 사람, 이 과잉에 주목해보려 하지 않는 사람은 덕에게 절대적인 선의 역할을 부여하고자 한다. 그러할 때, 일반적으로 통용될 수 있고 통용되고 있는 규범은 하나의 통념일 뿐임에도 불구하고 절대성을 손에 넣게 된다. 사람들의 동의를 근거로 하는 덕이, 사람들의 동의를 필요로 하지 않는 선의 성질을 몸에 두른다. 상대적인 것일 수밖에 없는 덕이 절대적인 지위를 획득한다.

한마디로 말하면 아렌트는 이렇게 덕과 선을 혼동한 데에서, 로베스 피에르가 빠지고 만 공포 정치의 한 원인을 찾는다. 예컨대 그에게 애국심은 혁명을 떠받치는 덕이다. 그리고 그것은 덕에 불과하다. 그런데 로베스 피에르는 거기서 선을 본다. 그렇기 때문에 바로 이 선을 추구하면서 가짜 애국자를 몰아내고자 한다.

로베스 피에르 자신이 말했듯이 "애국심은 마음의 문제이다".[311] 따라서 진짜 애국자와 가짜 애국자를 분간하는 것은 불가능하다. 아니, 의심의 대상이 되면 어떤 인간도 위선자가 되지 않을 수 없다. 이리하여 위선을 배제하고자 하는 끝없는 투쟁이 시작된다. 의심스러운 자를 잇달아 기요 틴에 거는 공포정치가 시작되는 것이다.

아렌트에 따르면 멜빌은 사회나 정치와 본질적으로 대립하는 선과 악의 이러한 모습을 그린 것이다. 말할 필요도 없이 그 선이란 빌리이고, 악이란 클레가트이다.

폭력적인 선

이 해석은 존슨이 말했던 형이상학적 해석에 대응하는 것처럼 느껴진다. 빌리에게서는 선의 상징을, 클레가트에게서는 악의 상징을 보는 것이니까 말이다. 그러나 아렌트의 해석은 그런 미지근한 것이 아니다. 형이상학적 해석은 빌리를 선으로 보기 때문에 그의 일격을 동기를 결여한, 뜻하지 않은 행위로 간주했다. 그러한 해석은 결정적으로 선을 잘못 보고 있는 것이다.

선은 과잉이다. 과잉이기 때문에 악을 폭력적으로 배제한다. 그리고 또한 과잉이기 때문에, 악덕을 비판하면서 덕에 따라 살아가고자 하는 시정의 필부들에게는 그 의미가 이해되지 않는다. "자연적 선은 '말을 더듬고' 그 목소리가 확실히 나오지 않아 의미를 이해할 수가 없다."[312]

선은 덕처럼 동의나 통념에 의거하지 않는다. 그래서 "온화하게 행동하는 것이 아니라 강력하게, 실제 폭력적으로 자기를 주장한다".[313] 아렌트가 말하는 대로, 선을 온화함이나 약함과 동일시하는 사람들에게는 이것이 완전히 놀라운 일일 것이다. 하지만 그것이 놀랍게 느껴지는 이유는,

우리가 선을 정면에서 응시하려 하지 않고 그것을 늘 다른 것으로 치환하려 하기 때문이다.

아렌트의 결론은 비어 함장을 통해서 도출된다. 절대적 선과 절대적 악의 갈등 속으로, 비어의 인격을 통해 '덕'이 밀고 들어온다. 덕은 선보다 열등하다. 그것은 사람들의 동의나 통념을 기반으로 하는 규범이어서 상대적인 것에 불과하기 때문이다. 하지만 덕은 상대적이기 때문에 '영속적인 제도'를 실현할 수 있다. 정치라는 영위를 통하여 사회를 구축해갈 수 있다. 영속적인 제도는 비어가 프랑스혁명의 사상을 비판할 때 사용하던 말이다(제7장).

아렌트는 다음과 같이 지적한다. "절대적인 자연적 결백은 단지 폭력적으로 행동할 수 있을 뿐이라서 '세계 평화와 인류의 참된 행복에 적대한다'."[314] 왜냐하면 선은 절대적이기 때문에 사람들을 설득하지도 않은 채 다만 악을 배제하기 때문이다. 참고로 이 인용문 속에 따옴표 표기가 되어 있는 대목도 역시나 비어의 말이다.

이리하여 덕이 담당해야만 할 사명이 분명해진다. 덕은 범죄를 저지할 뿐 아니라 선이 행사하는 폭력도 벌하지 않으면 안 된다. 덕은 법으로써 이를 수행한다. 클레가트를 살해한 것은 신의 천사인 빌리였지만 법은 이 천사를 교수형에 처해야만 한다.

법의 입장에서는 빌리의 선을 인정해줄 수가 없다. "법률은 죄와 덕 사이를 왔다 갔다 요동하는 것으로, 그걸 초월하는 것을 인정해줄 수는 없"기 때문이다. 그리고 법의 입장에서는 빌리를 인정하는 것만 불가능한 것이 아니다. 법은 클레가트를 재판하는 일도 불가능하다. "법은 근원적인

악에 가해져야 할 벌칙을 갖고 있지 않"기 때문이다.[315]

아렌트는 이상의 내용을 다음과 같이 정리한다. "비극은 법률이 인간을 위해 만들어져 있을 뿐, 천사나 악마를 위해 만들어진 것이 아니라는 점에 있었다."[316] 법은 악덕을 벌하고자 하지만 근원적인 악은 그것을 빠져나가버린다. 자연적인 선은 덕을 전혀 배려하지 않기 때문에, 덕과 함께 있고자 하는 법은 이를 벌하지 않으면 안된다.

사람을 고통스럽게 하는 진리

빌리, 클레가트, 비어를 각각 선, 악, 덕으로 파악하는 아렌트의 독해는 이 이야기를 하나의 알레고리로 읽는 것이며, 그 의미에서는 단순하게 느껴지기도 한다. 실제로 특히 클레가트에 대해서는 많은 세부사항들이 빠져 있다(아렌트는 클레가트의 시기에 대해서는 언급해도, 빌리에 대한 그의 사랑은 언급하지 않는다).

그러나 이로부터 도출되는 결론은 극히 심각한 것이어서, 『빌리 버드』를 읽으며 그것을 무시할 수는 결코 없다. 사람은 동정하는 존재이며 선을 추구하는 존재이다. 하지만 아렌트에 따르면 "동정은 단지 정열적인 격렬함으로 고뇌하는 사람 그 자체를 향할" 뿐, "정치의 관점에서 말하자면 동정은 무의미하고 그 어떤 중요성도 없다".[317] 그리고 선은 "모든 정치 조직의 형태에 해로운 근원적 폭력을 가지고 있다".[318]

바로 이 동정과 선을 체현하는 것이 다름 아닌 빌리이다. 『빌리 버드』에서 빌리는 희생자임에도 불구하고 자신의 형이 집행되기 직전에 자신을 죽음으로 내모는 비어에게 동정을 느끼는 것이다.

인간이 그 천성으로서 동정을 하고 또 선을 추구한다는 점을 인정하면서도, 법과 정치를 그와는 엄격히 구별함으로써 이 천성에 미혹됨 없이 덕을 덕으로서 추구하는 것, 아마도 그것이 정치와 인간을 둘러싼 아렌트의 비전이었을 것이다. 이 설득력 있는 비전은 필시 모종의 진리를 직접 가리키고 있다. 그리고 그것은 우리를 대단히 고통스럽게 하는 진리이다.

하지만 비록 그것이 진리였다 해도, 아직 무언가 아렌트의 이러한 결론에 덧붙여야 할 것이 있지 않을까? 『빌리 버드』라는 소설을 읽으며 우리가 얻은 결론으로부터 거기에 덧붙일 뭔가를 찾을 수 있지 않을까?

자유로울 수 없는 우리

우리는 빌리도, 클레가트도, 비어도 저마다의 이유 때문에 생각대로 행위할 수 없는 인물이라고 말했다. 그 이유를 우리는 신체 또는 기질, 감정 또는 인생, 역사 또는 사회라 일컬었다.

이렇게 정리해보면 그것들은 우리가 부자유스러운 이유들을 망라한 것임을 깨닫게 된다. 우리는 자신이 지니고 태어난 것 때문에, 혹은 살아온 시간의 무게 때문에, 혹은 다른 사람들과 만들어가는 관계 때문에 자유로울 수 없다. 행위를 강제당한다.

그러면 다음과 같이 말할 수 있지 않을까? 빌리도, 클레가트도, 비어도 각각 우리라고. 우리가 빌리이고 클레가트이고 비어라고.

법률은 인간을 위해 만들어져 있는 것이지, 천사나 악마를 위해 만들어진 것은 아니라고 아렌트는 말했다. 물론 그러하다. 하지만 빌리, 클레가트, 비어가 단지 선, 악, 덕을 체현하는 알레고리적인 형상일 뿐만 아니라 무심한 일상생활 속에서 부자유를 느끼면서도 어떻게든 살아가고 있는 우리를 비쳐주는 존재라고 한다면, 그들이 관련된 법은 우리 같은 흔한 인간들을 심판하는 것으로서도 그다지 잘 만들어진 것은 아니지 않을까? 우리는 천사나 악마를 심판할 법을 갖고 있지 않다. 그렇다면 우리들을 심판할 법은 갖고 있다고 자신 있게 말할 수 있을까?

물론 이런 식으로 말하는 것은 법에 대해 과도한 기대를 거는 것일 수도 있다. 복수의 인간이 함께 살아감에 있어 오직 법만을 의지처로 삼아온 것은 확실히 아니었다. 그러나 지금 우리가 아는 법의 한계를 확인하는 일이 무의미하지는 않을 것이다. 빌리도, 클레가트도, 비어도 모두 그 어떤 것도 호소하지 않고 죽어갔다. 그들의 인생과 죽음은 우리에게 이 한계와 마주하여 그것을 사유하도록 요구하고 있다.

6. 중동태의 세계를 살아간다

마지막으로 다시 한 번 이 책의 관점에서 세 사람에 대해 생각해보자.

그들은 생각대로 행위할 수 없다. 하지만 그렇다고 해서 그들의 실제 행위가 그 이외의 것일 수 없었다고 단언할 수 있는 것도 아니다. 여기서 의지 따위는 당연히 문제가 되지 않는다. 하지만 의지 등이 더 이상 문제 되지 않는다고 해서 그들이 뭔가에 완전히 조종당했다고 하는 것도 아니다.

예컨대 빌리가 클레가트를 쳤을 때, 빌리는 스피노자가 말하는 의미에서 상당히 수동적이다. 그 행위는 분노에 차 있다. 그리고 그 분노는 그의 앞에 나타난 믿기 어려운 부정^{不正}이 그 자신 안에 불러일으킨 것이었다.

하지만 스피노자가 구타에 대해 말했던 것을 상기해보자. 그렇게 보면 빌리의 행위에 스피노자가 말하는 의미에서의 능동성이 전혀 없다고는 할 수 없다. 빌리가 치는 동작은 역시나 빌리의 본질을 어느 정도는 표현하고 있다.

빌리는 그 신체적 특성 탓에 극단적이리만큼 수동적인 상태에 자주 놓인다. 하지만 완전히 수동적으로 되지는 않는다. 무슨 일인가를 완전히 강제당하는 것이 아니다. 아무리 수동적인 상태에 빠진다 해도, 거기에는 비록 미미할지라도 능동성의 계기가 남겨져 있다. 즉, 자유로워질 가능성이 남겨져 있다. 바꿔 말하자면, 빌리는 어떻게 하면 자유로워질 수 있었는가 하는 물음을 제기할 가능성은 남겨져 있다.

클레가트도 마찬가지이다. 그는 그 인생에 의해 타락하기를 강제당했다. 그것이 그로 하여금 빌리를 고발하기에 이르게 했다. 그러나 동시에 빌리 같은 존재에게 애정을 느끼는 마음을 완전히 상실했던 것도 아니었다.

클레가트가 자유에 대해 사고할 가능성 또한 남겨져 있다. 그 본질을 인생에 의한 강제로부터 구출할 모종의 수단, 예컨대 그의 인생을 이해해줄 동료, 사랑에 순직하게 마주하기를 가르쳐줄 기회, 자기 인생의 무게를 인식하는 것 등, 모종의 수단이 있었더라면 그는 자유로워질 수 있었을지도 모른다. 비어에 대해서도 마찬가지의 생각을 해볼 수 있을 것이다.

자유에 다가가기 위하여

완전히 자유로워질 수 없다는 것은 곧 완전히 강제된 상태로 추락하지도 않는다는 것이다. 중동태의 세계를 살아간다 함은 아마도 그러한 것이리라. 우리는 중동태를 살아가면서 때로는 자유에 가까워지고 때로는 강제에 가까워진다.

우리는 그 점을 좀체 알아차리지 못한다. 자신이 지금 얼마나 자유롭고 얼마나 강제당하고 있는지를 이해하는 것은 어렵다. 우리가 집단으로 살아가기 때문에 절대로 필요로 하는 법이라는 것도 중동태의 세계를 전제하지는 않는다.

우리는 아마도 우리 자신을 사유할 때의 방식을 근본적으로 갱신할 필요가 있을 것 같다. 사유 방식을 갱신하는 것은 용이하지가 않다. 그러나 불가능하지도 않다. 우리는 중동태의 세계를 살아가고 있으니까, 조금씩 그 세계를 알아갈 수가 있다. 그리하여 조금씩이긴 하지만 자유에 가까이 다가갈 수가 있다. 이것이 중동태의 세계를 앎으로써 얻어지는 미미한 희망이다.

에필로그

중동태의 존재를 안 것은 확실히 대학생 무렵이었던 것 같다. 본문에도 살짝 적었지만, 능동태와 수동태밖에 몰랐던 내게 중동태의 존재는 충격이었다. 충격과 동시에 '이것은 내가 생각해보고픈 일과 대단히 깊은 곳에서 연결되어 있다'라는 감각을 얻었던 일도 기억한다.

하지만 그것은 당시의 나에게는 너무나 버거운 테마였다. 단순한 문법 사항 하나를 도대체 어떤 식으로 논하면 좋을까? 그 뒤, 대학원에 진학하여 스피노자 철학을 전문적으로 공부하게 된 후에도 사태는 달라지지 않았다.

다만 논문을 쓰면서 스피노자에 대해 생각하고 있자면, 언제나 중동태에 대해 내가 품고 있던 이미지가 그의 철학과 포개져 오는 것이었다. 중동태에 대해 좀 더 확실한 이해를 하게 되면 스피노자 철학이 더 명쾌해질 터인데…. 그런 안타까움이 줄곧 있었다.

스피노자만이 아니었다. 수많은 철학, 수많은 문제들이 몇 번이고 내게 중동태와의 연고를 알려왔다. 그 연고가 감추어져 있기 때문에 무언가가 보이지 않게끔 되어 있다. 그러나 중동태 그 자체의 소식을 밝혀낼 수 없다면 보이지 않게끔 되어 있는 것이 무엇인지도 알 수 없다.

나는 그 누구도 괘념치 않았던 과거의 사건에 집착하는 형사 같은 심정으로 중동태에 대해 계속 생각했다.

§

전환점은 『인간은 언제부터 지루해했을까』(원제는 『한가함과 지루함의 윤리학』)라는 책을 출판한 뒤에 찾아왔다. 나는 이 책을 통해 많은 분들과 알게 되었는데, 그중 한 분이 소아과의사이자 연구자인 구마가야 신이치로熊谷晋一郎 선생이었다. 자폐증에 대한 박사논문을 집필 중이었던 그는 그 연구 과정에서 알코올이나 약물 등의 의존증에 관심을 갖게 되어, 그것을 테마로 한 흥미로운 논문과 에세이를 발표하고 있었다. 나는 그를 실제로 만나 이야기를 하게 되었고, 서로의 관심이 가까움을 확인했다.

그런 구마가야 선생이 『인간은 언제부터 지루해했을까』를 논하는 강연회를 개최해주셨다. 그 자리에는 약물·알코올 의존을 가진 여성을 지원하는 '다르크* 여성 하우스'의 대표이자, 자신도 알코올 의존 경험이 있는 가미오카 하루에上岡陽工 선생도 와 있었다.

구마가야 선생과 가미오카 선생은 『인간은 언제부터 지루해했을까』가 의존증을 사유하는 데 도움이 된다고 말해주었다. 자세히 설명하진 않겠지만, 하이데거가 말하는 지루함 3구분설에 입각하여 내가 쓴 생각("하이데거 자신이 기술하는 바와는 달리 가장 중요한 것은 결단에 이르는 지루함의 제3형식이 아니

◆ 다르크(DARC)는 Drug Addiction Rehabilitation Center의 약자로, 1985년에 자신도 약물 의존으로 체포된 경력이 있는 곤도 쓰네오(近藤恒夫)가 도쿄의 작은 아파트에 세운 약물 의존증 환자를 위한 자립지원 시설을 가리킨다. 현재 전국에 약 50곳의 시설이 있다. 가미오카 하루에가 현재 시설장이다.

라, 멍한 지루함에 잠겨 있는 제2형식이다")이 의존증으로부터의 '회복'을 사유하는 데에 참고가 된다는 것이었다. 구마가야 선생은 내가 논한 '소비' 개념에 대해서도 강한 관심을 보여주셨다.

자신이 쓴 것에 대해 '도움이 된다'라는 말을 듣는 것은 신비로운 경험이었다. '그 책을 쓰길 잘했어'라는 생각도 들었지만 그것만은 아니었다. 나는 내가 긴장하고 있음을 깨달았다. 내가 쓴 것은 이미 세상에서 일어나고 있는 일들과 결부되어버렸다. 그러니까 그것은 더 이상 나 혼자만의 것이 아니다. 그것이 원인이 되어 뭔가 쉽지 않은 일이 생긴다면, 나는 그걸 받아들여야만 한다.

그런 긴장감을 느끼는 가운데 그곳에서 구마가야 선생, 가미오카 선생, 다르크 멤버 여러분들의 말씀을 듣고 있자니, 이번에는 내 안에서 다음 과제가 마음속으로부터 밀고 나오는 것을 느꼈다. 내가 줄곧 매달려왔음에도 손을 대지 못하고 있던 그 사건, 중동태가 어느 시점에서 실종되어버린 바로 그 사건의 조사에 지금이야말로 나서지 않을 수 없다는 마음이 차올랐던 것이다.

그 이유는 나로서도 잘 설명할 수 없지만, 아마도 내가 그때 의존증 이야기를 상세히 들으면서 추상적인 철학의 언어로만 알고 있던 '근대적 주체'의 문제들이 실로 체험되고 있는 양상을 목격한 느낌이 들었던 것 같다. '책임'이나 '의지'를 운운해도, 그런 것들을 운운하기 때문에 도리어 어쩌지도 못하게 되는 고민이나 괴로움이 거기에 있었다.

점차 나는 의로운 마음을 품기 시작했다. 관심을 갖고 있기 때문이 아니었다. 재미있어 보이기 때문이 아니었다. 나는 중동태를 논하지 않으면 안 된다. 그런 심정이 나를 사로잡았다.

이 책의 편집을 담당한 시라이시 마사아키^{白石正明} 선생과 만나게 된 것도 이 강연회장에서였다. 아마도 강연회가 끝나고 모두 모여 환담하고 있을 때 내가 중동태를 언급했을 것이다. 그 강연이 있고 2주 후, 시라이시 선생으로부터 '꼭 중동태에 대해 책을 써주시기 바란다'라는 의뢰를 받게 되었다.

§

이 책의 맨 처음에 실은 짧은 대화편은 가미오카 선생의 저서나 선생과의 사적인 대화 등을 바탕으로 만든 가공의 대담이다. 거기서 언급되는 여러 문제들과 씨름할 때 이 책이 도움이 되는지 어떤지 나로서는 알 수가 없다. 하지만 이 책의 출발점은 확실히 거기에 있었다.

세상에는 헤아릴 수 없을 만큼 많은 문제들이 있다. 문제와 맞닥뜨렸을 때 다양한 사람들은 다양한 반응을 한다. 나는 한때 이 대담에서 제시된 여러 문제들과 맞닥뜨렸다. 나는 철학이라는 분야에 종사하는 자이기 때문에, 그러한 자로서 그것들에 어떻게 대응해야 할까, 무엇을 할 수 있을까 생각했다.

철학은 개념을 다룬다. 철학은 막연히 진리를 추구하는 것은 아니다. 직면한 문제에 응답하기 위해 개념을 창조하는 것, 그것이 철학의 영위이다(진리란 아마도 이 영위의 부산물로 얻어지는 것이리라). 철학에게 가능한 것은 그러한 일이며, 사실 그러한 일밖에 없다. 그래서 나는 내가 맞닥뜨린 문제에 응답하기 위해 중동태 개념과 씨름하였다.

다만 책을 쓰면서 또 한 가지 소중하게 생각한 게 있었다. 그것은 중동태를 이미지 그대로 두지는 않겠다. 그러나 동시에 이미지를 소중히 여기겠다는 것이다. 이게 무슨 말인가?

본문에서 언급한 대로, 근대적 주체나 능동-수동의 구별을 의심하면서 중동태를 언급하는 작업은 흔하게 볼 수 있다. 내가 불만스러웠던 것은 그러한 작업이 중동태를 어렴풋한 이미지로 다룰 뿐, 조금도 개념화하지 않는 점이었다. 그래서 이 책은 우선 중동태를 산문적인 말로 끝까지 설명하는 걸 목표로 했다.

그 작업은 능동-수동 구별의 주변에 떠돌고 있는 몇몇 개념들(의지, 책임, 행위, 선택 등)의 재검토를 요구했다. 이 구별이 초래하는 다양한 문제들을 어느 정도 정식화한 다음에서야 비로소 이 구별을 의문시하는 개념을 도입할 수 있기 때문이다. 이 책의 부제(원서의 부제 '의지와 책임의 고고학')는 이 방향의 과제를 가리킨다.

그러나 중동태는 산문적으로 설명되고 개념화된 뒤에, 다시 한 번 새로이 이미지를 획득해야만 했다. 왜냐하면 결국 이 책이 문제 삼아온 것은 우리가 능동-수동의 구별을 통해 인간 존재에 대해 품고 있는 이미지 바로 그것이었기 때문이다. '중동태의 세계'라는 이미지가 그런 기존의 이미지를 대체하는 데까지는 나아가지 못한다 해도, 거기에 뭔가 변경을 가하지 않으면 안 된다.

중동태의 막연한 이미지에 개념적 틀을 부여하고 그 바탕 위에서 그것을 고차적인 이미지로 만드는 것, 말하자면 중동태의 '개념적 이미지image conceptuelle'랄 만한 무언가를 제시하는 것이 이 책의 목표였다.

§

    이 책의 주제와 씨름하는 과정에 두 가지 커다란 허들이 있었다. 하나는 그리스어였다. 철학의 관점에서 중동태와 씨름하기 위해서는 그리스어 지식이 반드시 필요했다. 나는 각오를 하고 매주 도쿄 간다神田에 있는 아테네프랑세에 다녔다. 고전 그리스어에 입문을 시켜주신 시마자키 다카노리島崎貴則 선생의 수업은 내가 잊어버리고 있던, 어학을 배우는 기쁨을 상기시켜주었다. 수업을 받는 중에 나는 몇 번이고 언어 그 자체에 대해 생각할 기회를 얻었다. 그리하여 얻어진 식견은 본문에서 직접 활용되었다.

    또 한 가지는 스피노자 철학이었다. 중동태의 개념적 이미지는 적극적인 것이어야만 했다. '능동태도, 수동태도 아닌' 상태에만 머무르는 설명들에 나는 넌덜머리가 났고, 실제로 본문에서도 썼듯이 거기에 안주하면 도리어 능동과 수동의 대립을 강화하게 되고 만다. 스피노자 철학이 중동태적인 것임은 이미 이해하고 있었다. 그래서 그중에 가장 적극적인 의미를 갖는 '자유' 개념을 정식화함으로써, 중동태의 개념적 이미지를 적극적인 것으로 만들 수 있을 거라 생각한 것이다.

    하지만 이것은 정말이지 고생스러운 일이었다. 스피노자 철학을 공부하면서 줄곧 납득이 가지 않았던 것이 스피노자에 있어서의 '능동'과 '자유' 개념이었다. 중동태라는 테마와 씨름하면서 십수 년에 걸쳐 지속되어온 나의 과제에 정면으로 부딪치게 되었다.

    도움은 생각지도 못한 곳에서 찾아왔다. 2015년 4월부터 1년간 나는 연구 휴가차 런던에 머물고 있었는데, 그때 이탈리아의 그라드라는 작은 동네에서 철학 서머스쿨이 열린다는 걸 알게 되어 참가하기로 했다. 이탈리아의 철학자 조르지오 아감벤의 강의를 듣기 위해서였다.

〈행위 비판〉이라는 제목의 그 강의를 들으면서, 나는 아감벤의 관심이 내 관심과 크게 겹치고 있다는 걸 알고 대단히 놀랐다. 흥분한 나는, 지금 내가 중동태 개념을 붙들고 씨름하고 있으며, 지금 그에 대해 책을 쓰고 있다고 말을 걸었다. 그러자 아감벤은 자신의 책 중 이곳을 참조해보라면서 친절하게 알려줌과 동시에 격려의 말까지 해주었다.

스피노자 철학을 중동태의 관점에서 논하는 아감벤의 시점은 스피노자에 대한 나의 이해를 심화시켜주었다. "중동태 개념에 대해서는 아직도 해야 할 일이 엄청 많다"라는 아감벤의 말은 그 뒤, 내 마음의 튼튼한 버팀목이 되었다.

또 한 가지, 런던에서는 프랑스 유학 시절의 은사이신 에티엔 발리바르 선생님의 강의를 들을 생각이었는데, 웬 행운이었는지 그 강의가 또 스피노자의 『에티카』에 대한 것이었다.

구두口頭임에도 불구하고 심상치 않은 길이의 구절들을 다루는 선생의 어조는 건재했는데, 예전 시절을 그렇게 떠올리는 한편, 나는 발리바르 선생님이 『에티카』의 라틴어 원문을 술술 암송하는 모습에 진짜로 마비되어버렸다. 멋있었다.

이것은 어떻게 해서라도 흉내내지 않으면 안 된다. 집에 돌아와 나는 곧장 『에티카』의 라틴어 원문을 노트에 옮기면서 핵심 구절들을 암기하기 시작했다(그리 완전히 마스터하지는 못했지만). 물론 그것은 책상 앞에 앉아 선생의 흉내를 내면서, "Veritas norma sui et falsi est"◆ 운운 하면서 나홀로 대사처럼 말하는 것이다.

이런 일이 계기가 되어 라틴어 원문 암기를 계속하는 가운데 나는『에티카』를 라틴어로 읽는 일의 중요성을 다시 깨달을 수 있었다. 라틴어 원문을 몇 번이나 반복해 읽음으로써 그때까지 잘 이해할 수 없었던 논점을 돌파하는 것이 가능해졌다. 번역으로 읽고 있었다면 라틴어 동사의 태 따위는 알아차리지 못했을 것이다. 역시나 "읽으라, 그러면 구원을 받으리라"야말로 연구에서의 진리이다.

§

이 책은 잡지《정신 간호精神看護》에 2014년 1월 호부터 11월 호까지 연재한「중동태의 세계」가 바탕이 되었다. 매회 페이지가 풍차처럼 보이는 가로쓰기의 특수한 구성으로, 사진이 여러 장씩 게재되는 즐거운 지면이었다. 담당 이시가와 마사코 선생에게는 많은 신세를 졌다. 감사의 인사를 드리고 싶다.

책은 이 연재 원고를 확장하는 형태로 써나갔다. 작업의 태반은 런던에서 이루어졌다. 현지에서는 킹스턴대학 근대유럽 철학연구센터에 방문 연구원으로 머물고 있었는데, 그 기간 동안 책의 아이디어를 연구 발표 형태로 발표할 기회를 얻었다. 센터에서 교편을 잡고 있는 피터 오즈본, 스

◆ 『에티카』 제2부 정리43 주석에 나오는 말로, "빛이 자기 자신과 어둠을 밝히는 것과 마찬가지로, 진리는 진리 자신과 거짓의 규범이다"라는 문장의 후반부이다.

텔라 샌드포드, 카트린느 말라브, 피터 홀워드 등으로부터 귀중한 고견을 얻었다. 센터의 학생들로부터도 기회가 있을 때마다 의견이 전해졌다. 여기에 적어 감사를 표하고자 한다.

책이 이런 형태로 세상에 나올 수 있었던 것은 '의학서원'의 시라이시 마사아키 선생의 제안, 후속적인 지원, 원고 한 줄 한 줄에 대한 논평, 편집 작업이 있었기 때문이다. 진정으로 마음으로부터 예를 표하고 싶다. 의존 증이 표면화시킨 문제와 중동태 개념이 본질적인 지점에서 연결되어 있다는 강한 신념을 품고 있던 것은 나보다도 오히려 시라이시 선생이었다. 책을 쓰는 작업에는 단념을 하게 되는 국면이 오기 마련으로, 적어도 나는 집필 중에 한 번씩은 '이대로라면 내가 목표하는 수준으로 완성될 수가 없어. 이쯤에서 적당히 얼버무리고 출판해버리자'라고 생각하고 만다. 이 국면을 돌파할 수 있었던 것은 시라이시 선생의 신념이 있었기 때문이다. 신념은, 홀로 지키기란 대단히 어렵지만 누군가와 그것을 공유하면 오히려 신념 쪽이 우리를 지켜주게 되는 기묘한 성질을 가지고 있다. 이 책은 시라이시 선생과 내가 공유한 신념이 지켜준 덕분에 마침내 출판을 맞이하게 된 것이다.

저서의 후기에 책을 쓰기까지 신세진 분들에게 이렇게 예를 표하는 것은 관례이다. 그러면 이 책이 논의해온 분들에 대해 예를 표하는 것도 허용될 것이다. 나는 실제로 그들에게 신세를 졌다. 여기서는 두 분만 이름을 들겠다.

에밀 벤베니스트의 연구가 없었더라면 이 책은 존재할 수조차 없었다. 얼마나 그에게 감사하면 좋을지 알 수가 없다. 벤베니스트는 아이디어가 너무나도 풍부하기 때문에, 휘갈겨 쓰듯 논문을 잇달아 써낸다는 인상을 준다. 그 작업 하나하나의 의미를 전개하는 작업은 아직 남겨져 있다. 이 책은 그 작업의 극히 일부를 인수한 것이다.

또 한 사람, 당초 계획에서는 그 이름을 언급하는 일 따위는 전혀 예정되어 있지 않았음에도 불구하고, 내가 생각을 밀고 나갈 때마다 아무래도 논하지 않을 수 없었던 철학자가 있다. 바로 한나 아렌트이다. 이 책을 쓰기 위해 자료를 조사할 때면 언제나 그녀의 이름과 맞닥뜨렸다. 아렌트가 내 곁을 떠나지 않고 늘 따라다니는 듯한 기분이었다. 마지막 장을 『빌리 버드』론으로 쓰겠다 생각하고 자료조사를 하던 중, 이 소설 역시 아렌트가 열정적으로 논했다는 걸 알았을 때에는 운명 같은 것마저 느껴졌다.

이 책은 각 논점에 대해 아렌트와는 다른 결론을 제시하고 있다. 하지만 그녀와는 많은 문제의식을 공유하고 있다. 그야말로 '철학적'이라고 불러야 할 아렌트의 강인한 사유가 없었더라면, 이 책이 존재하는 일은 없었다. 이 책은 지극히 많은 것을 아렌트에게 빚지고 있다.

한 번이라도 좋으니 실제로 만나 대화를 나눠보고 싶었다. "빌리도, 클래가트도, 비어도 모두 우리 자신 그 자체가 아닐까요? 아렌트 선생님께는 그들 같은 면이 없으신가요?" 그때 여쭙고 싶었던 단 한 가지 질문은 바로 이것이었다.

2017년 2월

고쿠분 고이치로

중동태 소생시키기 프로젝트

1. '내 안의 타자'

공룡은 중생대에 멸종되지 않았다. 대부분의 공룡들이 멸종된 건 사실이지만, 그중 한 종류인 새들이 오늘도 버젓이 하늘을 날고 있으니 말이다. 그럼 왜 많은 사람들은 '공룡이 멸종되었다'라고 알고 있을까? 현생 조류가 공룡의 일종인줄 모르기 때문이다.

중동태(혹은 중간태)도 이와 비슷한 면이 있다. 중동태는 고대에 이미 유물이 되었고 이름조차 잊힌 지 오래이다. 그렇지만 그의 후손들은 변형된 상태로나마 근근이 연명하고 있다. 새로운 표현들이 만들어지기도 한다. 새들에 비하면 수가 극히 적지만(새 발의 피만큼), 그래도 우리는 일상 속에서 이들과 조우한다. 다만, 그들이 누군지 모를 뿐.

중동태는 능동태도 아니고 수동태도 아니다. 그리고 중동태의 '중'은 가운데 중(中)이다. "아하, 그럼 중동태는 능동태와 수동태의 중간쯤 되는 형태인가 보다!" 싶으시겠지만, 그게 함정이고 오해이다. 그럼 중동태가 뭐냐? 그건 저자가 본문에서 자상하게 얘기해드렸을 것이고, 여기서는 그 사례 중 일부만 소개해드리겠다. 영어의 좀 이상한 표현 'house to let'과 'I am to blame(비난받아야 할 사람은 나다)'에 대한 이야기이다.

let은 "'빌려주다(임대하다)'라는 의미의 타동사이므로 '남에 의해 임대될 집'을 의미하기 위해서는 'house to be let'이라고 해야 옳다". 하지만 실제로는 house to let으로 표현된다. 마찬가지로 blame도 "'비난하다'라는 의미의 타동사이므로 '나는 비난받아야 한다'라고 하고 싶다면 'I am to be blamed'라고 되어야 하고 실제로 그러한 표현도 가능하다. 그러나 blame이라는 단어가 마치 비난받을 상태를 보여주는 자동사라도 되는 양, 'I am to blame'"이라는 식으로 표현된다.

let과 blame은 분명히 타동사인데 어떤 변형도 없이 그 자체로 수동태 혹은 자동사처럼 사용된다. 현대 영문법에서는 이런 표현들을 설명하기가 곤란하다. 중동태가 없기 때문이다. 그저 '능동태이지만 수동태로 해석해야 한다', '관용적 용법', '예외적 표현' 등의 말로 대략 처리되고 만다. 저자 고쿠분에 따르면, 이 표현들은 고대 이래 억압되어 있던 중동태가 현대에 회귀한 것이라 볼 수 있다. 몇 가지 예를 더 들어보자.

Your translation reads well. (너의 번역은 읽기 쉽다[잘 읽힌다].)

Peace sells. But who's buying? (평화는 팔리고 있다. 그런데 누가 사는가?)

This camera handles easily. (이 카메라는 사용하기 쉽다.)

The door shuts easily. (그 문은 쉽게 닫힌다.)

The papers feel rough. (이 종이는 거친 감촉이다.)

생각보다 좀 많네, 싶으실 거다. 폐족의 후손들이거나 애비에미 없이 태어나는 표현방식, 이들은 왜 완전히 멸종하지 않는 걸까? 심지어 새로운 표현들까지 생겨나는 이유는 뭘까? 그건 중동태라는 것이 우리의 소중한 어떤 심정들을 절묘하게 표현해주기 때문이다. 그리고 사뭇 난처한 상황에서 우리를 구원해줄 때도 있다. 무엇보다도 능동태와 수동태로는 속 시원히 표현되지 않는 사태들이 있기 때문이다.

2. 혼종적인 책

중동태는 어떤 것인가? 왜 퇴출되었으며 그로 인해 우리의 삶은 어떻게 달라졌는가? 이것이 이 책의 중요한 질문이다(그럼 언어학(사) 책일까?). 그런데 이 책의 저자는 언어학자가 아니라 철학자이다. 책에도 중요한 철학자들이 여럿 등장하고 특히 제7장은 하이데거와 들뢰즈, 제8장은 스피노자가 주인공이다(그렇다면 철학책? 아니면 철학적 언어학(사) 책일까?). 한편 이 책을 구성하는 원고들은 원래 《정신 간호》라는 잡지에 연재되었고, 단행본으로 출간될 때는 '의학서원'에서 나왔다(?????). 과연 이 책의 정체성은 무엇일까? 언어학(사), 철학, 의학 중 어느 쪽이 중심인 책일까? 덧붙이자면 이 책을 옮긴 나도, 한국어판을 내는 출판사 '동아시아'도 이 책을 딱히 어떤 장르의 책이라고 생각하며 작업하지 않았다. 참고로 이 책은 〈제 16회 고바야시 히데오상〉을 수상하였다. 고바야시 히데오小林秀雄라면 근대 일본 문예평론의 확립자로 높이 평가받는 문예평론가이자 작가이다.

이처럼 『중동태의 세계』는 중심 소재와 저자와 제조처와 평가처가 모두 상이한 혼종적인 책이다. 그래서일까, 이 책이 출간된 이후 일본에서는 다양한 분야에서 많은 분량의 서평이 쏟아져 나왔다. 분야가 다른 여러 서평자들이 저마다 강한 공감을 느끼며 읽었다고 고백했다. 철학과 의학과 언어학이 어떤 방식으로 버무려졌길래 폭넓은 보편성과 각 분야에서의 섬세한 공감을 획득할 수 있었을까?

3. 우선 저자 고쿠분 고이치부터

그는 1974년생으로 일찍부터 일본을 대표하는 철학자 중 한 명으로 평가받아왔다. 17세기 서양 철학(특히 스피노자)과 현대 프랑스 철학(특히 들뢰즈)을 전문으로 한다. 이 점은 박사학위 논문을 단행본으로 출간한 『스피노자의 방법』(2011. 국내 미번역), 그리고 『들뢰즈의 철학원리』(2013, 한국어판은 『고쿠분 고이치로의 들뢰즈 제대로 읽기』)에서 쉽게 확인된다. 후자는 이와나미 출판사가 〈100주년 기념전서〉 시리즈를 낼 때 첫 번째 책으로 선정한 것이었다. 이것만 보면 전형적인 철학 연구자 같다.

하지만 2014년에 번역된 『인간은 언제부터 지루해했을까』라는 신선한 제목을 보라. 그가 보기에 '한가함'과 '지루함'은 전혀 사소한 게 아니다. 도리어 인간의 근원적인 고통이다. 따라서 철학자라면 현대인들에게 그 원인과 대처법을 철학적으로 제시해야 한다(원제는 『한가함과 지루함의 윤리학』(2011)). 꽤나 특이하지만 일반 독자들이 선뜻 공감할 수 있는 주제가 아닌가! 스피노자의 『에티카』를 현대화하려 한 이 시도는 2011년 〈기노쿠니야 올해의 인문대상〉 수상으로 응답받았다.

2년 후에 출간된 『다가올 민주주의』는 또 어떤가?(국역본은 2016년 출간). 한국어판 저자 서문을 보자. "이 책은 내가 살고 있는 마을에서 시작된 작은 정치운동에 대한 보고서이다. 어쩌다 우연히 나서게 된 이 운동 속에서 나는 내 자신이 20년간 공부해왔던 근대정치철학의 맹점과 마주치게 되었다."(p.5) 그때 받은 충격으로 인해 정치운동이자 철학운동을 수행하게 되었으며, 그 과정의 보고서가 바로 이 책이다.

요컨대 그는 '정통' 철학자이지만, 현실 문제에 뛰어들어 철학적으로 관여하는 실천적 사상가이기도 하다.

4. 연재는 《정신 간호》에, 출간은 '의학서원'에서?

'한가함'과 '지루함' 따위를 심층 연구할 수 있는 철학자라고 하니, '중동태'에 관한 책을 내지 못할 건 없겠지. 그래도 왜 특별히 '중동태'였을까? 고쿠분은 자신이 본래 정신 분석을 포함해 의료 전체에 대해서도 관심이 많았다고 한다(오지라퍼답다). 그런데 우연히 의존증자들의 이야기를 듣다 보니 남의 일이 아니라는 생각이 들었다는 거다. "아~ 나도 의존증이구나! 실제로 약물이나 알코올 문제로 고통스러워하는 사람들을 보면, 정도가 좀 더 심할 뿐, 나 자신과 상당히 연속성이 있다"라고 느꼈다고 한다. 그의 이야기를 좀 더 들어보자.

의존증 분들은 다양한 원인으로 인해, 조금 쓸쓸하다든가 심심한 상태를 견디기 몹시 힘들어합니다. 대수롭지 않은 외로움이나 지루함이 강렬한 고통이 되어 밀려옵니다. 실은 저 자신이 그랬고, 또 지금도 그렇습니다. 그러니까 『한가함과 지루함의 윤리학』 같은 책도 썼죠. 그래서인지 의존증 분들의 이야기를 들을 때, 너무 잘 이해가 되더라고요. 하지만 이런 분들의 상태를 말로 설명하는 건 심히 어렵습니다. 왜냐하면 (의존증자가 아닌) 우리가 쓰는 말은 '한다'와 '당한다'를 확실히 구분하는 언어이기 때문이죠. 그래서 이 문제에 대해 얘기를 하다 보면 어느새 이 분법으로 빠져들고 맙니다. 이 상태를 극복하기 위해 주체적으로 '열심히 노력하든가' 아니면 수동적으로 '되는대로 놔두든가' 둘 중 하나인 것처럼, 혹은 능동 아니면 수동인 것처럼 이야기가 전개되는 거죠. 이야기의 끝은 결국 '노력하지 않는 사람들은 안 돼!'가 되고 맙니다. 이런 문제점들을 자꾸 느끼게 되면서, 둘 중 어느 쪽도 아닌 중동태에 대한 관심이 내 안에서 점점 더 고조되었습니다.

이 책은 '의학서원' 출판사가 발행하는 '돌봄care 시리즈'의 한 권으로 출간되었다. 이 시리즈의 모토는 이렇다. "본 시리즈에서는 '과학성', '전문성', '주체성' 같은 말로는 온전히 이야기되지 않는 지점에서 '돌봄'의 세계를 탐구합니다."

자신의 분야에 스스로 갇히지 않겠다는 출판사의 뜻이 분명히 드러나 있다. 저자 또한 그러하였으니, 그런 두 쪽의 지향이 교차 수정受精되어 맺은 열매가 『중동태의 세계』인 셈이다.

5. 광대역 사상서

이 책은 출간 후 다양한 영역에서 공명을 일으켰다. 혼종적인 책 한 권이 광대역 사상서로 작동하기 시작한 것이다. 그중 내가 알게 된 몇 가지를 이야기해보겠다.

5.1 사회 연구와 사람의 관계

사회학자나 인류학자들은 심각한 차별을 지속적으로 당하고 있는 사람들과 인터뷰를 종종 한다. 그런데 피차별 당사자들이 자신은 차별을 당하지 않았다고 대답하는 경우가 있다. 일본의 피차별 부락 관련한 조사에서도 이런 일들이 종종 있었다. 이에 대해 어떤 사회학자는 "차별당하고 있는 사람들이 차별 구조를 볼 힘을 상실해버렸다"라고 썼다. 고개가 끄덕거려지면서도 어쩐지 피차별 당사자들이 무시당한 것 같은 느낌이 든다. 한편, 오키나와에서 일본 본토로 돈 벌러 나갔던 사람이 다시 오키나와로 U턴하는 경우가 있다. 이들의 생활사를 연구한 사회학자는 "본토에서 차별당했기 때문이 아니라, 고향 공동체가 그리워져서 돌아온 거야"라는 당사자의 말을 글자 그대로 받아 적는 방법을 취했다. 이에 대해 어떤 학자는 일반화 자체를 배척하고, 심지어 해석조차 하지 않아야 한다는 방법을 주장한다. 역시나 고개가 끄덕거려지면서도, '그걸로 충분한 건가', '정말로 차별당하지 않았다고 느낀 걸까' 등의 의문이 든다.

5.2 사회 현상과 의료 현장

이번에는 조금 다른 분야로 옮겨가보자. 학교에 가지 않는 학생들 문제다. 오래전에는 학교 안 가는 아이들 쪽이 주로 눈총을 받았다. 그렇지만 지금은 학교나 사회의 구조가 문제라는 시선이 훨씬 더 힘을 얻고 있는 상태다(실은 그렇게 바뀐 지 이미 오래이다). 이러한 시점 이동에는 분명히 바람직한 면이 있다. 그렇지만 학생과 그 가정의 책임(성), 혹은 능력의 차원이 어느새 사라져버린 게 아닐까? 또 진정한 원인이 무엇인가와는 별도로, 문제 상황에 대한 기술이나 이해가 빈약해져버린 게 아닐까?

섭식장애, 알코올, 약물 등의 문제로 고통받는 사람들의 경우도 생각해보자. 예전에는 당사자들이 주로 눈총을 받았다. 본인의 의지가 박약해서 그리되었다는 식으로 책임을 추궁당했던 것이다. 하지만 본인의 책임을 너무 강조하다 보니, 부작용도 많이 생겼다. 그래서 기존과는 정반대의 흐름이 생겨났다. 그들은 요즘 의사나 상담사들로부터 "너무 애쓰지 않아도 됩니다"라는 말을 자주 듣는다. "또 약물을 하셨다고요? 뭐… 괜찮습니다. 단기적으로야 안 좋겠지만, 당신이 원하는 일이라면, 또 현재 병에서 회복되는 중이시니까 무리해서 너무 금지할 필요는 없습니다." 이런 이야기까지 듣고 나면 심신이 그야말로 푸근해지면서 증세도 부쩍 호전되는 듯하다.

이 변화 역시 바람직한 측면이 있다. 하지만 이 방향에서는 본인의 의지와 행위가 갖는 비중이 자연스레 약화된다. 이런 식의 의료가 고액의 보조 상품 판매(1,000만 원짜리 뮤직 박스 등)와 직간접적으로 연계된다는 점도 간과할 수 없다. 증상은 있고 본인은 괴로운데, 당사자의 의지나 행위성을 너무 약화시키면, 선택의 폭은 극히 좁아질 수밖에 없을 것이다.

5.3 중동태를 불러보자!

지금까지는 구체적인 사례들을 가지고 우리가 놓인 처지, 즉 이럴 수도 없고 저럴 수도 없는 곤란한 상황을 살펴보았다. 이제 시야를 더 넓히면서 출구를 모색해보자.

20세기 중후반까지는 학자들이 사회경제적 측면, 즉 구조적인 측면을 강조하면서 개인들의 의지나 행위의 측면이 경시되었다. 20세기 후반에는 그에 대한 비판이 일었으나 그렇다고 개인들에게 과도한 비중을 부여할 수는 없었다. 결국 사태 당사자들의 입장을 겸허하게 받아들이자는 흐름이 조성되었고, 점점 세를 불려갔다. 그렇지만 이것은 온전한 해결책일 수가 없다. 그래서 '객관적' 구조가 다시 호출되어 "당사자들이 차별 구조를 볼 힘을 상실해버렸다"라고 평가하는 일이 종종 생겨난다. 그러면 또 이에 대한 반발로 어떤 해석도 하지 말자는 흐름이 나타난다(이런 상황은 20세기말 대유행한 탈식민주의 등에 있어서도 뚜렷이 해결되지 않은 채 계속 반복되었다).

간단히 말하면 난점은 이런 것이다. 사회 문제를 파악할 때, 개개인의 의지나 행위를 너무 강조하면 구조에 의한 규정성이 약화된다. 반대로 구조의 규정력을 강조하면 사람들의 구체적인 삶 하나하나가 일반화되고 심하면 무시되어버린다. 물론 이런 역설은 오래전부터 학자들 사이에서 널리 알려져 있었다. 그래서 누구나 개인과 구조 양자를 '역동적으로', '상호 작용 속에서', '잘' 파악해야 한다고 주장했다. 사람은 능동적인 측면과 수동적인 측면을 모두 가졌다는 점을 잊지 말자고 재삼 다짐하기도 했다. 그렇지만 실제 연구에서는 좀처럼 잘 되지 않았다. 어느 한쪽으로 기운다던가, 반대로 두 측면을 기계적으로 나열하거나 50:50으로 비중을 맞추려는 어색한 경우도 있었다.

『중동태의 세계』는 그렇게 반복되어 온 익숙한 풍경에 하나의 질문을 던진다. 우리는 그동안 너무 '능동-수동 언어 체제'에 갇혀 살아온 게 아닐까? 이 체제에서, 능동적이라 간주된 주체들은 행위에 책임질 것을 추궁당한다. 반대로 수동적인 존재로 간주되면 무시당하기 일쑤이다. 어느 쪽이든 불편한 결과이다. 그런데 이 언어 체제는 보편적인 게 아니라고 한다(모든 문제를 해결하는 만능 기계는 더더욱 아니다). 실제로 고대 이전에는 사람의 행위나 사건을 능동-수동 이분법에 가두지 않았다. 따라서 의사소통의 핵심적인 목표도 진정한 행위자, 즉 진짜 책임자를 찾아내는 게 아니었다. 이러한 고대의(혹은 더 이전의) 언어 체제에서 활약했던 게 바로 중동태였다. 만일 우리가 이 중동태를 소환하여 사회 현상이나 의료 현장에 적극적으로 비추어본다면, 사건과 사람들은 어떤 모습으로 현상하기 시작할까? 사회과학이나 의료 현장에는 어떤 혁신이 일어날까?

능동-수동 언어 체제가 절대악이라는 얘긴 아니다. 또 중동태가 그 자체로 만능열쇠라는 것도 아니다. 내 말은 현재의 언어 체제를 상대화해보자, 그 방법으로 현재의 타자인 중동태를 소생시켜보자는 것이다. 이 제안은 단순히 논리적인 가능성에 불과하거나 무책임한 지적 유희만은 아니다. 앞서 말했듯이 중동태는 우리의 일상에서 지금도 때때로 회귀한다. 또 새로운 중동태적 표현이 발명되어 널리 유행되기도 한다. 이런 일이 가능한 것은 중동태가 완전히 억압될 수 없는 타자이기 때문이다. 만일 중동태가 일상 속에서 활성화된다면 우리는 과도한 책임성에서 벗어날 수 있다. 또 사회 구조나 개인의 의지로 환원되지 않는 측면들을 풍부하게 이해할 수도 있을 것이다. 중동태는 새로운 삶을 위한 가능성의 조건이다.

5.4 탈-탈근대

이번에는 중동태의 잠재성을 크게 확장하여 후기 근대(탈근대)의 문제 상황에 적용시켜보자.

간단히 말해서 근대는 국민국가의식으로 무장한 주체들의 역사였다. 따라서 20세기 후반의 사상가들은 민족, 국가, 이념의 주체로부터 벗어나는 것이 탈근대 전략이라고 주장하였다. 이러한 탈근대 사상의 가장 극단적이고 선명한 버전은 들뢰즈, 가타리의 스키조프레니 예찬이었다. 그러나 20세기 말 전후가 되면 주체를 재구성하는 문제가 다시 대두된다. '이념이나 전체(당, 조직)에의 예속 없이 어떻게 주체를 새로이 구성할 것인가' 이것이 새로운 화두가 된 것이다. 유의할 것은 이 화두가 주로 정치(철)학적, 사회과학적 차원에서 제기되었다는 점이다.

잘 알려진 이 이야기를 이번에는 거시사적인 차원에서 새롭게 재생해보겠다.

고대 이래로 서양인들은 능동-수동 언어 체제 속에서 살았다. 그랬던 인간들이 중세-근대 교체기에는 종교의 억압과 지배로부터 벗어나기 시작했다. 그것은 자신들의 보호막이라 믿었던 신의 커다란 손을 스스로 뿌리쳐버린 것이기도 했다. 이후 근대적인 정치 혁명과 과학기술 혁명, 그리고 자본주의의 본격화를 거쳐 인간은 마침내 세계와 역사의 명실상부한 주체로 등극하였다. 문제는 신을 잃은 서양인들이 서서히 고독하고 불안해졌다는 점이다. 그런데 불행인지 다행인지, 이런 과정과 병행하여 또 하나의 사태가 전개되었다. 근대인들 앞에 국가라는 울타리와 민족의식이라는 끈끈한 감정이 출현해준 것이다. 요컨대 근대인들은 신으로부터 탈출한 자유인이 됨과 동시에 민족국가의식의 노예가 되었다. 푸코 등이 통찰한 대로 subjection, 그러니까 주체화는 곧 예속화였다. 20세기 후반에 국가, 민족, 주체 등을 해체하는 전략이 곧 정치(철)학이 된 것은 이런 배경에서였다.

그러나 20세기 종반, 세계는 다시 한 번 크게 변모하였다. 전 세계는 냉전의 해체와 함께 이념 대결이 소멸되고 국가의 힘과 경계는 크게 약화되었다. 민족주의 또한 그 허구성이 여러 방면에서 폭로되었다. 신이 살해된 뒤에도 남아 있던 예속의 주요 계기들(이념, 국가, 민족 등)이 거의 뜯겨 나가버린 것이다. 그 결과는 그로테스크했다. 여타의 계기들이 떨어져나갔으니 화폐에의 물신주의가 더욱 강해진 것은 그리 놀랍지 않았다. 기이한 것은 근대인들이 예속에서 벗어나는 데 그치지 않고 아예 주체성이 해체되어버리는 경향을 보이기 시작했다는 점이다. 이게 어떤 사태인지 보여주는 글을, 길지만 하나 인용하겠다. 2011년, 일본의 어느 지식인이 당시를 진단한 것인데, 우리에게도 공감되는 측면들이 있다.

아사다 아키라는 1983년에 『구조와 힘』이라는 책을 썼습니다(한국어판은 『구조주의와 포스트구조주의』_옮긴이). 이 책의 배경에는 들뢰즈, 가타리의 『안티 오이디푸스』(1972)가 있었죠. 아사다는 '스키조'와 '파라노이아'라는 이원론을 제출했는데, 이때 '스키조'와 '파라노'는 하나의 상징, 메타포로서 사용되었다고 해야 할 겁니다. 그러니까 파라노는 '신경증'

이라고 하는 편이 더 정확했겠지요. 아사다가 그 책을 낸 당시에는 신경 증 시대가 끝나가고, 스키조(분열증)로 대표되는 일종의 고도 자본주의 시대가 찾아왔습니다. 그래서 시대 분위기로서도 파라노는 나쁘고 스 키조는 좋다는 식으로, 스키조는 대단히 긍정적으로 받아들여졌지요. 그러나 그 뒤 30년 정도 세월이 흐른 뒤 세상은 예기치 못하게 바뀌었 습니다. 스키조가 더 이상 미래의 것이 아니고, 어떤 의미에서는 진짜로 찾아온 겁니다, 단 들뢰즈, 가타리나 아사다가 생각해온 것과는 다소 다 른 형태로요. 소위 다중인격, 해리성 동일성 장애 쪽이 대규모로 출현한 것입니다. 이것은 물론 병리로서는 조현병과는 다른 것입니다만, 기본 적으로 아이덴티티가 다중화되어 중심을 갖지 않는 형국으로, 메타포 로서의 스키조에 담겨 있던 다양한 특징이 정확히 그 형태로 출현한 것 이라고 할 수 있을 겁니다. 그러면 그것이 뭔가 혁명적인 힘을 갖고 있 었느냐? 그러기는커녕 대단히 왜소화된 존재임이 드러났죠. 현대 사회 에서의 현상을 현저히 드러냄과 동시에, 본인 입장에서는 비참한 삶일 뿐이었습니다.

아이덴티티가 다중화되어 중심(즉, 일자)을 갖지 않는 것, 그것이 현실에 서는 대자유인이나 해방된 자가 아니라 다중인격, 해리성 동일성 장애로 나타났다는 것이다. 한편 기존의 파라노, 즉 신경증은 시대의 변화와 맞물 리면서 울병으로 전면화되었다. 신(일자, 민족, 이념 등)을 갖지 않는 스키조 는 주체성이 무너져버렸고, 신을 믿던 후자는 신의 약체화 경향에 더 이상 버티지 못하고 새로운 유형의 울병鬱病에 빠져버렸다. 이것은 물론 질환 차원에서의 이야기이다. 하지만 인간의 근원적인 어려움 및 고통과 이어져 있는 문제이기도 하다. 그런 점에서 앞서 말했던 사회적, 정치철학적 차원과는 다른 차원에서의 주체의 재구성이 아울러 요청된다. 철학적 혹은 인간론적 차원에서의 주체를 새로 구축해간다고나 할까? 다르게 표현하자면 이런 얘기이다. 우리는 자기 바깥의 초월적인 무엇(신이나 일자)에 예속되지 않는 주체로 살아가면서 동시에, 주체로서 과도한 책임에 매순간 버거워하지 않아도 되는 그런 삶과 공동체를 원한다. 그것은 어떠한 모습이며, 실제로 어떻게 구성해갈 수 있을까?

6. 고쿠분의 철학적 고민

이 문제는 스피노자 철학의 핵심적인 난제와도 맞닿아 있다. 스피노자에 따르면 신의 입장에서는 세상 만사가 다 자신의 능동적 행위에 의한 것이고 그 결과가 또 자신이다. 즉, 신은 자신을 자극하는 존재이며, 동시에 자극을 받음으로써 어떤 상태로 생성변화되는 존재이다. 신은 무한하기 때문에 바깥으로부터 신에게 작용해 오는 것은 없다(귀띔을 해두자면, 바로 이런 경우를 기술하는 것이 '중동태'다). 반면 인간을 포함한 모든 양태들은 늘 외부로부터 자극이나 영향을 받으며 살아간다. 따라서 자신의 상태나 행위, 변화에 대한 설명도 외부적인 원인을 빼고는 불가능하다. 그런 면에서 양태는 늘 '수동태'라 할 수 있다. 그런데 독자들도 잘 아시겠지만, 스피노자는 '자유의지'란 실재하지 않으며 한낱 환상일 뿐이라고 주장했다. 그래놓고 『에티카』에서는 능동을 지향해야 할 상태로, 수동은 배척해야 할 상태로 제시해놓았다. 본질적으로 수동인 양태가 어떻게 능동을 지향하며 살아갈 수 있는가? 만일 가능하다면 그 구체적인 모습은 어떤 것인가?

이 문제는 스피노자 철학을 오래도록 연구해온 고쿠분에게도 끈질긴 난제였다. 일단 스피노자가 그리는 '신 즉 자연'의 모습이 중동태적이라는 사실은 진즉부터 알고 있었다. 고쿠분은 이런 중동태를 사랑했지만, 그 세계는 언제나 추상적이고 몽롱하게만 느껴졌다. 수많은 학자들이, 중동태란 능동태도 아니고 수동태도 아니라는 정도의 설명에 머물렀다. 이래 가지고는 스피노자의 철학을 우리 삶에서 강력하게 선용할 수가 없다. 추상적인 중동태만 가지고는 '능동적이고 자유로운 삶'으로 매끄럽게 나아갈 수가 없었다. 따라서 그의 과제는 이러했다. '중동태를 구체적으로 이미지화할 것'. 그것이 바로 이 책의 미션이었다. 사실 이 과제는 그가 지독히도 이해할 수 없었던 '능동'과 '자유'의 관계를 해명하는 문제이기도 했다. 그러니까 이 책은 자신이 이미 잘 알고 있던 것을 해설한 것이 아니다. 도리어 자신의 오랜 물음을 전면화하여 정면 대결한 과정의 산물이자, 나름대로 거둔 성공에 대한 보고서다. 스피노자 철학을 좋아하면서도 이 비슷한 대목에서 어려움을 겪어온 독자들에게 이 책이 실질적인 도움이 되었으면 좋겠다.

7. 마치며

쓰다 보니 「옮긴이의 말」이 너무 길어졌다. 고쿠분이 데리다를 집요하게 비판하며 심지어 팩트폭행까지 하는 대목이나 한나 아렌트와의 피 철철 흐르는 애증관계 등은 하나도 얘기하지 못했는데…. 뭐 그런 재미진 이야기들은 책에 다 나왔으니 직접 확인하시길 바란다. 이제 아직 못 한 말을 가장 간단한 버전으로 말하고 서둘러 글을 마치겠다.

첫째, 이 글이 길어진 데 대하여

여기에는 나 나름의 이유가 있다. 고쿠분의 저서는 국내에 세 권이 번역되어 있다. 각각 성격이 달라서 그의 면모가 상당히 소개되었다고 할 수 있다. 2018년에는 우리나라에서 열린 국제학술대회에 토론자로 참여한 바도 있다. 그런데도, 내가 과문한 탓인지, 우리 사회에서 그의 저서나 사상이 활용되는 모습은 별로 본적이 없다. 이런 점을 고려하여 이번 번역서에는 그의 저서들이 어떤 사상적, 철학적 장場에서 집필되었는지, 특히『중동태의 세계』가 어떤 반향을 일으켰는지에 대해 소개하고 싶었다. 아울러 이 책이 더 확장되어 선용될 수 있는 가능성을 타진하고자 「탈-탈근대」라는 꼭지까지 덧붙이게 되었다. 내 안테나에 포착된 몇몇 인상적인 장면들일 뿐이지만, 독자들이 이 책을 읽고 선용하는 데에 도움이 되길 바란다.

둘째, 고쿠분이 책을 쓰는 스타일에 대하여

원래는 이에 대해 길게 말하고 싶었다. 하지만 그건 다음 기회로 넘기고 여기서는 한 측면만 터치하겠다. 이야기를 간략하게 하기 위해 마르쿠스 가브리엘의『왜 세계는 존재하지 않는가』얘길 먼저 해야겠다. 가브리엘은 세계 철학계에 혜성같이 등장하여 묵직한 저서들을 잇달아 출간함으로써 '다작의 철학 신동'으로 불리는 철학자이다(그는 19세기의 셸링 이후 최연소 교수 기록을 갖고 있는 철학자이다). 그는 이 책의 서문에서 이렇게 말한다. "독자들은 이 책이 다루는 문제를 알기 위해 거의 이해하기 힘든 철학의 고전들을 먼저 곱씹어 읽을 필요가 없다. 가급적 어떤 배경 지식이나 전제가 되는 이해 없이도 자유롭게 읽을 수 있도록 쓰고자 했다."(p.27) 나는 이 대목에서 눈앞이 환해지는 것 같았다. 그동안 우리 독자들은 철학 책을 집어들고 얼마나 여러 번 절망해야 했던가! 뭔가 철학스러운 시간을 가져보고자 맘먹고 책을 집어 들었는데, 머릿속에는 새로운 사유가 펼쳐지는 게 아니라 끊임없이 이런 소리들이 들려왔다. "넌 무식해!", "이 책을 읽으려면 최소한 이런 이런 책은 미리 읽었어야 한다고!"

가브리엘은 그렇게는 만들지 않겠다고 처음부터 선언했다. 그리고 끝까지 그 약속을 (거의) 제대로 지켰다. 철학의 심오함을 희생시켜 씁쓸한 뒷맛을 남기는 아마추어 같은 짓은 (거의) 하지 않는다. 모든 철학책이 이럴 수는 없지만, 이런 부류의 철학 대중서가 너무 드문 것은 참으로 아쉽다. 이 책은 "2013년 독일에서 출간 즉시 16주간 베스트셀러에 올랐고, 철학서로는 드물게 5만 부 넘게 팔리며 큰 화제를 모았다"라고 한다. 내가 실제로 독서 모임 세 곳으로부터 들은 이야기인데, 이 책을 집어 든 독자들 '모두' 완독을 하고 저마다의 만족감을 느끼면서 다른 이들에게도 권했다고 한다. 아무리 철학 '대중'서라 해도 인식론, 존재론, 유물론을 정면에서 다루는 외국 학자의 책인데 말이다.

고쿠분의 책들은 어떨까? 예컨대 『인간은 언제부터 지루해했을까』를 보자. 이 책에는 인류학, 고고학, 경제학, 소비사회론, 동물행동학 등의 최신 성과들이 소개된다. 철학자로는 하이데거가 시종일관 중요하게 등장하고 중후반부에 들뢰즈와 스피노자가 의미심장하게 출연한다(물론 이 세명이 전부는 아니다. 역자가 대략 세어본 바에 따르면 37명이라고 한다). 하나같이 심오하고 난해한 사상가들이다. 원서와 번역서 모두 400쪽 안팎이라 분량도 만만치 않다. 그런데도 고쿠분은 「서론」 마지막에 떡하니 이렇게 써놓았다. "이 책은 독자가 단숨에 읽게끔 쓰여졌"(p.28)다. 어떻게 그런 일이 가능했을까? 그건 여기서 자세히 말할 수가 없으니 직접 확인해보시길 권할 수밖에 없다. 지금 중요한 것은, 그가 '단숨에 읽는' 철학 대중서를 쓰고자 노력했고, (거의) 성공했다고 자평하기 때문에 「서론」에도 그 점을 표나게 적어놓았다는 점이다.

『중동태의 세계』도 이 점에서 평가해줄 만하다. 특히, 하이데거와 들뢰즈를 다루는 제7장과 스피노자의 『에티카』를 집중 해설하는 제8장에서, 독자들과 함께 사유하려는 그의 노력은 빛을 발한다. 덕분에 독자들은 이들 사상가의 도움을 받아 이 책의 정점인 제9장으로 힘차게 도약할 수 있다(이 과정에서 하이데거, 들뢰즈, 스피노자를 더 깊이 알게 되는 것은 덤이다).

마르쿠스 가브리엘과 고쿠분 고이치로. 두 사람은 21세기 사상계를 주도하는 새로운 흐름이라는 점에서, 또 진중한 대중 철학서를 내어 상당히 성공했다는 점에서 닮았다. 철학(연구)자들이 그들의 사상만이 아니라 이런 스타일의 시도를 참조하여 좋은 철학 대중서들이 더 많이 나왔으면 좋겠다.

마지막으로, 번역 특히 「프롤로그」에 대하여

'태'를 다루는 책이기 때문에 번역 과정에서 색다른 어려움과 갈등을 종종 겪었다. 우리 독자들에게만 맞춰 내용 중심으로 번역해버리면 이 책의 핵심 문제가 적잖이 빠져나간다. 반대로 원문의 태를 그대로 살리면 독자들의 이해도가 현저히 떨어진다. 상황에 맞게 '적절히' 균형을 맞추려 노력했다. 어색한 표현들이 나온다면 이런 고뇌의 산물로 여겨주시기 바란다. 이와 관련해서 가장 어려웠던 「프롤로그」 대목은 한국문학을 일본어로 번역하시는 문광자 선생님으로부터 많은 도움을 받았다. 만일 선생님의 도움을 받지 못했더라면…. 생각만 해도 끔찍하다. 깊이 감사드린다.

「프롤로그」는 일견 평범한 대화 같지만, 그렇지가 않다. 먼저 질문하는 사람은 어느 정도의 의존증을 공유하는 저자(고쿠분)이다. 그리고 그 질문에 대답하는 사람은 예전에 의존증의 세계에 갇혔다가 지금은 빠져나온 사람(가미오카 하루에)이다. 후자(가미오카)가 중동태의 세계에서 살아가는 사람이라면, 전자(고쿠분)는 그런 세계를 논리적으로 이해할 뿐 일상적 수준에서의 공감은 잘 되지 않는 그런 사람이다. 그래서 두 사람의 대화는 거의 매번 어긋난다.

다수의 독자들은 「프롤로그」를 읽으며 '뭔가 이상한 거 아냐?'하는 정도의 느낌이었을 것이다. 하지만 꽤나 예민한, 의존증을 다소 공유하는 독자들은 매번 장애물과 부딪치며 심하게 덜컥거렸을 것이다. 이 대화에 대한 나의 이해도가 점점 더 높아지고 그런대로 만족스러운 번역문을 얻기까지 오랜 시간이 걸렸다. 그 과정에서 나의 일본어·일본문화 선생님이신 심아정, 오하나 선생님께 많은 도움을 받았다. 새삼 우리의 우정을 기억한다.

2019년 5월

박성관

주

1) 러시아의 운동생리학자 베른슈타인(Nikolai Aleksandrovich Bernstein)은 신체의 각 부분이 일제히 협조적으로 움직이는 이러한 작용을 신체 내의 '협응(協應) 구조'라 불렸다(『デクステリティ, 巧みさとその?達』, 金子書房, 2007, p.307. 영어본은 『On dexterity and its Development』).

2) '에도(江戶) 시대(옮긴이 - 1603년부터 19세기 후반(메이지 시기 직전)까지의 봉건시대)에는 *물론, 심지어 다이묘(大名)(옮긴이 - *10세기말 이래로 일본 각 지방의 최고 권력자)의 행렬 시에도 각자 알아서 적당히 걷고 있었다. 노무라 마사이치(野村雅一)에 따르면 양손을 팔(八)자로 움직이면서 종종걸음을 걷는 '종업원 걸음'을 별도로 치면, 팔을 휘둘러 걷는 습관도 없고 오른다리와 동시에 오른팔을 내는, 속칭 '남바'라고 불리는 보행 방식이 보통이었다. '남바'라는 것은 농민들이 괭이를 사용할 때의 자세에서 유래한다고 알려져 있는데, 상반신을 구부려 신체를 흔들게 되기 십상이었다. 초년병 교육에서는 이를 고치는 데에 반년이 *걸렸다고 알려져 있다(牧原憲夫, 『日本の歷史 13 文明国をめざして ─ 幕末から明治時代前期』, 小学館, 2008, p.143)

3) 熊谷晋一郎, 『リハビリの夜』, 医学書院, 2009년, p.30.

4) 熊谷晋一郎, 『リハビリの夜』, p.31.

5) 미국의 철학자 허버트 핑가레트는 '알코올 의존증(alcoholism)' 혹은 더 넓은 범주로 '과잉 음주'란, 스트레스나 긴장에 대처하기 위해 본인이 선택한 수단이고, 그런 의미에서 '하나의 생활양식(*a way of life)'으로 이해되어야만 한다고 주장하였고, 이 주장을 통해 알코올 의존증을 '질병(disease)'으로 보는 관점을 비판한 바 있다(Herbert Fingarette, 『Heavy Drinking: The Myth of Alcoholism as a Disease』, University of California Press, 1988, p.111-112).

핑가레트의 주장은 1988년에 열린 재판 판결문에서 최고재판소에 의해 인용됨으로써 주목을 받았다. 이 재판은 군대에서 전역한 두 사람이, 민간인으로 복귀한 군인들에게 지급되는 급부금(給付金)의 수급을 그들이 알코올 의존자라는 이유로 거부당했는데, 과연 이들에게 그 수급을 인정해야 하느냐 여부를 둘러싸고 열린 것이었다. 핑가레트의 견해는 알코올 의존증이나 과잉 음주를 심리적, 사회적 요인이라는 견지에서 판단했다는 점에서는 의미가 있다. 하지만 그 결론에는 커다란 문제가 있다. 심지어 모순이 있다고 해도 좋을 지경이다. 핑가레트는 "음주 문제에, 심리나 사회 같은 결정적으로 중요한 차원이 관련된다는 것은 자명한 이치이다"라고 썼다(p.6). 이것은 굳이 주장할 필요까지도 없는 당연한 사실이지만, 어떤 이유에선지 핑가레트는 이 지점으로부터 꽤나 비약적인 방식으로 "알코올 의존증(내지 과잉 음주)은 질병이 아니다"라고 주장하기에 이른다. 그러나 앞서 언급한 그의 책을 읽어보면 분명하듯이, 핑가레트가 이렇게 주장할 수 있는 것은 단지 그가 표적으로 삼은 '질병' 개념이 너무나도 빈약한 것이기 때문이다. 결국 그의 주장은 한마디면 충분한 주장, 즉 '심리나 사회 등 결정적으로 중요한 차원에서 다양한 요인들이 작용하고, 그럼으로써 알코올 의존증 내지 과잉 음주라는 병이 발생한다'라고 설명하면 충분한 그런 정도의 주장일 뿐이다(그리고 이는 정신질환이 발생할 때의 기본적인 패턴일 것이다). 핑가레트는 "과잉 음주에 빠진 사람을 도덕적으로 비난하는 것이 부적절하다고 한다면, 그와 마찬가지로 그들의 행동을 허용하거나, 그들이 변화를 위한 책임을 면할 수 있도록 돕거나 하는 것 또한 부적절하다"라고 쓰고 있다(p.11). 문제 행동을 일으키는 인물을 무조건 호되게 질책하는(도덕적으로 비난하는) 것은 당연히 전혀 소용이 없다. 이건 누구나 알고 있다. '심리나 사회 등, 결정적으로 중요한 차원'에서 작용하는 여러 요인들이 변화되지 않는 한, 행동은 변화되지 않기 때문이다. 그러나 어쩐 일인지 핑가레트는 심리적, 사회적 요인의 중요성을 강조하고 있음에도 불구하고, 그로부터 훌쩍 점프해서 '본인의 책임 있는 행동에의 기대'로 나아가버린다(p.112). 왜 그는 '심리나 사회 등 결정적으로 중요한 차원'에의 적극적 개입을 사유하지 않는 것일까? 이 점은 '질병으로서의 알코올 의존증 내지 과잉 음주'를 부정하고 싶다는 핑가레트의 심정 저 밑바닥에, '자신이 한 일이니까 자신이 책임을 져야 한다'라는 단순한 발상이 뿌리깊게 존재하고 있음을 보여주는 것으로 생각된다.

6) 『정신 간호(精神看護)』, 2014년 1월 호(제17권 1호), 「특집 '처방약 의존'과 '탈법 약물'의 양상이 심각해지고 있다」.

7) 上岡陽江＋大嶋栄子, 『その後の不自由 ─「嵐」のあとを生きる人たち*(그 이후의 부자유 ─ '태풍' 이후를 살아가는 사람들)』, 医学書院, 2010년.
학대가 일상화된 가혹하고 불안정한 환경을 살아온 인물은, 자신의 신체에 일어나는 일을 받아들여 그것을 인식하고, 말로 언어화하는 그런 경험들을 쌓아올릴 수 있는 기회를 극단적으로 박탈당하며 살아간다. 그 때문에 자신의 신체로부터 얻어지는 감각이 대체 무엇을 의미하고 있는지 스스로 이해하지 못하는 경우가 많다고 한다. 요컨대 자신이 대체 무엇을 요구하고 있는지 스스로 알 수 없다는 것이다. 저자 중 한 명인 오시마 에이코(大嶋栄子)는 그 감각을 이렇게 쓰고 있다. "살아남는 일만으로도 기진맥진했기 때문에, 그러는 과정에서 저의 신체는 줄곧 무시당해왔습니다. 열이 나도, 상처에 아무런 조치도 안 해주어도 '지금 그러니 저러니 따져볼 여력도 없게 만드는 더 심각한 일' 덕분에, 아픔을 별로 느끼지 않고 지나왔습니다. 또 알코올이나 약에 취하는 건 편리하게도, 이런 고통을 멍하니 흘려보낼 수 있게 해줍니다. (…) 지금까지 무시해온 신체는, 취하지 않은 보통 상태가 되면 일제히 여러 가지 증상이나 고통을 표출하는데요. 내 자신에게 일어나는 그 일들을 우선 하나하나 말로 언어화하지 않으면 안 됩니다. 그리하지 않으면 그 증상이나 고통들을 어찌하면 좋을지, 어떠한 조치가 도움이 될지 누구도 가르쳐 주지 않기 때문입니다(p.180-182)."

8) 이 논점에 관해서 반드시 언급되는 것이 1980년대에 생리학자 벤저민 리벳에 의해 수행된 유명한 실험이다. 이 실험과 그 해석에 대해 여기서 간단히 문제를 지적해두고자 한다. 리벳의 실험은 피험자 자신이 내키는 타이밍에 손목을 굽히도록 하고, 그때의 뇌의 움직임을 전위(電位) 변화를 통해 관측하는 것이다. 리벳에 따르면 이 실험에 의해 인간이 실제로 행위하기 0.5초 전에 뇌는 관련된 활동을 개시한다는 사실이 밝혀졌다고 한다. 또, 피험자에게 '언제 손목을 굽히려고 했는지' 묻고, 특수한 시계로 그것을 계측했더니 피험자가 답한 타이밍은 뇌가 활동을 개시하는 시점보다 약 0.4초 뒤였다고 한다(Benjamin Libet, 『Mind Time: The Temporal Factor in Consciousness』, Harvard University Press, 2005). 요컨대 행위를 하려고 의식하기 전에 뇌는 활동을 개시하고, 의식은 그런 뇌의 활동을 그저 뒤늦게 인식하고 있는 데 불과하다는 것이다. 이 실험 결과를 바탕으로, 다음과 같은 주장들을 하곤 한다. "자유롭고 자발적인 의지 결정이라고 해도, 그에 선행하는 뇌신경 활동이 있다(ベンジャミン・リベット, 下條信輔訳, 「訳者あとがき」 『マインド・タイム ─ 脳と意識の時間』, 岩波書店, 2005, p.266)." 심지어는 "*의지 결정이 있고 나서 행위가 수행된다고 하는 구도는 뇌신경생리학에 의해 부정되고 있다"라는, 다소 도발적인 표현도 자주 보인다(小坂井敏晶, 『責任という虚構』(책임이라는 허구), 東京大学出版会, 2008, p.22).이러한 주장은 단적으로 그 말하는 방식 *자체가 부정확하다는 점을 지적받지 않을 수 *없으며 또한 '의지 결정'*, '의지' 등 결정적으로 중요한 단어들이 애매하게만 *이해되고 있다. 우리는 이런 문제점들을 5장에서 확인하게 될 터인데, 일단 여기서는 후루타 데츠야(古田徹也)의 명쾌한 비판적 해설을 소개하는 데 그치겠다(『それは私がしたことなのか ─ 行為の哲学入門』, 新曜社, 2013). 후루타가 간결하게 지적한 바는 다음과 같다. 이 실험에서 뇌가 활동을 개시한 시점으로부터 약 0.4초 뒤에 발생한 것으로 특정되어 있는 것은, 피험자가 무언가를 자각적으로 의식한 순간에 불과하다. 즉, 그 순간이 손목을 *굽히려는 의도를 품게 된 순간과 동일한지 아닌지는 전혀 제시되어 있지 않다. 달리 표현하자면 다음과 같다(이 지점이 후루타의 지적에서 중요한 대목이다). 기본적으로 의지 혹은 의지를 갖는 일에 대해서 "0.??초라는 순간적인 단위로 개시 시점을 계측할 수 있는 것일까(p.47)?" 물론 자각적으로 의식하는 차원에 대해서라면 그것이 개시된 순간이 있다고 할 수 있을지도 모르겠다. 하지만 "내가 아무 생각 없이 부엌에 가서 수도꼭지를 비틀어 컵에 물을 따라 방으로 돌아온 후에, 누군가가 '너 있잖아, 언제, 어느 순간에 수도꼭지를 비틀려고 의도한 거야?'라고 질문을 할 경우, 그에 답하기는 곤란할 것이다(p.47)".따라서 앞서 소개한 실험에 입각하여 '의지 결정이 있고 나서 행위가 수행된다고 하는 구도'를 부정하기 위해서는, 우선 의도를 갖는다든가 의지한다든가 하는 계기들이, 의식하는 것과 마찬가지로 순간적인 체험인가 아닌가를 물어야 한다. 그런데 그런 질문은 전혀 하지 않는다. 게다가 (후루타는 이런 지적까지 하지 않지만) *아마도 의도를 갖거나 의지하거나 하는 일은 *필시 연속적이고 지속적인 *체험이므로, 특정한 '이 순간에 뇌 *속에서 손목을 굽히려는 의도 내지 의지가 발생했다'라고 말할 수는 없을 것이다. 또한 어떤 행위가 시작되기 전에, 뇌 속에서 모종의 변화들이 일어난다는 건 하등 이상할 게 없는 일이다. 그것이 의식에 선행한다고 해서 특별히 놀라야 할 이유는 또 무엇일까? 결국 이 실험은 행위나 의지에 대해 *그 어떤 새로운 *어떤 것도 가르쳐주지 않는다.

9) スピノザ, 畠中尚志訳, 『エチカ*(에티카)』, 1997, 제1부 정리 32 증명(*이후 이 책에서의 인용은 페이지가 아니라 「정리」 등의 번호를 기재하겠다).

10) 『エチカ』, 제2부 정리 35 비고.

11) 『エチカ』, 제2부 정리 35 비고.

12) 『エチカ』, 제4부 정리 1 비고. 태양 문제를 둘러싼 스피노자의 기술을 읽으면서, 현대의 독자들은 대부분 '물론 스피노자의 이야기 자체는 맞지만, 나는 느낌상으로도 태양이 지구의 아주 가까이에 *있다는 식으로는 느끼지 않는다'라고 생각할 것이다. 하지만 진정으로 그러할까? 태양의 열기를 느낄 때, 진짜로 사람들은 1억 4,960만 킬로미터를 떠올릴까? 빛이 발해지고 나서 8분 정도 걸려 지구에까지 다다르는 그런 거리를 정녕 떠올리고 있는 것일까? 그러한 *거리를 인간의 상상력은 그려낼 수 있는 것일까? '태양이 지구의 아주 가까이에 있는 것이 아니다'라고 입으로는 말하는 사람도, 실제로는 그 거리를 '대단히 멀다'라고 하는 무(無)내용한 관념 속에 처넣어버리는 데 불과한 게 아닐까?

13) 태양은 강한 에너지를 발한다고 하는 특성을 가지며, 인간 신체는 그것을 열(熱)로 느낀다고 하는 특성을 갖고 있다. 신체가 느끼는 그 열은 바로 곁에서 불타고 있는 횃불의 열기와 다를 바 없다. 태양에서 진행되고 있는 핵융합과 *횃불에서 일어나는 연소는 전혀 다른 자연현상이지만, 인간 신체는 그 둘을 동일하게 열로 경험할 수밖에 없다. 인간의 신체는 *모종의 기구를 이용하지 않는 한 핵융합을 핵융합으로, 연소를 연소로 지각할 수는 없기 때문이다. 우리가 태양을 아주 가까이에 있다고 느끼는 것은 그 때문이다. 만일 핵융합을 다른 방식으로 지각할 수 있는 신체가 있다면, 태양은 그 신체에 대해 다른 방식의 효과를 초래할 터이다.

14) 『エチカ』, 제2부 정리 28.

15) 학문 분야에서는 의지만이 아니라 그 외 여러 가지 것들이 환상에 불과하다고들 *말한다. 그런 식으로 운운하는 것이 학자들에게 우월감을 제공해주기 때문이다. 그러나 우쭐한 기분으로 그렇게 단언할 수 있을 뿐, 우리는 조금도 환상으로부터 자유로워지지 않는다. '그것은 환상에 불과해'라고 말한 학자들도, 일상생활 속에서 그 '환상'과 함께 계속 살아가는 것이다.

16) Hannah Arendt, 『The Life of the Mind, One-volume Edition』, Harcourt, 1978, p.24. ハンナ·アレント, 伊藤和夫訳, 『精神の生活 〈下〉 第二部 意志』, 岩波書店, 1994년, 29쪽.

17) 소년 범죄가 가장 현저한 예일 것이다.

18) Émile Benveniste, 〈Actif et moyen dans le verbe〉, 『Problèmes de linguistique générale, I』, Gallimard, 2012, p.168. エミール·バンヴェニスト, 岸本通夫(監修, 翻訳), 河村正夫(翻訳), 『一般言語学の諸問題』, みすず書房, 1983, p.165.

19) Ludwig Wittgenstein, Philosophical Investigation, trans. by G.E.M. Anscombe, Wiley-Blackwell, 2009, §621.

20) John Hyman, Oskari Kuusela & Marie McGinn(eds.), 『Action and The Will』, Oxford University Press, 2012.

21) Ibid.

22) Benveniste, supra, p.168. 「動詞の能動態と中動態」, 『一般言語学の諸問題』, p.165.

23) 현대어 중 몇몇 표현이 '중동태'라 일컬어지는 경우가 있다. 예를 들자면 'The book sells well'이라는 영어 표현은 '중동태'라 간주하는 언어학자가 있다(Suzanne Kemmer, The Middle Voice, John Benjamins Publishing Company, 1993). 뒤에서 확인하게 되겠지만(제 6장), 이것은 중동태가 억압되어 그것을 담당하던 관념이 복수(複數)의 표현들로 분할 상속된 것의 귀결 중 하나이다. 이러한 표현을 중동태라 일컫는 것은 언어의 역사를 무시하는 결과로 이어지는 탓에 이 책에서는 그러한 표현을 사용하지 않는다. 언어는 억압과 불균형을 속에 품고 있는 체계인데 그러한 억압과 불균형은 언어의 역사에 초점을 맞추지 않는 한 설명이 불가능하기 때문이다. 바꿔 말하자면 언어의 역사를 *무시할 경우 언어가 품고 있는 억압과 불균형에 무리하게 정합성을 부여하게 되고 만다. 그러한 비역사적 언어관은 비유컨대 추상적인 수리 체계로 세상의 모든 경제를 죄다 설명할 수 있다고 믿는 근대 경제학과 닮았다고나 해야 할까? 거기서 다뤄지는 것

은 추상화되고 비역사화된 체계다. 그런 체계는 사회와의 연계가 상실되어 있다. 그런데 중동태를 둘러싼 문제들은 바로 사회와의 관계라는 차원에서 제기되는 것이다.

24) 요컨대 언어에 대해 최초로 질문된 것은 그 기원이었다. 언어의 기원에 대해서는 그 뒤에도 다양한 철학자들이 씨름해왔는데, 물론 답이 나온 것은 아니다. 대단히 흥미롭게도 〈파리언어학회(Société Linguistique de Paris)〉는 '언어의 기원'을 원고의 제목으로 삼는 것을 금지했다고 한다(R. H. ロウビンズ(로빈즈), 『ヨーロッパ古代中世文法論(유럽 고대중세 문법론)』, 郡司利男, 南雲堂, 1962년, p.8. 注1).

25) プラトン, 『クラテュロス(크라튈로스)』384D. 이밖에 플라톤은 모음과 자음의 유별(類別)과 분석 등도 행하고 있다(『クラテュロス』424C, 『テアイテトス(테아이테토스)』203B).

26) プラトン, 『クラテュロス(크라튈로스)』399B, 425A. 이 점에 대해서는 『ソピステス(소피스테스)』262A-263D도 참조.

27) R. H. ロウビンズ, 『言語学史-第三版』, 中村完+後藤斉訳, 研究出版社, 1982년, p.31.

28) アリストテレス(아리스토텔레스), 『命題論(명제론)』의 제 2장이 오노마를, 제 3장이 레마를 논하고 있다.

29) 『범주론』의 그리스어 원문은 다음의 프랑스어 대역판을 이용했다. Aristote, Catégories, Présentation, traduction et commentaires, de Frédérique Ildefonse et Jean Lallot, Bilingue Grec–Français, coll. 《points》, Seuil, 2002. 이 판본은 『범주론』을 둘러싼 논쟁 자료들도 수록되어 있어 대단히 편리하다. 인용시에는 이와나미 전집판을 참조했지만, 번역은 모두 필자 자신에 의한 것이다. 『カテゴリー論(범주론)』, 『アリストテレス全集(아리스토텔레스 전집)』第一券, 中畑正志訳, 岩波書店, 2013.

30) 원문은 "\$321의 주 09"(1a 16).

31) 포르루아얄학파와 칸트의 범주에 대해서는 다음을 참조하기 바란다. Aristote, Catégories, p.322-338.

32) Émile Benveniste, 《Catégories de pensée et catégories de langue》, Problèmes..., I, op.cit., p.66. 「思考の範疇と言語の範疇(사고의 범주와 언어의 범주)」, 『一般言語学の諸問題(일반언어학의 제 문제)』, p.73.

벤베니스트에 따르면 아리스토텔레스가 주장한 10가지 범주는 그리스어에서 다음과 같은 문법 사항에 대응한다. ⑴ 실사, ⑵ 양 형용사, ⑶ 질 형용사, ⑷ 관계사, ⑸ 장소 부사, ⑹ 때 부사, ⑺ 중동태, ⑻ (중동태의) 완료, ⑼ 능동, ⑽ 수동.

전반부의 6가지에 형용사나 관계사, 부사 등이 나옴에도 불구하고, 그것이 '명사의 형태'와 관련되어 있다고 간주되는 것은 그리스어에서 형용사나 관계사나 부사가 하나같이 명사에서 유래하는 것이기 때문이다.

그런데 벤베니스트의 이 논의에 대해서는 아리스토텔레스 연구의 대가 피에르 오방크(Pierre Aubenque)로부터의 비판이 있고, 또 이 비판에 입각하여 자크 데리다가 벤베니스트의 범주 독해를 상세히 검토하고 있다. 이 논쟁에 대해서는 제 4장에서 검토하겠다.

33) Benveniste, 《Catégories de pensée et catégories de langue》, p.69. 「思考の範疇と言語の範疇」, p.76-77. 독자들에게는 여기서 '중동태 완료형'이 세 가지 태와 대등하게 놓여 있는 게 이상스레 보일지도 모르겠다. 벤베니스트에 따르면 그리스어에서 완료형은 동사의 시제 체계 안에 *온전히 포괄되지 않는 다른 차원의 위치를 점하고 있다. "그리스어에는 완료형으로밖에 표현되지 않는 관념들도 적잖이 존재한다." 그리고 이 완료형과 중동태는 형식상으로나 기능상으로 다양한 관계를 가진다고 한다. 결국 아리스토텔레스는 중동태와 특별한 관계에 있던 완료형을, 다른 태로는 환원되지 않는 특별한 것으로서 범주표에 넣었다는 얘기가 된다. 이 점에 대해서는 이번 장 뒷부분에서 더 이야기하겠다.

34) 나중에 논하겠지만, 하이데거는 후기 사상에 있어서 '의지'라는 것을 철저히 깎아내림과 동시에 플라톤이나 아리스토텔레스 이전의 철학자들, 즉 '소크라테스 이전 철학자들'이라 불리는 철학자들(헤라클레이토스나 파르메니데스 등)을 '더 위대한' 사상가로 위치 지었다. 거기서는 *이제 '철학'이라는 명칭조차 높은 지위를 부여받지 못한다. 헤라클레이토스나 파르메니데스로부터 플라톤, 아리스토텔레스에 이르는 과정은 '앎을 사랑하기(\$321의 주13)φιλεῖν τὸ σοφόν, 필레인 토 소폰)'라는 영위(營爲)가 '철학(φιλοσοφία, 필로소피아)'으로 빠져 들어가는 일종의 추락 과정으로 자리매김된다(예컨대 1955년에 행해진 다음 강연을 참조. Martin Heidegger, 《Was ist das – die Philosophie?》, Gesamtausgabe, Band 11, vittorio Klostermann, 2006. ハイデッガー(하이데

저), 『哲学とは何か(철학이란 무엇인가)』, 理想社, 1960).

그러나 하이데거가 폄하한 '의지'가 능동-수동 구별과 뗄레야 뗄 수 없는 관계고, 또 능동태-수동태의 구별이 일찍이는 존재하지 않았다고 한다면, 소크라테스 이전의 철학자에 대한 하이데거의 편애도, 어쩌면 단순한 문법 문제에 불과할 가능성이 있다. 이 점에 대해서는 제 7장을 참조하기 바란다.

35) 스토아학파의 문법 이론에 대해서는 프레데릭 일드퐁스의 탁월한 다음 텍스트를 참고하였다. Frédérique Ildefonse, La Naissance de la grammaire dans l'Antiquité grecque, Vrin, 1997.

36) 또한 이밖에 고유명사와 보통명사의 구별, 부사류의 특정(特定) 등도 행해졌다. 그런데 스토아학파의 분류에서는 그 이전과도 다르고 또 그 이후와도 다른 독자적인 문법 용어가 사용되었다. 예를 들자면 지금 기술한 부사류는 후에 '중동태'를 의미하게 될 '메소테스(μεσότης)'라는 단어로 지칭되었다. *이것은 필시 형태로서는 명사 부류지만, 통어(統語)로서는 동사와 *부속된다고 하는 부사의 중간적 성질을 중시한 명명일 것이다(ロウビンズ(로빈즈), 『言語学史』, p.32-34)

37) 스토아학파는 두 가지 때(현재와 과거)와 두 가지 상(相)(계속과 완료)을 구별함으로써 현재 계속, 현재 완료, 과거 계속, 과거 완료의 네 가지 시제를 구별했다. 그러나 로빈즈가 지적하는 바에 따르면, 웬일인지 그들은 미래 시제나 아오리스트(과거형)를 일정한 시제로 위치 짓지 않고, 본래 의미에서의 시제 바깥에 있는 동사의 불확정형으로 보고 있다고 한다(ロウビンズ, 『ヨーロッパ古代中世文法論(유럽 고대중세 문법론)』, p.33-34).

38) 이들 세 가지 용어의 번역은 로빈즈의 『언어학사(言語学史)』의 일역본에 따랐지만, 오르톤('능동태 타동사'에서 '능동태'에 해당하는 단어)은 '본래의', '올바른', '곧장' 같은 의미이며, 휘프티아(수동태)는 '거꾸로 뒤집힌'이라는 의미다. 요컨대 이 구분은 능동태 동사야말로 본래의 것이고, 수동태는 그것을 거꾸로 뒤집음으로써 얻어지는 것이라고 말하는 셈이다.

39) 사격(斜格)이란 주격을 제외한 대격, 속격, 여격(與格) 등을 모두 포함하는 총칭이다.

격에 대해서도 약간 설명을 해두고자 한다. '격(case)'이란 명사가 다른 단어와 어떠한 관계에 있는가를 나타내는 표지(標識)를 가리킨다. 예컨대 현대 독일어라면, 주격으로 격변화하고 있는 명사는 그것이 주어임(무엇이)을 나타내고, 대격으로 격변화하고 있는 명사는 그것이 목적어임(무엇을)을 나타낸다. 가령 독일어 Mann('남자'라는 의미)에 정관사를 붙여 각각의 격을 표시해본다면 der Mann(주격: '남자가'), des Mannes(속격: '남자의'), dem Mann(여격: '남자에게'), den Mann(대격: '남자를')이 된다.

인도-유럽어족 언어는 일찍이 적어도 8가지 격을 갖고 있었던 것으로 판단된다(주격, 대격, 구격(具格), 여격, 탈격(奪格), 속격, 처격(處格), 호격(呼格)). 그러나 장소를 표시하는 처격이 여격에 통합되는 등의 과정을 거쳐, 그 종류가 점점 감소되었다. 또 명사 역시 격마다 다른 형태를 취했는데, 점차 격은 관사로 표현되어가는 경향으로 인해 명사의 격변화도 단순화되어 갔다. 방금 예로 들었던 현대 독일어에서는 명사가 형태를 바꾸는 것은 속격(屬格)뿐이다(단, 조금 오래된 독일어 문장에서는 여격도 어미 변화한다). 영어에서는 격변화가 거의 상실되어 있고, 명사의 말미에 s를 붙이는 속격이 간신히 살아남아 있을 뿐이다.

격의 단순화에 수반되어 태어난 것이 소위 전치사(영어의 with나 by 등)다. 명사의 격이 세분화되어 있는 경우에는 그 명사가 문장에서 수행하는 역할은 명백하다. 하지만 격이 사라지기 시작하면 그 명사가 수행하던 역할을 다른 단어가 보완해주지 않으면 안 된다. 전치사는 이 때문에 태어났다. 따라서 현실적으로는 '전치사에 의한 명사의 격 지배'라든가 '명사의 어떤 격을 요구하는 전치사'라는 표현이 술하게 사용되지만, 정확히 말하자면 명사 쪽이 자신의 역할을 명확히 주장하기 위해 전치사를 호출하고 있는 것이다. 격의 역사에 대한 상세한 설명은 다음을 참조하기 바란다. Charles Guiraud, Grammaire du Grec, coll. 《Que sai-je?》, PUF, 1967, p.101-102. シャルル ギロー(샤를 기로), 『ギリシア文法 改訳新版(그리스어 문법 '개역신판')』, 有田潤訳, 文庫クセジュ, 白水社, 2003, p.139-140.

40) ロウビンズ, 『言語学史』, p.34.

41) 『테크네』의 번역 및 주석으로 현재 가장 신용할 수 있는 문헌은 아마도 장 랄로의 프랑스어역 및 주석일 것이다. La grammaire de Denys Le Thrace, traduite et annotée par Jean Lallot, Presses de CNRS, 1989.

랄로가 번역 시 이용했던 텍스트는 1883년에 귀스타브 울리히가 8권의 사본을 바탕으로 작성한 교정판이며, 아래 문헌에 수록되어 있다. Dionisii Thracis ars grammatica, ed. Gustav Uhlig, 1883, in Grammatici Graeci, Leipzig: Teubner, 1878–1910; réimpr. Hidelsheim: Olms, 1965.

울리히 교정판의 그리스어 원문은 다음 사이트에서 참조할 수 있다.

http://www.hsaugsburg.de/harsch/graeca/Chronologia/S_ ante02/ DionysiosThrax/dio_tech.html

영역으로는 앨런 켐프의 것이 있고 다음 문헌에 수록되어 있다.

'The Tekhnē Grammatikē of Dionysius Thrax', translated into English by Alan Kemp, Daniel J. Taylor (ed.), The History of Linguistics in the Classical Period, John Benjamins Publishing Company, 1987, p.169–189.

오래된 번역이긴 하지만 다음 사이트에서 토마스 데이비드슨의 영역을 입수할 수 있다. 단, 이 번역은 현재 가장 신용할 수 있는 것으로 통하는 울리히 교정판을 이용하지 않았고, 장별 편성이나 문언(文言) 등에서도 울리히판과 차이가 보인다. 그렇긴 하지만 상세한 주는 유익하다. The grammar of Dionysios Thrax, translated from the Greek by Thomas Davidson, 1874, St. Louis, Mo

https://archive.org/details/grammarofdionysi00dionuoft

42) 「테크네」라는 텍스트의 진정성에 대해서는 1958년 디 베네데토가 의심을 제출한 이래 오래도록 논쟁의 표적이 되어 왔다(Vincenzo Di Benedetto, 'Dionisio Trance e la Techne a lui attribuita', Annali della Scuola Normale Superiore di Pisa, Serie II, 27(1958), p.169–210; 28(1959), p.87–118). 1990년에 쓰인 다음의 영어 논문은 디 베네데토가 최신 연구를 언급하면서 논의의 경위를 정리한 것으로, 논쟁을 개관하는 데에 유익하다. Vincenzo Di Benedetto, 'At the Origins of Greek Grammar', Glotta 68(1990), p.19–39. 또 로빈즈의 「言語學史」 p.36–37도 참조하기 바란다).

「테크네」를 번역하고 주석을 한 랄로, 「고대 그리스에서 문법의 탄생」의 저자 일드퐁스 등도 베네데토의 설을 바탕으로 하고 있다. 실제로 사본들의 기술 간에 차이가 *발견되기 때문에, 어디가 어느 정도 개변되었는지는 이론의 여지가 있다 해도 개변이 있었다는 사실 자체는 틀림이 없다. 베네데토에 따르면 고쳐쓰기를 한 시기는 최대 3세기에서 4세기까지 내려올 가능성이 있다. 고쳐쓴 내용이나 시기 등은 대단히 흥미로운 문제지만 이 책의 고찰 대상은 아니다. 이 책에서는 *「테크네」를, 플라톤 이래의 문법 연구가 집대성된 것 중 하나로서 커다란 영향력을 끼쳤기 때문에 고쳐쓰기도 겪게 되고 그러면서 후세로 전해져, 오늘날 우리의 문법 이해를 결정짓는 텍스트로서 *이 「테크네」를 취급한다.

43) ロウビンズ, 「ヨーロッパ古代中世文法論」 p.36.

44) 이러한 경위에 대한 본서의 기술은 너무나 간결하다. 상세한 경위를 효과적으로 잘 정리한 것으로는 앞서 언급된 로빈즈의 「언어학사」, 「유럽 고대중세 문법론」 외에도 다음 논문을 참조하기 바란다. Lara Pagani, 'Pioneers of Grammar. Hellenistic Scholarship and the Study of Language', Franco Montanari, Lara Pagani (eds.), From Scholars to Scholia: Chapters in the History of Ancient Greek Scholarship, De Gruyter, 2011.

45) P. B. R. Forbes, 'Greek pioneer in philology and grammar', Classical review 47(1933), p.112.

46) 앞의 주 20)에서 언급된 데이빗슨의 영역에서는 도중에 *두 개의 절이 추가되어 있고(「피리어드는 콤마와 어떻게 다른가?」와 「장소」), 「레마(동사)」에 대하여」는 15절로 되어 있다. 이본에 의한 차이로 보인다.

47) 그런데 여기서 '태'라 번역한 $διάθεσις$라는 말이 로마 문법가들에 의해 라틴어로 vox라고 번역되었기 때문에, 지금까지 문법 용어 '태'는 영어로 voice라 불리고 있다(voice는 vox를 번역하는 말이다). 데이빗슨은 이 대목에 "이 말은 로마인들에 의해 어리석게도 vox라고 번역되었다"라고 주를 달고, 이 말은 disposition이라 번역되어야 한다고 기술하였다(The grammar of Dionysios Thrax, p.12). "어리석은"지 어쩐지는 모르겠지만, 어쨌든간에 이 대목은 트라쿠스의 「테크네」가 오늘날에 이르기까지 영향력을 미치고 있다는 증좌일 것이다.

48) Paul Kent Andersen, "Remarks on Dionysios Thrax's Concept Of 'Diáthesis'", Historiographia Linguistica, Vol. 21:1/2(1994), p.1–37.

49) Liddell and Scott, An intermediate Greek-English Lexicon, The seventh edition, Oxford University Press.

50) "I am struck" (Kemp, The History of Linguistics...., p.180). "Je-suis-frappé" (Lallot, La grammaire..., p.55).

51) Liddell and Scott, An intermediate Greek-English Lexicon.

52) "I am fixed to the spot" (Kemp, The History of Linguistics...., p.180). "Je-suis-fixé" (Lallot, La grammaire..., p.55).

53) ホメロス『イリアス〈上〉』松平千秋訳, 岩波文庫, p.93.

54) Liddell and Scott, An intermediate Greek-English Lexicon.

55) "I am ruined" (Kemp, The History of Linguistics...., p.180). "Je-suis-détruit" (Lallot, La grammaire..., p.55).

56) 『イリアス〈下〉』p.84.

57) Benveniste, 《Catégories de pensée ......》, p.69-70. 「思考の範疇と言語の範疇(사고의 범주와 언어의 범주)」p.77.

58) Benveniste, 《Catégories de pensée ......》, p.69-70. 「思考の範疇と言語の範疇」p.77.

59) "Je-fis" (Lallot, La grammaire..., p.55). "I made for myself. I had something made" (Kemp, The History of Linguistics...., p.180).

60) 『イリアス〈上〉』p.235.

61) "J'écrivis" (Lallot, La grammaire..., p.55). "I wrote down for my own benefit" (Kemp, The History of Linguistics...., p.180).

62) アリストパネース(아리스토파네스) 『蜂(벌)』高津春繁訳, 岩波文庫, 1955년, p.72.

63) Lallot, La grammaire..., p.166.

64) 장 랄로도 말한 바 있듯이 그밖에 다른 문법서가 쓰이지 않았던 것은 아니라 해도, "문법가들의 활동 대부분은 「테크네」를 주석하는 데 소비되었"으며, "테크네"에서 밝혀진 그런 문법의 테크니컬한 영역에 관해서 말하자면, 그리스 문법가들은 이 책을 주석하는 것 이외의 일은 생각지도 못했던 것이다"(Lallot, La grammaire....... p.31).

65) George S. Howard, "No middle voice", Theoretical & Philosophical Psychology, Vol 12 (1), Division 24 of the American Psychological Association, the Division of Theoretical and Philosophical Psychology, 1992, p.12-26.

66) Howard, "No middle voice", p.18.

67) 롤랑 바르트는 벤베니스트의 탁월한 이해자이며, 그의 중동태론을 정확히 파악하면서 「쓴다는 [단어는] 자동사인가?」(1966)라는 일종의 중동태론을 전개한 바 있다(Roland Barthes, Le Bruissement de la langue, seuil, 1984, ロラン・バルト, 『言語のざわめき 新装版(언어의 웅성거림 신장판)』, 花輪光訳, みすず書房, 2000년). 단, 바르트의 기술이 중동태에 대한 비유적인 이해, 즉 '능동도 수동도 아닌 중동'이라는 이해의 길을 열 가능성을 갖고 있었다는 점 또한 확실하다. 예컨대 헤이든 화이트는 홀로코스트론 속에서, 롤랑 바르트의 이 강연 원고만을 읽고 중동태를 논하면서 "구래(舊來)의 표상 양식에서는 적절히 표상할 수 없는" 홀로코스트를 표상할 열쇠를 거기서 발견하고 있는데, 이는 단지 화이트가 벤베니스트 등, 여러 언어학자들의 논문을 읽기 귀찮아 빼먹은 탓에 얻어진 결론에 불과하다(ソール フリードランダー(Saul Friedlander)編, 『アウシュビッツと表象の限界(아우슈비츠와 표상의 한계)』, 上村忠男訳, 未来社, 1994년, p.57-89.

68) Charles E. Scott, "The Middle Voice in Being and Time", John C. Sallis, Giuseppina Moneta & Jacques Taminaux (eds.), The Collegium Phaenomenologicum: The First Ten Years, Kluwer Academic Publishers, 1988, p.159-173.

David Lewin, "The Middle Voice in Eckhart and Modern Continental Philosophy", Medieval Mystical Theology, The Eckhart Society, Vol. 20 (1), 1992, p.12-26.

후자는 제목에 에크하르트의 이름이 들어 있지만, 하이데거가 논한 Gelassenheit(내려놓음, 放下)의 기원으로서 에크하르트를 언급하는 것이어서, 실제로는 하이데거론이다. 나는 두 텍스트 모두 중요한 문제 제기를 하고 있고 판단한다. 하지만 중동태를 둘러싼 언어의 역사가 고찰되고 있지는 않기 때문에, 중동태를 제 3의 태로서밖에는 다룰 수 없었다는 점은 대단히 유감스럽다.

하이데거와 중동태의 관계를 둘러싸고 주목할 만한 논점을 제출한 것은 브렛 W. 데이비스의 『하이데거와 의지』(Brett W. Davis, Heidegger and the Will: On the Way to Gelassenheit, Northwestern UP, 2007)이다. 브렛 데이비스는 이 책에서, 하이데거에 있어서 '정신'이라는 단어의 용법을 상세히 검토한 데리다의 『하이데거와 물음』에 필적하는 작업을 성취하였다.

69) Jacques Derrida, 《La Différance》, Marges de la philosophie, Minuit, 1972, p.9. ジャック・デリダ, 「差延」, 『哲学の余白(철학의 여백)』, 藤本一勇訳, 法政大学出版局, 2007년, p.43-44. 내가 본서 3장의 주 4)에서 언급했던 헤이든 화이트도 데리다의 이 논문을 인용하였다. 그런데 데리다는 이 논문 속에서 중동태를 능동태와 수동태로 갈라 배분함으로써 *철학이 시작되었다고 근거없이 단언하는데, 본서에서는 이 단언을 가설로서 중시한다(본서 제 4장의 말미를 참조).

70) Jacques Lacan, Le Séminare, Livre III: les psychoses, texte établi par Jacques-Alain Miller, Seuil, 1981, p.317.

71) 예컨대 일본에서 고전 그리스어의 표준적 교과서인 『ギリシア語入門 <改訂版>(그리스어 입문 개정판)』(田中美知太郎+松平千秋, 岩波全書, 1962년)은 그러한 기술이다(p.52-53).

72) 이 예는 프랑스의 표준적인 고전 그리스어 교과서인 다음 텍스트에서 빌려온 것이다. Jean-Victor Vernhes, §317의 주 09): Initiation au grec ancien, Ophrys, 1996, p.30

73) Rutger J. Allan, The Middle Voice in Ancient Greek: A Study in Polysemy, J.C. Gieben, 2003.

74) Allan, The Middle Voice ...., p.40.

75) Allan, The Middle Voice ...., p.39.

76) Allan, The Middle Voice ...., p.16.

77) 단, 라캉이 채용한 리용의 정의는 이 점에서도 다소 평가받을만한 것인데, 비록 괄호치고 쓴 얘기긴 하지만 중동과 능동의 대립에 대해 언급하고는 있다. 그러나 거기서는 능동이 재정의되고 있지 않으며, 오늘날 우리가 아는 능동의 의미가 무비판적으로 전제되어 있다.

78) 고대 문명에 관한 벤베니스트의 작업은 인도-유럽어의 비교언어학적 분석을 단서로 '경제, 친족, 사회' 및 '왕권, 법, 종교'를 논한 『인도-유럽 제도 어휘집』(エミール・バンヴェニスト, 蔵持不三也(訳), 前田耕作(監修), 『インド=ヨーロッパ諸制度語彙集』, 言叢社, 전 2권, 1986-87년)*에서 정점에 달하는 일련의 업적으로 결실을 맺었다.

79) Benveniste, 《Actif et moyen dans le verbe》, p.169. 「動詞の能動態と中動態(동사의 능동태와 중동태)」, p.166.

80) 벤베니스트는 중동태를 정의하는 도중에, 기원전 5세기부터 *4세기까지의 산스크리트어 문법을 연구한 파니니가 제시한 능동태와 중동태의 설명에 대해서도 언급한다. 파니니는 능동태와 중동태의 대립을 "타자를 위한 말(parasmaipada)"과 "자신을 위한 말(atomanepada)"의 대립으로 기술한다. 예컨대 산스크리트어에는 "그는 (다른 사람을 위해 승려로서) 희생을 바친다"를 의미하는 "yajati"와 "그는 (자신을 위해, 봉납자(奉納者)로서) 희생을 바친다"를 의미하는 "yajate"의 구별이 있다. 앞의 대립은 이 구별에서 유래하는 것이다. 벤베니스트는 파니니가 "그 시대로서는 경탄스러운 식견 하에 수립한" 이 정의를 높이 평가하는 한편, "다른 사람을 위한 말"과 "자신을 위한 말"이라는 구별만으로는 정의가 *막연해져버린다고 지적한다(Benveniste, 《Actif et moyen dans le verbe》, p.170. 「動詞の能動態と中動態」, p.167).

필자의 능력 부족 탓에 더 이상 파니니의 정의를 검토할 수는 없지만, 이 정의는 상당히 완성도가 있는 게 아닌가 싶다. 문제는 '자신을 위한'이나 '다른 사람을 위한' 같은 표현이 무엇을 의미하느냐일 것이다. 벤베니스트는 거기까지는 검토하지 않는다.

81) 이 두 가지 동사를 예로 들어, 어째서 "*형(形)으로서는 수동태지만, 의미는 능동"이라고 말할 수 있는지

를 보기로 하자.

vereor(두려워하다)와 loquor(이야기하다)는 직설법 현재 단수로 다음과 같이 활용된다.

1인칭 vereor (나는 두려워한다)	loquor (나는 이야기한다)
2인칭 vereris (당신은 두려워한다)	loqueris (당신은 이야기한다)
3인칭 veretur (그/그녀는 두려워한다)	loquitur (그/그녀는 이야기한다)

보다시피 *의미상으로는 분명 '능동'이라고 할 수 있지만, 이 활용들은 일반적인 동사의 수동태 활용과 동일하다. *가령 능동태도 취하고 수동태도 취하는 동사의 일례로서, amo(사랑한다)의 활용을 보기로 하자.

	능동태(직설법 현재 단수)	수동태(직설법 현재 단수)
1인칭	amo (나는 사랑한다)	amor (나는 사랑받는다)
2인칭	amas (당신은 사랑한다)	amaris (당신은 사랑받는다)
3인칭	amat (그/그녀는 사랑한다)	amatur (그/그녀는 사랑받는다)

밑줄 친 부분이 완전히 일치한다는 걸 알 수 있을 터이다. *요컨대, 라틴어에서는 '두려워한다'와 '사랑받는다'가 같은 형태를 취하는 것이다.

82) 조로아스터교의 성전(聖典)인 아베스타 경전의 대부분에 사용되고 있는 동(東)이란어계 언어. 오랜 동안 구비전승되어 온 이 교전(敎典)은 최종적으로 사산조 페르시아기의 6세기경에 편집되었다. 약 4분의 1이 현존한다.

83) Benveniste, 《Actif et moyen dans le verbe》, p.171-172. 「動詞の能動態と中動態」, p.169. 고전어에서는 동사의 표제어로 직설법 현재 1인칭 단수형을 취하는 것이 일반적이지만, 이 표에서는 반드시 그렇지는 않으며, 능동태 항에서는 3인칭 형태가 부여되고 있다.

84) 이 동사들 중 $(316의 주 21)(희망한다)에는 능동태 $(희망하게 한다)가 있기 때문에, 이 표는 엄밀하게 중동태만의 동사(media tantum)만을 나열한 것이라고는 할 수 없지만, 이 경우에는 나중에 $로부터 유추적으로 $의 형태가 만들어진 것이 아닌가 여겨진다. 그밖에 $(고향에 돌아온다)에도 능동태 $(간다, 온다)가 있는데, 전자를 후자의 중동태로 자리매김하느냐 여부는 사전(辭典)에 따라 해석이 갈리는 듯하다.

85) Benveniste, 《Actif et moyen dans le verbe》, p.172. 「動詞の能動態と中動態」, p.169.

86) Cf. Liddell and Scott, An intermediate Greek-English Lexicon.

87) 벤베니스트가 이 agent(동작주)라는 단어를 중동태의 주어에 배당한 것은 상당히 주의깊은 선택의 결과가 아닌가 싶다. 이에 대립하는 명사는 auteur(작자)로서, 이 대립은 벤베니스트가 『인도-유럽어에서의 동작주 명사와 작자 명사』에서 논한 것이다(Émile Benveniste, Noms d'agent et nom d'action en indo-européen, A. Maisonneuve, 1948). 이 텍스트는 『인도-유럽어에서 명사 형성의 기원』(Origines de la formation des noms en indo-européen, A. Maisonneuve, 1935)의 속편에 해당하는 것인데, 전쟁에 의한 연구 중단, 초고 상실 등으로 인해 출판이 대폭 늦어졌다고 한다.

이 텍스트는 기본적으로 접미사에 관한 연구다. 그에 따르면 접미사 -tor는 auteur(작자)를 나타낸다. 이 경우 auteur는 자신이 이룩한 것의 성과를 소유하고 있다는 점이 강조되고 있다. 그에 반해 접미사 -ter에 의해 특징지어지는 agent(동작주)의 경우는 그 활동이 실제 그것에 의해 이루어진 것인지 아닌지는 문제가 아니고, 그저 기능적인 지위에 놓인다. 벤베니스트는 전자를 특징짓는 것은 '소유=갖기'(avoir)인 데 반해, 후자를 특징짓는 것은 '....에 관하여 존재하기=있기'(être-à)라고 기술하고 있다. 예를 들어 dotor 는 '주는 자'나 '준 자'라는 의미인데, doter는 '주도록 운명지어진 자'라는 의미가 된다고 한다(noms d'agent et nom d'action...., p.62). 요컨대 만일 이 용어법이 우리가 현재 검토 중인 「동사의 능동태와 중동태」라는 논문에도 확장 적용될 수 있다면, 능동태에서는 auteur인 주체가 자신과는 구별된 객체를 다룬다거나 소유한다든가를 의미하고, 중동태에서는 agent인 주체가 객체를 다루는 과정에 대해 내재적으로 관련되어 있다고 할 수 있을지도 모르겠다.

88) 여기서 적잖은 사람들이 요시노 히로시(吉野弘)의 유명한 시 「I was born」을 상기하지 않을까? 그 시에는 이런 대목이 있었다.

"...... 역시 I was born인 거야.

아버지는 의아한 듯 내 얼굴을 들여다 봤어.

나는 되풀이했어.

I was born이야.

피동형이라고.

제대로 말하자면 인간은 낳아지는 거야.

자기 의지가 아닌 게지...."

(吉野弘, 「吉野弘全詩集 新裝版(요시노 히로시 시 전집 신장판)」, 靑土社, 2004년, p.67~69).

요시노 히로시가 중동태에 대해 알고 있었다면 "의지"에 대한 이 의심은 더욱 첨예해졌을 것이다.

"..... 역시 $315우9째줄(기그노마이)인 거야.

아버지는 의아한 듯 내 얼굴을 들여다 봤어.

나는 되풀이했어.

$(기그노마이)야.

중동태라고.

제대로 말하자면 인간은 낳아질[태어날] 때, 자신이 그 동작주(動作主)인 그 과정의 내부에 있는 거야.

의지는 문제가 아니야...."

89) Benveniste, 《Actif et moyen dans le verbe》, p.172. 「動詞の能動態と中動態」, p.170.

90) 벤베니스트는 중동태만의 동사(media tantum)와 능동태만의 동사(activa tantum)를 하나하나 열거하면서 "오직 하나의 태만 갖는 이 동사들이 두 가지 태를 갖는 동사들보다 반드시 옛 형태를 보유하고 있다고 말하려는 것은 아니다"라고 단서를 달고 있다(Benveniste, 《Actif et moyen dans le verbe》, p.171, note 1. 「動詞の能動態と中動態」, p.173, 주 3). 이 문장은 논의의 맥락 없이 보면, 무엇을 말하고 싶은 건지 잘 이해가 안 되는 주(註)일 것이다. 벤베니스트가 말하고 싶은 바는 오직 하나의 태만 갖는 이 동사군은 능동과 중동의 대립에 잘 들어맞기 때문에 능동과 중동이 확실한 방식으로 대립하고 있던 시기의 흔적이고, 그런 의미에서 두 가지 태를 갖는 동사들보다 아마도 오래된 단어일 것이라 추론할 수 있지만, 그렇게 단언할 수는 없다는 것이다.

91) Allan, The Middle Voice ....., p.243~247.

92) 앨런은 「고대 그리스어 및 언어학 사전」의 「중동태(Middle)」 항에서, 이 태는 "주어가 *물리적으로나 심리적으로 사건으로부터 작용을 받는 것(주어의 피작용성)"을 의미한다고 기술하면서 저서에서의 정의를 *되풀이한 다음, 그 의미의 다양성을 다음 11가지 범주로 설명하고 있다. (1) 수동성, (2) 자연발생적 과정, (3) 심적 상태, 과정, (4) 신체 운동, (5) 집단의 운동, (6) 상호성, (7) 직접 재귀, (8) 지각, (9) 심적 활

동, (10) 발화 행위, (11) 간접 재귀.

(Encyclopedia of Ancient Greek Language and Linguistics, General Editor: Georgios K. Giannakis, https://referenceworks.brillonline.com/browse/encyclopedia-of-ancient-greek-language-and-linguistics).

중동태는 실로 다양한 의미를 갖고 *있지만, 거기에 공통되는 '추상적'인 의미를 포착하는 *것 역시 가능하다고 보는 앨런의 주장에는 설득력이 있다. 우리는 그의 주장에 입각한 위에서, 태를 둘러싼 퍼스펙티브의 변화에 주목한다면, 앨런이 제시한 '추상적'인 의미는 한걸음 더 나아가야만 한다고 생각한다. 벤베니스트에 의한 중동태의 정의야말로 이 작업에서 불가결한 참조점이다. 그리고 되풀이하자면 *이 벤베니스트의 *이러한 정의는 앨런의 '추상적'인 정의와 모순되지 않는다.

93) Benveniste, 《Actif et moyen dans le verbe》, p.173. 「動詞の能動態と中動態」, p.171.

94) Charles Guiraud, Grammaire du Grec, p.59. シャルル ギロー(샤를 기로), 『ギリシア文法 改訳新版(그리스어 문법 '개역신판')』, p.80.

95) Arendt, The Life of the Mind, Two / Willing, p.15. 『精神の生活〈下〉』, p.18−19.

96) 동일한 단어가 대립항의 변경에 의해 그 의미 내용이 크게 *변화되는 것은 자주 나타나는 현상이다. *철학 용어에서 objectivus(영어의 objective에 해당한다)의 *의미의 변천이 그 유명한 예다. 중세 이래 근대 초기까지 objectivus(objective)는 formalis(formal)에 대립하는 말이었는데, 전자는 사물이 우리 마음속에서 떠올려지고 있음을, 후자는 사물이 현실적으로 실재하고 있음을 형용하고 있었다. 그런 까닭에 철학에서는 관념이 뭔가를 의미하고 표상하는 측면을 가리켜 realitas objectiva라 부르고, 관념이 하나의 사물로 존재한다는 것은 관념의 realitas formalis라 불렀다. 하지만 이런 용어법이 적용되는 것은 대략 데카르트나 스피노자가 살았던 17세기무렵까지의 이야기일뿐, objectivus라는 단어는 그 뒤에 의미를 크게 변화시키게 된다. *objectivus(objective)가 formalis(formal) *대신 *subjectivus(subjective)와 대립되기에 이르기 때문이다. 이리하여 *objectivus(objective)는 우리가 흔히 아는 '객관적'이라든가 '객체적'이라는 의미가 된다. 요컨대 objectivus(objective)는 '주체적'이라는 의미에 대립됨으로써, 주체 안에 떠올려지는 것이 *아니라, 그것이 실제로 표상하는 그 대상 자체를 형용하게 되었다. objectivus(objective)의 이러한 옛 의미를 이 말의 근대적인 의미로부터 구별하기 위해, '상념적'이라는 귀에 선 번역어가 자주 사용된다. *objectivus는 이처럼 대립항의 변화가 항의 의미 자체를 근본에서부터 바꿔버린 대단히 알기 쉬운 예라 할 수 있겠다.

97) Arendt, The Life of the Mind, Two / Willing, p.3. 『精神の生活〈下〉』, p.5.

98) Bruno Snell, The Discovery of the Mind; the Greek Origins of European Thought, translated by T.G. Rosenmeyer, Basil Blackwell, 1960. p.182−183.
ブルーノ・スネル, 『精神の発見 ― ギリシア人におけるヨーロッパ的思考の発生に関する研究』新井靖一訳, 創文社, 1974년, p.337. 강조는 인용자. 국역본은 브루노 스넬, 김재홍역, 『정신의 발견 : 서구적 사유의 그리스적 기원』(까치, 2002년).

99) Arendt, The Life of the Mind, Two / Willing, p.16. 『精神の生活〈下〉』, p.20.

100) Ethienne Gilson, L'esprit de la philosophie médiévale, Vrin, 1960, p.287. エチエンヌ・ジルソン, 『中世哲学の精神〈下〉』, 服部英次郎訳, 筑摩書房, 1975년, p.135.

101) From the discussion on Roland Barthes's paper, Richard Macksey & Eugenio Donato (eds.), The Structuralist Controversy: The Languages of Criticism and the Sciences of Man, 1970; 40th Anniversary edition, 2007, The Johns Hopkins University Press, p.151−152.
이것은 정확히 말하자면 *롤랑 바르트가 벤베니스트의 중동태에 관한 논의에 *의거해 발표한 「쓴다는 [단어는] 자동사인가?(Ecrire: verbe intransitiv?)에 대한 발언이다(바르트의 이 발표는 다음 서적에 수록되어 있다. Roland Barthes, Le Bruissement de la langue, seuil, 1984, ロラン・バルト, 『言語のざわめき 新装版(언어의 웅성거림 신장판)』, 花輪光訳, みすず書房, 2000년). 하지만 베르낭은 바르트가 언급하지 않은 벤베니스트의 저작 『인도-유럽어에서의 동작주 명사와 작자 명사』(Émile Benveniste, Noms d'agent et nom d'action en indo-européen, A. Maisonneuve, 1948)도 언급하고 있으므로, 인용한 발언은 벤베니스트에 대한 직접 응답이라고 판단할 수 있다.

102) "법의 진화, 의지라는 어휘의 창조 등, 우리가 언어를 통해 서양 세계에서 목도하는 것은 행위자로서의, 행위의 원천으로서의 인간 주체라는 사고에 다름 아니다. 그것은 행위를 창조하고, 그것을 인수하며, 그에 대한 책임을 지는 그러한 인간 주체다. 내가 롤랑 바르트에게 묻고 싶은 바는 따라서 다음과 같은 질문이다. 문학의 영역에서 우리는 이 진화가 완전히 파기되는 것을 목도하고 있는 것인가? 그리고 당신은 *우리가 문학의 수준에서 중동태가 다시 출현하는 것을 *우리가 목도하게 되리라고 보는 것인가?"(The Structuralist Controversy, p.152).

103) 제 2장, p.45 참조.

104) Jacques Derrida, 《Le supplément de copule》, Marge de la philosophie, op.cit., p.209-246. ジャック・デリダ, 『哲学の余白<下>』, 앞의 책, p.31-81.

105) Pierre Aubenque, 《Aristote et le langage, note annexe sur les Catégories d'Aristote: À propos d'un article de M. Benveniste》, Probèmes aristotéliciens: philosophie théorique, Vrin, 2009, p.26-30.

106) 다소 감상적인 얘길 하자면, 이런 종류의 반론은 '문외한은 입을 놀리지 마!'라는 의미로 받아들여질 우려도 있고, 게다가 그것을 권위있는 대가의 말로 보강하고 있기까지 하다면, 극히 단순한 의미에서의 권위주의를 초래할 우려도 있다. 우리는 나중에 데리다가 왜 이토록 벤베니스트를 비판하는 건지, 그 이유에 대해 간단한 가설을 제시할 터인데, 이 문제는 의외로 뿌리깊은 것이라 생각된다. *본서에서는 논하지 않는 문제, 즉「계사의 대리보충」에 *있어서 하이데거의 자리매김 문제까지 포함하여, 더 광범위한 징후적 독해가 요구되는 토픽이다.

107) Benveniste, 《Catégories de pensée…》, p.68, note 1.「思考の範疇と言語の範疇(사고의 범주와 언어의 범주)」, p.82, 주 4).

108) Derrida, 《Le supplément de copule》, p.221.「繫辞の代補」下 p.48.

109) Aubenque, 《Aristote et le langage…》, p.27.

110) Benveniste, 《Catégories de pensée…》, p.68.「思考の範疇と言語の範疇」, p.75-76.

111) Derrida, 《Le supplément …》, p.218.「繫辞の代補」下 p.43.

112) Derrida, 《Le supplément …》, p.218.「繫辞の代補」下 p.43. 여기서 데리다는 사유-존재 동일성을 주장한 철학자 파르메니데스를 인용하기도 하는데, 어떻게 이렇게까지 단언할 수 있는지, 그 근거는 전혀 제시하지 않는다.

113) Derrida, 《Le supplément …》, p.217.「繫辞の代補」下 p.42.

114) Derrida, 《Le supplément …》, p.218.「繫辞の代補」下 p.43.

115) "의심의 여지없이, 아리스토텔레스는 벤베니스트가 여기서 하고자 하는 의미에서 사고를 언어로 환원한 것이 아니라, 언어-사고라는 조합이 출현하는 장, 즉 그 공통의 뿌리에까지 분석을 도로 데려가고자 시도한 것이다"(Derrida, 《Le supplément …》, p.218.「繫辞の代補」下 p.42. 강조는 인용자).

116) 아리스토텔레스『범주론』의 새로운 불어대역판에 달린 서문 가운데에서 프레데릭 일드퐁스와 장 랄로는 벤베니스트의 텍스트에 "도발적인 정식이 있음"을 지적하는데, 그것은 전적으로 옳다고 할 수밖에 없다(Frédérique Ildefonse et Jean Lallot, 《Introduction》, Aristote, Catégories, op.cit., 2002, p.28). *엄밀히 구분하자면 첫째, 범주와 문법사항 간에 평행관계를 발견하는 일과, *둘째, "아리스토텔레스는 [범주를] 절대적인 것처럼 추론하고 *있지만, 결국은 자신이 생각할 때 사용한 언어의 기본적 범주 몇 가지를 발견하는 것에 불과하다"든가, "그[아리스토텔레스]는 언어 자체가 표시하는 주요한 형식 부류들 간의 구별을, 그렇게 할 생각은 없었는데 재차 발견하도록 운명지어져 있던 것이다" 등이라고 목소리 높여 주장하는 일, 이 두 가지는 별개의 문제다(Benveniste, 《Catégories de pensée…》, p.66-70.「思考の範疇と言語の範疇」, p.73-78. * 나중에 기술하겠지만 벤베니스트는 사고를 언어로 환원하지는 않는다. 하지만 그러한 해석을 환기하는 듯한 도발적인 표현이 있는 건 사실이다.

117) Benveniste, 《Catégories de pensée…》, p.74.「思考の範疇と言語の範疇」, p.82.

118) Derrida, 《Le supplément …》, p.229.「繫辞の代補」下 p.58.

119) Benveniste, 《Catégories de pensée...》, p.64. 「思考の範疇と言語の範疇」, p.71-72.

120) Derrida, 《Le supplémont ...》, p.229. 「繋辞の代補」下 p.58.

121) Benveniste, 《Catégories de pensée...》, p.64, 70. 「思考の範疇と言語の範疇」, p.71, 78.

122) 소위 언어결정론은 누차 페르디낭 드 소쉬르의 언어학을 참조하곤 했다. 시니피앙(말의 음성 표현)과 시니피에(*시니피앙에 결부된 관념)의 구별을 출발점으로 하는 이 언어학은 언어의 자의성이라는 테제로 가장 잘 알려져 있다. 자의성이란 여기서 시니피앙과 시니피에의 종적(縱的) 결부, 그리고 어떤 시니피앙과 그 외 다른 시니피앙과의 횡적 관계, 이 두 가지가 모두 현 상황과는 다른 것일 수도 있었음을 의미한다. 언어학자이며 소쉬르 연구자인 마루야마 게이자부로(丸山圭三郎)는 *팽팽해질 때까지 불어서 상자 속에 빽빽이 담아놓은 복수(複數)의 풍선이라는 탁월한 비유로 이 테제를 설명했다(丸山圭三郎, 『ソシュールの思想(소쉬르의 사상)』, 岩波書店, 1981년, p.96).

풍선들 하나하나는 언어 기호를 가리킨다. 상자는 언어 체계로. 풍선(시니피앙)의 크기, 즉 기호의 가치(시니피에)는 주변 풍선과의 긴장 관계에 의해 결정되어 있다. 상자 속에서 풍선 하나를 끄집어내면, 그 풍선은 터져버려서 존재하지 않게 된다(옮긴이 - 보통 풍선은 이렇게 밖으로 꺼낸다고 해서 터져버리진 않지만, 마루야마는 이 풍선은 이처럼 밖으로 꺼내면 터져버리는 특수 풍선이라고 설정하였다. 丸山圭三郎, 『ソシュールの思想』, p.96). *풍선이 제거되면서 남겨진 공간 또한 그대로일 수가 없어 "긴장관계 속에서 서로 북적거리던 다른 풍선들이 전부 부풀어 올라 금세 틈을 메워버릴 것이다." 본문에 나오는 예를 사용해 말하자면 '늑대' 풍선을 상자에서 끄집어내면, 그것이 막고 있던 공간은 '개' 풍선이 부풀어 올라 금세 메워진다는 것이다. '늑대'라는 기호가 *어떤 개과(科)에 속하는 어떤 포유류 *동물의 관념과 결부되어야만 할 필연성은 어디에도 없으며, 뿐만 아니라 '늑대'와, 그 주변에 있는 '개' 혹은 '고양이' 등 여러 기호와의 관계 또한 다른 양상일 수 있다. 문제는 소쉬르 언어학의 해설에 머물러 있으면 좋았을 이 설명을 확장하여, 언어에 의해 모두가 분절화되어 있다고 하는 '이론'을 마루야마 게이자부로가 제시하기 시작했다는 점이다. 여기서는 상세하게 검토할 수 없지만, 이런 류의 과장된 이론은 '사회구축론'이라는 형태로 일본만이 아니라 세계적으로도 유행했다.

또 한 가지, 언어의 자의성 이론이 벤베니스트에 의해 비판받고 있다는 점도 여기서 특별히 기록해둔다. 그 비판은 결정적이다. 간단히 소개해두겠다. 소쉬르에 따르면 언어 기호의 자의성은 복수의 언어를 비교함으로써 알 수가 있다. 달리 표현하자면 다양한 언어들이 있다는 사실 자체가 시니피앙과 시니피에 사이에 내적 연관이 없다는 '증거'다. 예를 들자면, 프랑스어 boeuf(b-ö-f라는 시니피앙)에 결부된 관념(시니피에)과 영어 ox(o-k-s라는 시니피앙)에 결부된 관념(시니피에)은 같지가 않다. 전자는 소와 쇠고기 양쪽을 가리키지만, 후자에는 쇠고기의 의미는 없다(쇠고기는 beef로 나타낸다). 그런데 시니피앙과 결부되는 것은 시니피에지, 현실의 지시 대상이 아니다. 그리고 또한 시니피앙과 시니피에의 관계는 여러 시니피앙들끼리의 횡적 긴장 관계에 의해 결정되고 있는 것이었다. 영어에는 beef라는 단어가 있으니까 ox 관념이 [앞서 말한] 그러한 것으로 되어 있는 것이다. 그러면 도대체 우리는 어떻게 해서 boeuf와 ox가 같은 것을 가리킨다고 생각할 수 있는 것일까? boeuf의 시니피에는 boeuf를 통해서밖에는 알 수 없고 ox의 시니피에는 ox를 통해서밖에는 알 수 없는 것이라면, 정의상 양자가 어딘가 겹쳐지는 것을 가리킨다고 생각할 수는 없다. 사실 소쉬르는 시니피앙에 결부되어 있는 것은 시니피에라고 말하면서도, 가장 긴요한 대목에서는 시니피앙을 '실재 대상'(실제의 소 등)에 결부시키고 있다. 그러므로 비교할 수 없게 마련인 두 시니피에가 비교되고 있는 것이다. *이런 식으로 '실재 대상'을 밀수(密輸)함으로써, 바로 언어 기호의 자의성 테제가 기초를 부여받고 있다는 것이 *바로 벤베니스트의 비판이다. 벤베니스트는 이로부터 시니피앙과 시니피에의 결부는 필연적이라고 말한다. "시니피앙과 시니피에 사이에서 그 끈은 자의적이지 않다. 아니 *그 끈은 자의적이긴커녕 *그 끈은 필연적이다. boeuf *즉, '소'라는 개념(*시니피에)은 내 의식 속에서는 böf라는 소리 전체(*시니피앙)와 *아무래도 결국은 그 어떤 경우에도 동일할 터이다."(Émile Benveniste, 《Nature du signe linguistique》, Problèmes ..... I, op.cit, 「言語記号の性質」「一般言語学の諸問題」, 앞의 책).

123) Gilles Deleuze, Différence et répétition, PUF, 1968, p.116. ジル・ドゥル□ズ, 『差異と反復〈上〉』, 財津理訳, 川出文庫, 2007년, p.237.

124) 그런데 데리다는 자신의 증여론이나 환대론에서 벤베니스트의 『인도-유럽 제도 어휘집』에 전면적으로 의거하고 있다.

125) 이상과 같이 언어와 사고의 관계를 규정한다면, 벤베니스트에게 가해진 그 밖의 비판에도 어느 정도 답할 수가 있다. 쥘 뷔유멩과 폴 리쾨르는 다음과 *같은 것 즉, 비판이라기보다는 의문이라고나 해야 할 것을 제시하고 있다(뷔유멩의 논의는 데리다의 「계사의 대리보충」속에 소개되어 있다). 뷔유멩에 따르면 사고의 범주가 언어의 범주를 반영한 것에 불과하다고 결론짓기 위해서는 사고의 범주표가 언어에 대한 완전한 표임이 증명되어야만 한다. 그렇지 않다면 언어로부터 어떤 항목은 받아들이고 어떤 항목은 받아들이지 않는 '선별(selection)'이 행해지고 있는 셈이다, 라는 얘기였다(Cf. Derrida, 《Le supplément …》, p.231, note 20. 「繫辭の代補」下 p.275, 주 20). 이 의문을 리쾨르는 다른 방식으로 표현한다. 벤베니스트의 논의는 아리스토텔레스의 범주로부터 언어의 범주 쪽으로 향해 나아간다. 하지만 역방향의 논의, 즉 언어의 범주에서 아리스토텔레스의 범주를 향하는 논의를 시도했다면 어떨까?(Paul Ricoeur, La métaphore vive, Seuil, 1975, p.328)

두 사람 말마따나 아리스토텔레스의 범주표는 그리스어의 범주의 완전한 베끼기가 아니며, 게다가 '선별'도 행해지고 있다. 따라서 아리스토텔레스의 범주표를 그리스어의 범주로 환원할 수는 없다. 벤베니 •스트는 "아리스토텔레스가 일반적이고도 항구적인 조건들의 일람표로 제시하는 것은 어떤 일정한 언어 상태의 개념적 투영에 다름 아니다(Benveniste, 《Catégories de pensée…》, p.70. 「思考の範疇と言語の範疇」, p.78, 강조는 인용자)고 기술하고 있는데 이는 미스리딩(오독)이요 거의 착각이라 하지 않을 수 없다.

*하지만 그렇다 해도 그리스어의 특수한 사정이 그 언어 속에서 짜여져나온(紡出) 사고와 무관계하다고 할 수는 없다. "작용한다(능동 $(310좌 주 30)[포이에인])"와 "작용을 받는다(수동 $[파스케인])"에 선행하여, *중동태에 대응하는 두 가지 범주($케이스타이와 $엑세인이라는 범주)가 쌍을 이루어 거론된다는 사실은, 중동태가 당시 아직 존재하고 있었다는 사실과 모종의 방식으로 관계되어 있을 것이다. 그리고 거기에 능동과 수동을 대립시키는 것과는 다른 별도의 퍼스펙티브가 존재하고 *있었다는 사실도 알려주고 있는 것이리라. 따라서 중요한 것은 사고의 가능성의 규정 요인으로서 언어를 포착하는 일이며, 또한 비록 곤란하다고 해도 그 규정 작용을, 그것이 실제로 작용하는 현실의 장에 있어서 고찰하는 일이다.

126) Benveniste, 《Catégories de pensée…》, p.71. 「思考の範疇と言語の範疇」, p.79.

127) Benveniste, 《Catégories de pensée…》, p.73. 「思考の範疇と言語の範疇」, p.81. 강조는 인용자.

128) Benveniste, 《Catégories de pensée…》, p.73. 「思考の範疇と言語の範疇」, p.81. 강조는 인용자.

129) Derrida, 《Le supplément …》, p.237. 「繫辭の代補」下 p.68.

130) Derrida, 《Le supplément …》, p.237. 「繫辭の代補」下 p.68.

131) omnia praeclara rara는 벤베니스트가 든 예인데, 이는 스피노자가 「에티카」를 맺는 말이기도 하다.

132) Émile Benveniste, 《 〈Être〉 et 〈Avoir〉 dans leurs fonctions linguistiques》, Problèmes ..... I, op.cit. p.189. 「〈be〉動詞と〈have〉動詞の言語機能」, 「一般言語学の諸問題」, 앞의 책, p.176.

133) 우리는 *번호를 붙여 1인칭, 2인칭, 3인칭이라고 부르는 명칭 탓에, 인칭이라는 것이 1인칭부터 순서대로 발달했을 것 같은 인상을 받기 십상인데, 그것은 오해다. 소위 비인칭 구문(It rains 같은 문장)이 처음에 *있었고, 인칭은 상당히 나중이 되어서야 언어 속으로 *도입되었다는 사실이 알려져 있다(cf. Jean Collart, Grammaire du latin, PUF, coll. 《Que sais-je?》, 1969, p.42~43. ジャン・コラール, 「ラテン文法(라틴 문법)」, 有田潤訳, 文庫クセジュ, 白水社, 1968년, p.63~64).

요컨대 비인칭 구문은 현재의 언어체계에서는 예외적인 것으로 느껴지지만, *사실은 원래 그러한 문장들만 있었던 것이고, 인칭이 발달함에 따라 [기존에 있던] 그것이 3인칭이라는 위치를 부여받음과 함께 비인칭으로밖에 표현할 수 없는 구문이 그대로 남았다고 하는 것이다. 그러므로 3인칭단수에 나름의 지위가 있는 데에는 역사적인 근거가 있다. 다만 하이데거와 벤베니스트는 각각 전혀 다른 방향에서 출발하여 이 사실들에 접근했던 것이다.

134) 데리다가 거론하는 논점을 한 가지만 더 소개해두자. 명사문이 단순한 명사의 나열이 아니라 문장으로 받아들여지기 위해서는 모종의 표시(徵)가 필요했을 터인데, 벤베니스트는 그것을, 명사문을 구성하는 두 가지 요소 간의 '휴지(休止)'라고 불렀다. 이는 [인쇄체가 아닌] 필기 문자에는 나타나지 않는 독특한 분위기의 표현법으로 존재했던 것이라 추정되는 것일 뿐이므로, 벤베니스트도 그것을 "있을 수 있다(probable)"고밖에는 말하지 않는다.

한데 "있을 수 있다"라고밖에는 말할 수 없는, 필기 문자에도 나타나지 않는 그러한 휴지가 있고서야 명사문이 성립한다는 설명은, 동사 *'있다'를 (거기에는 존재하고 있지 않음에도 불구하고) 전제하게 된다. 그러므로 데리다는 벤베니스트가 동사 '있다'를 근원적인 것으로 생각한다고 지적한다. 그러나 이는 트집잡기라고 할 수밖에 없다. 우리는 동사 '있다'를 가진 언어로부터 명사문을 바라본다. 따라서 동사 '있다'가 어째서 결여되어 *있는 것인가?, 라고 묻고 만다. 바로 그렇기 때문에 이러한 착각에 새로운 질문을 던지기 위해서는, *처음에는 그러한 입지에 서서 *설명을 하고, 그런 위에서 그 질문 방식이 이상하다고 지적해야 한다. 벤베니스트가 확인도 불가능한, 그래서 "있을 수 있다"고밖에는 할 수 없는 휴지를 지적하는 것은, 그 출발점에 서서 하는 얘기다. 이러한 교육적 배려에 대해 "동사 '있다'를 근원적인 것으로 간주하고 싶다고 하는 욕망" 따위를 지적하는 것은 페어하지 않다기보다는 과대망상적이다.

135) 일드퐁스와 랄로 역시 벤베니스트의 이 표현법을 강조하고 있다(Frédérique Ildefonse et Jean Lallot, 〈Introduction〉, Aristote, Catégories, p.29).

* 136) Derrida, 《La différance》, Marges...., op.cit., p.9. 「差延」, 『哲学の余白 〈上〉』, 앞의 책, p.44. 강조는 인용자.

137) 아리스토텔레스와 의지 *문제에 대해서는, 논점과 문헌을 컴팩트하게 정리한 회페의 다음 텍스트 중 해당 대목이 유용하다. Otfried Höffe, Aristotle, State University of New York Press, 2003, p.135-146.

138) Hannah Arendt, The Life of the Mind, One / Thinking, op.cit., p.4 ハンナ・アレント, 『精神の生活〈上〉. 第一部 思考』, 앞의 책, p.6.

139) Arendt, The Life of the Mind, Two / Willing, p.57. 『精神の生活 〈下〉』, p.67.

140) 아리스토텔레스는 기개를 욕망의 일종이라 쓰고 있다(『영혼론』 제2권 제3장(14b2)). 아리스토텔레스는 플라톤의 '영혼 3구분'을 직접 비판하지는 않는데, 기개가 욕망의 일종이라면 논해야할 것으로 남는 것은 이성과 욕망이 될 것이다.

141) Arendt, The Life of the Mind, Two / Willing, p.61. 『精神の生活 〈下〉』, p.72.

142) 『エウデモス倫理学(에우데모스 윤리학)』, 제2권 제7장(1223b7-11)

143) 조금 뒤에서는 다음과 같은 견해도 검토되고 있다. 자제심이 있는 사람은 자신을 욕망으로부터 강제적으로 끌어내어 *행위를 하고, 자제심이 없는 사람은 자신을 이성으로부터 강제적으로 끌어내어 행위한다고는 생각할 수 없을까, 라고(1224a30-36). '강제' 개념을 *동원함으로써, 이 모순을 해소하고자 하는 해석이다. 그러나 아리스토텔레스는 이렇게 말한다. '양자(자제심 있는 사람과 자제심 없는 사람)는 모두 강제에 의해서가 아니라, 자발적으로 그렇게 행위하는 것일 터이다"(1224b11). 강제란 *외부의 무언가가 어떤 사람 안에 있는 충동에 반하여 *그를 행위하도록 만드는 경우를 말한다. 그러나 자제하는 사람도 무자제한 사람도, 그 사람 자신에 내재하는 충동에 의해 유도되고 있다. 그러므로 어느 경우에도 강제에 의해 행위당하고 있다고는 할 수 없다.

144) 『ニコマコス倫理学(니코마코스윤리학)』 제3권 제 2장(1112a17). Cf. Otfried Höffe, Aristotle, State University of New York Press, 2003, p.137.

145) Arendt, The Life of the Mind, Two / Willing, p.60. 『精神の生活 〈下〉』, p.71.

146) 더 정확하게는 프로아이레시스의 단서에 있는 것은 '욕구($309의 주 10), 오레크시스)'와 '이성($. 로고스)'이라고 되어 있다. 『니코마코스 윤리학』 제 6권 제 2장(1139a31-32).

147) "욕구를 동반하는 지성($309의 주 11), 오레크티코스 누스)", "사고를 동반하는 욕구($308주 11), 오레크시스 디아노에티케)'. 『니코마코스 윤리학』 제6권 제 2장.

148) Arendt, The Life of the Mind, Two / Willing, p.62. 『精神の生活 〈下〉』, p.73.

149) Arendt, The Life of the Mind, Two / Willing, p.62. 『精神の生活 〈下〉』, p.74.

"의지에 관한 중세의 논의에서 리베룸 아르비트리움이라는 표현과 마주칠 때 우리는, 뭔가 새로운 일을 개시할 자발적인 힘이나 그 자신의 본성에 의해 규정되고 자신의 법칙에 따르는 그러한 자립적인 능력을 다루는 것이 아니다."(앞의 책).

150) Arendt, The Life of the Mind, Two / Willing, p.13.『精神の生活〈下〉』, p.16.

151) Arendt, The Life of the Mind, Two / Willing, p.15.『精神の生活〈下〉』, p.19.

152) Arendt, The Life of the Mind, Two / Willing, p.15.『精神の生活〈下〉』, p.18-19. 강조는 인용자.

153) 그렇다면 여기서 "선택이 아닌 *행위가 있을 수 있는가?"라고 물을 수도 있을 것이다. 요컨대 하느냐, 마느냐 라는 선택지도 없는 *행위가 있을 수 있느냐는 물음이다. 이 물음에는 어딘가 신학적인 분위기가 감돈다.

154) 개념을 창조하지 않은 채 아리스토텔레스가 말하는 바를 이렇게 저렇게 해석하는 것만으로는, 필시 이 혼란을 해결할 수 없었을 터이다. 실제로 프로아이레시스는 의지와 닮았기 때문에, 거기에서 의지를 읽어 들이는 게 불가능한 일만도 아니기 때문이다(그렇게 해서 소위 논쟁이 끝도 없이 이어지고 '연구 논문'들은 쌓여만 간다).

155) 제 *1장의 주 8)에서 소개한 리벳의 실험을 둘러싼 논의들 *대다수도, 실로 이 단순한 결함을 알아채지 못하고 단지 논의를 혼란시키는 쪽에만 기여하고 있다. 그렇긴 하지만 다른 한편 이 혼란은 언어를 정확히 사용하는 일이 얼마나 중요한지를 가르쳐주는 절호의 사례다. 언어를 정확히 사용하는 훈련을 *게을리 한 자는 설령 거금이 투자된 실험 *따위를 하더라도 철학에는 전혀 공헌할 수 없을 뿐만 아니라 사태를 혼란시킬 뿐이다.

156) Arendt, The Life of the Mind, Two / Willing, p.28-29.『精神の生活〈下〉』, p.35. 강조는 인용자.

157) Arendt, The Life of the Mind, Two / Willing, p.18-19.『精神の生活〈下〉』, p.22-23.

158) Arendt, The Life of the Mind, Two / Willing, p.63.『精神の生活〈下〉』, p.75.

159) Arendt, The Life of the Mind, Two / Willing, p.149.『精神の生活〈下〉』, p.179-180.

160) Arendt, The Life of the Mind, Two / Willing, p.149.『精神の生活〈下〉』, p.179. 강조는 인용자.

161)『니코마코스 윤리학』제 5권 제 8장(1135a16-25). 이 대목은 판본에 따라 장(章) 구성이 다르다.

162) Arendt, The Life of the Mind, Two / Willing, p.16.『精神の生活〈下〉』, p.19-20.

163) 협박(かつあげ)은 법률용어로서는 '공갈(형법 249조)이라 불린다. 사실 공갈은 '강도'(형법 236조)와 구별하기가 어렵다. 기본적으로 양자는 폭행이나 협박(脅迫)의 정도에 따라 구별되지만, 문제가 되는 것은 정도이기 때문에 구체적으로 개개 사례에 따라 판단할 수밖에 없다. 여기서 아렌트가 언급하는 사례는 경우에 따라서는 강도라 판단될 수도 있겠다. 다만 이 이후 보게 *되듯이, 아렌트의 강조점은 위협받고 있는 인물이 자신의 손으로 주머니에서 돈을 꺼낸다고 하는 행위의 '자발성'에 있고, 이 점을 강조하는 것이라면 이 케이스는 강도가 아니라 공갈로 이해해야 좋을 것으로 생각된다.

164) 원문은 다음과 같다. "an act in which I am under the threat of violence but am not physically coerced"(Arendt, The Life of the Mind, Two / Willing, p.16.『精神の生活〈下〉』, p.19-20).

165) 원문은 "[W]hat he understands by voluntary means no more than that the act was not haphazard but was performed by the agent in full possession of his physical and mental strength — 'the source of motion was in the agent' —"(Arendt, The Life of the Mind, Two / Willing, p.16.『精神の生活〈下〉』, p.19).

166)『니코마코스 윤리학』제 3권 제 1장(1110a1-a19).

167)『니코마코스 윤리학』제 3권 제 1장(1110a11).

168) 필자에 의한 푸코 권력론의 독해로서, 다음 저작의 제 5장도 참조하시기 바란다. 國分功一郎『ドゥルーズの哲学原理』(岩波現代全書, 2013년). 국역본은 고쿠분 고이치로, 박철은역『고쿠분 고이치로의 들뢰즈 제대로 읽기』(동아시아, 2015).

169) Michel Foucault,《Le sujet et le pouvoir》, Dits et écrits, IV, Gllimard, 1994, p.236.『主体と権力(주체와 권력)』,『ミシェル・フーコー思考集成(미셸 푸코 사고 집성) — 1982-83 自己, 統治性, 快楽』, 蓮実重彦+渡辺守章監修, 筑摩書房, 1999년, p.24-25. 강조는 인용자.

170) 萱野稔人, 『国家とはなにか(국가란 무엇인가)』, 以文社, 2005년, p.50-51.

171) 萱野稔人, 『国家とはなにか』, p.51.

172) 萱野稔人, 『権力の読みかた(권력 독법)』, 青土社, 2007년, p.158. 가야노는 권력을 논할 때마다 꼭 *화장실 청소를 언급한다.

173) 萱野稔人, 『国家とはなにか』, p.51.

174) 물론 이렇게 말한다고 해서 무기로 누군가를 위협해도 좋다는 *말은 아니다. 여기서 말하는 '능동성'은 위협하는 측에게 잘 들어맞는 능동성을 가리킨다.

175) 萱野稔人, 『国家とはなにか』, p.54.

176) 알레한드로 곤잘레스 이냐리투 감독의 영화 〈아모레스 페로스〉(2000년, 멕시코)에 인상적인 장면이 있다. 여러 마리의 개와 함께 살아가고 있는, 개를 좋아하는 살인청부업자 엘 치보는 동네에서 빈사상태의 개를 발견한다. 사랑스레 여긴 치보는 그 개를 데리고 돌아와 상처를 치료해준다. 개는 점차 회복된다. 어느 날 일 때문에 집을 비운 치보가 귀가를 해보니, 회복된 그 개가 그때까지 그와 함께 살던 여러 마리의 개를 모두 참살해버린 상태였다. 치보는 광분하여 총을 개에게 겨눈다. 그러나 개는 주둥이에서 혀를 내밀고 여늬 때처럼 숨을 쉬면서 순진한 얼굴로 꼬리를 흔든다. 개는 총이라는 무기의 무서움을 알 수 없기 때문이다. 총이라는 무기의 폭력으로서의 행사 가능성은 개한테는 효력을 발휘하지 못하는 것이다. 치보는 총을 겨누기를 그치고 개도 죽이지 않는다.

177) 이런 의미에서 소위 DV(domestic violence, 가정 내 폭력)의 피해자를 항상적인 물리적 폭력의 피해자로만 한정할 수는 없다. 물론 매일같이 가해자로부터 두드려 맞는 *피해자들이 무수히 존재한다. 그러나 그것만이 아니라 그 효력을 이해시키기 위해 한정적으로 폭력이 휘둘러지고, 그 후 그 폭력의 행사 가능성 하에서 일견 자발적으로 가해자의 의향에 따르면서 계속 행위하고 있는 피해자의 사례를 생각해볼 수 있기 때문이다.

178) Hanna Arendt, "On Violence", Crisis of the Republic, Hartcourt, 1972, p.145. ハンナ・アレント(한나 아렌트), 「暴力について(폭력에 대하여)」, 『暴力について — 共和国の危機(폭력에 대하여 — 공화국의 위기)』, 山田正行訳, みすず書房, 2000년, p.135.

179) Hanna Arendt, "On Violence", p.134. 『暴力について』, p.124.

180) Hanna Arendt, "On Violence", p.143. 『暴力について』, p.133. 강조는 인용자.

181) Hanna Arendt, "On Violence", p.152. 『暴力について』, p.142.

182) Hanna Arendt, "On Violence", p.155. 『暴力について』, p.145.

183) 萱野稔人, 『?家とはなにか(국가란 무엇인가)』, p.61. 아렌트와 푸코의 비교에 대해서는 이 텍스트의 논의에서 많은 도움을 받았다.

183) 萱野稔人, 『国家とはなにか(국가란 무엇인가)』, p.61. 아렌트와 푸코의 비교에 대해서는 이 텍스트의 논의에서 많은 도움을 받았다.

184) "활동(action)이란 사물 혹은 사태의 개입 없이 직접 사람과 사람 사이에서 행해지는 유일한 활동력이고, 다수성이라는 인간의 조건, 즉 지구상에 발을 붙이고 세계에서 거주하는 것이 한 사람의 인간(man)이 아니라 다수의 인간(men)이라고 하는 사실에 대응한다. (......) 이 다수성이야말로 정치 생활 전체의 조건이자 그 필요조건, 아니 최대의 조건이다"(Hanna Arendt, The Human Condition, second Edition, The University of Chicago Press, 1958, p.7). ハンナ・アレント, 『人間の条件(인간의 조건)』, 志水速雄訳, ちくま学芸文庫, 1994년, p.20).

185) 예컨대 주민 투표에서는 실제 투표 행위보다도 주민 투표에 이르는 과정이 중요하다. 그 과정에서 주민들이 해당 문제에 대한 정보를 다양하게 입수하고, 그에 대해 논의하며, 관찰하게 되기 때문이다. 주민 투표를 둘러싼 다양한 문제에 대해서는 졸저 『来るべき民主主義(도래할 민주주의)』(2013년, 幻冬舎新書)를 참조해주시면 다행이겠다.

186) Collart, Grammaire du latin, p.36. 『ラテン文法(라틴 문법)』, p.56.

396
중동태의 세계

다만 동사 발생 이전의 언어에는 당연히 명사와 동사의 구별이 없을 테니까, 그 언어를 구성하는 요소들을 현재 우리가 아는 *명사(즉 동사와 명확히 구별되는 명사)와 동일시할 수는 없다. *만일 동일시하게 되면 명사와 동사가 구별되어 있는 시점의 퍼스펙티브를, 그것이 구별되지 않았던 시점으로 끌고 들어가게 된다. 콜라르는 이 점에 주의하면서 "동사 이전에 명사가 있었다"가 아니라 "동사는 …. 뒤늦게 생겨났다"거나 "'동사적 구문' 이전에는 '명사적' 구문이 있었다"라고 쓰는 데 그친다. 이 점에 대해서는 한걸음 더 진전된 철학적인 논의가 필요한데, 그것을 전회(轉回)하기 위해서는 다른 관점으로부터의 논의를 구성해가지 않으면 안 된다. *이 작업은 다음 장에서 이루어진다.

187) コラール, 『ラテン文法』, p.57, 역주 1.

188) 有田潤「訳者まえがき(역자 서문)」, 『ラテン文法(라틴 문법)』, p.7.

189) 이것은 그 이전에 유럽에서 사용되었던 여러 언어들이 인도유럽어화의 물결 속에서 소실되었을 가능성이 있다고 하는 얘기가 된다. 소실되었음에도 불구하고 그 모습이 어느 정도 밝혀져 있는 드문 예로 에트루리아어가 있다(상세하게는 라릿사 본판테(Larrisa Bonfante)의 다음 책을 참조하기 바란다. ラリッサ ボンファンテ, 『エトルリア語(에트루리아어)』, 小林標訳, 学芸書林, 1996년). 또 스페인과 프랑스에 걸쳐있는 바스크 지방을 중심으로 현재도 사용되고 있는 바스크어는 인도유럽어에 속하지 않는 *언어인데, 이것은 *바스크어가 *공통 기어가 유럽을 침입하기 더 이전 시대부터 *바스크어가 사용되었기 때문이라 사료되고 있다.

190) 小林標, 『ラテン語の世界 ── ローマが残した無限の遺産(라틴어의 세계 ─ 로마가 남긴 무한한 유산)』, 中公新書, 2006년, p.37-38.

'공통 기어'라는 발상에는 새로이 던져져야 할 물음이 있다고 생각된다. 18세기에 이 명칭과 발상이 제안된 이래로 그 내용에 대해서는 다양한 이론적 발전이 있었지만, 수목처럼 하나의 줄기로부터 *여러 가지들이 *뻗어 내려왔다고 하는 발상 자체는 거의 의심받지 않아왔다. 상실된 언어를 이론적으로 재구축해갈 때 일단 단일한 언어를 '공통 기어'로 상정하는 것은 어느 정도 불가피한 일일 테지만, 그것을 단일한 기원과 복수의 자손 언어라는 모델로 완전히 설명하는 것이 가능한 일일까? 로빈스는 『언어학사』에서 수목 모델로 *생각하면, 방언의 분열이 언어사에 있어서 최근의 *일인 양 생각되어버린다고 지적하며, 다음과 같이 적고 있다.

"그러나 지금까지 알려져 있는 한도 내에서의 언어 상태에 대한 지식에 비추어보면, *방언의 분열은 초기에도 후대와 마찬가지로, 어쩌면 그 이상으로 두드러졌다고 생각지 않을 수 없다. 실제로 인도유럽어 간의 어떤 대응을 보면, 일찍이 하나였다고 상정되는 시기의 기어(基語) 속에 이미 *방언들의 등어선(等語線)이 존재하고 있었던 것이 아닐까 생각된다." (ロウビンズ(로빈즈), 『言語学史』, p.206).

'공통 기어'의 탐구는 극도로 스릴넘치는 일이지만, 그 발상의 근간에 있는 모델이 어딘가 케케묵은 편견에 물들어 있을 가능성은 부정할 수 없다. 오히려 언어의 역사는 뿌리줄기(리좀) 타입으로 구상되어야 하지 않을까? 이 모델을 제창한 질 들뢰즈와 펠릭스 과타리는 다음과 같이 말한다. "언어학만큼 '진전된' 학문에서조차 기초가 되는 이미지로 이 뿌리로서의 수목을 계속 보유하고 있고, 그것이 언어학을 고전적 성찰에 결부짓고 있는 것이다." (Gilles Deleuze + Félix Guattari, Mille Plateaux, Minuit, 1980, p.11. ジル・ドゥルーズ + フェリックス・ガタリ『千のプラトー ─ 資本主義と分裂症』(宇野邦一他訳, 河出文庫, 2010년, 上巻, p.19).

191) Collart, Grammaire…., p.32, 37. 『ラテン文法(라틴 문법)』, p.50, 56. *분해해서 설명하자면 "왜(quid)", "자네에게는(tibi)", "이 건에 대해(hanc rem)", "이야기가(narratio)", "있는(est)" 건가, 가 된다.

192) 이 플라우투스의 문장의 해석에 대해서는 다음 논문도 참조하기 바란다. Bernard H. Bichakjian, "Neoteny and *language evolution", Marge E. Landsberg (ed.), The Genesis of Language: A Different Judgement of Evidence, Walter de Gruyter, 1988.

이 논문에 따르면 "이러한 구문이 일반적으로 사용되고 있던 단계에서는, 어머니인 실사(명사)와 태아인 동사 간의 탯줄이 아직 잘라지지 않았다."(p.125)

193) 수피눔이 '목적 분사'라고 종종 불리는 것은 그 대격(對格)에서의 의미가 대부분의 경우 목적을 나타내기 때문이다. 그러나 수피눔은 그 밖에 탈격(奪格)도 있는데 그 경우에는 형용사에 결부되어 "한정 탈격"으로 사용된다. 예컨대 "말함에 있어 부드럽게 하기"를 의미하는 다음 예문 "res facilis dictu"에 있어서,

dictu는 형용사 facilis에 결부되는 수피눔이다(松平千秋 + 国原吉之助 『新ラテン文法』(東洋出版, 1992년, p.201). 본서의 본문에서 이어서 말하듯이, 수피눔은 본래 다른 격도 가지는 어엿한 명사였다고 생각된다. 따라서 '목적 분사'라는 것은 수피눔을 동사의 한 형태로 흡수해버리는 동사 중심의 문법 서술이 간신히 *부여한 명칭이다.

194) "수피눔은 분명히 제4 변화에 속하는 -tus로 끝나는 동작의 추상명사다. 그 역할은 명사문(名詞文)의 시대에는 중요했을 터이다." (Collart, Grammaire...., p.48. 『ラテン文法(라틴 문법)』, p.70). 수피눔은 라틴어 동사의 기본형에 들어 있다. 예컨대 영어에서는 동사에 대해 원형, 과거형, 과거분사 이렇게 세 가지 형태가 사전에 제시되어 있는데(give, gave, given처럼), 라틴어에서는 동사에 대해 1인칭 현재형, 부정법, 1인칭 완료형, 수피눔(목적 분사) 이렇게 네 가지 형태가 제시된다고 하는 것이다(do, dare, dedi, datum처럼). 이 점도 수피눔이 다른 형태로부터 도출되지 않는 독특한 형(形)을 갖고 있었다는 방증이 될 수도 있을 것이다.

195) 수피눔(supinum)이라는 명칭은 별생각 없이 "위를 향해 드러누운(supino)" 사람처럼 상(相)이나 법, 시제에 무관심한 동사 형태라는 의미인 듯하다(松平千秋 + 国原吉之助 『新ラテン文法』, p.201). 이 명칭이 고대의 문법가들에 의해 만들어진 시점에서, 동사의 창조 이전에 존재하던 '명사적 구문'의 세계는 완전히 상실되었다는 얘기가 될 것이다.

196) Collart, Grammaire...., p.37. 『ラテン文法』, p.57.

197) '공통 기어'가 존재했다고 추정되는 시대의 여러 언어들에도 이미 활용은 존재하고 있었지만, 세세한 부분은 후대의 언어에서 형성된 것으로 보인다(Collart, Grammaire...., p.38. 『ラテン文法』, p.58)

198) Collart, Grammaire...., p.42. 『ラテン文法(라틴 문법)』, p.63.

199) Collart, Grammaire...., p.42-43. 『ラテン文法』, p.63.

200) Collart, Grammaire...., p.43. 『ラテン文法』, p.64.

201) 예를 들자면 "It rains"의 rains는 3인칭 단수 현재형으로 활용되고 있으며(s가 붙어 있다), "tonat"(천둥이 친다)도 동사(tono)가 3인칭 단수 현재형으로 활용된 것이다.

202) 벤베니스트는 인칭 개념이 '나'와 '당신'에만 적용되고, '3인칭'이라 불리는 것은 동사의 비인칭형이라고 말한다(Émile Benveniste, 《Structure des relations de personne dans le verbe》, Problèmes de linguistique générale, Tome I, coll. 〈tel〉, Gallimard, 2012, p.230. 「動詞における人称関係の構造(동사에 있어서 인칭 관계의 구조)」, 『一般言語学の諸問題』, みすず書房, 1983년, p.208.

203) Collart, Grammaire...., p.. 『ラテン文法』, p..

204) 그리고 그리스어든 라틴어든 과연 어느 시점의, 어느 지역의 언어가 권위를 갖게 될지는 전적으로 *우연 혹은 정치적인 이유에 기인한다. 그리스어의 경우, 기원전 5세기~4세기경 아테나이의 정치적, 경제적, 문화적 지위가 결정적이었기 때문에, 그 지방의 방언인 앗티카 방언이 '고전 그리스어'라는 권위적인 지위를 훗날 획득하게 되었다. 마찬가지로 로마제국이 지중해 해역 일대, 라인강 서쪽의 유럽을 지배하는 세계 제국의 지위를 획득함으로써 라틴어도 그 권위적인 지위를 획득했다. 이런 언어들은 권위적으로 되었기 때문에 어느 시점에서의 언어 상태가 보존되어가게 되는데, 당연히 그 언어 상태는 생성 과정에 *있던 언어의 표본 같은 것이다.

205) "라틴어에서 태의 조직은 생성 발전의 과정에 있는 것이다." (Collart, Grammaire...., p.42. 『ラテン文法(라틴 문법)』, p.63).

206) Giorgio Agamben, L'uso dei corpi, Neri Pozza, 2014, p.92. ジョルジョ・アガンベン『身体の使用 — 脱構成的可能態の理論のために(신체의 사용 — 탈구성적 가능태의 이론을 위하여)』, 上村忠男訳, 2016년, p.113).

207) 細江逸記(호소에 잇키), 「我が国語の動詞の相(Voice)を論じ, 動詞の活用形式の分岐するに至りし原理の一端に及ぶ(우리 국어의 동사의 상(相, Voice)을 논하고, 동사의 활용형식의 분기함에 이르러 원리의 일단에 미침」, 市河三喜編, 『岡倉先生記念論文集(오카쿠라선생 기념 논문집)』岡倉先生還曆祝賀会発行. 이후 인용할 때에는 옛 글자들을 새 글자들로 갱신하였고, 또한 현대에는 알기 힘들성싶은 일부 *표현들은 *갱

신하였음을 밝혀둔다. 아는 사람은 그 진가를 다 인정하는 이 논문을 필자가 알게 된 것은 金谷武洋(가나야 다케히로) 『英語にも主語はなかった — 日本語文法から言語千年史へ(영어에도 주어는 없었다 — 일본어 문법으로부터 언어 천년사로)』(講談社選書メチエ, 2004년)에서의 소개에 의해서다. 가나야 선생에게 감사드린다.

208) 본서 제 3장 주 17) 참조.

209) 細江逸記, 「我が国語の....(우리 국어의....)」, p.98, 주 (1).

210) 細江逸記, 「我が国語の....」, p.99-100.

211) 細江逸記, 「我が国語の....」, p.116. 강조는 인용자.

212) 細江逸記, 「我が国語の....(우리 국어의....)」, p.100.

213) 細江逸記, 『我が国語の....」, p.100.

214) 綿貫陽외 『ロイヤル英文法—徹底例解(로열 영문법 - 철저 *예해)』, 旺文社, *2000년, p.567.

215) 細江逸記, 「我が国語の....」, p.111-112.

216) 중동태의 의미를 *전달하는 일본어 조동사 '레루', '라레루'는 존경의 의미를 갖고 있다. 이 의미도 '자연의 기세'로부터 도출되는 것으로 생각된다. 즉 '자연의 기세'를 나타내는 표현은 경의의 대상인 인물의 직접 묘사를 멀리하는 기능을 갖는다. 그 인물이 무슨 일인가 하는 것을 그대로 묘사하는 것이 아니라, 그 인물에 있어서 무슨 일인가가 실현된다고 표현하는 것이다. 그런 의미에서 '자연의 기세'를 본의(本意)로 하는 '레루', '라레루'가 존경의 의미도 갖는 것은 조금도 이상할 게 없다. 또한 경의가 직접적 묘사를 기피한다고 하는 것은 광범위하게 찾아볼 수 있는 현상으로 생각된다. 영어에서는 예컨대 국왕 등을 언급할 때 he(she) 등 대명사를 직접 사용치 않고 his(her) majesty라는 표현 방식을 쓰는데, 이 또한 경의의 대상에 대한 직접 언급을 피하기 위함으로 보인다. 상대를 직접 언급하는 것은 실례인 것이다.

217) 오사와 마사치(大澤真幸)는 '레루', "라레루"라는 일본어 조동사의 의미에 주목하면서 자유를 논하는 가운데, 이들 조동사에 공통되는 의미는 "어떤 행위가 주체의 컨트롤을 초월한 지점에서 발생한다"고 썼다(『生きるための自由論(살아가기 위한 자유론)』, 河出ツックス, 2010년, p.65). 이는 호소에의 논의에 수정을 가하여, '자연의 기세'를 이 조동사들의 본의라고 판단한 본서의 *논의에 대단히 가까운 내용을 기술하고 있는 것으로 보인다. 오사와는 특히 '가능'의 의미에 주목하고 있다.

218) 細江逸記, 「我が国語の....(우리 국어의....)」, p.123.

219) 細江逸記, 「我が国語の....」, p.116.

220) 細江逸記, 「我が国語の....」, p.117.

221) 예컨대 "비에 내려졌다(雨に降られた, 옮긴이 - 우리말로 하자면 '비가 내려 내가 곤란을 겪었다'이다.)"의 경우는 "I was caught in a rain"이라는 번역이 적절할 것이고, "아내에게 죽어졌다(妻に死なれた, 옮긴이 - 우리말로 하자면 '아내의 죽음을 내가 당했다'이다)"라면 완전히 다른 방식으로 "I lost my wife"가 정확하다. 일본어에 있어서 자동사의 수동태 표현을 모두 have를 사용한 표현으로 번역할 수 있는 것은 아니다.

222) Derrida, 《La différance》, Marges...., op.cit., p.9. デリダ, 「差延」, 『哲学の余白 〈上〉』, 앞의 책, p.44.

223) Arendt, The Life of the Mind, Two / Willing, p.172. 『精神の生活 〈下〉』, p.206.

224) Brett W. Davis, Heidegger and the Will: On the Way to Gelassenheit, Northwestern UP, 2007.

225) Martin Heidegger, Sein und Zeit, Max Niemeyer, 1993, S.67-69. マルティン・ハイデッガ□『存在と時間 〈上〉』細谷貞雄訳, ちくま学芸文庫, 1994년, p.158-163.

226) Davis, Heidegger and the Will, p.36.

227) Martin Heidegger, Metaphysiche Anfangsgründe der Logik im Ausgang von Leibniz, Gesamtausgabe, Band 26, Vittorio Klostermann, 1978, S.328. Cf. Davis, Heidegger and the Will, p.36.
데이비스는 하이데거가 Umwillen이라는 드문 단어를 사용했다는 그 *사실로부터 Wille를 읽어낼 수 있다는 점에도 주목한다.

228) Heidegger, Sein und Zeit, S.297. 『存在と時間〈下〉』, p.156. 이기상역(까치, 2000), p.395. 소광희역(경문사, 1998), p.422.

229) Davis, Heidegger and the Will, p.45.

230) Davis, Heidegger and the Will, p.65.

231) "Der Wille hat den Angang nie zu eigen gehabt, hat ihn wesenhaft je schon verlassen durch das Vergessen. Die tiefste Vergessenheit ist das Nicht−Erinnern." (Martin Heidegger, Nietzsche, Zweiter Band, Gesamtausgabe, Band 6.2, Vittorio Klostermann, 1997. S.468. マルティン・ハイデッガー 『ニーチェⅢ(니체 3)』 薗田宗人 訳, 白水社, 2007, p.242).

232) Arendt, The Life of the Mind, Two / Willing, p.174. 『精神の生活〈下〉』, p.209.

233) 하이데거 인용문에서 "회상"이라 번역한 것은 Erinnern이지 Andenken이 아니다. 다만 예컨대 다음 대목에서도 알 수 있듯이 「니체」에서는 두 단어가 명확히 관련되어 사용되고 있다. "회상(Erinnerung)은 진리의 본질이 어떻게 동시에 본질의 진리이기도 한가를 사유하도록 함으로써 존재의 진리를 회상(Andenken)하도록 돕는다"(Heidegger, Nietzsche, Zweiter Band(니체 2권), S.481. 『ニーチェⅢ(니체 3권)』, p.261).

234) Martin Heidegger, Was heißt Denken?, Gesamtausgabe, Band 8, Vittorio Klostermann, 2002, S.161. マルティン・ハイデッガー 『思惟とは何の謂いか』 ハイデッガー全集 (第8巻) 四日谷敬子訳, 創文社, 2006년, p.171.

235) Heidegger, Was heißt Denken?, S.142−147. 『思惟とは何の謂いか(사유란 무엇인가)』, p.150−156.

236) 본서는 의지 문제에 포커스를 맞추어 논의를 전개하고 있기 때문에 유감스럽게도 여기서는 "감사" 문제로는 진입할 수가 없다. 그러나 사고와 감사의 관계는 사고라는 것의 이미지를 형성함에 있어 지극히 중요한 것이다. 앞서 언급한 질 들뢰즈는 하이데거의 "사유란 무엇인가』를 지극히 높이 평가하면서도, "감사" 이미지는 어딘가 사고를 배신하는 *면이 있지 않은가, 라는 예리한 지적을 남기고 있다. 이 문제는 완전히 열려있는 상태로 있다. 필자는 이 점에 대해 상세히 논한 적이 있으므로 관심있는 독자들은 참조하시기 바란다. 國分功一郎 『ドゥルーズの哲学原理(들뢰즈의 철학 원리)』 제 3장. 국역본은 고쿠분 고이치로, 『고쿠분 고이치로의 들뢰즈 제대로 읽기』.

237) 하이데거는 "사유함은 회상함이다"에 이어서 다음과 같이 적고 있다. "그러나 회상함은 과거에 대해 일시적으로 재현함과는 다른 일이다. 회상은 우리에게 내습(來襲)해 오는 것을 숙사(熟思)한다"(Heidegger, Was heißt Denken?, S.161. 『思惟とは何の謂いか』, p.171).

238) 필자는 "전회"를 거치기 이전에 쓰인 하이데거의 저작 『형이상학의 근본 개념들』의 지루함론을 논하는 가운데, 여기서 소개한 훗날의 하이데거의 의지 비판과 거의 동일한 것을, 하이데거의 결단을 둘러싼 *논의와 관련하여 기술한 적이 있다. "결단을 장려하는 하이데거는 결단이 필요해지는 *그런 상황을 독자가 고의로 만들어내도록 *촉구하는 셈이 되지 않을까? (…) 여기서 기묘한 일이 일어난다. 하이데거는 결단을 장려한다. 그러자 결단하지 않을 수 없는 것이 아니라, 결단하고 싶어하는 인간이 반드시 나타난다. 그 인간은 어떻게 행동할까? 필시 앞으로의 행동의 근거나 지침을 제공해줄 사물이나 인물을 고의로 멀리할 것이다. 결단하지 않고도 눈앞에 주어진 조건이나 정보를 음미함으로써 금후 행동의 지침을 얻을 수 있을지도 모르는데, 그러한 조건이나 정보로부터 굳이 눈길을 돌려 애써 결단을 향해 몸을 던지는 그러한 사태를 생각해볼 수 있을 것이다"(國分功一郎 『暇と退屈の倫理学 増補新版』 太田出版, 2015년, p.308−309). 국역본은 고쿠분 고이치로, 최재혁, 『인간은 언제부터 지루해했을까? − 한가함과 지루함의 윤리학』(한권의책, 2014), p.270−271. 여기서 "굳이 눈길을 돌린다"라는 것은 "회상하지 않음"과 거의 같은 표현이다.

239) Heidegger, Was heißt Denken?, S.96. 『思惟とは何の謂いか』, p.103.

240) 다음에 곧장 이어지는 주석에서 소개할 『들길에서의 대화』의 일본어역.

241) 조금 복잡하니까 정리를 해두기로 하자.

우선 1959년에 출판된 *『내려놓음(방하)』는 다음 텍스트다(일본어역과 아울러 영역도 기재해 둔다).

※ Martin Heidegger, Gelassenheit, Günther Neske, 1959년.

※ 『放下』ハイデッガー選集第15巻, 辻村公一訳, 理想社, 1963년.

※ Discourse on Thinking, tr. by John M. Anderson & E. Hans Freund, Harper & Row, 1966sus.

이미 기술했듯이 이 책은 *「내려놓음(Gelassenheit)」이라는 제목의 짧은 강연 원고와, *「내려놓음의 소재 구명을 위하여(Zur Erörterung der Gelassenheit)」라는 희곡체 문장으로 구성되어 있다.

1995년에 출판된 하이데거 전집 제 77권 『들길에서의 대화』에서 *「내려놓음의 소재 구명을 위하여」 전체가 모습을 드러냈다. 이 판본에서는 그리스어로「안키바시에($302의 주 20)의 중하)라는 제목이 붙여져 있다. 이 그리스어는 헤라클레이토스의 단편 122에서 인용된 것이다. 이 권에는「안키바시에」외에 두 편의 희곡체 문장이 수록되어 있다.

※ Martin Heidegger, Feldweg-Gespräche, Gesamtausgabe, Band 77, Vittorio Klostermann, 1995년.

※ 『野の道での会話』ハイデッガー全集第77券, 麻生建+クラウス·オビリーク訳, 創文社, 2001년.

※ Country path Conversations, tr. by Bret W. Davis, Indiana UP, 2010년.

242) 필자는 근간 예정인 다음의 텍스트에서 이 과제를 붙들고 씨름한다. 國分功一郎 『原子力時代の哲学 (가제)』晶文社.

243) Martin Heidegger, Gelassenheit, Klett-Cotta, 2012, S.12. マルティン·ハイデッガー 『放下』ハイデッガー選集第15巻, 辻村公一訳, 理想社, 1963년, p.9.

244) Heidegger, Gelassenheit, S.31-33. 『放下』p.48-52. 하이데거, 신상희역, 「초연한 내맡김」, 『동일성과 차이』(민음사, 2000), p.141-144.

245) Martin Heidegger, Feldweg-Gespräche, Gesamtausgabe, Band 77, S.78. マルティン·ハイデッガー 『野の道での会話』ハイデッガー全集第77券, p.105.

246) Davis, Heidegger and the Will, p.15.

247) Heidegger, Sein und Zeit, S.328. 『存在と時間〈下〉』p.218.

248) Martin Heidegger, Identität und Differenz, Gesamtausgabe, Band 11, Vittorio Klostermann, 2006, S.78.
    マルティン·ハイデッガー 『同一性と差異性』ハイデッガー選集第10巻, 大江精志郎訳, 理想社, 1960년.
    (Davis, Heidegger and the Will, p.310, note 18).
    (Rolf Elberfeld, Phänomenologie der Zeit im Buddhismus, Frommann-Holzboog, 2004, S.85-210).

249) 『의미의 논리학』의 "기서"적 위치에 대해서는 나가토 유스케(長門裕介)씨와의 사적인 대화에서 시사를 받았다.

250) Gilles Deleuze, Logique du sens, Minuit, 1969. p.16. ジル·ドゥルーズ, 『意味の論理学〈上〉』小泉義之訳, 河出文庫, p.25. 강조는 인용자. 국역본은 이정우역, 『의미의 논리』(한길사, 2000), p.54. "우유성(accident)"이란 어떤 실체에게 있어 고나 성질을 가리킨다. 예컨대 인간에게 있어 '살이 희다'는 우유성이다. 참고로 본문에 나온 인용문에 대한 국역본의 번역은 이렇다. "아리스토텔레스에게서 모든 범주는 존재에 의거해 언표된다. 그리고 중요한 구분이 있다면, 그것은 제1실체[주어의 자리에 오는 실체들]와 그에 부수하는[술어의 자리에 오는] 다른 범주들 사이에 그어진다."

251) Deleuze, Logique du sens, p.14. 『意味の論理学〈上〉』p.23. 강조는 인용자.

252) 다시 한 번 브레이에의 말을 빌자면 "한쪽에 깊이를 갖춘 실재적인 존재, 그리고 [그것을 추동하는] 힘이 있고, 다른 한편에는 존재의 표면에서 작용하고, 또 다종다양한 비물체적 존재를 계속 만드는 사실의 평면이 있다." 스토아학파는 이들을 근원적으로 구별했다 (Deleuze, Logique du sens, p.14. 『意味の論理学〈上〉』p.23).

253) Deleuze, Logique du sens, p.17. 『意味の論理学〈上〉』p.27.

254) Deleuze, Logique du sens, p.22-35. 『意味の論理学〈上〉』p.35-53.

255) Deleuze, Logique du sens, p.33. 『意味の論理学〈上〉』p.50.

256) Deleuze, Logique du sens, p.14. 『意味の論理学〈上〉』p.23. 강조는 인용자.

257) Deleuze, Logique du sens, p.136. 『意味の論理学〈上〉』p.202.

258) Deleuze, Logique du sens, p.217. 『意味の論理学〈下〉』p.24.

259) 여기서 아무래도 마음에 걸리는 것은 "사건"이라 불릴 가치가 있는 것은 뭔가, 라는 것이다. 예컨대 대기라는 존재는 언제나 변화를 계속하고 있다. 그러면 그 매 순간들이 다 사건인가? 그럴지도 모른다. 그러나 "비가 내린다"와 단순한 공기의 움직임 사이에는 역시 뭔가 다른 게 있지 않을까? 들뢰즈는 여기서 단지 언어가 존재를 절취한다는 사유, 즉 언어가 사건이라고 말하며 버티면 무엇이든 사건이라 할 수 있다고 보는 사유와는 다른 사유를 표명하고자 하는 것 같다. "표면의 산출"은 역시나 물체의 차원, 사물의 상태의 차원에서 일어나는 일이기 때문이다.

260) Deleuze, Logique du sens, p.214. 『意味の論理学〈下〉』p.20.

261) 단, 에피쿠로스학파에 사건의 이론이 결여되어 있다고 하는 것은 아니다. 들뢰즈는 어느 주기(注記)에서 에피쿠로스학파에도 사건 개념이 발견되지만, *그것이 충분히 전개된 적은 없었다고 지적한다(Deleuze, Logique du sens, p.16, note 4. 『意味の論理学〈上〉』p.33. 주 4)).

262) Deleuze, Logique du sens, p.215. 『意味の論理学〈下〉』p.21.

263) Deleuze, Logique du sens, p.212. 『意味の論理学〈下〉』p.16.

264) 일본어에서는 대단히 불편하게도 *언어들마다 문법 용어가 각기 다른 방식으로 번역되어 있다. 프랑스어 문법에서 말하는 부정법은 영문법에서 말하는 동사의 "원형"에 해당한다고 할 수 있다. 단, 실제로는 부정법과 원형이 서로 다르다. 부정법은 동사가 명사로 취급되는 형태지만, 영어에서 원형이라 불리는 것은 명사로 취급될 수가 없다.

265) Deleuze, Logique du sens, p.216. 『意味の論理学〈下〉』p.22.

266) Émile Benveniste, 〈La phrase nominale〉, Problèmes …., I, op.cit., p.152. 「名詞文について」, 『一般言語学の諸問題』, 앞의 책, p.146.

267) Benveniste, 〈La phrase nominale〉, p.154. 「名詞文について」p.148.

268) Martin Heidegger, Einführung in die Metaphysik, Niemeyer, 1998, S.53. マルティン・ハイデッガー『形而上学入門』川原栄峰訳, 平凡社ライブラリー, 1994년, p.116.

269) Deleuze, Logique du sens, p.212. 『意味の論理学〈下〉』p.16. 강조는 인용자.

270) Spinoza, Abrégé de Grammaire hébraïque, tr. Joël Askénazi et Jocelyne Askénazi-Gerson, 3ème édition augmentée, Vrin, 2013.

271) Joël Askénazi, 〈Introduction〉, Spinoza, Abrégé de…., p.9.

272) 스피노자에게는 이와 유사한 방식으로 쓰인 책이 한 권 더 있다. 생전에 본명으로 출판한 유일한 텍스트, 『데카르트의 철학 원리』가 그것이다. 이것도 데카르트 철학을 교수하기 위해 쓰인 원고가 바탕이 된 것인데, 여기서 단순한 데카르트 철학의 재구성 이상의 일이 수행되고 있다. 스피노자는 데카르트 철학을 해설하면서 그 약점까지 밝혔으며, 동시에 그것을 보완하기 위한 제안까지 하기 때문이다. 놀라운 일은 저 유명한 "나는 생각한다, 고로 나는 존재한다(Cogito, ergo sum)"라는 명제를, "완성도가 낮다"는 이유로 고쳐쓰고 있다는 점이다. 단순한 해설자가 유명 철학자의 가장 유명한 명제를 멋대로 바꿔 쓴다든가 하겠는가? 이 책이 단순한 교과서가 아니라는 증거다. 그럼에도 불구하고 『히브리어 문법 강요』와 마찬가지로 『데카르트의 철학 원리』도 거의 연구되어 있지 않다. 필자는 이상과 같은 관점에서 『데카르트의 철학 원리』를 세세하게 논한 일이 있는데, 관심있는 독자는 반드시 참조하시기 바란다 (國分功一郎(고쿠분 고이치로)『スピノザの方法(스피노자의 방법)』みすず書房, 2011년).

273) Joël Askénazi, 〈Introduction〉, Spinoza, Abrégé de…., p.9.

274) Spinoza, Abrégé de…, p.80, 156.

275) Spinoza, Abrégé de…, p.88.

276) Spinoza, Abrégé de…, p.35-36. 스피노자의 이 정의들은 "히브리어에는 모음을 기록하는 문자가 없다"는 식의 설명을 회피하기 위한 것이라고 읽을 수도 있다. 왜냐하면 그런 식의 설명은 일부 문자들이 자음을, 그 외 문자들은 모음을 나타내는 언어의 견지에서 히브리어를 바라보았을 때에만 성립할 수 있는 설명이기 때문이다. [그와 반대로] 스피노자는 히브리어 속에서 히브리어를 설명하려 하고 있다. 그러므로 *"…가 결여되어 있다"라는 표현방식을 사용하지 않는다. 히브리어가 뭔가를 결여하고 있는 게 아니라, 히브리어에서 문자와 모음에 대한 개념이 기타 언어들과는 다른 것이다. 이는 우리가 뭔가를 완전하다든가 불완전하다고 하는 것은 동일한 종류에 속하는 개물(個物)을 비교함에 의해서일 뿐이라고 하는 『에티카』의 사상을 방불케 하는 해설이다(『에티카』제 4부 서언).

277) Spinoza, Abrégé de…, p.129.

278) Spinoza, Abrégé de…, p.129. 강조는 인용자.

279) Spinoza, Abrégé de…, p.130. 강조는 인용자.

280) 이하 『에티카』에서의 인용은 모두 다음 번역을 참조하였다. スピノザ『エチカ』上・下券, 畠中尚志訳, 岩波文庫, 2001년. 『에티카』는 본래 "기하학적 양식"으로 쓰여 참조 대목을 쉽게 지정할 수 있기 때문에, 페이지를 따로 지시하는 대신 정리 번호 등을 본문에 기입하였다. 원문을 참조할 때는 다음의 라틴어-프랑스 대역판을 이용하였다. Baruch Spinoza, Éthique, texte et traduction par Charles Appuhn, Vrin, 1983.

281) Agamben, L'uso dei corpi, p.216. 『身体の使用(신체의 사용)』, p.276-277.

282) Agamben, L'uso dei corpi, p.216. 『身体の使用』, p.278.

283) 패션에서 말하는 "모드"란 유행하고 있는 양식(mode)을 말한다.

284) 바로 여기에 실체와, 실체에 일어나는 사건을 대등하게 취급하여, 존재의 표층에 나타나는 "존재의 방식"에 대해 고찰한 스토아학파와 스피노자의 근접점이 있다. 또 들뢰즈가 양자에 강한 관심을 품고 있었던 점도 주목된다.

285) Agamben, L'uso dei corpi, p.214. 『身体の使用』, p.276.

286) 이 증명은 제 1부 정리 25의 보충(系)을 직접 참조한 것인데, 거기서는 이 증명이 말하려는 바가 더 엄밀하게 설명되고 있다.

"개물은 신의 속성의 변양, 혹은 신의 속성을 일정한 방식으로 표현하는 변양에 다름 아니다"(제 1부 정리 25의 보충(系)).

이로부터 알 수 있듯이, 변양은 엄밀하게는 신의 속성의 변양이라고 말해진다. 신은 무한히 많은 속성을 갖는데, 그중 두 가지가 연장 속성과 사유 속성이고, 알기 쉽게 말하자면 양자는 각각 물리적 질서와 정신적 질서를 가리킨다. 우리 인간은 신의 속성에 대해 이 두 가지밖에 파악하지 못한다. 하지만 신은 그 이외에도 무한히 많은 속성을 갖는다는 것이 스피노자의 놀라운 존재론이다.

그런데 양태가 신의 속성의 변양이라 함은, 모든 양태들이 신이 갖는 속성 중 어느 것에 속한다는 점을 의미한다. 예컨대 하나 하나의 물리적 존재 — 이 책상, 건물, 티끌과 먼지, 그리고 무엇보다 나의 신체 — 는 연장의 속성 하에 있는 양태다. 신이라는 실체의 물리적 속성이 책상이나 건물, 티끌, 먼지 등으로 변양해 있는 것이다.

그에 대응하는 정신적 질서에 있어서의 개물, 즉 사유의 속성 하에 있는 양태가 여러 관념들이다. 이 책상이라는 관념, 이 건물이라는 관념, 이 티끌과 먼지라는 관념…… 스피노자의 존재론이 흥미로운 바는 관념을 인간 주체로부터 독립한 것으로 포착한다는 점이다. 이 방의 티끌이나 먼지에 대해 관념을 갖고 있는 인물 *따위는 존재하지 않는다. 이 티끌이나 먼지의 관념 또한 관념으로서 신 안에 존재하고 있는 것이다. 그리고 여러 관념들은 그 자체로서는 인간 주체로부터 독립되어 있지만, *그것들이 조합되어 인간 정신을 형성할 수가 있다 — 일정한 물질들이 *조합되어 신체 같은 복잡한 기구(機構)를 만들어내는 것과 정확히 닮았다. 스피노자에 따르면 인간 정신은 관념을 담는 상자 같은 게 아니다. 여러 관념들이 조금씩 모여 정신이 구축되어 간다.

287) Agamben, L'uso dei corpi, p.215. 『身体の使用(신체의 사용)』, p.277. 우리가 참조하는 『신체의 사용』에는 스피노자의 『히브리어 문법 강요』와 7번째 부정법도 언급되어 있는데, 본서는 아감벤의 이 대저와 스피노자에 대한 견해를 크게 공유하고 있다.

288) 이 표현에 대해 조금 보충을 해두고 싶다. 『에티카』에서는 "신"에 대해 이 동사 표현이 사용되는 대목이 그리 많지 않다. 필자가 조사한 한에서는 『에티카』 전체 5부 중 이 표현이 사용되는 것은 다음 대목뿐이다. 제 1부에서는 정리 28증명. 제 2부에서는 정리 9, 그리고 증명 및 비고, 정리 19 증명, 정리 20증명, 정리 24증명, 정리 25증명, 정리 28증명, 정리 39증명, 정리 40증명. 제 3부에서는 정리 1 증명. 제 4부와 제 5부에서는 이 용례가 보이지 않는다.

이 대목들 중 제 2부 정리 9를 그 대표적인 예로 인용해보자.

"현실적으로 존재하는 개물 관념은 신이 무한한 한에 있어서가 아니라 신이 현실적으로 존재하는 다른 개물 관념으로 변양했다고 생각되는 한에 있어서 신을 원인으로 하고, 이 관념도 또한 신이 다른 제 3의 관념으로 변양한 한에 있어서 신을 원인으로 한다"(Idea rei singularis actu existentis Deum pro causa habet, non quatenus infinitus est, sed quatenus alia rei singularis actu existentis idea affectus consideratur, cuius etiam Deus est causa, quatenus alia tertia affectus est, et sic in infinitum).

이 인용부에서는 신의 변양이 afficitur의 완료형을 사용하여 표현되어 있다. 라틴어에서는 수동태를 사용할 때, 현재·미완료과거·미래의 경우에는 *afficitur/afficiebatur/afficietur 등 한 단어로 표시할 수 있지만, 완료·과거완료·미래완료 등 세 가지 완료 시제에 대해서는 affectus est/affectus erat/affectus eri 등으로, 즉 완료 분사에 동사 esse(영어의 be 동사에 상당)의 변화형을 더하여 두 단어로 표현하지 않으면 안 된다. 두 단어에 의해 표현하는 방식을 "회설(回說)방식"이라 한다. 일견 보아서 알 수 있는 바와 같이, 회설방식은 현대 영어의 수동태 만드는 방식과 거의 일치한다.

인용한 제 2부 정리 9에서는 이 완료 표현이 두 가지 방식으로 사용되고 있다. 두 번째는 단순한 완료 표현이다(affectus est). 첫 번째는 "생각된다(consideratur)"의 보어(補語)로서 완료 표현이 나타나고 있는데, 이쪽은 라틴어 관례에 따라 부정사(不定詞) esse가 생략되어 있다. 어쨌든 간에 모두 완료 표현이다.

앞서 제시한 대목에서 신의 변양은 모두 이들 두 가지 완료 표현 중 어느 쪽에 의해 설명되어 있다. 신의 변양은 늘 완료형으로 이야기된다는 것이다. 이는 우리가 실체의 변양을 개념으로서 사유할 수 있어도, 그 변양은 늘 완료된 것으로서 이야기될 수밖에 없다는 점, 바꿔 말하자면 신은 늘 이미 변양해 있다는 점을 함의하고 있는 것으로 생각되어 지극히 흥미로운 사실이지만, 이 점에 대해서는 여기서 더 이상 논할 수가 없다.

후술할 인간 신체의 변양으로서의 감정에 대해서는 이 동사의 완료형이 아니라, 현재형 afficitur나 미완료형 afficibatur 등이 몇 차례나 사용되고 있다. 인간 신체의 변양과 신의 변양은 근저에서 상통하는 것이므로, 본문에서는 그 연계성을 알기 쉽도록 완료형이 아니라 현재형인 Deus afficitur라는 표현을 *대표적인 예로 들었지만, 신에 대해 이 동사의 현재형은 한 번도 사용되지 않는다는 점, 그리고 또 현재형이 아니라 완료형이 늘 사용되고 있다는 점에는 중요한 함의가 있다고 생각된다는 점을 기록해 둔다.

289) "Translator's Preface", Baruch Spinoza, Ethics, Treatise on the Emendation of the Intellect and Selected Letters, Translated by Samuel Shirley, Edited and Introduced by Seymour Feldman, Hackett, 1993, p.24. 하타나카 나오시(畠中尚志)의 해설도 참조하기 바란다. スピノザ 『エチカ』 上券, 畠中尚志訳, 岩波文庫, 2001년. p.275의 역주 8.

290) *벤베니스트가 제안하는 "내태", "외태"라는 용어에 대해서는 본서 제 3장을 참조하기 바란다.

291) 들뢰즈는 이 점을 확실히 다음과 같이 쓰고 있다. "신에게는 외적인 원인이라는 것은 없다. 신은 필연적으로 자신의 모든 변양의 원인이다. 그리고 그 모든 변양은 신의 본성에 의해 설명된다. 따라서 그것들은 능동이다"(Gilles Deleuze, Spinoza et le problème de l'expression, Minuit, 1968, p.198. ジル·ドゥルーズ 『スピノザと表現の問題』, 工藤喜作訳, 法政大学出版局, 1991년. p.223). 국역본은 질 들뢰즈, 이진경역 『스피노자와 표현의 문제』(인간사랑, 2003).

292) 『에티카』의 일역자 하타나카 나오시도 이 점에 주의를 촉구하고 있다(『エチカ』 上券, 岩波文庫, p.275의 역주 8).

293) 따라서 스피노자가 말하는 "감정"은 예컨대 "감정적으로 된다" 같이 말할 때의 "감정"과는 다른 것이다. 후자의 경우 "감정"은 단지 강한 감정을 의미한다. "감정"이라는 말의 이러한 일반적 의미와 혼동되는 걸 피하기 위해, affectus의 번역어로 "정동(情動)"이 사용되는 경우도 있다. 본서에서는 스피노자의 감정 이론이 일반적으로 말해지는 "감정"도 포괄적으로 설명할 수 있음을 강조하기 위해 "감정"이라는 번역어를 채용하기로 했다. 현대의 뇌신경과학에서는 스피노자의 감정 이론의 타당성이 다양한 실험에 의해 증명되고 있다고 한다. 요컨대 감정을 단순한 정신의 활동으로 생각할 수는 없고, 그것은 정신과 신체에 걸쳐 있는 것으로 이해해야 한다고 하는 것이다. 이 점에 대해서는 뇌과학자 안토니오 다마지오의 다음 저작을 참조하기 바란다. アントニオ・R・ダマシオ『感じる脳 情動と感情の脳科学 ― よみがえるスピノザ(느끼는 *뇌, 정동과 감정의 뇌과학 ― 되살아나는 스피노자)』田中三彦訳, ダイヤモンド社, 2005년. 국역본은 안토니오 다마지오, 임지원역, 『스피노자의 뇌 - 기쁨, 슬픔, 느낌의 뇌과학』(사이언스북스, 2007년).

294) "인간 신체를 조직하는 개체들 중 어떤 것은 유동적이고, 어떤 것은 부드러우며, *마지막으로 어떤 것은 딱딱하다"(『에티카』제 2부 요청 2).

295) conatus라는 말은 사전에 따르면 "노력"을 의미하는 것인데, 이 번역어가 마음에 안 들어 많은 경우 "코나투스"라고 음역되는 이유도 여기에 있을 것이다. 일본어로 "노력"이라고 하면 능동적인 주체가 의지를 가지고 발휘하는 힘을 의미하고 말아, 스피노자가 말하고자 하는 바로부터 크게 벗어나버리기 때문이다. 그렇긴 하지만 이 점을 설명하기란 여간 어려운 일이 아니었다. 중동태의 논리는 코나투스의 양상도 정확히 설명할 수가 있다.

296) Gilles Deleuze, Spinoza : Philosophie pratique, Minuit, 1981. p.167. ジル・ドゥルーズ『スピノザ ―実践の哲学(스피노자 실천 철학)』鈴木雅大訳, 平凡社ライブラリー, 2004년, p.240. 국역본은 질 들뢰즈, 박기순역, 『스피노자의 철학』(민음사, 2001).

297) Herman Melville, "Billy Budd, Sailor", The Confidence-Man and Billy Budd, Sailor, Penguin English Library, 2012. 일역본은 몇 가지가 있다. 그중 주요한 번역본을 소개하겠다.

※「ビリーバッド」,『メルヴィル全集 第10巻 ビリーバッド, イスラエル・ポッター』坂下昇訳, 国書刊行会, 1982년.

※「ビリ・バッド」,『メルヴィル中短篇集』, 原光訳, 八潮出版社, 1995년.

※『ビリー・バッド』留守晴夫訳, 主書房, 2009년.

※『ビリー・バッド』飯野友幸訳, 光文社古典新訳文庫, 2011년. 인용에 있어서는 루스 하루오(留守晴夫)의 탁월한 번역을 참고하였는데, 원문과 대조하여 필자가 필요하다고 판단될 *때에는 번역문에 수정을 가했다. 루스 하루오의 번역본에서는 아마도 멜빌의 중후한 영문의 분위기를 번역으로 드러내기 위해, [일본 글자의] 문어투 자체(字體)와 옛날식 한자 표기가 채용되어 있는데, 그런 것은 모두 현대식으로 개정했다. 참조 대목을 지정함에 있어서는 루스 번역본의 페이지를 적으면서, 독자들의 편의를 고려하여 장 번호를 아울러 적었다.

참고로 국역본에는 몇 가지가 있지만, 이 번역본에서는 허먼 멜빌, 최수연역, 『빌리 버드』(열림원, 2002)을 참고하였고, 참조처도 이 번역본을 기준으로 표시하였다.

298) Barbara Johnson, "Melville's Fist", The Critical Difference, The Johns Hopkins UP, 1992, p.95~97. バーバラ・ジョンソン「メルヴィウの拳(멜빌의 주먹)」, 『批評的差異 ― 読むことの現代的修辞に関する試論集(비평적 차이 ― 읽기의 현대적 수사에 관한 시론집)』土田知則訳, 法政大学出版局, 2016년, p.165~168.

299) Johnson, The Critical...., p.85. 『批評的差異』p.147.

300) Johnson, The Critical...., p.91. 『批評的差異』p.157.

301) Johnson, The Critical...., p.90. 『批評的差異』p.156.

302) Johnson, The Critical...., p.90. 『批評的差異』p.156.

303) Johnson, The Critical...., p.91. 『批評的差異』p.157~158.

304) Johnson, The Critical...., p.100. 『批評的差異』p.173.

305) Johnson, The Critical...., p.100-101. 『批評的差異』p.174.

306) Johnson, The Critical...., p.103. 『批評的差異』p.178-179.

307) 존슨은 반란에 대해 두 번 언급한다. 처음에는 *여타의 요소들과 나란히 논해진다(Johnson, The Critical...., p.100. 『批評的差異』p.173). 두 번째는 우리가 언급한 비어의 대사를 인용하고 있는데, 오히려 이 대사에서 반란이라는 사실의 중요성을 싹 지워버리고자 한다(Johnson, The Critical...., p.108. 『批評的差異』p.186).

308) 존슨의 이 『빌리 버드』론은 "탈구축 비평"의 한 도달점으로 알려져 있다. 탈구축은 "자유의지" 혹은 "의지" 같은 개념을 절대로 인정하지 않을 것이다. 만일 그렇다면 여기에는, 그러한 형이상학적인 개념을 의문시할 탈구축적인 논의가, 역으로 그것들을 지지해버린다고 하는 역설이 있다고 하지 않을 수 없다. 탈구축은 사건이나 사물의 조건을 상세하게 하나하나 열거하는 것을 선호한다. 하지만 거기에 머무른다면, 논의는 결정적으로 불충분한 것이 되지 않을 수 없다. 바로 그런 연유 때문에 자크 데리다는 만년에 "탈구축은 긍정적이다"라고 강하게 주장했던 것이지만, 그 "긍정"의 의미 또한 아직 충분하게는 밝혀지지 않았다.

309) Hannah Arendt, On Revolution, Penguin Classics, 2006, p.71. ハンナ・アレント『革命について(혁명에 대하여)』志水速雄訳, ちくま学芸文庫, 2015년, p.121.

310) Arendt, On Revolution, p.72. 『革命について』p.123.

311) Arendt, On Revolution, p.87. 『革命について』p.145.

312) Arendt, On Revolution, p.73. 『革命について』p.124.

313) Arendt, On Revolution, p.73. 『革命について』p.124-125.

314) Arendt, On Revolution, p.74. 『革命について』p.125.

315) Arendt, On Revolution, p.74. 『革命について』p.125.

316) Arendt, On Revolution, p.74. 『革命について』p.125.

317) Arendt, On Revolution, p.76-77. 『革命について』p.129.

318) Arendt, On Revolution, p.78. 『革命について』p.130.

중동태의 세계
의지와 책임의 고고학

초판 1쇄 찍은날 2019년 6월 4일
초판 1쇄 펴낸날 2019년 6월 12일
지은이 고쿠분 고이치로
옮긴이 박성관
펴낸이 한성봉
편집 안상준·하명성·이동현·조유나·박민지·최창문·김학제
디자인 전혜진·김현중
마케팅 이한주·박신용·강은혜
경영지원 국지연·지성실
펴낸곳 도서출판 동아시아
등록 1998년 3월 5일 제1998-000243호
주소 서울시 중구 소파로 131 [남산동 3가 34-5]
페이스북 www.facebook.com/dongasiabooks
인스타그램 www.instagram.com/dongasiabook
전자우편 dongasiabook@naver.com
블로그 blog.naver.com/dongasiabook
전화 02) 757-9724, 5
팩스 02) 757-9726

ISBN 978-89-6262-288-1   93110

이 도서의 국립중앙도서관 출판예정도서목록(CIP)은
서지정보유통지원시스템 홈페이지(http://seoji.nl.go.kr)와
국가자료종합목록 구축시스템(http://kolis-net.nl.go.kr)에서
이용하실 수 있습니다. (CIP제어번호 : CIP2019020408)

※ 잘못된 책은 구입하신 서점에서 바꿔드립니다.

만든 사람들
편집 한민세·하명성
크로스교열 안상준
표지 디자인 김현중
본문 디자인 김경주